LES

GRANDES FIGURES

DE L'HISTOIRE

PAR

Le comte Arthur de Grandeffe

PARIS
IMPRIMERIE CHAIX
IMPRIMERIE ET LIBRAIRIE CENTRALES DES CHEMINS DE FER
SOCIÉTÉ ANONYME
Rue Bergère, 20, près du boulevard Montmartre
1882

LES

GRANDES FIGURES

DE L'HISTOIRE

LES

GRANDES FIGURES

DE L'HISTOIRE

PAR

Le comte Arthur de Grandeffe

PARIS
IMPRIMERIE ET LIBRAIRIE CENTRALES DES CHEMINS DE FER
A. CHAIX ET Cie
RUE BERGÈRE, 20, PRÈS DU BOULEVARD MONTMARTRE
1882

LES
GRANDES FIGURES
DE L'HISTOIRE

ADAM

4963 av. J.-C.

Au commencement, Dieu créa le ciel et la terre. Il peupla la nature d'animaux de toutes races et de toutes espèces. Puis, voulant donner un maître à cette admirable création, il fit l'homme à son image, en formant son corps de la poussière de la terre et son âme du souffle de son esprit. Ce premier homme fut Adam. Il avait été créé mâle et femelle; aussi Dieu prit-il une de ses côtes pour en former la femme qu'il lui destinait pour compagne. Ce fut Ève, ainsi nommée parce qu'elle devait être la mère de tous les hommes. Adam fut placé par le Seigneur dans un lieu de délices appelé Éden, ou Paradis terrestre. Il devait lui-même en cultiver les arbres et les plantes, pour jouir en paix de leurs produits. La nature entière était soumise à sa volonté. Les animaux lui obéissaient et il leur donna lui-même les noms qu'ils devaient porter. Adam et Ève vivaient heureux dans ce séjour enchanteur, où rien ne vint troubler le calme de leur innocence; ils étaient les rois de la nature et les hôtes de Dieu, qui s'entretenait souvent avec eux, sans que sa majesté jetât le moindre trouble dans ces âmes pures et parfaites. Immortels comme Dieu, ils ignoraient les peines de l'esprit et les infirmités du corps. La nature elle-même, participant à la bénédiction qui les protégeait, produisait en abondance tout ce qui était nécessaire aux besoins de l'homme et des êtres animés qui l'entouraient. Nos premiers parents vivaient ainsi paisiblement, en possession de toutes les jouissances des esprits célestes, dont ils avaient la pureté comme la beauté. Mais Dieu, leur ayant donné ce libre arbitre qui était le trait principal de leur ressemblance avec lui, voulut fixer une loi qui devait être une barrière entre sa volonté et celle de l'homme. Il défendit à Adam de manger des fruits de l'arbre de la science du bien et du mal. C'était la seule marque d'obéissance que Dieu demandait à cette créature qu'il avait comblée de ses bienfaits. Ici, toute l'humanité se révèle dans Adam, telle qu'elle fut toujours avec lui et après lui, c'est-à-dire légère, égoïste, ingrate et faible. L'ennemi de Dieu, Satan, l'ange déchu, guettait l'occasion de perdre cette nouvelle créature qui plaisait à Dieu, et dont cet ange du mal était jaloux. Il se servit d'Ève, la curieuse ; il lui dit ces mots tentateurs : « Si vous mangez de ce fruit, vous serez comme des dieux. » Ève en mangea et en offrit à Adam qui céda, par faiblesse. Cette faute rompit le pacte avec Dieu, altéra l'innocence naturelle d'Adam et d'Ève et leur enleva l'immortalité. Ils devinrent mortels, parce qu'ils avaient péché. Dieu les chassa du paradis terrestre et maudit la terre, à cause d'eux. Cependant il eut pitié de sa créature, et la promesse d'un rédempteur vint adoucir, pour Adam, l'amertume de son exil. L'Écriture ne dit rien de cette longue vie de neuf cent trente ans, pendant laquelle Adam cultiva, à la sueur de son front, cette terre devenue stérile par la malédiction divine. La plus grande punition de la faute d'Adam a été, certainement, la privation de la présence de Dieu. Mais, si notre premier père a dû pleurer amèrement sa faute, nous pouvons dire que ce fut une faute heureuse, puisqu'elle nous a donné le Sauveur. Jésus-Christ nous a rendu l'immortalité et l'innocence. Si nous sommes les enfants du premier Adam, nous sommes aussi les fils de ce nouvel Adam qui a vaincu la mort et le péché. Nous avons voulu être semblables à Dieu par la révolte et l'orgueil, Jésus-Christ nous a donné cette divine ressemblance par le sacrifice, l'humilité et la charité. Le nom d'Adam signifiait « poussière de la terre » ; sans la rédemption, nous serions retournés à cette première poussière d'où nous étions sortis. S'il est vrai, comme le croient certains savants, qu'Adam ait écrit des livres, ils furent la source première de toute tradition et de toute science; car ils étaient écrits, pour ainsi dire, sous l'écho de cette parole de Dieu entendue si souvent dans cet Éden, que l'histoire place au centre de l'Arménie. Adam et Ève eurent trois fils; ils s'appelaient Caïn, Abel et Seth. Le dernier, seul, consola les vieux jours d'Adam, attristés de nouveau par le crime de Caïn et la mort d'Abel. Telle fut l'histoire du premier homme, qui naquit en 4963 avant Jésus-Christ. Dieu l'aima tant, malgré sa faute, qu'il donna son propre Fils pour le racheter. Cette histoire touchante est celle du christianisme, c'est-à-dire de l'humanité; elle se résume dans un événement incompréhensible par sa grandeur même, et cependant certain : « Dieu s'est fait homme pour l'homme, qui avait voulu se faire Dieu! »

NOÉ

3908 av. J.-C.

Ce patriarche fut véritablement le père de l'humanité. Les enfants d'Adam avaient mérité la colère divine par leurs crimes et leur impiété; le monde était devenu l'abomination de la désolation. Le mal était si grand, que Dieu se repentit de son œuvre ; comme sa justice devait être satisfaite, il résolut d'exterminer la race humaine par un déluge universel. La pluie dura quarante jours et quarante nuits. Noé trouva grâce devant le Seigneur ; ses trois fils, Sem, Cham et Japhet, ainsi que leurs femmes, furent également épargnés. Dieu ordonna à Noé de construire une arche, pouvant contenir sa famille et un couple de chacun des animaux qui lui seraient désignés. Tout le reste périt. Après le déluge, le cœur de Dieu, souverainement bon, fut ému ; il fit alliance avec Noé et sa postérité. Il bénit la nouvelle terre qui devait, comme l'ancienne, être un nouveau gage donné à l'ingratitude des hommes. Au bout de trois mille ans, le monde était revenu à la corruption qui avait précédé le déluge. Tous les crimes étaient commis ; toutes les impiétés s'étalaient au grand jour ; tous les vices étaient honorés. Dans son inépuisable charité, Dieu, au lieu d'infliger un nouveau déluge, s'offrit lui-même en holocauste pour le salut de l'humanité. Il racheta la race de Noé. Dieu avait tenu parole : les hommes, seuls, manquèrent à l'alliance primitive. Désormais, ils pourront être ingrats, parjures, criminels, impies, une victime sainte s'offre, perpétuellement, pour expier leurs fautes. Il n'est si grand crime qu'il ne soit pas pardonné ; celui des nations, comme celui des simples particuliers. La colère de Dieu est désarmée. Nous ne verrons plus cette malédiction, tombée des lèvres de Noé, que son fils Cham avait insulté. C'est une parole d'amour et de pardon qui tombera, pour toujours, des lèvres du divin crucifié. L'ère de Noé est une ère humaine, nous sommes dans l'ère du christianisme.

Noé mourut dans un âge avancé, à neuf cent cinquante ans; il fut agriculteur. Nous lui devons la vigne, qui fut implantée, plus tard, en Grèce, par Cadmus; ses trois fils peuplèrent l'univers, cela est certain, et la science des philosophes n'a jamais pu détruire cette tradition biblique. Après mille controverses et mille disputes scolastiques, ils ont reconnu qu'il y avait trois familles principales de peuples. Ce sont bien les trois types de la race de Noé. La vérité divine a triomphé de la science humaine, dans cette circonstance, comme elle le fera jusqu'à la fin du monde.

ABRAHAM

2366 à 2191 av. J.-C.

Ce patriarche naquit à Ur, en Chaldée, vers l'an 2366 avant Jésus-Christ. La tradition dit qu'il fut idolâtre avant d'être un vrai croyant; ce qui est certain, c'est que Dieu le choisit et l'aima. C'est le type de l'honnête homme et du croyant. Abraham, persuadé que Sarah n'aurait pas d'enfant, épousa Agar, son esclave;

il en eut un fils nommé Ismaël, le père des Arabes. Dieu lui fit connaître que Sarah aurait un fils ; Abraham avait alors quatre-vingt-cinq ans et Sarah en avait quatre-vingt-dix ; il ne douta pas de la parole de Dieu, et il eut un fils qu'il nomma Isaac. Abraham fut alors obligé de se séparer d'Agar et d'Ismaël, que Sarah ne voulait point supporter ; l'Écriture raconte, en termes poétiques, le départ de l'esclave. Une autre épreuve attendait Abraham et devait montrer combien sa foi était grande. Dieu lui avait promis que son fils Isaac serait le chef d'une nombreuse postérité : tout à coup, le Seigneur commande à Abraham de sacrifier ce même fils sur un autel qu'il dresserait, au haut de la montagne. Abraham partit un matin, emmenant l'enfant et une charge de bois pour le sacrifice. Arrivés au lieu désigné par Dieu, Isaac demande à son père : « — Où est la victime ? — Dieu y pourvoira, mon enfant, » repartit simplement Abraham. Il ne savait pas qu'il était prophète, mais sa foi était inébranlable. Il saisit Isaac et allait l'immoler lorsque Dieu arrêta son bras et lui montra un bélier qui se débattait dans un buisson voisin. Dieu lui dit : « Parce que tu as eu confiance en ma parole, je te confirme tout ce que je t'ai dit, et ta postérité sera semblable aux grains de sable de la mer et aussi nombreuse que les étoiles du firmament. A partir de ce moment, tu ne t'appelleras plus Abram, mais *Abraham* ; je fais alliance avec toi et ta race. » Abraham acheva le sacrifice et s'en retourna avec la même simplicité qu'il avait mise à obéir à Dieu. C'est là le plus grand acte de foi qu'un homme ait jamais accompli. Aussi fut-il récompensé par la bénédiction céleste. Abraham s'éteignit en 2191, à l'âge de cent soixante-quinze ans, après avoir eu une nombreuse postérité. C'était plus un roi qu'un père de famille. Sa tribu formait une nation, et elle était si nombreuse, qu'il fut obligé de se séparer de son neveu Loth, dont les gens se querellaient avec les siens. Abraham fut le véritable père du peuple juif, que Dieu s'était choisi entre tous les peuples. Ce fut le chef d'une lignée de patriarches dont les vertus méritèrent les bénédictions du ciel. La simplicité et la foi naïve d'Abraham sont pleines de grandeur; mais aussi il avait vu Dieu de si près, qu'il lui était impossible de ne pas l'aimer. Néanmoins, pour qu'il fût ainsi choisi par Dieu, il fallait qu'il eût un grand mérite personnel; nous faisons des héros qui sont bien petits, auprès de ceux dont Dieu a fait des saints!

JACOB

1206 à 2039 av. J.-C.

Ce fut un véritable fondateur de dynastie que ce patriarche hébreu. Son trône était celui du père de famille; son peuple, c'étaient ses enfants et ses petits-enfants; il avait eu douze fils, qui furent les chefs des douze tribus d'Israël. La vie privée de Jacob fut comme un symbole du Nouveau Testament. Pour avoir la bénédiction du vieil Isaac, conseillé par sa mère Rebecca, il acheta d'Ésaü son droit d'aînesse; couvert d'une peau de bête qui le rendait velu comme Ésaü, il reçut, le premier, la bénédiction de son père mourant, que son frère devait avoir avant lui. Cette supercherie, qui n'était pas déloyale, puisque Ésaü avait vendu son droit, fut permise par Dieu pour être l'image de la loi nouvelle, substituée à la loi primitive. Cependant le frère aîné, Ésaü, ne pardonna pas à Jacob d'avoir usé du droit qu'il lui avait cédé; Jacob se retira, ne voulant pas lutter contre son frère, chez Laban, où il resta quatorze ans. Il épousa Lia et Rachel, les deux filles de son hôte, qui était en même temps son oncle. Il eut, en route, un songe que l'on a nommé *l'échelle de Jacob*, parce qu'il y vit une échelle qui montait jusqu'au ciel. L'ange du Seigneur voulut lutter avec lui; Jacob, victorieux, prit le nom d'Israël, qui signifie « fort contre Dieu ». C'était encore une image pour montrer que l'homme-Dieu serait plus fort que la colère divine. Jacob éprouva des chagrins domestiques dans sa vieillesse. Il avait deux fils qu'il préférait, Joseph et Benjamin; c'étaient es enfants de Rachel. Les autres fils, jaloux de Joseph, voulurent le mettre à mort; et, n'ayant pas réussi,

1.

ils le vendirent à des marchands iduméens qui se dirigeaient vers l'Égypte. Ce crime était encore une image de la Passion du Christ, le fils bien-aimé de Dieu, livré à des mains étrangères. Joseph, comme Jésus, vainquit la mort par ses souffrances; son triomphe fut une image affaiblie de celui du Sauveur. Les frères de Joseph, attirés en Égypte par la famine, obtinrent leur pardon, comme les bourreaux de Jésus. Joseph appela en Égypte toute sa famille, et Jacob put voir se réaliser la promesse d'une innombrable postérité que lui avait faite le Seigneur. C'est à son fils qu'il en devait l'accomplissement; c'était une nouvelle image de la postérité que le martyre du Christ devait créer, pour le ciel, parmi les hommes. Jacob mourut, entouré de son peuple, dont il était le vrai père; il avait cent quarante-sept ans; la piété filiale consola ses derniers moments. Peu de grands hommes eurent une aussi belle vie; il est vrai que leur grandeur tout humaine ne ressemble en rien à celle de Jacob. Celle-ci vient de Dieu, l'autre de l'orgueil humain.

SÉMIRAMIS

Reine en 1916. — Morte en 1874 av. J.-C.

Ce fut la grande reine de l'antiquité. On dit qu'elle se distingua au siège de Bactres; c'est le commencement de sa fortune. Elle avait épousé un officier de Ninus. Ce dernier l'épousa, à son tour, après avoir réduit au désespoir son premier mari qui s'était tué. Ninus répara sa faute en laissant l'empire à Sémiramis, qui se trouva en être digne. Elle agrandit Babylone et fit construire une enceinte garnie de tours ; elle jeta un pont sur l'Euphrate, construisit deux palais immenses et un temple au dieu Bel, ainsi qu'un obélisque de 130 pieds de long sur 25 d'épaisseur ; il fut transporté d'Arménie à Babylone, dans une des rues les plus fréquentées de cette ville. A Paris, nous avons aussi le nôtre, qui vient d'Égypte, et qui orne notre belle place de la Concorde. Il est à remarquer que Rome aussi possède ses pyramides ; c'est un monument destiné aux grandes capitales. Sémiramis eut l'ambition d'un grand empereur, elle rêva la monarchie universelle ; l'Inde était, à cette époque, le point de mire des grands conquérants ; de nos jours, elle a placé l'Angleterre, qui la possède, au premier rang des nations modernes. Sémiramis tourna ses regards de ce côté ; elle livra deux batailles sur les bords de l'Indus. Victorieuse dans la première, elle perdit, dans la seconde, une grande partie de son armée ; elle rentra dans ses États avec deux blessures et eut la douleur de voir son fils Ninyas conspirer contre elle. Cette grande reine, lassée des fatigues du pouvoir, abandonna le trône, de gré ou de force, à son fils, qui n'était pas digne d'une aussi grande fortune. Les femmes célèbres ont été très remarquées dans l'histoire, et, parmi elles, Sémiramis a laissé de grands souvenirs; sa mémoire a inspiré plus d'un grand poète et plus d'un grand musicien. On dit qu'elle avait le courage et les qualités d'un homme. Cependant, ce fut seulement à cause de sa grande beauté qu'un officier de Ninus commença sa fortune en l'épousant. Il y a, dans cette tradition, quelque chose de semblable à l'histoire de la grande Catherine, qui fut la compagne et l'héritière de Pierre le Grand. A la distance où nous sommes, il est difficile d'apprécier un personnage historique aussi ancien ; mais, comme l'histoire ne vit que de tradition, une des preuves de la grandeur de cette reine, c'est que sa mémoire a été honorée, avec une grande persistance, par toutes les générations qui ont succédé à la sienne. Les bruits s'affaiblissent en s'éloignant; il doit en être de même pour celui de la renommée, et, s'il persiste à travers le lointain des âges, c'est une preuve véritable de la grandeur de son origine.

JOSEPH

1745 à 1635 av. J.-C.

Ce patriarche, fils bien-aimé de Jacob, est considéré, dans l'Écriture, comme l'image de Notre-Seigneur

Jésus-Christ. Il était prophète dans sa famille, et ses frères, jaloux de lui, le jetèrent dans une citerne ; puis, n'osant pas le mettre à mort, ils le vendirent à des marchands qui l'emmenèrent en Égypte. Il y devint l'esclave de Putiphar, officier de Pharaon. Joseph, victime de la haine que sa résistance avait inspirée à la femme de Putiphar, fut faussement accusé par elle de lui avoir manqué de respect et jeté en prison. Là, il expliqua les songes du panetier et de l'échanson de Pharaon ; l'accomplissement de sa prédiction donna au roi l'envie de le consulter sur son fameux songe des sept vaches maigres et des sept vaches grasses. Joseph expliqua le songe en prédisant sept années d'abondance et sept années de disette. Pharaon, pour récompense, le chargea de l'administration de l'Égypte et sa sagesse prévoyante la fit échapper à la famine qu'il avait prédite Les fils de Jacob, envoyés par leur père dans ce pays, pour acheter du blé, furent présentés au ministre, Joseph, leur frère, qu'ils ne reconnurent pas. L'âme généreuse de Joseph s'émut à leur vue ; il oublia les offenses et ne se rappela que sa tendresse. Il les combla de biens pour se venger ; vengeance de chrétien! Plus tard, il attira toute sa famille auprès de lui et forma ainsi le premier rameau de cet arbre israélite qui devait s'étendre sur une grande partie de l'Égypte. Les fils de Jacob y étaient venus au nombre de 70 ; quand, plus tard, du temps de Moïse, un autre pharaon les expulsa, ils étaient plus de 1,000,000 d'hommes. A propos de Joseph et de la mort de Jacob, la Bible raconte des prédictions authentiques qui s'appliquent à Notre-Seigneur Jésus-Christ. On peut les lire encore dans le texte hébreu; elles sont d'une clarté qui ne peut être contestée que par les gens de mauvaise foi. Le nom de Joseph a été porté par un autre saint personnage de l'Évangile qui eut l'honneur de servir de père au fils de Dieu et d'époux à la sainte Vierge; l'histoire de saint Joseph appartient aux annales du christianisme; il faudrait une plume comme celle de saint Jean pour l'écrire d'une façon complète et digne d'un aussi grand saint. On voit combien ce nom de Joseph fut illustre. Pour les chrétiens, il est honoré après ceux de Jésus et de Marie.

MOISE

1705 à 1585 av. J.-C.

En 1705 avant Jésus-Christ, le pharaon d'Égypte ordonna de noyer tous les fils des Hébreux. Un jour, la fille de Pharaon, se promenant sur les bords du Nil, aperçut dans les roseaux un panier contenant un enfant qui flottait sur l'eau; la princesse sauva l'enfant, l'emporta dans son palais et l'éleva comme s'il était de la maison de Pharaon. Cet enfant prédestiné, c'était Moïse. A l'âge de quarante ans, ayant connu sa naissance, il retourna vivre avec les Hébreux. On dit même qu'il tua un Égyptien qui frappait un des siens ; ces meurtres sont fréquents chez le peuple juif. Moïse se sauva au désert de Madian et épousa, dans cette retraite, la fille du prêtre Jéthro. Dieu avait de grands desseins sur lui ; il le chargea de faire sortir d'Égypte le peuple d'Israël et de punir le roi de ce pays par les dix plaies si fameuses qui ne devaient qu'endurcir son cœur. Moïse triompha enfin des résistances de Pharaon et confondit les prêtres égyptiens, réduits à l'impuissance devant ses miracles. Les Hébreux traversèrent, en 1625, la mer Rouge, qui s'ouvrit à la voix de Moïse, et qu'ils passèrent à pied sec, entre deux murs de vagues. Cette même mer se referma sur les Égyptiens après le passage des Hébreux, et engloutit, dans la profondeur de son abîme, le pharaon et son armée. Moïse continua de conduire et de gouverner le peuple juif que Dieu lui avait confié. Il le mena jusqu'aux confins de la terre promise ; il fut aidé, dans son gouvernement, par son frère Aaron, qui était grand prêtre d'Israël. Moïse fut admis, sur le mont Sinaï, en présence du Dieu vivant. Il en rapporta la loi sacrée sur des tables qu'il brisa d'indignation en retrouvant son peuple prosterné devant le veau d'or. On dit que Moïse apparut environné de gloire et comme ayant encore l'auréole de la lumière divine ; les Hébreux, qui n'avaient pu supporter la vue du Dieu vivant, furent effrayés à l'apparition de Moïse et demandèrent grâce en se prosternant la face contre terre. La punition fut terrible; des milliers de victimes expièrent le crime de tout un peuple; c'était la peine du talion, ce n'était pas encore la loi de charité. Moïse lui-même, qui avait vu Dieu de si près, eut un instant de défaillance en frappant le rocher du désert d'où devait sortir une fontaine destinée à désaltérer les Hébreux. Moïse frappa deux fois, comme si la parole de Dieu ne suffisait pas. Ce doute injurieux et incompréhensible fut puni par Dieu lui-même. Moïse n'eut pas l'honneur de conduire son peuple jusqu'en Chanaan; il mourut âgé de cent vingt ans, en 1585, sur le mont Nébo. Sa mort fut entourée de mystère, comme sa naissance. L'Écriture raconte toutes les faveurs dont il fut l'objet. Dieu le choisit et l'aima. C'est lui qu'il chargea de rédiger la sainte Écriture. Ce livre se compose de la Genèse, l'Exode, le Lévitique, les Nombres et le Deutéronome. On l'appelle l'Ancien Testament. C'est un admirable code civil et religieux. Moïse a été représenté, dans sa gloire, par un homme de génie digne de le comprendre, l'immortel Michel-Ange. Moïse est l'une des grandes figures de notre histoire sacrée; il fut l'un des précurseurs du Christ, et, tout en restant homme par quelques défaillances, il fut un grand prophète, et Dieu le chargea de sa mission divine. Tous les grands hommes politiques sont bien peu de chose auprès de cette grande figure.

SÉSOSTRIS

1491 av. J.-C.

Le règne de Sésostris, appelé aussi Ramsès le Grand, ne fut pas l'un des moins glorieux de l'Égypte. Sésostris fut l'un des plus grands conquérants de l'antiquité. Pendant soixante ans, il resta sur le trône ; son règne date de 1400 ans avant notre ère. Il était fils de Séthos Ier, le vainqueur des Arabes, le conquérant de la Syrie, de l'Arménie, de l'Éthiopie. Sésostris est le héros de l'Égypte, comme Alexandre le fut de la Macédoine, César de Rome, et Napoléon Ier de la France. Il avait été élevé à la rude école des armes ; il savait supporter la faim, la soif et toutes les fatigues ; il sut donc commander en personne à son immense armée. Ses conquêtes s'étendirent jusqu'au cœur de l'Asie ; sa lutte avec les Syriens dura quatorze ans, d'après Diodore de Sicile. Sésostris aurait, comme Alexandre, porté ses armes jusque dans l'Inde. Sésostris, après ses conquêtes, employa les nombreux esclaves qu'il avait faits à construire ces remarquables monuments qui étonnent encore aujourd'hui les voyageurs ; il établit également de nombreux canaux. Il construisit des temples gigantesques, des obélisques où l'on voyait le récit de ses victoires et le nom des peuples vaincus par lui. L'un de ces monuments figure encore aujourd'hui sur notre place de la Concorde, à Paris ; c'est un témoin que la science fera peut-être parler un jour. Nous ne lisons pas couramment ses hiéroglyphes, mais il nous représente Sésostris et son siècle.

ZOROASTRE

du XIIIe au VIe siècle av. J.-C.

Ce fut le Moïse de la religion des Perses ; il enseigna le culte du feu. On raconte qu'il vécut dans une grotte et fut enlevé sur une montagne, où il se trouva seul avec Dieu. Cette révélation donna naissance à la religion des Perses, fondue dans celle des Mèdes. N'est-ce pas là l'histoire de Moïse? Avec un peu de bonne foi, on retrouve la tradition biblique dans toutes ces légendes de l'antiquité païenne ; le mensonge humain a dénaturé la vérité divine. Quelque jour, la lumière se fera ; la science sera forcée de reconnaître que toute l'histoire de l'humanité se trouve dans l'Écriture sainte et que les Védas de l'Inde, les livres de Confucius, les Nosks de Zoroastre, et jusqu'à la mythologie des Grecs et des Latins, ne sont que des paraphrases et de pâles copies des grandes figures du judaïsme et du christianisme. Zoroastre fut honoré, en Perse, comme un grand réformateur ; autre ressemblance qu'il eut avec Moïse, il mourut sur une montagne où il disparut : telle fut aussi la mort de Moïse.

Zoroastre enseignait une trinité divine, où l'ange du mal obtenait le rang qu'il avait osé rêver dans le ciel; la main de Satan avait passé sur les traductions de la Bible. Les Perses honorent encore le soleil qui figure au trophée de leurs armes; la civilisation les fera peut-être un jour revenir au culte du vrai soleil de justice et de vérité, qu'ont adoré leurs premiers pères.

ORPHÉE

1300 av. J.-C. environ.

Ce personnage est tout à fait légendaire. Tout est mystère dans sa vie, dans sa naissance et dans sa mort; il fut chantre sublime et poète lyrique. Il était né en Thrace; on le disait fils du roi OEagre, qui est le fameux Ogre des contes de fées, géant dont on trouve la trace dans la sainte Bible. Sa mère était la muse Calliope. On lui donne encore pour parents Apollon et Clio. Avec une pareille famille, il ne pouvait manquer d'être un maître dans l'art du chant et de l'harmonie; aussi disait-on que les animaux féroces étaient fascinés par la douce musique de sa poésie. Les poètes se sont emparés de ce personnage qui dut valoir quelque chose; on peut le croire par tout le bien qu'on a dit de lui. On a raconté la perte de sa femme Eurydice, qu'il est allé chercher jusqu'au fond des enfers. Pluton, touché par ses larmes et, probablement aussi, par ses chants, consentit à la lui rendre, à condition qu'il ne se retournerait pas pour la regarder. Orphée n'eut pas la force de subir cette loi bizarre; il voulut revoir Eurydice, et elle disparut à ses yeux pour toujours. Ce trait montre dans quel monde poétique il a vécu, lui et ses historiens. Rien n'a manqué à la gloire d'Orphée, pas même le prestige militaire; il fut de la fameuse expédition des Argonautes dont faisait partie Jason, le mari de l'horrible Médée. Les douleurs d'Orphée eurent pour témoins les bois de l'Hémus et de l'Olympe; les arbres eux-mêmes en étaient émus. Un pareil poète devait avoir une fin extraordinaire; il fut, en effet, mis en pièces par les femmes de Thrace, furieuses de son mépris et jalouses de sa constance. Les traditions représentent Orphée comme initié au dogme d'une religion mystérieuse; c'étaient, peut-être, les traditions des Juifs qu'il était allé chercher en Égypte. Il composa des poèmes, des hymnes; il y parla des géants, de Proserpine, d'Osiris, des Argonautes. Tout cela est un mélange de paganisme et de tradition biblique; il est probable que l'imagination féconde des Grecs y a beaucoup ajouté. Cependant, s'il est vrai qu'Orphée adoucit les mœurs de son temps, qu'il connut l'astronomie et qu'il enseigna la morale avec autant de succès que la poésie, il faut admettre que ce fut un grand génie dont les traits se perdent dans le lointain des âges, mais dont la figure est restée grande, plus grande peut-être qu'elle ne l'était réellement, dans le souvenir des générations qui lui ont succédé.

ACHILLE

1270 av. J.-C.

Le bouillant Achille fut l'un des héros de la guerre de Troie; ce fut un personnage plus légendaire qu'historique. Nous sommes forcés de nous en rapporter, pour ce qui le concerne, à l'*Iliade* et aux poètes grecs. Tout ce qu'Homère raconte de lui prouve qu'il fut un grand prince et un brave guerrier. Il était fils de Pélée, roi de la Phthiotide; la légende dit que, dans son enfance, il fut plongé dans le Styx, ce qui le rendit invulnérable; mais, comme on le tenait par le talon, ce fut la partie de son corps qui resta vulnérable, et c'est précisément au talon que Pâris lui fit, avec une flèche, une blessure mortelle. Achille était resté caché, sous des habits de femme, à la cour de Lycomède, parce que ses parents ne voulaient pas qu'il allât au siège de Troie. Ulysse, qui était la ruse en personne, le découvrit et l'emmena volontairement, car ce guerrier n'avait pas l'habitude de se faire prier, pour aller au combat; mais il était aussi mutin que brave. Agamemnon lui ayant enlevé sa belle esclave, Briséis, Achille bouda et se retira dans sa tente; il fallut la mort de son ami Patrocle pour l'en tirer; il reprit ses fameuses armes, qui ont aussi leur légende, et tua Hector pour venger son ami. Il est inutile de rien ajouter à ce portrait qu'il vaut mieux lire dans Homère. Pour nous, Achille restera ce guerrier brave jusqu'à la témérité, se signalant dans les combats singuliers, sorte de duels qui n'exigeaient pas de grands talents militaires. C'était l'enfance des armes et l'enfance des sociétés. Achille était jeune, ardent, brave et beau; il n'en fallait pas davantage pour qu'il fût célèbre et qu'il méritât d'être chanté par Homère. Il est devenu un héros, et c'est comme tel qu'il a passé à la postérité; la critique de l'histoire n'a pas de prise sur tous ces personnages antiques. Le pinceau du maître a été si habile, les couleurs de sa palette ont été si vives, que le portrait résiste encore aux injures du temps. Ces personnages de l'antiquité n'ont pas le génie moderne, ni la grandeur d'âme chrétienne; leurs vertus sont tout humaines, mais elles sont racontées dans un si beau langage, que ces grands hommes sont restés, pour nous, plus grands qu'ils ne l'ont été en réalité.

ULYSSE

1270 av. J.-C.

Ce héros grec, roi d'Ithaque, est encore un contemporain du siège de Troie, auquel il prit, bien malgré lui, une part des plus actives. Ulysse poussa la sagesse jusqu'à la ruse; ne voulant pas, d'abord, faire partie de l'expédition de Troie, il feignit la folie. Palamède plaça le fils d'Ulysse dans le sillon de la charrue que conduisait son père; ce stratagème mit à jour la feinte d'Ulysse, qui fut obligé de partir pour la guerre. C'est lui qui, à son tour, découvrit Achille, caché sous des habits de femme; c'est encore lui qui retrouva les armes d'Achille; ce fut lui qui s'empara du palladium des Troyens, et qui fit entrer dans Troie le fameux cheval de bois. Après la prise de Troie, le retour d'Ulysse à Ithaque fut marqué par les aventures les plus extraordinaires; elles font le sujet de l'*Odyssée*, l'un des chefs-d'œuvre d'Homère. Ce livre porte le nom grec d'Ulysse. Que ces aventures aient existé réellement, en partie du moins, ou qu'elles soient dues à l'imagination brillante d'Homère, c'est ce qu'il nous est difficile de dire; il faut se contenter de rappeler, sommairement, la fidélité de Pénélope, la femme d'Ulysse, qui attendait toujours, en défaisant la nuit le travail qu'elle avait fait le jour, le retour d'un époux qu'on disait mort et que mille prétendants voulaient remplacer. Elle avait mis, pour terme à sa fidélité, ce fameux travail qu'on appela le « travail de Pénélope », qui dura des années et qui, depuis, est resté proverbial. Rappelons encore le séjour d'Ulysse dans l'île de Calypso. Toutes ces aventures, ainsi que celles de Télémaque, son fils, sont encore racontées dans un livre qui est le chef-d'œuvre de Fénelon. Au point de vue historique, en laissant de côté la partie romanesque de la vie d'Ulysse, il y a deux faits qui, sans être absolument éclaircis, doivent être retenus, à cause de leur importance. Ces faits, les voici : on attribue à Ulysse un assez long séjour en Italie. Comme il fut le principal héros de l'*Odyssée*, il fut aussi l'un des principaux personnages de l'*Iliade*, le chef-d'œuvre de Virgile. On prétend que Romulus et Rémus, les fondateurs de Rome, furent les descendants d'Ulysse. L'autre fait n'est pas moins curieux. Ce prince grec aurait été, également, le fondateur de Lisbonne, la capitale du Portugal. Il revint enfin dans ses États et y mourut, de la main d'un de ses fils qui ne le connaissait pas. Tout devait être romanesque dans cette existence; c'est ainsi que, avec l'imagination des Grecs, chaque ruisseau devenait un fleuve, chaque petit lac une mer, chaque rocher une montagne, chaque guerrier un demi-dieu. Nos héros chrétiens sont moins brillants, mais ils sont, peut-être, plus vrais.

MÉNÉLAS

1270 av. J.-C.

Ce roi de Sparte n'est guère connu de nous que par son mariage avec la belle Hélène, fille de Tyndare, son prédécesseur au trône, et par les infortunes conjugales qui en furent le résultat le plus clair. Il est probable que l'enlèvement d'Hélène par le beau Pâris, fils de Priam, roi de Troie, aurait passé inaperçu pour la postérité, sans le génie d'Homère qui a peint, sous les plus vives couleurs, des portraits dont les figures eussent été, sans lui, peu dignes d'attention. Enfin, comme raison de l'importance de cette singulière personnalité, on peut dire que la guerre de Troie, qui a duré douze ans et dont les malheurs de Ménélas furent encore plus le prétexte que la cause, a été l'événement le plus considérable de l'antiquité. On date l'histoire ancienne de la prise de Troie, comme l'histoire moderne de celle de Constantinople. Ce siège mémorable a laissé dans l'histoire une trace ineffaçable qui est un point de repère principal dans les événements de l'époque. Ménélas, lui-même, devait avoir quelque valeur personnelle pour attirer à sa cause les Grecs au point de les décider à l'accompagner, avec leur flotte, jusqu'au rivage de Troie. On comprend que le prince Agamemnon, petit-fils d'Atrée, comme son frère Ménélas, lui ait accordé le secours de ses troupes ; mais Homère nous raconte que Ménélas entraîna dans sa querelle tous les rois de la Grèce. Cette vengeance privée devint une guerre nationale pour les Hellènes, et l'affront fait à Ménélas fut lavé dans le sang troyen. La ville ennemie fut prise et détruite, après un siège de douze ans ; les Grecs y pénétrèrent par l'ingénieuse surprise du fameux cheval de bois inventé par Ulysse. L'histoire raconte que Ménélas fit des prodiges de valeur dans cette campagne entreprise à cause de lui, et qu'il vit fuir honteusement son rival. Il put, enfin, ramener Hélène à Sparte, suivant les uns, aussitôt après la destruction de Troie, suivant d'autres, après une odyssée de huit ans, qui n'a pas paru digne à Homère d'être racontée, comme celle d'Ulysse. Ménélas mourut ensuite, sans jouir longtemps de sa victoire ; les mœurs du temps permettent de supposer que sa mort ne fut pas naturelle. Tel fut ce Ménélas, célèbre par ses malheurs et par la fameuse guerre qui en a été la suite. Le grand cadre de l'*Iliade* a fait ressortir singulièrement les traits de cette figure historique.

ÉNÉE

1270 av. J.-C.

Ce personnage de l'*Énéide* de Virgile fut un prince troyen qui se réfugia en Italie, après la prise de Troie.

La légende raconte qu'il portait sur son dos ses dieux pénates, avec son vieux père Anchise, et qu'il conduisait par la main son jeune fils Ascanius. C'est ainsi qu'il sortit de Troie en flammes. Ayant perdu sa femme Créüse, pendant la route, il erra sept ans sur les mers, avant d'aborder en Afrique et en Italie. Virgile suppose qu'il épousa Didon, reine de Carthage, mais rien n'est moins certain; il est même probable qu'elle ne vivait pas à la même époque. Ayant débarqué en Italie, Énée y épousa Lavinie, fille du roi des Latins. Ce mariage amena la guerre avec Turnus, autre roi du pays, qui fut défait par Énée. Ce dernier justifiait, par le succès de ses armes, la réputation de bravoure qu'il s'était déjà acquise pendant le siège de Troie. Il bâtit plusieurs villes en Italie et fut le véritable fondateur du Latium. Il disparut dans un combat contre les Rutules, et l'on en fit un dieu. Son fils Ascanius lui succéda, mais Lavinie lui avait donné un autre fils, nommé Sylvius, dont on a fait, comme d'Ulysse, un ancêtre de Romulus. Énée eut les aventures les plus extraordinaires. Les poètes le font descendre aux enfers. On dit qu'il voyagea dans un grand nombre de contrées et plusieurs auteurs contestent son séjour en Italie. Il vaut mieux s'en tenir à la version de Virgile. Quelque grand qu'ait été Énée, c'est surtout au prince des poètes latins qu'il doit son immortalité.

HERCULE

1262 av. J.-C.

Ce personnage légendaire passa pour fils de Jupiter, ce qui le fit considérer comme un dieu, ou plutôt comme un demi-dieu par les Grecs, ses compatriotes. Hercule fut dépossédé de ses États par son frère Eurysthée, qui lui infligea les douze travaux dont parle l'histoire. Les principaux sont : le combat contre le lion de Némée, contre le sanglier d'Érymanthe, contre l'hydre de Lerne, contre le taureau de Crète, contre le roi de Thrace, Diomède, sorte d'anthropophage, tué par Hercule. Il y a encore les pommes d'or des Hespérides, les écuries d'Augias, la guerre contre les Amazones, la délivrance de Thésée, la défaite du géant Antée, qui reprenait des forces lorsque ses épaules touchaient la terre qui était sa mère; la lutte contre les Centaures, ces hommes moitié chevaux, moitié hommes; la séparation des montagnes du détroit qu'on appela, depuis, les colonnes d'Hercule; enfin, la mort du centaure Nessus et la délivrance de Prométhée et d'Hésione. On lui attribue encore la prise de Troie et de plusieurs autres villes de l'Asie Mineure. Déjanire, sa femme délaissée, lui envoya la tunique de Nessus qui le brûla, au point que, pour échapper à cette torture, Hercule se jeta dans les flammes d'un bûcher. A côté des travaux d'Hercule, il y a ses faiblesses ; il s'oublia aux pieds de la reine Omphale jusqu'à filer, comme une femme, de ses propres mains. Hercule est la représentation de la force physique ; il est permis de croire ou que ce personnage n'a jamais existé, ou qu'on a attribué à un seul Hercule les hauts faits et les exploits de plusieurs personnages du même nom. Les Grecs, qui étaient de hardis explorateurs, ont pu trouver dans les Indes le type de ce héros, dont ils ont plus tard attribué tous les mérites à l'un de leurs princes. Il est difficile de croire qu'un même homme ait pu faire tout ce qu'on rapporte d'Hercule ; à son égard, la légende se place devant l'histoire comme un verre grossissant. Bacchus avait eu déjà les honneurs de la Mythologie. Si Napoléon eût vécu dans ces temps reculés, on l'eût mis au rang des demi-dieux, comme tous ces personnages rendus fabuleux par l'imagination des Grecs. Ce peuple, ami des lettres et des arts, a fait une histoire pour chacun des petits faits contemporains et pour chacune des individualités remarquables de cette époque. Hercule est plutôt un idéal qu'une figure historique. Ce fut probablement une création du génie littéraire, et on lui a prêté toutes les vertus, toute la puissance qu'il aurait pu avoir. Il a résumé, dans sa personne, tous les exploits de la force humaine au service d'un grand courage. Le côté moral de cette légende, c'est que cette grande force physique,

Hercule ne l'employa jamais que pour de bonnes actions. Chez les anciens, qui avaient le sentiment vrai de la grandeur humaine, tout ce qui était grand devait être bon. On n'avait pas encore inventé l'apologie du crime.

MÉDÉE

1200 av. J -C.

Cette femme fut célèbre, dans l'antiquité, par la grandeur de ses crimes et l'audace qu'elle mit à les commettre. Elle était fille du roi de Colchide. Jason, prince grec, chef de l'expédition des Argonautes, à la recherche de la Toison d'or, devint son époux, après avoir été son vainqueur. La tradition raconte que Médée aida Jason dans sa difficile conquête; il emmena cette princesse dans sa patrie; elle y signala sa présence par des crimes qui l'en firent chasser avec son époux. Ils se réfugièrent à Corinthe. Jason l'ayant abandonnée pour épouser la fille du roi Créon, Médée se vengea, d'une façon terrible, en égorgeant le roi, sa rivale et ses propres enfants. Elle devint, à son tour, la femme d'Égée, roi d'Athènes; de nouveaux crimes la firent exiler, et elle retourna dans les États de son père. Sa férocité était si grande que l'imagination de ses contemporains lui attribua la puissance surnaturelle, comme à une célèbre magicienne. Au fond, elle est surtout connue pour avoir servi de sujet aux tragédies d'Euripide et de Corneille; il suffit parfois du caprice ou du choix d'un grand littérateur pour immortaliser une figure de l'histoire. Les anciens admiraient souvent les grands crimes à l'égal des grandes vertus; ils y voyaient une sorte de manifestation de la colère de leurs dieux imparfaits. C'est ainsi que des personnages, qui eussent été pour nous de vulgaires criminels, sont devenus des héros légendaires. Plus d'un bandit de l'antiquité a dû à l'imagination grecque de passer pour un demi-dieu. Ce qu'on a admiré dans Médée, c'est la puissance de sa haine, qui la poussa à se venger de Jason sur ses propres enfants. Ce crime n'est pas ordinaire, mais il n'a rien de grand. Si Médée n'eût pas été une princesse fameuse par sa renommée et par sa beauté; si elle n'eût été qu'une simple plébéienne, tous ses crimes n'auraient point trouvé grâce devant la muse d'Euripide qui, le premier, l'a popularisée. On peut s'étonner qu'un tragédien aussi doux que le tendre Euripide ait traité un pareil sujet. C'est peut-être la loi des contrastes. Pour nous, chrétiens, nous ne retiendrons de Médée que la grandeur du portrait qui en a été fait par des hommes de génie.

SAMSON

Juge en 1172 av. J.-C.

Samson fut un personnage célèbre de l'Écriture sainte; il fut renommé pour sa force herculéenne. On raconte de lui qu'un jour, dans un combat, il assomma 1,000 Philistins avec une mâchoire d'âne; une autre fois, enfermé par eux dans Gaza, il sortit des mains des terribles ennemis du peuple juif, en emportant sur son dos une des portes de la ville. Samson fut un des juges d'Israël; pendant vingt ans, il exerça le pouvoir parmi les Juifs et triompha, dans plusieurs rencontres, des ennemis de son pays. Mais Samson, dont la jeunesse avait été vertueuse, eut une faiblesse qui le perdit dans l'âge mûr : il aima Dalila, femme indigne de lui, qui le livra aux Philistins. Il lui avait confié que sa force extraordinaire venait de ses longs cheveux; Dalila les lui coupa pendant son sommeil. Dès lors, privé de sa force indomptable, il tomba au pouvoir de ses ennemis, qui lui crevèrent les yeux. Les Philistins, cruels et lâches dans leur facile victoire, se firent un jouet de ce géant; mais un jour, sans qu'ils s'en aperçussent, les cheveux de Samson repoussèrent et, sentant ses forces renaître, il exécuta contre ses ennemis une vengeance digne de ses premiers exploits. Se trouvant au milieu des Philistins qui le raillaient, il ébranla, de ses mains vigoureuses, les colonnes de l'édifice où ils donnaient une fête ; c'est ainsi que mourut Samson, enseveli sous les décombres d'un palais, avec 3,000 Philistins. Cette vie tient du prodige ; mais elle est aussi une légende et, en même temps, un apologue : c'est la force physique vaincue par la ruse ; c'est la force de la vertu abattue par le vice. L'histoire du peuple de Dieu est pleine de ces enseignements ; c'est une grande leçon donnée à l'homme par la Divinité, en attendant l'exemple sublime et inimitable du sacrifice de l'homme-Dieu.

SAMUEL

1132 av. J.-C.

Ce grand prophète fut juge d'Israël ; il fut même le dernier des juges. D'une piété et d'une foi remarquables, il mérita, par sa sainteté, de diriger le peuple juif avec sagesse pendant plusieurs années. Ses fils, n'ayant pas imité son exemple, mécontentèrent le peuple qui demanda un roi. Samuel donna aux Juifs une leçon de haute philosophie, qui pourrait servir à toutes les époques de l'humanité ; il leur dit : « Vous voulez un roi qui vous fera payer des impôts, qui prendra vos filles pour l'ornement de ses palais, vos fils pour garder sa personne royale ; ce roi vous fera travailler pour lui; la justice sera rendue en son nom; s'il a quelque querelle avec ses voisins, il fera verser votre sang pour sa gloire; vous travaillerez pour enrichir ses trésors. Vous serez sa chose, et il sera votre maître. Jusqu'à présent, vous n'aviez d'autre maître que Dieu, qui est un père pour vous. Réfléchissez! » Comme plus tard les Juifs, du temps de Pilate, crièrent : « Nous voulons Barrabas, » de même, ceux du temps de Samuel répondirent : « Nous voulons un roi! » Saül fut sacré par Samuel, qui renonça au pouvoir politique et conserva le pouvoir religieux. Sous son administration, quoiqu'il fût plutôt un homme de Dieu qu'un homme politique, il n'en chassa pas moins les Philistins du territoire d'Israël. Saül n'ayant pas gouverné selon l'esprit de Dieu, Samuel le remplaça secrètement par David, qu'il sacra roi, suivant les ordres de Dieu. Saül, dit-on, luttant contre David, évoqua l'ombre de Samuel qui lui apparut et le condamna. Samuel fut l'auteur de quelques-uns des livres sacrés de l'Ancien Testament. Serviteur de Dieu, il fit le bien, pour plaire à son maître, et rentra dans la retraite, sans regret comme sans faiblesse. Ce fut un saint. Sa vie est moins légendaire que celle des héros politiques; mais, s'il eut une petite place dans l'histoire, il en obtint une grande dans le ciel.

DAVID

Né en 1086 av. J.-C.— M. en 1016 av. J.- C.

David fut choisi par le Seigneur. Tout jeune, il se signala par son courage et sa foi; il vainquit le géant Goliath, qui le méprisait à cause de sa jeunesse et de sa petite taille. Goliath insultait les enfants d'Israël et provoquait le plus brave d'entre eux en un combat singulier. David, inspiré par le Seigneur, se présenta, armé seulement d'une fronde et d'un bâton; il est vrai qu'il dit à son ennemi que Dieu armerait son bras. Goliath fut vaincu, et David devint le favori d'Israël et de Saül, son roi. Ce dernier ne tarda pas à être jaloux de cet enfant, qui avait été prédestiné. En effet, c'est à Bethléem que Samuel le consacra au Seigneur, en versant l'huile sainte sur sa tête. La lutte, entre Saül et David, fut acharnée de la part du premier, généreuse de la part du second. Saül, surpris par David dans une caverne, en fut quitte pour un morceau de son manteau, tandis qu'il pouvait y laisser la vie. Le Seigneur donna raison à David, qui succéda à Saül après la mort de ce dernier. David fut un grand roi, le plus grand d'Israël; il fut l'ancêtre du Sauveur et de la bienheureuse vierge Marie. David eut, cependant, son côté humain. C'est une chose remarquable, dans l'histoire du peuple de

Dieu comme dans celle du christianisme, que de voir avec quels éléments modestes Dieu fit les plus grandes choses. Saint Pierre n'était qu'un pauvre pêcheur, fort ignorant et sans éducation. David, roi et prophète, se laissa aller, sur la pente des passions humaines, jusqu'au crime et jusqu'au meurtre; il fit mourir le général Uri, dont il avait pris la femme. David se repentit, et Dieu, pour le punir, lui envoya un cruel châtiment dans la révolte et dans la mort de son fils Absalon. David composa des psaumes qui furent prophétiques, par une faveur spéciale du ciel. L'Esprit saint les inspira. C'est un monument littéraire de la plus grande beauté; c'est un chef-d'œuvre que nous admirons encore aujourd'hui, et que l'Église, toujours infaillible dans ses choix, a consacré dans ses rites et ses cérémonies. David fut enterré à Sion, après un règne glorieux de quarante ans. Ce fut un grand roi, un grand conquérant, un grand législateur, un grand écrivain, un grand prophète et un grand saint, que l'Église a mis au rang de ses patriarches.

SALOMON

Règne en 1016 av. J.-C. — M. en 976 av. J.-C.

Salomon fut l'un des plus grands rois d'Israël et de l'antiquité. Fils de David et de la célèbre Bethsabée, la femme du malheureux Uri, il profita de la grandeur paternelle, et le commencement de son règne fut remarquable par la sagesse qu'il mit dans tous ses actes. Il y a toujours le côté sanguinaire dans l'histoire de ce terrible peuple juif ; aussi Salomon ternit sa gloire par le meurtre de son frère Adonias et du fidèle Joab. Il fit même exiler le grand prêtre Abiathar ; mais, ayant offert un sacrifice à Dieu sur la montagne de Gabaon, il demanda la sagesse et l'obtint. On cite beaucoup le célèbre jugement qu'il rendit dans la contestation des deux mères réclamant un même enfant : il feignit de faire couper en deux cet innocent objet du litige. Comme il le supposait, la vraie mère se refusa à ce sacrifice et le cri de la nature la fit connaître au roi. Salomon édifia le fameux temple de Jérusalem dont son père, David, avait conçu le projet. Ce fut une des merveilles du monde. Rien ne fut épargné pour assurer la grandeur et la beauté de cet admirable monument. Salomon envoya chercher des matériaux jusque dans l'Inde et, suivant quelques-uns, jusqu'en Amérique, pays alors inconnu et que l'on confondait avec les Indes orientales. Les villes de Tyr et de Sidon lui prêtèrent le concours de leurs flottes et ces voyages d'explorations duraient chaque fois plusieurs années. On employa à la construction du temple les plus habiles ouvriers, les marbres les plus rares et les métaux les plus précieux. Cette magnifique demeure ne fut terminée qu'au bout de sept années et l'œuvre plut au Seigneur qui l'avait inspirée. Salomon était alors au comble de sa grandeur et de sa prospérité. Chacun admirait les belles qualités de ce grand roi au jugement duquel les princes et les peuples soumettaient leurs différends. Il n'était pas seulement un grand prince, il fut aussi un savant, un philosophe et un poète. Il composa des proverbes, le fameux Cantique des cantiques, et le beau livre de l'Ecclésiaste, véritable code de la sagesse humaine. C'est là que se trouve la belle expression : « Vanité des vanités, tout n'est que vanité ! » Ses expéditions lointaines lui attirèrent les hommages de plusieurs princes étrangers et, notamment, de la fameuse reine de l'Arabie, connue sous le nom de Saba. Elle vint à Jérusalem et fut reçue avec une grande pompe. Cette visite et une prospérité sans précédent finirent par agir sur le cœur de Salomon, qui se corrompit. Il épousa un grand nombre de femmes étrangères pour lesquelles il eut la coupable complaisance de faire construire des temples destinés aux idoles qu'elles adoraient. Commencée au service de Dieu, cette belle carrière de Salomon finit par se tourner du côté des passions humaines. Aussi le châtiment du ciel ne tarda pas à frapper ce prince : les peuples qu'il avait conquis se révoltèrent contre lui ; les Iduméens et les Syriens le combattirent ; il vit diminuer sa puissance et, après quarante ans, ce règne se termina par de folles et coupables actions et aussi par les revers qui en furent la suite. Salomon est un grand exemple de ce que l'homme peut faire quand il agit dans les voies du Seigneur, et, par contre, du peu que nous sommes quand l'esprit de Dieu nous abandonne. Le temple de Salomon est resté longtemps une des merveilles du monde; il fut quelquefois pillé par les vainqueurs du peuple juif; les Romains le détruisirent définitivement et une légende disait qu'il ne devrait jamais être reconstruit. En effet, toutes les tentatives faites pour son rétablissement ont complètement échoué.

ÉLIE

945 à 880 av. J.-C.

Ce grand prophète d'Israël vivait vers 900, sous le règne d'Achab et de la cruelle Jézabel. On raconte des merveilles de sa naissance. Sa mort fut plus merveilleuse encore, car il fut enlevé au ciel, dans un tourbillon de feu, à la vue de son disciple favori, Élisée, auquel il laissa son manteau. D'après la tradition chrétienne et l'Apocalypse, Élie et Énoch, enlevé comme lui, seront les deux témoins du dernier drame de la fin du monde. A la transfiguration, Élie apparut, avec Moïse, aux apôtres qui accompagnaient

Notre-Seigneur. Élie commença sa prédication par un essai de conversion sur le roi Achab. Il confondit l'imposture de plus de quatre cents prêtres des faux dieux en offrant lui-même, en leur présence, un sacrifice dont la victime fut dévorée par le feu du ciel. Le peuple mit à mort les faux prophètes, mais Élie dut s'enfuir au désert, pour échapper à la colère du roi. Il y fut nourri par des anges qui lui apportaient du pain et de l'eau. Il avait déjà passé quelque temps dans un désert, proche du Jourdain, à l'époque de la grande famine prédite au roi Achab. Des corbeaux lui apportaient sa nourriture; c'est ainsi qu'on le représente, dans les tableaux qui lui sont consacrés. De ce désert, Élie alla à Sarepta, où il reçut l'hospitalité d'une pauvre veuve qui lui donna le peu de farine et d'huile qu'elle possédait. Il mit l'abondance dans la demeure de cette femme pleine de foi, et lui rendit son fils qui était mort pendant le séjour d'Élie. Ce prophète resta quarante jours dans le désert, comme Notre-Seigneur. Il étendit son manteau sur le Jourdain dont les eaux s'écartèrent pour lui livrer passage. C'est une image de l'odyssée du peuple de Dieu conduit par Moïse, à travers la mer Rouge. Élie sacra Hazaïl roi de Syrie, et Jéhu roi d'Israël. Il prophétisa à Ochosias, successeur d'Achab, qu'il mourrait pour avoir consulté l'oracle de Belzébut. C'est sous Joram, frère et successeur d'Ochosias, qu'Élie fut enlevé au ciel. La tradition juive l'a considéré comme l'un des précurseurs de Notre-Seigneur et l'a confondu avec saint Jean-Baptiste ; mais cette erreur s'explique, si l'on rapporte à la seconde venue de Notre-Seigneur ce que l'on applique faussement à la première. D'après une croyance poétique autant que touchante, Élie et Énoch attendraient, dans le paradis terrestre, la fin du monde où ils doivent jouer le rôle des deux témoins du Fils de l'homme.

ÉLISÉE

934 à 835 av. J.-C.

Ce saint prophète d'Israël est une figure aussi poétique que celle d'Élie, dont il fut le disciple fidèle. Dans cette vie toute pleine de vertus et de bonnes actions, il n'y a ni une tache, ni une défaillance. Ce sont bien là les saints que Dieu se choisit. En effet, Élisée fut désigné à Élie au milieu d'une troupe de laboureurs, et c'est là qu'il reçut le manteau du maître avec l'esprit prophétique. Sa vie ne fut plus, dès lors, qu'un long et saint apostolat. Il suivit Élie jusqu'au moment de son enlèvement, et le remplaça, en Israël, dans sa mission prophétique ; l'esprit et le souvenir du maître soutinrent toujours le disciple. Élisée se trouva en contact avec des rois et de grands personnages. L'histoire raconte qu'il ne perdit jamais sa simplicité d'enfant de Dieu. Il mérita l'honneur de faire des miracles qui ressemblent à ceux de Notre-Seigneur. Il eut sa multiplication des pains, et il ressuscita le fils d'une femme de Sunam. Il guérit de la lèpre l'eunuque Naaman, serviteur du roi de Syrie. L'Évangile raconte ce trait fort intéressant. Cela n'empêcha pas Élisée d'être persécuté, mais Dieu le protégea contre ses ennemis. Il fit des prédictions très justes à des rois de Syrie et d'Israël et mourut en odeur de sainteté, dans un âge fort avancé.

HOMÈRE

907 av. J.-C.

Une grande incertitude existe, parmi les historiens, au sujet d'Homère. Plusieurs villes de l'Asie Mineure se disputèrent l'honneur de l'avoir pour compatriote. On pense qu'il naquit à Smyrne, qu'il vécut à Chio, et qu'il acheva sa vie dans l'île d'Ios. Homère est l'auteur de l'*Iliade* et de l'*Odyssée*, qui sont les plus beaux monuments de la littérature grecque. L'*Iliade* est le récit, en vers, de la colère d'Achille, et se rapporte à la guerre de Troie; l'auteur y fait, avec beaucoup de bonhomie, de grandeur et de naïveté, le portrait des principaux personnages de cette expédition. Il y raconte les mœurs des divers peuples de la Grèce, fait une description fort poétique de ses différentes contrées. L'*Odyssée* est l'histoire des voyages d'Ulysse, fuyant sa patrie après la prise de Troie et revenant dans sa petite île d'Ithaque, auprès de Pénélope, sa célèbre et fidèle épouse. Le second ouvrage n'a pas moins de mérite que le premier. Quoique d'un genre un peu différent, on y retrouve les qualités de l'auteur de l'*Iliade*, avec un peu plus de maturité. Les critiques, qui veulent tout connaître après coup, ont prétendu d'abord qu'Homère n'avait pas existé, et que ses écrits n'étaient qu'un souvenir de rapsodies grecques; ensuite, que l'*Iliade* et l'*Odyssée* n'étaient pas du même auteur. La postérité ne s'est pas arrêtée à ces doutes; elle a admiré et honoré la mémoire d'Homère, et elle a cru à son existence. Ce qu'il y a de vraisemblable dans l'opinion des critiques, c'est que l'œuvre primitive d'Homère a dû être altérée par des commentateurs; elle ne nous est parvenue, en effet, que par la tradition, à une époque où l'écriture n'était pas en usage. Un tyran grec lettré, Pisistrate, recueillit le premier les fragments de l'œuvre d'Homère. A en juger par le style de ces deux ouvrages, par la beauté littéraire qu'on y trouve, par l'unité qui y règne, il est permis de croire que l'œuvre d'Homère nous est parvenue à peu près intacte; quoi qu'il en soit, elle est restée assez belle pour faire honneur à celui qui l'a conçue. Homère n'eut pas une existence heureuse; on dit que, devenu aveugle, il parcourait en mendiant les villes de la Grèce, et qu'il gagnait son pain en récitant ses immortelles poésies. Cette triste fin n'a rien d'étonnant pour qui connaît l'humanité; elle rappelle les dernières années de l'illustre Ésope et la vieillesse du grand Bélisaire. On a prêté à Homère un poème comique, sur les rats et les grenouilles, qui ne paraît pas de lui et qui doit être une parodie d'un auteur grec, resté inconnu. C'est encore dans Homère que nos élèves apprennent la vieille langue de la Grèce, et, tant qu'il y aura des études, on rendra hommage à cet immortel génie; c'est la couronne que lui a décernée la postérité, plus juste que les contemporains.

LYCURGUE

898 av. J.-C.

Ce législateur de Sparte, le seul vraiment célèbre des trois Lycurgues, fut, comme Solon, de race royale; il succéda à son frère Polydecte, mais n'accepta la couronne que pour la rendre à son neveu Charilaüs. Lycurgue se fit remarquer, comme plus tard Solon, par ses voyages en Égypte et en Asie Mineure. C'est probablement en Palestine qu'il alla chercher ses lois; elles étaient toutes militaires et démocratiques. On s'est moqué du brouet noir des Spartiates.

mais il est certain qu'ils vivaient en commun, partageaient leurs biens, et que, chez eux, l'État était tout et la famille rien. Lycurgue avait donné à sa patrie une espèce de consulat composé de deux rois, d'un sénat et d'une chambre des députés ; le monde a vieilli, mais les républicains modernes ont cru inventer quelque chose en rajeunissant ces vieilles institutions. Lycurgue avait proscrit les arts et les lettres qu'il laissait aux ilotes ; pensant que son peuple n'exécuterait pas des ordres aussi sévères, il fit jurer aux Spartiates d'observer sa constitution jusqu'à son retour, et il ne revint jamais de son exil volontaire. On a reproché bien des vices aux Spartiates ; le partage des biens leur avait ôté le respect de la propriété, aussi, chez eux, le vol habile était-il en honneur. Il est certain que les Spartiates, habitués aux exercices du corps, vivant sobrement, surent conserver leur indépendance et jouer un rôle remarquable dans l'histoire militaire de la Grèce ; mais ce n'était pas un peuple aimable, et il n'eut jamais la prospérité et l'éclat de la civilisation athénienne. Lycurgue fut presque un barbare, et son œuvre n'a point duré ; elle peut faire l'admiration des jacobins, elle ne sera jamais imitée par les vrais amis de la liberté.

NUMA

754 à 672 av. J.-C.

Ce second roi de Rome, qui s'appelait Numa Pompilius et était né à Cures, en Sabine, fut un sage législateur et, peut-être, le véritable fondateur de cette puissance romaine, œuvre du conquérant Romulus. A la mort de ce dernier, l'État romain fut profondément troublé. Il y eut une sorte d'anarchie, contenue par le pouvoir naissant du sénat. Rome, qui comprenait deux peuples nouvellement réunis, les Sabins et les Romains, était livrée aux rivalités de ces deux races. Les sénateurs qui avaient sacrifié ce Romulus que, par dérision ou remords, ils avaient mis au rang des dieux, se partageaient le gouvernement, et chacun d'eux était roi pendant cinq jours. Cette convention bizarre n'était qu'une trêve des partis. Ses nombreux inconvénients amenèrent le peuple à demander un roi véritable. On alla chercher, dans la retraite, le gendre de Tatius, le dernier roi des Sabins; il se nommait Numa Pompilius. C'était un homme religieux et austère, qui cultivait les sciences, les lettres et la philosophie. Numa se fit prier pour accepter le trône, mais il s'en montra digne, une fois au pouvoir. Il se fit remarquer surtout par la sagesse de son gouvernement. Comme il regrettait sa retraite et qu'il la continuait parfois, dans cette belle forêt d'Aricie qui existe encore près d'Albano, le bruit courut qu'il y recevait les conseils de la nymphe Égérie. Numa ne s'en défendit pas trop. C'était un moyen habile de faire accepter aux Romains les réformes qu'il voulait leur imposer. Les institutions politiques et religieuses fondées à Rome par Numa furent très nombreuses, et elles illustrèrent son règne. Le temple de Janus, qu'il avait consacré au dieu de la guerre, resta fermé. Les féciaux, sorte de hérauts religieux, qu'il avait créés pour les déclarations de guerre, n'eurent aucun service à rendre pendant la longue vie de Numa, qui mourut sur le trône à l'âge de quatre-vingt-deux ans. On prétend que Numa aurait découvert, dans ses recherches scientifiques, les traces de l'existence du vrai Dieu. L'Italie avait quelquefois des rapports avec les Hébreux et, par là, les savants pouvaient connaître la véritable religion. Numa, quoi qu'il en soit, respecta les dieux de Rome et y continua les traditions païennes. Il commença ses réformes par régler les cérémonies de la religion et par créer huit classes de prêtres. C'étaient les curions, sacrificateurs particuliers à chaque curie; les flamines, ainsi nommés à cause de leur coiffure en forme de flamme, qui étaient spécialement attachés au culte d'une divinité; les célères, ancienne garde de Romulus, dont Numa fit des lévites destinés à aider aux sacrifices; les augures, qui prédisaient l'avenir; les vestales, qui gardaient le feu sacré ; les saliens, chargés des chants et des danses sacrés ; les féciaux, qui dénonçaient la guerre aux ennemis et avaient mission de l'éviter par leurs remontrances; enfin les pontifes, qui formaient la classe des grands sacrificateurs. On doit encore à Numa l'érection d'un temple à la Bonne Foi, où les conventions privées devaient prendre une forme religieuse qui les rendît plus inviolables. La propriété, sujette à de nombreuses contestations, fut sagement limitée par l'installation de bornes sacrées, qui devinrent des dieux termes. On ne pouvait y toucher sans sacrilège. On voit avec quelle habileté Numa faisait servir la religion à l'intérêt public. Pour calmer l'ardeur guerrière des Romains, il leur distribua des champs incultes qui devaient occuper leurs bras plus utilement que les combats. Il répartit le peuple romain en plusieurs corps de métiers et amena la fusion des deux races rivales qui le composaient. L'attention de ce législateur se porta encore sur la famille et sur le mariage, qu'il régla par de sages réformes. Ses études s'étendirent à tant d'objets divers, qu'il s'occupa même de fixer le calendrier, encore imparfait; il fit commencer l'année au mois de janvier et substitua le règne solaire au système lunaire alors en usage. Il découvrit, de la sorte, que l'année devait avoir trois cent soixante jours. Il organisa les mois de vingt-neuf et de trente et un jours, et imagina un mois de vingt-deux jours, nommé *mercidinus*, qu'on devait, tous les deux ans, ajouter à l'année pour compléter le calendrier. Le règne de Numa fut une époque de travail et de paix. Rome n'était occupée qu'aux travaux qui enrichissent une nation ; la guerre, qui l'appauvrit, était délaissée. La prospérité se répandait jusqu'aux alentours de Rome, et Numa faisait plus pour la grandeur de cette ville, par la paix, que Romulus n'avait fait par la guerre. Numa mourut, sans laisser de successeur direct ; il n'avait qu'une fille, nommée Pompélie, qui épousa Martius, père d'Ancus Martius, roi de Rome, après Tullus Hostilius. Par une bizarrerie qu'on ne s'explique pas, Numa avait ordonné qu'on enfermât dans sa tombe tous les manuscrits qu'il laisserait à sa mort. Plus tard, ces écrits furent retrouvés et brûlés, après examen, par l'ordre du sénat. Contenaient-ils le mystère dévoilé de la vraie religion ? Était-ce la révélation de ce Dieu inconnu que respectaient Socrate et Platon ? On serait tenté de penser que Numa avait été initié à la connaissance de la vraie religion, quand on se rappelle toutes les grandes choses qu'il a faites et la sagesse de son règne. Il a mérité le suffrage de Plutarque qui le place au rang de ses héros et qui le regarde comme un bienfaiteur de l'ancienne Italie. De nos jours, Florian en a fait aussi le principal personnage d'un de ses livres. Le mystère qui entoura cette grande figure de l'histoire romaine a conduit des auteurs à nier jusqu'à son existence. Il est consolant de penser que cette opinion n'a pas prévalu, et que Numa nous est resté comme une personnalité vraiment digne du grand peuple auquel il a donné des lois.

JUDITH

659 av. J.-C.

Le général Holopherne, lieutenant d'un roi d'Assyrie, — les uns disent de Darius, les autres de Nabuchodonosor, — assiégeait la ville de Béthulie, en Judée. Il avait coupé les canaux qui alimentaient la ville, afin de l'obliger à se rendre. Les habitants allaient être réduits à se livrer, sans conditions, aux cruautés du vainqueur, lorsqu'une veuve, du nom de Judith, femme d'une grande beauté, forma le projet hardi de sauver sa patrie en immolant le chef des troupes ennemies. Elle alla au camp assyrien, et Holopherne, frappé de sa beauté, lui donna le libre accès de sa tente. Il l'invita même à un repas et, voulant l'honorer à sa manière, il s'enivra sous ses yeux. Judith, restée seule, lui trancha la tête avec sa propre épée, et traversa le camp assyrien chargée de ce sanglant trophée. Lorsque la nouvelle de cette mort se répandit dans l'armée assiégeante, elle fut saisie de terreur. Les Juifs, profitant du désarroi qui naît toujours de l'absence d'un chef, firent une sortie qui acheva de porter le trouble dans les rangs ennemis. Ils firent alors un grand massacre des Assyriens et les obligèrent à lever le siège de leur ville. Telle est l'histoire de Judith, racontée par la Bible. Ce récit a été diversement apprécié par les uns et les autres. Les protestants vont jusqu'à en contester l'authenticité, parce qu'ils veulent voir une approbation, dans ce qui n'est qu'une narration, comme on en trouve beaucoup dans les saintes Écritures. La Bible raconte l'histoire du peuple de Dieu. Le sacrifice de Judith était un fait positif qui avait été la cause du salut d'une ville assiégée; l'Écriture nous rapporte l'événement sans commentaires. Si Charlotte Corday fut appelée, dans un langage assurément fort exagéré, « l'ange de l'assassinat, » on pourrait nommer, au même titre, Judith « l'ange du patriotisme ». Cette dernière, d'ailleurs, combattait un ennemi qui avait les armes à la main. L'état de guerre pouvait justifier son homicide. L'acte de Charlotte Corday est condamnable, parce que nul n'a le droit de se faire justice, ni de se révolter contre la volonté divine, manifestée par des événements même insupportables pour nous. Toute autorité vient de Dieu; la bonne nous est donnée comme par un droit légitime, la mauvaise est permise comme une épreuve que nous devons subir sans nous révolter. Nous n'avons qu'une ressource pour y échapper, si elle nous force à des choses injustes ou immorales;

cette ressource, c'est la résistance passive du martyre. Les commentateurs ont beaucoup discuté la conduite de Judith; inspirée par Dieu, disent les uns, ou par une voix secrète qui n'était qu'un élan de patriotisme, disent les autres. Les moyens qu'elle employa pour arriver jusqu'à Holopherne ne sont pas, il faut le reconnaître, d'une nature irréprochable. La ruse de guerre peut-elle aller jusque-là? Il est aussi difficile de juger le meurtre en question qu'il semble peu possible de le glorifier. Il faut s'en tenir à l'exemple que nous trouvons dans le texte même de la Bible, où cette tragédie est transmise au souvenir des générations futures, sans aucune appréciation. Judith restera donc, pour nous, une figure bizarre, étrange, énergique et sombre.

Laissons-la, sans la regarder de trop près, dans son grand cadre de la Bible, que la poésie et la peinture modernes ont encore embelli par des ornements nouveaux. Judith n'était pas sans mérite, puisqu'un poète en a fait l'héroïne d'une tragédie et qu'Horace Vernet n'a pas craint de lui consacrer une de ses plus belles toiles. Mais, si la beauté morale de Judith a frappé vivement les poètes et les peintres, elle n'a pas, au même degré, touché les philosophes. Ces derniers ont fait leurs réserves; ils ont discuté cette belle veuve du riche juif Manassès, dont la bonne renommée était proverbiale dans la ville qu'elle a sauvée. Mais qu'en doit penser le philosophe chrétien?

En principe, on ne peut approuver l'homicide, encore moins l'assassinat. Cependant, l'état de guerre a ses exceptions tout à fait légitimes. D'un autre côté, si Judith a été l'instrument passif des ordres de Dieu, elle devient absolument excusable. Il reste la question de savoir si Dieu a pu donner de pareils ordres. Elle est impossible à résoudre, car nous ne pouvons juger Dieu. Il est infaillible et tout-puissant. Ce qu'il fait est toujours bon, quand bien même le contraire paraîtrait évident. N'oublions pas, du reste, que l'Ancien Testament était la loi du talion, bien différente de cette loi de charité que nous trouvons dans le Nouveau Testament; la loi du sang n'avait pas encore fait place à la loi d'amour. C'était un état de guerre perpétuelle qui, d'ailleurs, a son image dans la nature. Ne voyons-nous pas tous les êtres qui l'animent perpétuellement en butte aux attaques des animaux plus forts qu'eux? Leur destruction est presque une chose passée en force de loi, dans ce monde qui nous entoure et que nous n'étudions pas assez. Est-il venu à personne la pensée de reprocher à Dieu d'avoir créé des êtres qui s'entre-détruisent journellement et qui ne vivent que de la mort de leurs semblables? Voilà tout un monde que les philosophes peuvent explorer. Laissons donc à Dieu le soin de sa justice, et ne jugeons pas Judith. Rappelons-nous, seulement, que cette femme d'énergie a sauvé son peuple, au péril de sa vie, des cruautés d'un chef de barbares.

SOLON

640 à 559 av. J.-C.

Ce sage législateur naquit à Salamine ; il était issu de la race royale de Codrus, roi d'Athènes. Sa famille avait eu des malheurs. Solon travailla pour vivre et arriva ainsi à rétablir sa fortune, et il revint à Athènes. Les Athéniens tenaient beaucoup à l'île de Salamine qu'ils n'avaient pu reprendre. Ayant eu plusieurs échecs, ils décidèrent que tout citoyen qui proposerait une nouvelle expédition encourrait la peine de mort. C'était bien là cette liberté comme la comprennent nos républicains modernes. Solon, qui n'avait pas encore envie de mourir, mais qui était un homme d'esprit et un patriote, fit comme le sage Ulysse : il contrefit l'insensé et proposa en vers, pour plaire à ce peuple aimable et capricieux, une nouvelle expédition contre Salamine ; il eut l'honneur d'en être chargé et reprit cette île si disputée. Nommé archonte, il eut mission de doter Athènes d'une constitution nouvelle ; il abrogea les lois trop sévères de Dracon et fut assez heureux pour les remplacer par des lois plus humaines et plus pratiques qu'Athènes accepta. Le prudent Solon, qui connaissait ses compatriotes, leur avait fait jurer de respecter ses lois nouvelles jusqu'à son retour à Athènes.

Il s'exila volontairement pendant dix ans, et, quand il revint, il eut la douleur de voir que ses compatriotes avaient oublié leur serment et s'étaient donné un maître, dans la personne du tyran Pisistrate. Solon retourna en exil et mourut à Chypre. Ce fut un grand citoyen. Comme tous les Grecs de l'ancienne Grèce, il fut à la fois habile guerrier, orateur éloquent, poète distingué, littérateur de mérite, homme d'État, sage et instruit; il y avait en lui du philosophe et du professeur. Quant à ses lois, il eut l'honneur de les promulguer, mais il les a probablement rapportées de ses voyages en Égypte et en Asie Mineure. N'oublions pas qu'il y avait, en Judée, un petit peuple chargé par Dieu d'être le dépositaire des vérités éternelles. Ce n'est pas la première fois que nous voyons les hommes remarquables de la Grèce aller puiser leurs connaissances à cette source divine. Le grand Socrate lui-même y avait eu la révélation du Dieu inconnu. Solon y trouva ses lois dans le code de l'éternelle vérité. La lumière divine se répandait au dehors, du milieu du peuple Hébreu qui en était le gardien, et ses rayons ne pouvaient manquer de frapper les grands esprits d'une nation aussi civilisée que les Grecs. C'est l'explication la plus vraisemblable qu'on puisse donner de tout ce qu'il y avait de bien, de grand et d'élevé, dans ces civilisations antiques dont on a fait honneur aux hommes. En réalité, c'est à Dieu qu'il faut rapporter ces choses, car c'est de lui que viennent tout bien et toute vérité. Ces effluves de l'âme humaine étaient comme le premier souffle de cet éternel printemps qu'on appelle le christianisme.

TARQUIN

627 à 578 av. J.-C.

Il y eut plusieurs Tarquins ; leur nom vient de la ville de Tarquinies, située dans l'Étrurie. Des trois Tarquins, le meilleur, ou le moins mauvais, fut Tarquin l'Ancien. C'est lui qui, venant à Rome, s'y rendit populaire par sa magnificence. Le roi Ancus lui confia la tutelle de ses enfants ; il en profita pour les déposséder et se faire nommer roi. C'était une origine injuste pour le pouvoir de cette famille, aussi ne fut-il pas durable pour les Tarquins. Ils rachetèrent cependant le vice de leur fortune en protégeant les arts et les sciences ; ils jouèrent, à Rome, à peu près le même rôle que les Médicis à Florence et, plus tard, en France ; leur règne fut remarquable par un grand développement de la civilisation. Au point de vue politique, Tarquin l'Ancien agrandit le domaine de Rome par la conquête de toute l'Étrurie. Il mourut assassiné par les fils d'Ancus, qui vengeaient ainsi, d'une façon cruelle, les droits de leur famille. Tarquin le Superbe continua la dynastie, après Servius Tullius, son oncle. Son règne fut un mélange de crimes et de progrès ; il agrandit encore le territoire romain, en y réunissant toutes les villes latines des environs ; il acheva le Capitole. Parvenu au trône, en marchant sur les cadavres de Servius et de sa fille, que ce dernier avait épousée et que Tarquin sacrifia à l'ambitieuse Tullie, il termina ses jours en exil, chassé honteusement de Rome après l'outrage que son fils Sextus fit subir à la célèbre Lucrèce. C'est ainsi que la royauté finit à Rome, dans le sang et le déshonneur. Commencée par une aventure, une aventure la termina. N'ayant point pour base la vertu, le mérite, les traditions et les services rendus à la patrie, elle fut rejetée de Rome comme une institution dangereuse. Il n'y a, en effet, de durables, soit qu'on les appelle républiques ou monarchies, que les pouvoirs qui ont pour point de départ la justice et le droit, c'est-à-dire qui viennent de Dieu. Ceux-là seuls sont véritablement légitimes.

SAPHO

612 av. J.-C.

Tout ce qu'on sait de cette femme célèbre de l'antiquité, c'est qu'elle naquit à Lesbos, qu'elle y joua un rôle important, qu'elle se mêla de faire de la politique et qu'on l'exila en Sicile, où elle mourut. Son vrai mérite fut d'avoir, avec un grand talent, écrit des vers qui furent admirés de ses contemporains ; ils lui valurent le surnom de « dixième Muse ». On a conservé fort peu de chose de ses ouvrages ; mais sa physionomie est restée dans l'histoire comme le type des femmes auteurs ; elle s'éleva jusqu'au génie, et, chez un peuple ami des lettres, elle reçut la couronne de l'immortalité. La postérité a ratifié cet hommage qui dut être mérité, pour que le souvenir en soit parvenu jusqu'à nous.

PYTHAGORE

608 à 509 av. J.-C.

Ce savant grec fut le premier qui prit le nom de philosophe. Sa modestie s'effraya du titre de sage qu'avaient porté avant lui les grands hommes de son pays. Qui, cependant, méritait mieux ce nom que cet homme vertueux, dont le seul exemple réformait les mœurs dissolues de ses contemporains ? Pythagore eut une telle influence sur son siècle, qu'un certain mystère est resté autour de sa mémoire. Il a fait de si grandes choses, qu'on lui a attribué toutes les grandes choses faites de son temps. Comme, naturellement, les hommes ne peuvent faire remonter à des causes simples les faits extraordinaires, on a cru que Pythagore était magicien, et quelques auteurs en ont fait un demi-dieu. La vérité est déjà fort belle pour sa mémoire. Pythagore, qui avait quitté de bonne heure l'île de Samos, où il était né, voyagea en Égypte, en Orient et chez les Hébreux. Il rapporta de ses excursions des notions fort complètes sur les sciences et sur la religion. Son esprit, porté à l'étude, forma un tout de ces connaissances diverses. Il remit en faveur les mathématiques oubliées et inventa la fameuse table de calcul qui porte son nom. On dit même qu'il donna aux nombres un langage mystique. C'est ce qui l'a, peut-être, fait passer pour un magicien. On peut même supposer qu'il connut la vraie religion, car on dit qu'il rendait hommage à une divinité à laquelle on ne sacrifiait pas de victimes. Mais sa connaissance de la vérité fut mêlée d'erreurs, car il crut à la métempsycose, fable déjà ancienne, et il enseigna cette doctrine à ses disciples. On prétend même qu'il se souvenait d'avoir déjà vécu dans le corps d'un personnage de l'antiquité. Cette prétention diminuerait beaucoup le caractère sérieux de Pythagore. Son horreur supposée pour les fèves contribuerait encore à cet amoindrissement d'une grande figure historique. On a raconté toutes sortes de contes sur cette superstition, empruntée à la religion égyptienne. Pythagore, du reste, avait soin de ne pas livrer le secret de sa doctrine. Il parlait par énigme, et ses disciples eux-mêmes n'ont jamais bien connu le fond de son système. Ils se contentaient de l'admirer et de lui obéir avec une déférence telle, qu'il parvint à leur imposer, comme épreuve, un silence de plusieurs années. C'était le stage qu'il leur faisait faire avant de les admettre dans sa compagnie. On comprend qu'un pareil homme soit devenu un personnage célèbre et influent; aussi jouissait-il d'un grand crédit dans cette grande Grèce où il fonda son école italique. Il n'avait pu rester à Samos, d'où il avait fui pour se soustraire à la tyrannie de Polycrate. Il passa le reste de sa vie alternativement à Crotone, Métaponte et Tarente, tout en enseignant les mathématiques et la philosophie. Sa mort fut aussi mystérieuse que sa vie ; les uns croient qu'il périt dans l'incendie de la maison de Milon de Crotone, d'autres dans une guerre entre les gens de Syracuse et ceux d'Agrigente. Il est à peu près certain que sa mort ne fut pas naturelle et qu'elle eut pour cause l'envie, qui ne pouvait manquer de s'attaquer à un personnage aussi marquant. Quoiqu'on ait prétendu qu'il fût contemporain de Numa Pompilius, il est probable qu'il vivait du temps des Tarquins. Mais il eut, avec Numa, un point de ressemblance qui prouve à quelle distance ces grands esprits s'étaient éloignés de leurs contemporains, dans l'étude des sciences et de la philosophie. Ce point de contact, c'est le même désir de voir anéantir leurs ouvrages après leur mort. Ils craignaient, peut-être, l'ignorance ou la critique d'une génération moins avancée qu'eux, dans le chemin de la science et de la vérité. Pythagore ne fut pas seulement philosophe et géomètre, il enseigna encore la médecine, les belles-lettres et l'astronomie; c'était un homme universel. Il est un exemple de la hauteur intellectuelle à laquelle on peut s'élever par l'étude. En partant d'une naissance obscure, il sut arriver à la gloire, par la seule force de son génie. On n'a guère conservé que des commentaires de ses œuvres, qui nous viennent des savants qui lui ont succédé; mais ce personnage fut tellement admiré de l'antiquité, qu'un grand nombre d'auteurs se sont occupés de lui; ses erreurs même ont été l'objet des discussions les plus minutieuses, et, par là, l'histoire a conservé beaucoup de détails qui le font connaître à la postérité. Ce fut un homme de la taille de Socrate, d'Aristote et de Platon.

DANIEL

606 av. J.-C.

Ce grand prophète eut l'honneur de prédire la venue du Christ; c'est en vain que les faux savants de notre époque ont voulu mettre en doute ses prophéties et les inscriptions qui s'y rapportent, elles ont tant de précision qu'elles ont excité la haine des savants, comme Daniel avait excité la jalousie des grands de Babylone. Les caractères cunéiformes sont assez mystérieux par eux-mêmes; mais ils n'ont pas livré tous leurs secrets aux savants modernes qui prétendent les expliquer. M. Jules Oppert conteste les prophéties de Daniel ; mais sa parole est moins autorisée que l'Écriture sainte. Daniel, envoyé captif à Babylone, eut la faveur du grand et malheureux Nabuchodonosor. Comme Joseph avait fait pour Putiphar, il lui expliqua ses songes, et, comme Joseph, il fut un instant maire du palais. Il est étrange de voir ces rois puissants de l'Orient tourmentés par l'Esprit saint. On n'était pas encore loin, alors, de cette époque patriarcale où Dieu avait un commerce journalier avec les hommes; il était à la fois leur maître et leur père. Connaissant toutes leurs faiblesses, sachant ce qui leur manquait, Dieu intervenait directement non seulement dans la vie de son peuple, mais aussi, parfois, dans celle des peuples et des rois païens. Les mérites divins de Notre-Seigneur Jésus-Christ n'arrêtaient pas encore la colère et la justice de Dieu ; c'était la loi du talion, on n'en était pas encore à la loi de charité. Daniel fut interrogé au moment du jugement de Suzanne, et c'est lui qui confondit les trois vieillards qui l'accusaient. Il dit aux juges de leur demander sous quel arbre ils étaient, au moment où Suzanne s'était présentée à leur vue. Chacun d'eux nomma un arbre différent ; leur mensonge était évident, comme l'innocence de Suzanne qu'ils avaient calomniée. Daniel expliqua les fameux mots *Mané, Thécel, Pharès,* qu'une main mystérieuse avait écrits sur le mur du palais, au festin de Balthasar. C'était la prédiction de la chute de ce prince ; le prophète Daniel n'en fut pas moins jeté dans la fosse aux lions, mais ces animaux féroces lui léchèrent les mains, sans lui faire aucun mal.

Daniel fut un grand écrivain ; il a laissé d'admirables prophéties, aussi justes dans le fond que belles par leur forme littéraire ; il fut un grand poète et, ce qui vaut mieux, un grand saint.

NABUCHODONOSOR

Règne en 606 av. J.-C. — M. en 562 av. J.-C.

Ce prince fut un grand conquérant. La facilité avec laquelle il battit les Égyptiens et le roi rebelle de Judée, Sédécias, qui était sa créature, avait enflé son orgueil au point de lui mériter la punition que Dieu lui réservait pour la fin de son règne. Sédécias s'était ligué avec le pharaon d'Égypte, les villes de Tyr, de Sidon, les Iduméens, les Moabites et les Ammonites. Cette coalition n'arrêta pas les armes du puissant roi d'Assyrie ; il s'empara de Jérusalem après dix-huit mois de siège, et il mit au pillage le temple et la ville. Ce fut le commencement de cette fameuse captivité de soixante-dix ans, prédite par Jérémie. Nabuchodonosor ternit sa victoire par des cruautés dignes d'un barbare ; il fit crever les yeux au roi

Sédécias, après avoir fait égorger devant lui ses deux enfants, et il emmena en captivité, chargé de chaînes, ce malheureux roi avec ce qui restait de son peuple. N'ayant plus d'ennemis à vaincre, après ses victoires sur l'Égypte et sur Tyr, il s'occupa à embellir Babylone en faisant travailler les captifs qu'il avait ramenés de Judée. Un palais merveilleux fut son œuvre, ainsi que les fameux jardins suspendus, qui furent l'une des merveilles du monde. L'éclat de cette prospérité et d'un pouvoir non contesté enorgueillirent ce prince, au point de troubler son cerveau. Dieu, pour le punir de ses crimes, le frappa de démence. Nabuchodonosor se crut changé en bête, mangeant de l'herbe pendant sept ans. La reine Nitocris administra à sa place le royaume ; mais Dieu pardonna à ce prince, et, avant sa mort, qui eut lieu en 562, il reprit possession de son royaume et de son autorité. C'est un exemple remarquable de la justice de Dieu, frappant l'un des plus superbes despotes de l'antiquité ; le Seigneur l'avait pris pour un instrument de sa colère, et il le brisa au milieu de ses excès. L'histoire de ce prince est peu connue et il est permis de croire qu'il avait quelque valeur, puisque Dieu lui a pardonné ses erreurs et ses crimes. C'est, en tout cas, une grande figure de l'antiquité qu'on ne doit pas oublier dans une galerie de portraits historiques.

CYRUS

599 à 530 av. J.-C.

Cyrus eut une enfance très tourmentée ; sa première histoire tient de la légende : il n'échappa que par miracle à la mort que lui destinait son grand-père, Astyage. Des prédictions avaient annoncé à ce dernier qu'il serait détrôné par son petit-fils ; elles se vérifièrent, malgré cet injuste traitement. Devenu grand, Cyrus fit révolter les Perses et enleva à son grand-père la couronne de Médie, tout en lui laissant la vie. Une ligue se forma, en 560, entre les rois de Babylone et de Lydie, contre le nouvel empire des Perses, dont les Chaldéens craignaient les envahissements. Le roi de Lydie, Crésus, venait de soumettre une partie de l'Asie Mineure ; ses peuples étaient braves et guerriers, mais les Chaldéens s'étaient amollis dans les délices de Babylone. La guerre commença par deux victoires de Cyrus contre les Assyriens, mais le roi des Perses abandonna un instant Babylone, pour s'attaquer à l'armée de Crésus qu'il atteignit dans la Cappadoce. La bataille resta indécise ; Crésus fit la faute de s'en retourner tranquillement dans Sardes, sa capitale, et de disperser ses troupes en plusieurs endroits. Cyrus profita de sa faute, et arriva sous les murs de Sardes qu'il prit d'assaut après une grande victoire. Crésus fut fait prisonnier et sa capitale livrée au pillage. Un soldat perse allait le tuer lorsque son fils, qui était muet, retrouva la parole pour lui dire : « Soldat, ne tue pas Crésus ! » Ce prince possédait de si grands trésors qu'on dit encore aujourd'hui « riche comme un crésus ». Les Phocéens, qui dépendaient de l'empire de ce prince, refusèrent de se soumettre à Cyrus et dirigèrent leurs vaisseaux vers l'Occident, après y avoir placé leurs dieux, leurs femmes et leurs enfants, c'est-à-dire tout ce qu'ils aimaient. Ils fondèrent des colonies nombreuses, parmi lesquelles la plus brillante fut Marseille, appelée alors Massilia et qui est encore une des plus belles villes de France. Cyrus, vainqueur en Asie Mineure marcha enfin contre Babylone. Les Chaldéens avaient compté sur leurs puissantes murailles. On disait, en effet, que cinq chars de guerre pouvaient marcher de front, sur ces remparts qui étaient l'œuvre de la grande Sémiramis. Cyrus, par un stratagème aussi hardi qu'ingénieux, détourna le cours de l'Euphrate, et entra dans Babylone par l'ancien lit du fleuve. Balthasar, l'un des rois, celui qui avait vu dans un festin une main écrire sur la muraille : « *Mané, Thécel, Pharès,* » celui à qui Daniel expliqua ces trois mots qui annonçaient la fin de l'empire, Balthasar, accomplissant les destinées ainsi révélées, fut tué pendant le siège de la ville ; l'autre roi, Labynit, fut exilé vers le golfe Persique. Cyrus, devenu presque le maître du monde connu, arriva alors à l'apogée de sa gloire. Il avait mérité sa haute fortune, par une vie laborieuse et sobre; on raconte même qu'il était si frugal, que son seul repas consistait en un peu de cresson. Nous racontons ce trait sans y croire, car, en Orient, la légende remplace toujours l'histoire. Cyrus, maître de Babylone, se montra clément pour les Juifs; il leur permit, deux ans après, d'aller rebâtir leur ville et leur temple, et il mit fin aux soixante-dix ans de captivité. Mais insatiable, comme tous les conquérants qui sont poussés par une puissance fatale à toujours combattre, Cyrus, qui avait vaincu tous ses ennemis, voulut encore attaquer le peuple barbare des Massagètes[1], qu'il vainquit par surprise. Leur reine, Tomyris, par un retour de fortune, triompha, bientôt après, des Perses, et l'on dit que, pour venger la mort de son fils, elle plongea la tête de Cyrus dans une outre pleine de sang, en lui disant : « Rassasie-toi de ce sang, dont tu es si avide! » Ainsi mourut, dit-on, ce grand prince, qui fut le fondateur de l'empire des Perses.

ÉSOPE

600 à 550 av. J.-C.

On dit encore « bossu comme Ésope » et « spirituel comme un bossu »; Ésope fut l'un et l'autre. C'est un personnage légendaire. Comme le divin Homère, il était Phrygien; par conséquent, Grec de l'Asie Mineure. Il naquit au vi° siècle avant Jésus-Christ et commença sa vie dans l'esclavage ; son maître, Jadmon, de Samos, lui rendit la liberté, comme récompense des fables amusantes qu'il avait composées. La réputation d'Ésope fut si grande que Crésus en fit son favori ; malheureusement, ce prince voulut l'envoyer à Delphes, sans doute pour connaître, par la sibylle, le résultat de la campagne qu'il préparait contre Cyrus. On sait que l'oracle répondit : « En faisant la guerre, vous détruirez un grand empire! » Cette réponse ambiguë ne plut pas au rusé fabuliste, qui se permit quelques satires à l'endroit de ces faux devins ; on l'en punit en le jetant dans un précipice. Ésope voyagea, comme tous les Grecs distingués de son temps, en Égypte et en Asie. Il en rapporta un bagage littéraire qui lui servit à composer ses nombreuses et immortelles fables ; elles n'étaient pas réunies en un volume, ce qui permit le doute et les altérations. Démétrius de Phalère fut un des premiers qui les ait recueillies en une édition complète; plus tard, Babrius en fit un recueil qui fut le dernier mot des fables d'Ésope. La tradition nous parle d'une fable des *grenouilles* qu'il composa pour les Athéniens en l'honneur du tyran Pisistrate ; ce tyran, par parenthèse, était un homme d'un grand mérite. On attribue aussi à Ésope la fable des *bâtons flottants*. En somme, il dut faire comme son imitateur La Fontaine, qui prit son bien où il le trouvait. Un Indien, nommé Pilpay, avait, avant lui, recueilli une série de fables qu'il a pu connaître, comme Phèdre et La Fontaine ont connu les siennes. Les fables sont, comme les proverbes, des vérités consacrées sous la forme d'apologues, par la tradition populaire de l'humanité. Tout ce que nous savons d'Ésope, c'est que sa verve et son esprit lui firent pardonner sa laideur et sa difformité en faisant d'un infime esclave un personnage recherché des grands et des rois.

PISISTRATE

Règne en 561 av. J.-C. — M. en 528.

C'est le type de l'homme politique de ces petites républiques grecques, qui vivaient presque toujours dans un état révolutionnaire, flottant entre la tyrannie et l'anarchie. Le peuple se livrait facilement aux tyrans pour les détruire ensuite dans sa colère. Généralement, l'enthousiasme de ces républicains raffinés s'adressait à des personnages des hautes classes; les nouvelles couches sociales n'étaient point du goût des Athéniens. Pisistrate mérita le surnom de « tyran d'Athènes »; il eut la chose et le nom. Il s'y prit fort habilement : il était riche, patricien, brave, il savait parler, il avait tous les charmes qui pouvaient séduire le peuple frivole et délicat d'Athènes. Pisistrate, ne trouvant pas le pouvoir assez affermi dans ses mains, imagina une conspiration; il en fit grand bruit à Athènes, montra ses jours menacés. Le peuple, qui aime les comédies, lui accorda une garde d'honneur: la ruse avait réussi. Les soldats s'emparèrent de la citadelle, et Athènes eut un maître. Cependant ce peuple mobile devait se lasser du tyran d'un jour; il fut plusieurs fois renvoyé et repris par ce peuple inconstant. La garde d'honneur n'était pas suffisante, ou n'avait pas bien fait son devoir; néanmoins, lorsque Pisistrate mourut en 528 avant Jésus-Christ, il transmit le pouvoir, qu'il avait définitivement gardé, à deux ses fils, Hippias et Hipparque. C'était un commencement de légitimité qu'on s'étonnerait de trouver dans une république, si l'on ne savait que, plus d'une fois, la république s'est transformée en monarchie. Pisistrate est resté le modèle du tyran aimable, comme le peuple qu'il gouvernait.

CRÉSUS

559 à 548 av. J.-C.

On dit encore : « riche comme Crésus; » ce fut le véritable titre de ce prince à la célébrité. Il était roi de Lydie; ses commencements avaient été heureux. Il avait conquis la Phrygie, la Pamphylie, la Mysie et une partie de l'Asie Mineure; il brillait, puissant et heureux, à sa cour de Sardes où il attirait tous les lettrés et tous les philosophes de l'époque; le sage Solon, lui-même, vint lui rendre visite. Crésus crut l'éblouir en lui montrant ses richesses; Solon se contenta de lui dire qu'on ne devait jamais appeler un homme « heureux » avant qu'il ne fût mort. Lorsque, vaincu par Cyrus et fait prisonnier dans sa capitale assiégée et conquise, il se vit condamner par le vainqueur à monter sur le bûcher, il se rappela les paroles du sage Athénien et s'écria, assez haut pour être entendu de Cyrus : « Solon! Solon! » Cyrus, qui était un grand prince et un grand homme, suspendit le supplice et se fit expliquer ces paroles de Crésus; il y vit une leçon de la Providence et accorda au vaincu la vie et la liberté. L'histoire rapporte que Crésus, avant d'entreprendre cette campagne, où il se fit l'allié des Assyriens, était allé consulter l'oracle de Delphes; il voulait savoir d'avance le résultat de son entreprise. L'oracle, dont toute la science consistait dans l'ambiguïté de ses réponses, lui dit ces mots : « En faisant la guerre, vous détruirez un grand empire. » L'orgueilleux Crésus, ne se doutant pas qu'il fût question du sien, s'en alla content et rassuré. Il fit à la sibylle un riche présent qu'elle gagna bien facilement. On raconte encore que, à la prise de Sardes, Crésus faillit perdre la vie. Un soldat allait le frapper: on arrêta son bras en lui disant : « Tu vas tuer

Crésus! » On prétend que Cyrus rendit à Crésus une partie de ses honneurs perdus et en fit son allié. Crésus est un grand exemple de l'instabilité des choses humaines. On dit qu'il sut se faire aimer, dans la bonne fortune, par sa libéralité et par l'aménité de son caractère. La postérité, qui voit les choses de loin, n'a retenu de lui que le souvenir de ses richesses, sans se rappeler ses malheurs immérités.

POLYCRATE

535 à 524 av. J.-C.

L'heureux Polycrate, tyran de Samos, ne connut point d'obstacles à ses projets ou à ses désirs. Sa mort violente fut le seul démenti de ce bonheur constant, passé en proverbe dans l'antiquité. Quoiqu'il ait terni sa gloire par le meurtre de ses frères, qui partageaient sa puissance, Polycrate ne fut point un homme ordinaire. Il encouragea les lettres et les arts; il sut conserver à sa patrie une grande prépondérance dans les affaires de la Grèce. Les princes les plus puissants recherchaient son alliance, et il fit de sa cour le centre de réunion des hommes les plus distingués de son temps. Anacréon y fut reçu avec les plus grands honneurs. La félicité de Polycrate semblait si étonnante que ce prince, voulant sans doute éprouver les chances de la fortune, jeta dans la mer un anneau précieux qu'on retrouva, peu après, dans le corps d'un poisson. Ce poisson, il est vrai, avait été pêché par son cuisinier. Tant de bonheur finit par une mort peu en rapport avec une existence aussi fortunée. Polycrate fut surpris, au siège de Sardes, par Orétès qui y commandait pour Cambyse, et cet ennemi le fit mourir du supplice de la croix. La vie heureuse et la fin tragique de ce riche et puissant tyran rappellent, par un bizarre rapprochement, celle de l'infortuné Crésus, roi de Sardes, aussi connu par ses malheurs que par ses richesses.

THÉMISTOCLE

533 à 470 av. J.-C.

Ce grand Athénien fut le sauveur de sa patrie; il se distingua au combat de Marathon, et fut vainqueur des Perses à la grande bataille navale de Salamine. Il avait préparé ce succès en faisant construire des vaisseaux et en conseillant aux Athéniens de quitter leur ville pour se réfugier sur la flotte; il pensait qu'Athènes n'était pas en état de résister à Xerxès. Eurybiade, le Spartiate généralissime des armées grecques, n'étant point de son avis, voulut brutalement lui imposer silence. Thémistocle s'immortalisa par cette belle réponse que l'histoire a recueillie : « Frappe, mais écoute! » Dès lors, il se consacra à la grandeur d'Athènes; mais il ne tarda pas à éprouver l'ingratitude de ce peuple volage : il fut exilé. Ce grand homme dut chercher asile loin de sa patrie ; il fut d'abord accueilli par le roi Admète, et, ce qui est une honte pour la Grèce, c'est qu'il reçut une royale hospitalité à la cour d'Artaxerce Ier, roi des Perses. Ce prince méditant une nouvelle expédition contre la Grèce, Thémistocle, ne voulant être ingrat ni contre lui, ni contre sa patrie, mit fin à ses jours par le poison. Thémistocle fut l'ennemi d'Aristide qu'il fit bannir; exilé lui-même, plus tard, il fut un second exemple de l'instabilité de la faveur populaire dans une république. La Grèce, comme Saturne, dévorait ses enfants : les grands hommes, à peine illustrés, tombaient, aussitôt, dans la disgrâce. Ce peuple jaloux, frivole, changeant, soupçonneux et envieux, prenait en aversion ses héros, dès que leurs services étaient devenus inutiles. Chose incroyable, on a reproché à Thémistocle d'avoir voulu abaisser Sparte au profit d'Athènes, et ce sont les Spartiates qui ont intrigué pour le chasser de sa patrie. Salamine a suffi pour immortaliser, aux yeux de la postérité, le nom de Thémistocle, et son ingrate patrie n'a pas attendu sa mort pour oublier ce qu'elle devait à ce grand citoyen.

ESCHYLE

525 av. J.-C.

On peut dire d'Eschyle qu'il fut le véritable père de la tragédie. Né à Éleusis, non loin d'Athènes, il ne fut pas seulement un poète, il commença par être un patriote. Il n'est pas rare de voir ces lettrés grecs tour à tour guerriers, avocats, hommes d'État et littérateurs. Cela tenait à l'éducation complète qu'ils avaient reçue, au milieu dans lequel ils vivaient, au culte des arts et des lettres qui distinguait Athènes et qu'on n'y délaissait jamais que pour le culte de la gloire. Eschyle créa véritablement la tragédie et la débarrassa de tout ce qu'elle avait de burlesque. Il lui donna la grandeur de son génie et de la passion qu'elle représentait; il sut perfectionner la déclamation, organiser les personnages du drame et restreindre le rôle du chœur qui était, véritablement, exagéré. Sophocle lui fut préféré par les inconstants Athéniens, et ce fut une tristesse pour ses vieux jours. On dit que, craignant une mort violente par la chute d'une maison, il couchait en plein air. Un aigle, prenant son crâne pour un rocher, y fit tomber une tortue qui le tua. Ce sont des légendes grecques qui ont traversé les âges, mais qu'il est permis de ne pas croire. Parmi les nombreuses tragédies d'Eschyle, on remarque *Prométhée*, *Agamemnon*, *les Perses* et *les Euménides*. De la tragédie grecque, il ne nous est resté que trois noms : ceux d'Eschyle, de Sophocle et d'Euripide. Le premier n'est pas le moins glorieux ; il avait la grandeur du génie, à laquelle il ajoutait celle du caractère. Prince des poètes, il fut encore, par les armes, un héros à Salamine, à Platée et à Marathon.

DARIUS

Règne 521 à 485 av. J.-C.

Darius, fils d'Hystaspe, qu'il ne faut pas confondre avec le Darius Codoman, le Darius d'Alexandre le Grand, fut le plus remarquable des rois de Perse qui ont porté ce nom célèbre. Il régna de 521 à 485 avant Jésus-Christ. Ce prince succéda à Smerdis, qui succéda lui-même à Cambyse. On dit qu'il arriva au trône par le stratagème de son écuyer qui fit hennir son cheval, ce qui était le signal convenu entre les seigneurs perses, pour choisir celui d'entre eux qui serait roi. Darius s'empara de Babylone, de la Thrace et d'une grande partie des Indes ; sa guerre contre la Grèce fut moins heureuse, il fut battu à Marathon. Cette victoire fut exagérée par les Grecs, qui grandissaient chaque chose avec leur brillante imagination. Darius, vaincu, n'en prépara pas moins une deuxième expédition que sa mort seule rendit inutile. Le Darius Codoman, rival d'Alexandre le Grand, est plus connu que le Grand Darius, parce que ses malheurs l'ont rendu légendaire. L'histoire montre sa famille éplorée, recevant, sous une tente, le magnanime Alexandre qui la console par de nobles paroles et la comble d'égards. On dit que Darius Codoman était bon et généreux. Il fallait qu'il eût quelque mérite pour que le grand Alexandre versât des larmes sur sa tombe ; on croit que le Darius dont parle le prophète Daniel fut Darius, fils d'Hystaspe. Ces princes avaient un pouvoir immense et régnaient sur une grande étendue de territoire. Ils tenaient sous leur sceptre la Mésopotamie, la Lydie, la Médie et les îles de l'Archipel. C'était la continuation du grand empire de Cyrus. Le dernier Darius fut vaincu, à Issus et à Arbelles, par Alexandre le Grand. L'empire des Perses et des Mèdes fut remplacé par celui des Macédoniens. Dieu préparait de loin la grande unité orientale qui devait être absorbée par l'empire romain.

PINDARE

520 à 450 av. J.-C.

Pindare, poète grec de Thèbes, fut le prince des lyriques de son époque. On dit qu'il eut pour premier maître Myrtis, femme grecque d'un grand savoir, qui enseigna les lettres à la célèbre Corinne. Le génie de Pindare fut universel, mais, de ses nombreux écrits, nous n'avons conservé que ses odes. Les anciens goûtaient surtout ses éloges des héros vainqueurs aux Jeux olympiques. Son style, quoique irrégulier par les hardiesses mêmes de son génie, avait une parfaite harmonie. Horace le compare à un torrent. Il a écrit dans le dialecte dorien, mêlé d'éolien. Malgré les inégalités inévitables, chez un auteur qui s'élève jusqu'au sublime et qui n'y peut toujours rester, la forme de sa poésie fut si classique qu'il put défier les plagiaires. Pindare a chanté les dieux, les rois et les héros de la Grèce. Ce sont les œuvres qui eurent le plus de succès parmi celles de ce grand poète. Nous ne pouvons en juger par ses odes, malgré leur perfection, car elles ne montrent qu'un côté du génie de leur auteur. On n'est point d'accord ni sur le lieu de naissance de Pindare, ni sur celui de sa mort. Il en fut de même pour Homère, que plusieurs villes de la Grèce se disputèrent. Les uns disent que Pindare naquit à Thèbes, les autres à Cynocéphalie; c'est, au contraire, dans ce village, voisin de Thèbes, que quelques auteurs placent son dernier séjour. On n'est pas fixé sur la date même de sa fin. D'après divers auteurs, il aurait vécu cinquante, cinquante-huit, soixante-six ou quatre-vingts ans. Il avait une telle réputation, qu'Alexandre le Grand, dans le sac de Thèbes, respecta la maison qu'il avait habitée. Pourquoi le temps n'a-t-il pas, comme Alexandre, respecté ses œuvres? Nous pourrions admirer les merveilleux écrits d'un poète auquel Platon donne le surnom de « divin » sous lequel il est lui-même connu par la postérité.

MILTIADE

512 av. J.-C.

Fils de Cimon, d'une famille considérable d'Athènes, Miltiade fut l'un des plus grands guerriers de son temps. Les Athéniens, ayant eu l'idée d'envoyer une expédition pour coloniser la Chersonèse de Thrace, consultèrent l'oracle de Delphes qui désigna Miltiade pour diriger cette campagne. Miltiade justifia le choix des dieux par le succès de ses armes. Il s'établit en vainqueur dans le pays et y exerça, pendant plusieurs années, une véritable autorité royale. En passant devant Lemnos, il voulut s'emparer de cette île. Les habitants, par moquerie, lui répondirent qu'ils se rendraient quand il reviendrait de son pays, par un vent du nord. Miltiade était trop prudent et trop habile pour se détourner de son expédition en Chersonèse; aussi passa-t-il, sans rien dire, devant Lemnos, se contentant de la promesse dérisoire qu'on lui avait faite. Mais, lorsqu'il fut bien établi en Chersonèse, où il avait fondé une colonie régie par de bonnes lois, il vint, avec sa flotte, réclamer l'effet de la promesse des gens de Lemnos, en leur disant qu'il venait de chez lui, « poussé par un vent du nord ». Il voulait dire que la Chersonèse était aussi bien son pays que la Grèce. Or, comme elle est située au nord de Lemnos, la condition exigée étant remplie, il ne restait plus qu'à livrer l'île. Le meilleur argument de Miltiade était sa flotte et ses récentes victoires, qui n'étaient point ignorées des habitants de Lemnos. Ils jugèrent donc prudent de se rendre sans combat, et Miltiade ajouta ce pays aux possessions de la république d'Athènes. Il conquit encore les Cyclades, îles voisines de l'Archipel. Cet accroissement de territoire augmenta beaucoup la puissance d'Athènes et fit le plus grand honneur au patriotisme et au génie de Miltiade. Une circonstance faillit lui permettre de rendre à la Grèce un plus grand service, par la destruction complète des armées de Darius, roi de Perse. Ce prince, ayant fait une expédition contre les Scythes qu'il voulait soumettre, avait jeté un pont sur le Danube. Il en avait, on ne sait trop pourquoi, confié la garde aux Grecs d'Asie Mineure. Miltiade, comme chef de la Chersonèse, se trouva au nombre des gardiens du pont. Voyant les Perses en mauvaise position, il pensa que si l'on pouvait, en rompant le pont, leur couper la retraite, leur insuccès se changerait en déroute. Le procédé n'était guère digne d'un aussi grand homme que Miltiade, mais l'intérêt de la Grèce et la grandeur du but étaient son excuse. Néanmoins les Grecs, ses collègues, refusèrent de manquer à la foi jurée, prouvant ainsi qu'ils valaient mieux que leur réputation. Miltiade, ne doutant pas de la vengeance de Darius, quand il apprendrait son projet, quitta la Chersonèse et s'en retourna à Athènes. Une gloire mieux acquise lui était réservée. Darius, ayant résolu de conquérir la Grèce, envoya deux cent mille fantassins et dix mille chevaux dans l'île d'Eubée, pour débarquer au rivage athénien. La république, en émoi, demanda du secours à tous ses voisins et, en particulier, aux Lacédémoniens. Mais la fraternité républicaine était la même, chez les anciens, que chez les modernes. Les Athéniens furent abandonnés à leurs propres ressources. Seule la ville de Platée leur envoya mille hommes. Miltiade, ayant été nommé général en chef, emmena les dix mille hommes dont Athènes pouvait disposer, dans un camp retranché qu'il plaça en dehors de la ville. Les autres chefs voulaient attendre l'ennemi dans les murs d'Athènes. Miltiade, connaissant mieux, probablement, les Perses, résolut, malgré leur grand nombre, d'aller au-devant d'eux. Datis et Artapherne, les lieutenants de Darius, s'étaient arrêtés dans la plaine de Marathon, à cinq lieues d'Athènes. C'est là que Miltiade les rencontra et les battit, en 490. Les Perses avaient en ligne cent mille fantassins et dix mille chevaux. Miltiade plaça son armée contre une colline qui la protégeait. Pour empêcher l'ennemi de la tourner, il sema la campagne d'obstacles, tels que troncs d'arbres, rochers et autres *impedimenta*. Il sut si bien tirer parti de sa petite armée, qu'il défit complètement les Perses et les chassa jusqu'à leurs vaisseaux qu'ils regagnèrent en désordre, non sans perdre un grand nombre des leurs. Cette bataille de Marathon était une belle préface de celle qui devait, plus tard, immortaliser Alexandre le Grand, à Arbelles. Mais, si elle couvrit Miltiade de gloire, elle ne lui valut, pour toute récompense, que l'honneur de figurer, en peinture, à la tête des Athéniens sur le portique du *Pœcile*. En s'en contentant, Miltiade se montra plus grand qu'à Marathon. Il continua ses services à la république et reprit aux Perses les îles de la mer Égée, dont ils s'étaient emparés. Étant devant Paros, dont il faisait le siège, il vit brûler, dans la nuit, un petit bois du côté de l'ennemi. Il crut que c'était la flotte des Perses qui s'avançait, et, craignant de compromettre celle d'Athènes, il leva l'ancre et renonça à reprendre Paros. Cet insuccès, qu'on pouvait considérer comme le résultat d'un acte de prudence et qui n'était rien en comparaison des services que Miltiade avait rendus à la république, lui fit perdre la faveur trop mobile de ses concitoyens. On l'accusa de trahison. Il fut condamné à une amende de plus de deux cent mille francs. Comme il ne pouvait la payer, on le mit en prison et il y mourut. C'est ainsi que ces républiques traitaient leurs grands hommes, devenus suspects, quand on les croyait inutiles. C'était le régime de la haine et de la calomnie. Au fond, Miltiade était l'objet de l'envie de ses concitoyens, à cause de la grande position qu'il avait dans la ville. L'autorité dont il disposait, sans avoir d'autre titre que celui de général, le fit suspecter de tyrannie et lui attira beaucoup d'ennemis. Ce grand homme méritait un autre sort. Sa fin ne fit pas honneur aux Athéniens. Miltiade n'était pas le premier venu, et, quand l'oracle de Delphes le désigna pour aller commander en Thrace, il ne faisait que lui rendre une autorité qui avait appartenu à sa famille. Il était, en effet, le neveu d'un Athénien du nom de Miltiade que les Thraces avaient eu pour roi. Mais la vraie gloire de Miltiade est d'avoir été digne de sa grande naissance. Il vivra éternellement dans l'histoire, comme un grand patriote et comme le héros de Marathon.

BRUTUS

Consul en 509 av. J.-C. — M. en 508 av. J.-C.

Ce Romain fut le type du républicain aimant la liberté plus que sa famille ; on l'appelle Brutus parce qu'il feignit la folie, pour échapper aux coups de Tarquin, qui avait assassiné les siens. Après la mort de Lucrèce, déshonorée par un autre Tarquin, Brutus consomma sa vengeance en faisant chasser par le peuple ces rois, ses ennemis, qui, il faut l'avouer, n'étaient guère dignes de porter la couronne. Il fonda la république romaine et en fut le premier consul, l'an 509 avant Jésus-Christ. Brutus s'est surtout fait remarquer par l'exécution de ses fils, qui étaient du parti des Tarquins; il eut le courage de les juger, de les condamner et d'assister à leur supplice; c'est le type de Brutus, que les républicains honorent. Parmi les rois, nous avons eu Pierre le Grand, faisant périr son fils Alexis, en révolte contre son autorité; Philippe II, condamnant à mort, pour le même motif, son fils, don Carlos. L'histoire n'excuse pas ces actes de justice paternelle qui avaient pour prétexte la raison d'État; on ne sait pas pourquoi Brutus serait plus admiré que les rois dont nous parlons. Il est probable que la raison politique fut le seul motif de sa conduite. En tout cas, il aurait pu laisser à d'autres le soin de venger la république. Un autre Brutus était, dit-on, fils de César qu'il assassina. Ce Brutus est également cher aux républicains. Celui-là ne frappa pas son fils, mais son père, et le fit par pure ambition. César lui pardonna en mourant et ne lui fit que ce seul reproche, paroles touchantes dans la bouche d'une victime : « Et toi aussi, mon fils! » Ce Brutus, vaincu dans les plaines de Philippes, en Macédoine, par Octave et Antoine, se suicida, en 42 avant Jésus-Christ. On lui prête la fameuse parole : « Vertu, tu n'es qu'un nom! » Il avait peut-être le droit de le dire, car, chez lui, la vertu n'était ni un sentiment, ni un principe. Parricide et mauvais citoyen, il n'avait rien de vertueux. Voilà les Brutus! voilà les héros de nos démocrates!

SCÆVOLA

507 av. J.-C.

Porsenna, roi des Étrusques, assiégeait Rome pour la défense des Tarquins, qu'il y voulait rétablir, et aussi pour son propre compte. Quoiqu'il ne fût point en état de prendre d'assaut cette ville déjà fort peuplée et très bien défendue, il lui causa de grands maux par son investissement. Un jeune Romain d'une grande naissance, nommé Mucius Cordus, homme de grande valeur et plein d'honneur, offrit au sénat et aux consuls de sacrifier sa vie et de pénétrer seul dans le camp de Porsenna, pour immoler l'ennemi de sa patrie. Pour toute arme, il n'avait qu'un poignard. Le sénat et les consuls encouragèrent le sacrifice de ce jeune patriote. Il alla au camp ennemi sous un déguisement, et parvint jusqu'au tribunal où le secrétaire du roi donnait la paye aux soldats. Ce fonctionnaire, magnifiquement vêtu, lui parut être Porsenna. Il le frappa mortellement. Arrêté et interrogé, il ne nia pas son meurtre et menaça Porsenna de la vengeance de rois cents conjurés romains. Pour montrer au roi qu'il ne craignait pas les supplices, il étendit sa main droite, celle qui avait trahi la cause romaine par sa maladresse, sur un brasier destiné aux sacrifices et la laissa se consumer sans proférer la moindre plainte. Porsenna, qui était un grand roi, fut frappé d'admiration, et il remit en liberté le meurtrier sans conditions; il fit plus, il envoya des ambassadeurs à ce peuple romain, si fier dans les revers et qu'on ne pouvait vaincre que par la magnanimité. Les envoyés furent reçus avec reconnaissance, et Porsenna conclut avec Rome un traité honorable pour les deux partis. Un incident, qui tient de la légende, vint encore augmenter l'admiration que le roi avait conçue pour ses ennemis. Les Romains lui avaient donné comme otages dix jeunes patriciens et dix jeunes filles des premières familles de la ville. Ces dernières, se trouvant au bord du Tibre, sur l'exemple de l'une d'elles, nommée Clélie, traversèrent le fleuve à la nage et rentrèrent dans Rome. On les renvoya à Porsenna qui, bien loin de punir Clélie, lui offrit un cheval royalement équipé. Ce roi, bien digne d'être Romain, abandonna la cause des Tarquins, qui l'étaient si peu, et devint l'allié du peuple-roi. Rome, toujours magnifique dans les honneurs qu'elle rendait aux étrangers comme à ses propres citoyens, éleva trois statues au roi Porsenna, à la courageuse Clélie et à Mucius

Cordus, qui avait mérité, par son sacrifice héroïque, le nom de Scævola (le gaucher) sous lequel l'histoire l'a immortalisé.

SOPHOCLE

495 à 405 av. J.-C.

Ce poète tragique fut le Corneille de la Grèce : quelques auteurs l'ont comparé à Racine. C'est une erreur inexplicable, car Sophocle a l'élévation des idées qu'on retrouve dans les pièces de Corneille, et la passion joue le principal rôle dans ses tragédies, qui sont remarquables surtout par la netteté et la grandeur des caractères. On a encore dit, bien à tort, que Sophocle avait renoncé à l'élément dramatique de la fatalité ; cette erreur est répandue dans des livres confiés à la jeunesse. Avec notre légèreté française, nous avons copié, sans réflexion, l'opinion d'un auteur qui s'est trompé. Cette erreur littéraire n'est pas difficile à réfuter ; il suffit, pour le faire, de citer *OEdipe roi* et *OEdipe à Colone*, deux des plus belles tragédies de Sophocle ; si la fatalité a jamais joué le rôle principal dans une pièce, c'est bien dans ces deux tragédies. Nous avons encore de Sophocle : *Philoctète, Ajax, Antigone*. Son style était ferme, élégant, élevé, énergique ; il fut maintes fois couronné par ses concitoyens, dans des réunions populaires et littéraires. Il était né près d'Athènes, à Colone, qu'il choisit naturellement pour théâtre de ses plus belles œuvres. On attribue à Sophocle plus d'une centaine de pièces, dont la plupart sont perdues pour la postérité. Il mourut à quatre-vingt-dix ans, couvert de gloire et honoré, à l'égal des dieux, par ses concitoyens. La poésie était en si grande estime à Athènes, que Sophocle lui dut d'avoir occupé les plus hautes fonctions publiques. Quand nos républiques modernes en seront là, on pourra les proposer comme le modèle des gouvernements, et le mot d'Alexandre se trouvera justifié : « Le pouvoir est au plus digne ! »

PHIDIAS

498 à 431 av. J.-C.

Les historiens ne sont pas d'accord sur l'époque où naquit Phidias. Les uns adoptent la date de 498 av. Jésus-Christ que nous prenons dans Bouillet. Mais Moméri donne celle de 448. Phidias, surnommé l'Homère de la sculpture, fut l'objet de l'admiration de l'antiquité. Il acheva, pour les Athéniens, la belle statue d'ivoire et d'or de Minerve qui était grande de trente-six coudées. On la plaça dans le Parthénon. Ce fut une des causes de la disgrâce de Phidias. Servir avec succès la république d'Athènes, y rendre des services publics éclatants, s'y faire un grand nom dans les arts ou dans la guerre, sauver l'État ou l'enrichir, étaient autant de titres à l'ingratitude proverbiale des Athéniens. Cette république, qu'on nous propose pour modèle, n'a jamais épargné un seul de ses grands hommes. Phidias fut donc accusé d'avoir trafiqué avec la statue de Minerve. Chassé d'Athènes, il alla achever, en Élide, cette belle statue de Jupiter olympien qui fut l'une des merveilles du monde. Ses ennemis, n'ayant pu prouver les malversations dont ils l'accusaient, changèrent de tactique et osèrent traiter de sacrilège celui qui avait le mieux honoré les dieux en leur consacrant des chefs-d'œuvre. On lui reprocha d'avoir mis le portrait de Périclès et le sien sur le bouclier de sa Minerve. C'était une mauvaise querelle, comme on en faisait toujours à Athènes et comme on en fait quelquefois chez nous actuellement ; au fond, il payait très cher la faveur dont Périclès l'avait entouré et les chefs-d'œuvre dont il avait enrichi son ingrate patrie, parmi lesquels se trouvait le Parthénon. Pendant son administration des travaux publics, son seul crime fut d'avoir fait d'Athènes une ville de marbre. Comment récompenser un aussi grand homme? La république d'Athènes ne trouva rien de mieux que l'exil et la prison. Phidias mourut enfermé comme un malfaiteur. Sa mort prévint la sentence qui devait le frapper. Elle arriva au cours du procès qu'on lui faisait. Certains auteurs pensent qu'elle ne fut pas naturelle. Les Athéniens le regrettèrent lorsqu'ils ne pouvaient plus rien pour lui. Sa mémoire reçut les honneurs dont sa vie eût dû être entourée. C'est ainsi que les républiques traitaient leurs grands hommes.

PÉRICLÈS

494 à 429 av. J.-C.

Cet Athénien eut l'honneur de donner son nom au siècle qui l'a vu naître. C'est alors que brillaient, dans les lettres, Sophocle, Euripide, Aristophane, et, dans les arts, Phidias et Zeuxis. On doit à Périclès la construction des principaux monuments d'Athènes : le Parthénon et l'Odéon. Il releva sa patrie au-dessus des autres villes de la Grèce ; chef du parti populaire, il fit exiler ses ennemis et s'empara du pouvoir qu'il occupa avec tout le faste qu'un bon républicain sait montrer, quand les événements ont couronné son ambition. Périclès fit d'Athènes la principale ville de la Grèce. Il ne vécut pas assez pour voir cette suprématie incontestée ; elle donna naissance à des rivalités qui amenèrent la guerre du Péloponèse. Périclès, qui avait été heureux dans différentes expéditions en Égypte, chez les Doriens, à Samos, dans la Chersonèse, ne le fut pas autant dans cette nouvelle guerre. A Athènes, comme en France, il fallait réussir pour garder le pouvoir ; le grand Périclès fut disgracié, et, lorsqu'on le rappela, plus tard, il n'eut pas le temps de jouir de cette réparation. La mort le frappa en 429, au milieu de la peste qui décimait Athènes. La calomnie n'épargna point ce grand homme. On l'accusa d'avoir abusé de sa position pour s'emparer des deniers publics. Ce qu'on peut dire de plus fâcheux pour sa mémoire, c'est qu'il ne craignit pas de donner son nom à la courtisane Aspasie. Les Grecs, et en particulier les Athéniens, aimaient cette catégorie de gens que nous appelons des viveurs. Ce fut le secret de la popularité d'Alcibiade, c'est, peut-être, celui de l'immortalité de Périclès.

CORIOLAN

493 av. J.-C.

Ce général romain est le type de l'ambitieux qui sert sa patrie avec gloire, tant qu'il espère une récompense et des honneurs ; si les déceptions viennent pour lui, dans un dépit il change de patrie et de drapeau ; il combat, le lendemain, pour ceux qu'il avait vaincus la veille. L'histoire offre quelques exemples de ces défections, punies quand le personnage est vulgaire, impunies lorsqu'il est plus fort que la loi. En France, quelques-uns de nos grands hommes ont eu ces défaillances. Turenne, Condé, Cinq-Mars, le connétable de Bourbon ont servi un instant la cause de l'étranger, après avoir servi noblement celle de la France.

Turenne et Condé se sont fait pardonner leur faute par de nouvelles victoires. Coriolan était tellement estimé, comme général, que les Romains tremblèrent après l'avoir exilé, lorsque ce vainqueur des Volsques vint, à la tête du peuple qu'il avait vaincu, imposer ses lois à cette nation romaine, si fière d'ordinaire. Le même peuple qui envoyait féliciter un consul vaincu de n'avoir pas désespéré du salut de la patrie, ce peuple ne craignait pas d'envoyer plusieurs ambassades au traître Coriolan; mais ce Marcius, nommé Coriolan en signe de gloire après la prise de Corioles, ville principale des Volsques, cet ambitieux mécontent, resta sourd aux avances de ses compatriotes. Le peuple romain, affolé de crainte, s'abaissa jusqu'à lui envoyer sa mère, sa femme et les dames romaines dont les larmes attendrirent ce barbare. Il leva le siège de Rome, et l'histoire dit vaguement que les Volsques punirent, par sa mort, cette trahison nouvelle qui diminuait la honte de la première. Coriolan n'en fut pas moins un héros de tragédie pour les auteurs dramatiques. On trouve de la grandeur dans son crime, comme dans son repentir; enfin, il était Romain, et ce peuple est resté grand pour nous, même dans ses faiblesses. De nos jours, Coriolan serait jugé, dégradé, mis à mort et oublié peu de temps après.

LÉONIDAS

491 à 480 av. J.-C.

Ce héros fut le type du sacrifice fait à la patrie. Léonidas était roi de Sparte, de 491 à 480 avant Jésus-Christ. Xerxès, le puissant et orgueilleux roi des Perses, avait envahi la Grèce ; Léonidas défendait le défilé des Thermopyles qui était la clef de l'Hellade ; cette admirable position était en bonnes mains. Vingt mille Perses avaient déjà succombé sous les armes de Léonidas, qui disposait à peine de quatre mille hommes ; un traître livra le secret du défilé à l'ennemi, et Léonidas, ne pouvant vaincre, résolut de mourir avec trois cents de ses soldats d'élite, pour retarder la marche du vainqueur et sauver l'honneur de la patrie. Le souvenir de cet acte héroïque a été conservé par l'histoire qui l'a proposé à l'admiration des siècles. Une colonne fut érigée sur le lieu de ce haut fait d'armes et on y lisait une inscription digne et simple comme le héros dont elle rappelait la fin : « Passant, dis à Lacédémone que nous sommes morts ici pour obéir à ses lois. »

XERXÈS

485 472 à av. J.-C.

Ce prince fut le type du tyran asiatique, rempli d'orgueil et ne connaissant aucun obstacle à ses volontés. Xerxès, régnant sur les Perses, eut des succès militaires; il soumit l'Égypte et la Médie, mais il ne sut pas borner ses conquêtes à l'Orient. Comme ses prédécesseurs, il voulut porter ses armes en Occident, passer la mer et conquérir la Grèce. C'est là qu'il éprouva des difficultés qui irritèrent son orgueil; il jeta un pont de bateaux sur l'Hellespont, projet hardi qui ne réussit pas, car la mer rompit ce pont. Xerxès, dit-on, la fit fouetter de verges, punition ridicule qui montrait à la fois la vanité de ce prince et son impuissance; mais, comme il traînait à sa suite des millions d'hommes, il dévasta la Grèce, brûla Athènes et s'empara de Thèbes. Ce ne fut cependant pas sans laisser en route une grande partie de son armée; il éprouva même deux échecs humiliants pour lui : le premier aux Thermopyles, où Léonidas, avec trois cents hommes, arrêta son armée victorieuse, le second, plus sérieux, à Salamine, où Thémistocle détruisit sa flotte. Xerxes, honteux de cette défaite, ainsi que de celles de Platée et de Mycale, se retira précipitamment en Asie, ne laissant en Grèce qu'un lieutenant qui n'y resta pas longtemps. Une poignée de Grecs avait eu raison de ces millions d'esclaves. Xerxès, comme tous les tyrans de l'Asie, eut une fin tragique. Il mourut assassiné par Artaban, le chef de sa garde privée. Les Grecs n'ont pas manqué de grandir ce royal ennemi dans leurs récits historiques et dans leurs poésies; c'est peut-être une des causes les plus vraies de la grandeur de ce personnage : il n'eut pas le génie ni les vertus de Cyrus et de Sésostris, mais il eut la magnificence de ces rois d'Asie qui régnèrent tout-puissants sur des millions d'hommes. Comme si Dieu avait voulu montrer que la force ne prime pas toujours le droit, cette toute-puissance se brisa devant l'obstacle invincible d'un petit peuple, indépendant et courageux. Xerxès fut un roi puissant, mais ce ne fut pas un grand homme. Il sera, pour nous, l'image de ces civilisations matérialistes qui offrent aux yeux une prospérité apparente, sans avoir de vitalité réelle. Rien de solide, rien de durable ne peut exister sans les principes qui viennent de Dieu. Le colosse asiatique est une œuvre humaine, aussi ses pieds sont d'argile, et bientôt sa masse inerte s'affaisse sur le sol : les œuvres de Dieu sont seules durables.

EURIPIDE

480 à 402 av. J.-C.

Ce fut l'un des plus célèbres poètes tragiques de la Grèce. Il fut l'émule de Sophocle. Il eut cinq couronnes au grand concours de poésie ; mais, victime de la jalousie d'Aristophane, peut-être de celle de Sophocle, il fut persécuté par les inconstants Athéniens. On l'accusa d'impiété, on l'attaqua dans sa vie privée, et celui qu'Aristote avait appelé « le tragique des tragiques, » ce grand philosophe du théâtre, fut obligé de chercher un asile à la cour d'Archélaüs, roi de Macédoine, qui l'honora de toutes sortes de faveurs et lui confia d'importantes fonctions. Euripide fut le modèle suivi par Racine; son style était, à la fois, élégant et hardi; il faisait parler la passion humaine dans un magnifique langage. Ses plus belles tragédies sont *Hécube, Hippolyte, Iphigénie;* c'est cette dernière que Racine a imitée. Tout fut grand dans Euripide, même sa naissance; les Athéniens ayant vaincu, ce jour-là, les Perses, sur les bords de l'Euripe, donnèrent ce nom comme surnom à leur poète favori. Il faut connaître la Grèce pour comprendre ce qu'occupait de place dans l'estime publique un grand poète comme Euripide. Les Athéniens aimaient surtout les belles-lettres et les arts; ils avaient un goût raffiné, et cette recherche de l'esprit n'était pas seulement l'apanage des aristocrates, elle s'étendait jusqu'au peuple, qui jugeait dans le forum les grands poètes et les grands orateurs, après les avoir écoutés avec une religieuse attention. Le cercle restreint de la ville d'Athènes explique ces mœurs du peuple qui l'habitait. C'était presque une même famille. On n'y voyait pas ces masses turbulentes, affolées, qui vont et viennent, se poussant brutalement comme les vagues de l'Océan. Notre démocratie ne ressemble en rien à celle d'Athènes; elle tient plutôt des États-Unis, ce grand caravansérail des peuples. Se figuret-on un philosophe ayant la forme attique dans son langage, soumettant au peuple une question littéraire ou philosophique, sur la place de la Concorde! Il serait entendu à peine de quelques personnes. Sa voix, couverte par les grossiers propos de notre peuple, n'arriverait pas jusqu'au rang des spectateurs un peu éloignés. Quelque talent qu'il eût, il ne pourrait pas finir son discours, et, à moins de faire appel aux passions politiques de la foule, il ne serait nullement apprécié, et sa voix se perdrait dans le tumulte de nos rues. Voilà pourquoi l'ancienne Grèce nous a légué tant de grands hommes, tandis que nous en comptons chez nous si peu qui puissent leur être comparés.

PAUSANIAS

Gouverne en 480. — M. en 477 av. J.-C.

Ce grand général spartiate ternit sa gloire par la trahison. Il n'eut même pas l'excuse des Coriolan et des Camille. La seule, peut-être, qu'on puisse invoquer, c'est que, fils du roi Cléombrote, il rêva pour lui-même ce trône où il avait vu s'asseoir son cousin Plistarque. Ce ne serait pas une excuse, mais une explication. Étant données les passions humaines, dont la plus forte est, dit-on, l'ambition, on voit par quelle pente a glissé ce héros de Plutarque. Pausanias fut, un moment, le plus grand homme de la Grèce. A la bataille de Platée, en 479 avant Jésus-Christ, il défit Mardonius, le lieutenant de Xerxès, qui commandait à deux cent mille fantassins et à vingt mille cavaliers. Cette victoire ressemble à celles d'Alexandre. Aussi donna- t-elle à Pausanias un grand crédit parmi les Lacédémoniens, ses concitoyens. C'est alors que, gonflé d'orgueil, Pausanias désira le sceptre et demanda secrètement la main de la fille de Xerxès, en échange de la Grèce asservie. Le roi des Perses, qui avait été souvent trompé par les Grecs, voulut des gages avant de se livrer lui-même. Il ne donna que des paroles et des promesses vagues, qui devaient engager Pausanias plus avant dans sa trahison. Ce dernier, ayant renvoyé à Xerxès d'importants prisonniers qu'il avait faits à Byzance, éveilla les soupçons des alliés de Sparte. On le dénonça. La prudence des Lacédémoniens fut digne de ce grand peuple. Il leur en coûtait de condamner un de leurs héros. D'ailleurs, Pausanias était un homme habile et rusé. Les éphores, qui avaient le droit de juger les rois eux-mêmes, lui laissèrent la liberté. Il en profita pour recommencer, à Colone, ses manœuvres coupables. On l'en fit revenir, sur la menace d'une condamnation à mort. Il eut l'audace de se présenter de nouveau dans sa patrie. Il fut mis en prison et, par son habileté, ne tarda pas à en sortir. Les éphores ne voulaient le condamner qu'à coup sûr. Leur modération fit grand honneur au caractère spartiate. Comme il fallait convaincre Pausanias de trahison, on se rappela qu'il avait de mauvaises mœurs, et les Lacédémoniens se servirent d'Argilius, jeune affranchi, auquel avaient été confiées des lettres pour Artabaze, lieutenant de Xerxès. Elles étaient écrites par Pausanias et contenaient un plan de campagne contre la Grèce. La trahison était flagrante. Afin de mieux confondre son auteur, les éphores envoyèrent Argilius dans le temple inviolable de Neptune, à Ténare. Pausanias, étant venu dans cet asile, apprit d'Argilius que, ayant lu ses lettres, il s'était réfugié dans ce lieu sacré pour fuir sa colère. Pausanias, fort ému de cette confidence, supplia son affranchi de garder le secret et lui promit de le récompenser très largement pour son silence. Les éphores, cachés dans le temple, entendaient cet aveu, fait par le coupable lui-même. Pausanias, étant retourné dans la ville où il se croyait en sûreté, rencontra les éphores et comprit, à leur attitude, qu'ils allaient se saisir de sa personne. Il leur échappa des mains en fuyant dans la rue, comme un malfaiteur de profession, et se réfugia dans le temple de Chalciecos, dédié à Minerve. Comme on ne pouvait l'en faire sortir de force, on l'y enferma par un mur élevé dont la première pierre fut, dit-on, apportée par sa propre mère. C'est ainsi que mourut ce grand personnage qui n'eut qu'un jour de gloire dans sa vie. Cette gloire fut seulement militaire, car il n'y eut nulle grandeur morale dans cet ambitieux. Traître à son pays et dégradé par les vices les plus honteux, il n'était pas digne d'être Spartiate. Sa trahison a servi pourtant à mettre en relief la grandeur d'âme de ses concitoyens. Lorsqu'on voyait Athènes exiler et mettre à mort ses plus grands hommes sur un simple soupçon, Sparte hésitait à frapper le vainqueur de Platée. Son crime même fut oublié, et il fallut que la trahison se continuât, d'une manière ostensible et véritablement scandaleuse, pour que Pausanias reçût le juste châtiment qu'il méritait depuis si longtemps.

THUCYDIDE

471 à 402 av. J.-C.

Ce grand historien naquit à Athènes. Cette ville n'était pas hospitalière pour ses citoyens les plus illustres. Thucydide eut le sort de Thémistocle, de Solon et de tous les grands hommes d'Athènes. Il fut exilé pendant vingt ans pour n'avoir pu sauver, à la guerre, la ville d'Amphipolis. C'est sur la terre étrangère qu'il composa son histoire du Péloponèse, qui est restée l'un des chefs-d'œuvre de l'antiquité. Elle est incomplète, mais parfaite dans la forme. Elle a servi de modèle aux historiens et aux pédagogues; le style en est clair, net, élevé; l'auteur y traite, avec une grande autorité, les questions militaires et politiques. Voilà un homme admiré de la postérité qui n'a pas trouvé grâce devant ses concitoyens et qui a dépensé, en pure perte, sur la terre étrangère, son énergie, ses talents et son activité. Sous une monarchie, on l'eût honoré comme un grand homme de guerre, ou comme un grand historien. Il eût obtenu les honneurs dus à son mérite; mais les républiques en usent autrement avec leurs grands hommes. La postérité, en honorant Thucydide, s'est chargée de donner une leçon méritée à son ingrate patrie.

SOCRATE

470 à 400 av. J.-C.

Ce philosophe grec fut un homme de bien. Il était d'origine obscure; il débuta dans la vie par la sculpture qui était la profession de son père, et finit par les lettres, les sciences et la philosophie. Comme tous les Athéniens distingués, Socrate paya son tribut à la patrie sur les champs de bataille. Il se signala à Tanagre et à Délium; on dit même qu'il sauva la vie à Xénophon et à Alcibiade. Il fut renommé pour son désintéressement, sa sagesse et sa vertu. Dans un temps où chaque citoyen remarqué pour quelque action d'éclat pouvait prétendre aux fonctions publiques, il préféra rester un sage et un philosophe; il s'entoura d'élèves auxquels il enseignait une nouvelle philosophie qui avait pour base la morale, l'immortalité de l'âme, l'existence de Dieu et la connaissance de l'homme. Son programme se résumait en deux mots grecs : « *gnôthi seauton,* » qui veulent dire : « Connais-toi toi-même. » La sibylle de Delphes le proclama le plus sage des Grecs. Socrate devait avoir eu quelques notions de la vraie religion, soit dans ses voyages, soit dans ses relations avec les hommes qui avaient connu l'Égypte et le peuple d'Israël. La Judée n'était pas si loin de la Grèce pour que la vérité divine ne pût passer cette frontière maritime. Quoi qu'il en soit, les doctrines de Socrate furent jugées trop pures par ses contemporains. On l'accusa d'avoir introduit dans Athènes une religion nouvelle et il fut condamné à boire de la ciguë, genre de mort bien digne du despotisme des anciens. Ces faux libéraux condamnaient à mort ceux qui ne partageaient pas leurs idées; c'était leur façon de comprendre la république. La méthode n'a guère changé depuis, et, si l'on veut chercher la véritable liberté, on ne la trouvera que dans la monarchie et dans la religion. Socrate eut des malheurs domestiques. Sa femme, Xantippe, le fit souffrir beaucoup par son humeur inégale. Ses élèves, nombreux et distingués, furent pour lui une nouvelle famille qui lui donna plus de joie et de bonheur que sa propre famille. Il faut lire, dans les écrits de ses disciples, les détails de sa mort; il y est représenté comme un martyr de ses doctrines et de sa foi. La douceur avec laquelle il accepta le verdict d'une loi injuste est digne de la mansuétude chrétienne. Socrate fut respecté et aimé de ses geôliers et de ses bourreaux. Il n'eût tenu qu'à lui de s'échapper de sa prison. Ses élèves, puissants dans Athènes, lui en offraient les moyens. Le vertueux Socrate se soumit à la loi qui le condamnait, il accepta la mort avec résignation et donna le spectacle d'une fin digne d'un vrai philosophe. Quel fut le sentiment qui soutint Socrate à sa dernière heure? Est-ce l'orgueil? est-ce la dignité humaine? Quel qu'il fût, il fit honneur au philosophe martyr. En se rapprochant des idées chrétiennes, Socrate leur avait emprunté le courage, l'abnégation et la sérénité qui, en honorant sa fin, furent le couronnement de sa longue carrière.

ALCIBIADE

450 à 404 av. J.-C.

Ce brillant Athénien était le neveu de Périclès; c'est dire de quel crédit il jouissait dans son pays. Il eût été peut-être un grand homme, si ses qualités avaient été aussi sérieuses qu'elles étaient brillantes. On admirait surtout son élégance, et le peuple était si occupé de sa personne, qu'on raconte qu'il fit couper la queue de son chien pour qu'on parlât de lui. Il avait de l'intelligence, du courage; i était éloquent. C'était un disciple de Socrate, mais il n'appliquait pas, dans la vie privée, les principes sévères de son maître. On lui prête ce mot, à propos de Périclès qui voulait rendre ses comptes à la république : « Il ferait mieux, dit-il, de travailler à ne pas les rendre. » Ce mot peint l'homme : il avait de l'esprit, et nulle moralité; c'est ce que le peuple aime. Aussi parvint-il à une popularité assez grande pour qu'on le nommât généralissime de la république. Ce fut sa fin, il perdit quinze vaisseaux et se fit battre honteusement. On l'exila, et il alla mourir en Thrace où il fut assassiné. Ainsi tomba cette idole de l'enthousiasme populaire. Le peuple, qui ne raisonne pas, se laisse prendre aux dehors brillants; il se paye plus de paroles que de faits. Empêchez-le donc de pousser au Capitole l'imbécile dont il veut faire un demi-dieu; autant essayer d'arrêter un torrent dans sa course. Mais l'ingratitude ne tarde pas à succéder à l'enthousiasme, et quand le héros populaire est mis en demeure de faire ses preuves, au lieu de grandes actions, il donne ce dont il dispose, c'est-à-dire des extravagances. Le peuple s'aperçoit un peu tard qu'il s'est trompé, et il abandonne son héros avec autant de facilité qu'il en a mis à l'élever sur le pavois. C'est le dernier mot des États populaires. Ce fut la fortune et la chute d'Alcibiade, le vainqueur des jeux olympiques : il se fit battre honteusement dans la vraie guerre dont le cadre était trop grand pour lui.

HIPPOCRATE

460 à 380 av. J.-C.

Ces hommes de l'antiquité étaient vraiment étonnants ; leur mémoire a traversé es âges et ils sont encore un objet d'admiration pour la postérité la plus reculée. Cette immortalité vient-elle de leur propre mérite, ou de l'habileté de ceux qui ont écrit leur vie ? Il est consolant de penser qu'une personnalité humaine peut rester connue pendant plus de deux mille ans ; cependant, il est humiliant pour nous, qui sommes fiers de notre civilisation, de voir des anciens effacer le mérite de nos contemporains. Hippocrate est l'inventeur de la médecine. On l'appela le *divin vieillard*. Il ne négligea rien pour s'instruire dans son art ; il était, du reste, un descendant d'Esculape, qu'on appelle le dieu de la médecine et dont la famille avait conservé des traditions qu'Hippocrate recueillit. Ce grand savant voyagea en Asie, en Thessalie, en Macédoine. On a écrit sur son compte une foule d'anecdotes qui sont toutes à son honneur. On le représente encore, dans des tableaux modernes, refusant les présents d'Artaxerce. On raconte qu'il n'avait pas seulement la science nécessaire à tout médecin, mais qu'il avait aussi le dévouement qui est le premier devoir de cette profession. Hippocrate a écrit de nombreux traités qui sont encore une autorité dans la médecine. Le fond de sa méthode était l'observation, qui est le véritable secret de la science du médecin. Cet homme fut l'Aristote de la médecine ; et sa science fut si longtemps le trésor commun où chacun puisait, que les poètes modernes, Molière entre autres, ont fini par en rire. Le génie d'Hippocrate a survécu à ces critiques. Pour rendre un dernier hommage à ce bienfaiteur de l'humanité, ajoutons qu'il fut non seulement un grand savant, mais encore un homme de bien. Il était animé de cette charité qui était rare dans l'antiquité et qui est devenue une vertu commune parmi les chrétiens. Un bon médecin doit aimer ses malades autant que son art ; c'était la devise du grand Hippocrate.

CINCINNATUS

460 av. J.-C.

Ce général romain fut le type du vrai républicain. Il était désintéressé, honnête, frugal, sans ambition, esclave de son devoir. Il fut appelé aux fonctions de consul, et sa conscience l'obligea à lutter contre les démocrates et leurs tribuns. Plus tard, l'armée romaine se trouvant cernée, on alla le chercher dans ses champs et on le prit à sa charrue pour le mettre à la tête des armées comme dictateur; il se signala par une grande victoire qui lui valut le triomphe. Peu soucieux de la gloire et des honneurs, il retourna à ses champs et n'en fut rappelé que dans un âge très avancé, pour réprimer une nouvelle insurrection. Une seconde fois dictateur, il rendit la paix à sa patrie, renonçant lui-même à la souveraine puissance et refusant tous les honneurs qu'on voulait lui donner. C'est le type de l'honnête homme, du brave soldat et du bon citoyen. Si tous les républicains le prenaient pour exemple, ils rendraient cette forme de gouvernement aussi parfaite que son idéal. On a dit : « Heureux les peuples qui n'ont pas d'histoire ! » Disons : « Honneur aux grands hommes dont la vie peut se résumer en ces deux seuls mots : Sacrifice et vertu ! »

ARISTOPHANE

450 à 380 av. J.-C.

Cet Athénien fut l'un des plus grands poètes comiques de l'antiquité; il a créé un genre où il n'a jamais été dépassé par aucun auteur; on pourrait l'appeler, avec plus de vérité, un poète satirique. On ne trouve dans l'histoire que Perse, Juvénal et Boileau qui aient eu le même esprit plein de causticité;

encore, faut-il remarquer que ces derniers auteurs sont bien au-dessous d'Aristophane, sinon par le talent, du moins par l'audace. Le poème comique par excellence est celui de Molière ; il montre, en s'en moquant, les ridicules de l'espèce humaine : « *Castigat ridendo mores.* » Aristophane plonge un fer brûlant dans les plaies de l'humanité ; il ne veut pas corriger en riant, ou rire en corrigeant, il tient à blesser ; et, quand le sang coule, il rit de la blessure et du blessé : c'est un politique, plus qu'un poète. On voit chez lui toutes les passions de la guerre civile, et son succès dut être grand chez un peuple moqueur et ingrat qui profitait, avec indifférence, du génie de ses grands hommes et qui se riait, avec méchanceté, de leur chute qu'il avait provoquée. Si l'on ajoute à cela qu'Aristophane écrivait dans une langue admirable qu'il possédait à merveille, on comprend la vogue de ses satires, qui étaient des scandales publics dont l'Athénien se montrait toujours friand. Aristophane ne respectait rien ; il attaquait les grands hommes de la république, sans tenir compte de leur mérite. Socrate reçut ses traits, Euripide ne fut pas épargné. Ces attaques ne font pas l'éloge d'Aristophane. Ce devait être une âme envieuse, car la postérité admire encore ces deux grands hommes qu'il a poursuivis dans ses satires. Il s'attaqua jusqu'aux dieux ; assurément, ceux du paganisme n'étaient pas respectables, mais il n'est pas démontré que cet esprit téméraire n'eût pas attaqué des dieux plus sérieux. Nous avons vu, de nos jours, des écrivains jeter leur insulte (qui retombait sur eux) jusqu'à ce ciel radieux où trône la Divinité seule véritable et seule toute-puissante. Aristophane avait beaucoup à critiquer dans cette société athénienne qui s'est amusée de ses bons mots et de ses épigrammes. Si l'on jugeait, par ses œuvres, du goût athénien, on n'y retrouverait pas cette finesse qui fut comme une fleur dans la littérature française du grand siècle. Aristophane, lui, est brutal; on voit qu'il parle à la populace. Malgré tous ses défauts, il dit des choses qu'on pourrait nous appliquer dans ce temps où la démocratie a tout nivelé; on retrouverait, dans le *Charcutier* d'Aristophane, le type de plus d'un des hommes politiques du jour, et les motifs qui l'ont poussé au pouvoir sont précisément ceux qu'on invoque de nos jours. L'ignorance, la bêtise, le scandale, quelques démêlés avec la justice, une bonne faillite qui fait du bruit, quelque vilaine affaire de mœurs, voilà les titres politiques du personnage d'Aristophane. On dirait que c'est de l'histoire moderne. Des cinquante-quatre pièces de cet auteur, il n'en est resté que onze, dont les principales sont : les *Chevaliers*, les *Nuées*, les *Guêpes*, les *Grenouilles* et *Plutus*.

XÉNOPHON

445 à 355 av. J.-C.

Ce disciple de Socrate fut ce qu'étaient à cette époque tous les Athéniens de bonne famille : des jeunes gens élégants, braves, instruits, également propres à la guerre, à la philosophie, à la politique et aux belles-lettres. Xénophon naquit en Attique, vers 443 avant Jésus-Christ. Sa fortune le poussa à devenir l'ennemi de sa patrie, et c'est vers Sparte qu'il tourna ses vues ambitieuses. L'histoire raconte que son maître Socrate lui sauva la vie à la bataille de Delium; renseignement précieux qui nous apprend que le grand philosophe était aussi un vaillant guerrier. Xénophon s'engagea dans le corps des volontaires que Cléarque conduisait, sous les ordres de Cyrus, contre Artaxerce. A la mort de son chef, Xénophon prit le commandement des troupes, et on lui doit cette belle retraite des Dix mille qu'il fit deux fois, d'abord comme général, et ensuite comme historien. Cette retraite s'opéra avec les plus grandes difficultés, à travers l'Asie Mineure, depuis l'Euphrate jusqu'à la mer. Xénophon ayant engagé le reste de ses soldats au service de Sparte, Athènes, sa patrie, l'exila par jalousie. Les Spartiates, reconnaissants, lui donnèrent un territoire et le droit de cité. Il ne pardonna pas aux Athéniens leur ingratitude, quoiqu'ils l'eussent relevé de son exil. Xénophon fut un écrivain remarquable; on l'a nommé l'*Abeille attique*. Ses ouvrages sont nombreux et appartiennent à plusieurs genres; les plus remarquables sont: l'*Anabase, ou Retraite des Dix mille*; l'*Éloge d'Agésilas*; la *Cyropédie, ou Histoire de Cyrus*. Il a composé quelques livres sur l'instruction militaire; il a même traité les questions administratives. On lui doit d'avoir mis en vogue la fameuse histoire de Thucydide. Ce fut un homme complet comme en faisait l'éducation athénienne dont nous devrions imiter non les vices, mais les vertus.

PLATON

429 à 347 av. J.-C.

Ce disciple de Socrate dépassa son maître; il eut une telle science, une telle habileté dans la manière de la formuler, il s'éleva à une telle hauteur de vue, comme littérateur et comme historien, qu'on lui a donné le nom de « divin Platon ». Il était fils d'un patricien d'Athènes, nommé Ariston. Son premier nom fut Aristoclès; Platon était un surnom qu'il dut à son ample prestance. Après avoir été le principal disciple de Socrate, il voyagea en Italie, en Afrique et en Égypte. C'est là qu'il apprit à connaître le Dieu inconnu qui n'était autre que le Dieu des Hébreux, c'est-à-dire le vrai Dieu. Cette divine école inspira à Platon la pure morale qui l'a fait si grand. Dans ses voyages en Sicile, il fut persécuté par le tyran Denys l'Ancien, qui le réduisit en esclavage. Il fut racheté par le philosophe Annicéris. Il se retira à Athènes, où il fonda sa célèbre académie. C'était une école où venaient les hommes les plus distingués de la Grèce, et même quelques femmes célèbres. Platon eut la sagesse de résister aux sollicitations de ses compatriotes qui voulaient lui confier la direction des affaires publiques. Il sut donc se garder des dangers de la politique. Les malheurs domestiques de son maître l'éloignèrent de ceux de la famille. Il resta célibataire et mourut à quatre-vingt-deux ans, laissant un grand nom, une grande réputation et de remarquables ouvrages qui ont fait l'admiration de la postérité. On cite spécialement ses *Dialogues* et sa *République*. Bien peu de nos républicains modernes seraient jugés dignes d'y figurer. Platon fut un philosophe spiritualiste; il professait que l'âme humaine avait trois forces : la raison, les sens et les passions. Il n'était pas loin de la vérité, mais il l'avait altérée. L'âme humaine se compose de trois parties, faites à l'image de Dieu : les idées, les sentiments et la volonté. Ce philosophe est resté le modèle de l'école athénienne et la plus haute expression de la philosophie païenne. Comme Socrate, il a entrevu la vérité révélée de notre sainte religion. Ce fut le vrai secret de sa science et de son génie.

DIOGÈNE

413 à 324 av. J.-C.

« *Si je n'étais Alexandre, je voudrais être Diogène!* » telle fut la belle parole adressée à Diogène par le grand roi macédonien. Le philosophe cynique répondit au roi, qui lui demandait ce qu'il pouvait faire pour lui, ces mots pleins d'une orgueilleuse brutalité : « Retire-toi de mon soleil! » Diogène demeurait dans un tonneau qu'il roulait où bon lui convenait; son ménage consistait en un bâton pour chasser les chiens, ce qui était illogique, puisque lui-même faisait profession d'être cynique; il avait encore une lanterne qu'il allumait, en plein midi, pour chercher un homme. C'était un original fort besogneux et peu lettré, bien qu'il enseignât la philosophie. Il osa plaisanter Platon en jetant dans l'Agora un coq sans plumes dont il disait : « Voilà l'homme de Platon! » Diogène, l'enfant terrible de la philosophie chez les Grecs, eût été, chez nous, le fameux étudiant de dix années qui n'apprenait jamais rien et voulait en savoir plus long que les professeurs. Voilà pour la science de ce prétendu philosophe. Quant au caractère, son orgueil a dû souffrir de certaine accusation de fausse monnaie qui l'obligea de quitter sa patrie, pour se réfugier à Athènes. En somme, ce fut un personnage peu aimable et peu intéressant; il n'eut que le masque de la vertu et son orgueil n'a servi qu'à couvrir sa bassesse. On ne sait pas pourquoi on a choisi, pour désigner cette école, le nom du chien, qui est un animal bon, fidèle et soumis. C'est encore une des fréquentes erreurs de la philosophie; le christianisme ne les eût point commises : il sait faire respecter jusqu'à ces créatures infimes que Dieu a données à l'homme, pour partager et adoucir son exil sur la terre.

AGÉSILAS

400 à 361 av. J.-C.

Ces petits princes de la Grèce étaient vraiment des héros; leur courage et leur audace n'avaient point de bornes. Avec quelques milliers de soldats, ils allaient chercher querelle aux souverains des peuples les plus éloignés et les plus puissants. Le secret de leurs succès tenait à deux causes : la facilité de leur retraite, qui s'opérait toujours par la mer dont ils étaient maîtres; la mauvaise organisation militaire de leurs ennemis, qui avaient des armées nombreuses où l'on voyait toute sorte de gens, excepté des soldats. C'est ce qui explique comment Alexandre a pu battre les six cent mille hommes de Darius, à Arbelles, avec trente mille Macédoniens. Agésilas, de Sparte, fut l'un de ces rois audacieux; il porta ses armes victorieuses en Perse et jusqu'en Égypte; il arracha l'Asie Mineure au grand roi des Perses; il chassa de l'Égypte l'orgueilleux Artaxerce. Ayant eu des différends avec les peuples grecs, ses voisins, il les défit à Coronée. Ce roi despote et turbulent rêva la domination de la Grèce, mais il éprouva, à son désavantage, qu'Épaminondas valait mieux que le grand roi des Perses. Néanmoins, ce petit homme, héros de Plutarque, tout contrefait qu'il était, l'emporta sur les plus grands guerriers de la Grèce; il fut pour eux un voisin dangereux et incommode. Les poètes l'ont chanté, les Grecs l'ont redouté, et la postérité l'a mis au rang des grands hommes de l'histoire.

PHOCION

400 à 317 av. J.-C.

Ce grand citoyen d'Athènes fut éminent orateur, guerrier habile, administrateur rigide et honnête. Phocion rendit les plus grands services à sa patrie. C'est à lui qu'on avait recours dans le danger, ou dans les difficultés politiques. Son bon sens était égal à son courage. Il avait aussi la finesse des Grecs distingués. Quoique d'une naissance obscure, il se trouva mêlé, par son éducation, aux rangs des gens de la société d'Athènes. Il avait étudié la philosophie sous Platon et Xénocrate, l'art militaire sous Chabrias dont il savait à propos activer la lenteur et retenir le courage imprévoyant. L'élève ne tarda pas à dépasser ses maîtres. Il donna la preuve qu'il valait mieux que Chabrias par ses succès militaires et que le pédant Xénocrate, dans les négociations diplomatiques avec la Macédoine. Phocion, dont le mérite éclatait par ses actes, ne tarda pas à gagner la faveur populaire, quoiqu'il ne fît rien pour la rechercher. Il fut quarante-cinq fois général en chef des troupes d'Athènes. Toujours victorieux, mais toujours modeste, il savait quitter le commandement pour rentrer dans la foule comme un simple citoyen; il n'en sortait que pour donner aux Athéniens, avec une franchise qui ne plaisait pas toujours, des conseils, — chose étrange chez ce peuple, — quelquefois suivis avec déférence. C'est ainsi que Phocion s'opposa à ce qu'on fît, à Athènes, des feux de joie à la mort de Philippe. L'artifice de langage dont se servit Phocion dans sa harangue prouve qu'il était aussi habile avocat que bon général; il montra aussi par quelles subtilités on pouvait frapper l'esprit de ce peuple léger, capricieux, inconstant et ingrat. Phocion leur fit remarquer qu'ils n'avaient point de motifs sérieux de se réjouir de la mort de Philippe, car, à la bataille de Chéronée, les Athéniens n'avaient perdu qu'un seul combattant.

C'était diminuer la haine contre Philippe en flattant l'orgueil des Athéniens. Au fond, Phocion voulait éviter à sa patrie une provocation inutile et dangereuse, comme en font souvent les États gouvernés par leur plèbe. Démosthène, qui n'était pas toujours aussi prudent que Phocion et qui voulait, par son éloquence, entraîner les Athéniens dans des guerres qu'il n'aurait pas à diriger comme Phocion, Démosthène disait de ce dernier, dont tous les arguments venaient détruire l'effet de ses discours : « C'est la hache de mes harangues ! » Il pressentait, peut-être, que Phocion serait aussi la hache de sa vie, lorsqu'il sacrifia Démosthène, avec plusieurs notables d'Athènes, dans les négociations de paix qui suivirent la mort d'Alexandre. Il fallait que la renommée de Phocion fût bien grande pour que ses vertus inspirassent du respect même aux ennemis de sa patrie. Philippe de Macédoine tenait Phocion en grande considération, quoiqu'il eût été chassé par lui de l'île d'Eubée qu'il avait voulu occuper. Alexandre éprouva pour Phocion la même admiration et consentit, sur les représentations de ce grand homme, à détourner ses armes de la Grèce pour les porter contre la Perse. Ses nombreuses et importantes conquêtes, en Orient, lui ayant prouvé que le conseil était bon, il envoya une ambassade à Phocion, avec un présent de cent talents. On raconte que les envoyés d'Alexandre trouvèrent Phocion occupé à tirer de l'eau d'un puits, pendant que sa femme pétrissait du pain. Cette simplicité antique aurait dû leur faire comprendre le refus que Phocion devait faire aux offres d'argent d'Alexandre. Le grand conquérant ne montra pas, dans cette circonstance, sa grandeur d'âme ordinaire : la gloire avait gâté le disciple d'Aristote. Il écrivit à Phocion pour se plaindre de son refus et lui marquer son mécontentement. Phocion, voulant ménager ce dangereux ami, lui demanda la grâce de quelques Grecs, retenus prisonniers à Sardes. Alexandre délivra les captifs, mais renouvela l'offre de ses présents qui furent refusés une seconde fois, avec autant de dignité que la première. Ce fut pourtant là le point de départ des accusations injustes qu'on osa porter contre Phocion sur la fin de sa carrière et qui lui valurent la défaveur de ses ingrats compatriotes. Ce Phocion qui faisait taire les avocats bavards de l'Agora ; ce Phocion qui s'opposait à une ardeur guerrière inutile, qui réduisait au silence les foudres de guerre de la place publique, qui proposait de mettre en tête des listes d'enrôlement ces citoyens remarquables par leur ardeur au combat pendant la paix et par leur abstention pendant la guerre ; ce Phocion que le peuple écoutait comme un oracle, qui ne disait jamais que la vérité, souvent sans ménagements ; ce Phocion qui avait toujours mené les Athéniens à la victoire, qui s'était toujours montré si avare du sang de ses concitoyens et si prodigue de son propre sang :

ce grand guerrier, ce grand orateur, ce grand citoyen, ce grand homme d'État passa pour un traître à l'âge de quatre-vingts ans et sur la fin de sa brillante et longue carrière. Lui qui avait plusieurs fois sauvé Athènes, qui avait défendu l'Eubée, Byzance et la Grèce entière, c'est lui qu'on accusa, dans un jour de disgrâce. Battu par Nicanor, que Cassandre avait envoyé contre les Athéniens après la mort d'Alexandre, Phocion ne put empêcher la prise du Pirée. Il était victime d'une entreprise qu'il avait conduite sans la conseiller. Les Athéniens ne pouvant pas croire à l'insuccès du capitaine toujours victorieux, on l'accusa d'intelligence avec l'ennemi, et il fut condamné à boire la ciguë. Son innocence fut facilement reconnue; on fit mourir ses accusateurs, et le peuple d'Athènes lui éleva une statue, tardive réparation qui n'effaçait ni le crime commis, ni le préjudice qu'il avait causé à la république. Tel fut ce grand citoyen d'Athènes, que Plutarque a mis au nombre de ses héros et que l'on peut considérer comme le type parfait de l'homme de bien dans l'antiquité. Sa mort fut aussi remarquable que celle de Socrate. Le bourreau refusant de fournir la ciguë du supplice, dans la crainte de ne pas être remboursé, Phocion pria l'un de ses amis de faire l'avance de cette somme. Les traits de courage et de grandeur d'âme sont aussi nombreux dans la vie de Phocion que les belles paroles qu'on lui a attribuées. Ce fut un grand caractère et un homme tout à fait supérieur. S'il fut méconnu de ses concitoyens dans des temps troublés, les gens de bien pleurèrent sa mort comme ils avaient pleuré celle de Socrate, et les ennemis eux-mêmes respectèrent sa mémoire. La rage d'Agnonidès, qui l'avait dénoncé, s'acharna seule sur sa dépouille mortelle. Son corps fut exilé à Mégare; il ne put être brûlé, suivant l'usage antique, que sur la terre étrangère. Mais lorsque Athènes, faisant amende honorable, vengea la mémoire de ce grand homme par la mort de ses persécuteurs, on rapporta ses cendres dans sa patrie. Un homme comme Phocion suffit pour immortaliser un peuple. Malheureusement pour les nations et pour les républiques, les Phocions sont plus rares que les Agnonidès.

CAMILLE

396 à 365 av. J.-C.

Il ne s'agit point ici de cette fille du roi des Volsques dont parle l'*Énéide*, guerrière et chasseresse, qui combattit Énée; il ne s'agit pas de cette fiancée d'un Curiace, tuée par son frère, le dernier des Horaces. Le Camille dont nous parlons fut le célèbre général romain qui mérita, par son courage et les services qu'il avait rendus, le surnom glorieux de « nouveau fondateur de Rome ». C'est lui qui, quoique exilé,

courut au secours de sa patrie ingrate et la délivra
des Gaulois. On dit qu'en comptant la rançon de la
ville éternelle, il mit dans un des plateaux de la
balance son épée, pour en augmenter le poids. Cette
espèce de prédiction fut réalisée par lui, car cette épée
sauva Rome deux fois de l'invasion des Gaulois. Il
conquit le pays de Véies, celui des Volsques et la terre
des Falisques ; il battit encore les Latins, les Étrusques
et les peuples voisins de Rome. Ce fut un grand général
et un grand caractère ; il était digne de servir de
héors à des poètes comme Corneille et Racine ; il valait
certainement mieux que Britannicus et que Sertorius.
Il aurait pu dire, avec plus de raison que ce dernier :

Rome n est plus dans Rome ; elle est toute où je suis !

MANLIUS

392 à 383 av. J.-C.

Il est beau de sauver sa patrie ; c'est ainsi que, au
Capitole, le plus grand des Manlius, car il y en eut
plusieurs, sauva Rome de la surprise des Gaulois.
Averti par les oies sacrées, Manlius jeta l'alarme parmi
ses soldats endormis, et la citadelle ne tomba pas au
pouvoir de l'ennemi. Manlius reçut comme récompense
le titre de Capitolinus, et, pour que sa vie fût
tout entière associée à ce Capitole qu'il avait sauvé,

ses ingrats concitoyens le précipitèrent, un jour, du haut de cette même roche Tarpéienne, témoin de son patriotisme et de sa gloire. C'est ainsi que les républiques reconnaissent les services rendus : comme Saturne, elles dévorent leurs enfants ; le héros, d'abord acclamé, ne tarde pas à devenir suspect et à être traité comme un tyran. Manlius eut une belle défense en face du peuple qui l'accusait ; il se contenta de montrer ce Capitole qu'il lui avait rendu. Le peuple, sensible à ce souvenir, voulut l'absoudre, mais ses ennemis revinrent à la charge et le firent définitivement condamner à mort. Un autre Manlius se signala par la mort d'un géant gaulois qui portait un collier d'or. Ce fait d'armes fit donner à son auteur le nom de « Torquatus ». Il se rendit célèbre encore par sa piété filiale ; ayant appris que son père était traduit au tribunal du peuple romain, il vint lui-même à Rome prendre sa défense et le faire acquitter (363 av. Jésus-Christ). On le voit, ce nom de Manlius fut noblement porté. Les traits de courage, de patriotisme et de grandeur d'âme n'étaient pas rares dans l'aristocratie romaine, et l'on peut affirmer que ce fut l'une des principales causes de la fortune de ce grand peuple.

ARISTOTE
384 à 322 av. J.-C.

Ce grand philosophe, qui mérita le titre de prince des philosophes, fut le meilleur élève de Platon. Il naquit en Macédoine, d'un médecin du roi; il alla se fixer à Athènes qu'il quitta, vingt ans après, pour éviter une condamnation aussi injuste que celle de Socrate. Ce peuple capricieux d'Athènes aimait à sacrifier ses grands hommes sur une simple dénonciation. Athènes, foyer fécond en hommes de génie, Athènes, centre éclairé des lettres et des arts, devint souvent le tombeau des grands hommes qui s'y étaient fait un nom. C'est là que la faveur de Philippe, roi de Macédoine, alla honorer notre grand philosophe. Philippe, qui n'eut pas la gloire de son fils Alexandre, mais qui était digne d'en être le père, avait deviné tout le mérite d'Aristote. Il lui écrivit pour l'appeler à sa cour et le charger de l'éducation d'Alexandre. Il lui fit ce compliment vraiment royal : « Je me réjouis moins d'avoir un fils que de l'avoir eu du temps d'Aristote ! » Il est permis de croire que ce grand professeur fut pour quelque chose dans l'étonnante fortune de son héroïque élève. Aristote restera pour nous l'un des esprits les plus universels de l'antiquité. Il aborda tous les sujets avec la même supériorité ; il traita de la logique, de la rhétorique, de l'histoire, de la morale, de la physique, de l'astronomie, de la métaphysique et de la poésie. Sa *Poétique* est restée le meilleur des traités. C'est lui qui inventa les trois unités d'action, de temps et de lieu. Sa philosophie fut plus pratique que celle de Platon. La forme mathématique de ses doctrines servit longtemps de modèle à ses contemporains et à leurs successeurs. Tel fut le maître d'Alexandre ; les rois l'honorèrent, la république l'a proscrit, la postérité a ratifié le jugement des rois.

DÉMOSTHÈNE ET CICÉRON

381 à 322 av. J.-C. — 107 à 43 av. J.-C.

Démosthène fut le plus grand orateur de la Grèce; Cicéron a été, dans Rome, ce que Démosthène fut à Athènes. Ces deux grands avocats eurent bien des points de ressemblance; leurs discours atteignirent la perfection de l'éloquence et de la forme littéraire; tous deux composèrent des *Philippiques*. Démosthène prononça les siennes contre Philippe de Macédoine, l'ennemi de sa patrie; Cicéron l'imita, en composant les siennes contre les ennemis intérieurs de Rome. Ce fut une suite à ses *Catilinaires*. Ces deux grands hommes jouirent, l'un et l'autre, d'une grande influence politique sur leur patrie. Rome décerna des couronnes civiques à Cicéron; il eut plusieurs fois le consulat, et son gouvernement réprima avec une grande énergie la conjuration de Catilina. Cicéron reçut de ses concitoyens le beau titre de « Père de la patrie». Démosthène, animé du plus ardent patriotisme, excita l'ardeur guerrière des Athéniens contre Philippe de Macédoine. Le nom de ce redoutable adversaire revenait dans toutes ses harangues; c'était son *delenda Carthago*. Il eut le courage civil comme Cicéron, mais il manqua, comme lui et plus que lui, du courage militaire. On raconte qu'il s'enfuit du champ de bataille de Chéronée et y laissa son bouclier. La fin de Démosthène, victime comme Cicéron des discordes civiles de son pays, prouve qu'il ne manquait cependant pas d'un certain genre de courage, puisqu'il sut se donner la mort pour échapper à l'infamie du supplice. On l'avait accusé d'avoir vendu sa patrie aux Macédoniens. Ce reproche, fait à l'auteur des *Philippiques*, semble bien injuste; mais il faut tout attendre, dans les États démocratiques, de l'inconstance populaire. Cicéron eut le même sort que le grand orateur grec. Il avait prononcé ses *Philippiques* contre Antoine, qu'il regardait, avec juste raison, comme un ennemi public pour sa patrie. Antoine, réconcilié avec Octave, ne craignit pas de ternir sa renommée en demandant la tête de Cicéron. Octave, non moins lâche qu'Antoine dans cette circonstance, livra celui qui avait été son ami et son fidèle partisan. Ce grand citoyen fut assassiné pendant qu'il allait à sa maison de campagne. On porta sa tête à Antoine, et cette langue, qui avait prononcé tant de belles paroles, fut percée d'une épingle par les mains d'une femme cruelle et vindicative. Au point de vue du talent oratoire et didactique, ces deux grands orateurs ne se ressemblent pas autant; l'un est orateur d'action. Démosthène parle bien et écrit peu. Ses commencements furent très difficiles ; il n'arriva à la perfection oratoire qu'en triomphant des défauts de sa propre nature. On raconte que les Athéniens s'étant moqués de sa prononciation, il se renferma dans une espèce de cave et se rasa la moitié de la tête pour n'être point tenté de sortir de sa solitude avant le temps voulu. Il mit des cailloux dans sa bouche pour combattre et corriger le vice de sa prononciation. Il harangua les flots de la mer pour s'accoutumer aux rumeurs de la foule ; aussi, grâce à ces efforts inouïs, il atteignit la perfection de l'éloquence. Cicéron était mieux doué ; il n'eut pas à vaincre les mêmes difficultés naturelles. Patricien, ayant reçu une éducation fort soignée, il avait une présence d'esprit et un langage habituel fort recherché, tandis que Démosthène, qui n'était qu'un plébéien, dut se former lui-même. Cicéron fut encore un écrivain distingué ; ses lettres familières, ses plaidoyers, ses traités de l'éloquence sont encore un des modèles que l'on donne, de nos jours, à un élève de rhétorique. En un mot, Cicéron et Démosthène eurent tous les deux l'honneur de représenter, devant la postérité, le premier l'éloquence latine, et le second l'éloquence grecque.

THÉOPHRASTE

371 à 264 av. J.-C.

Le nom de ce philosophe grec, fils d'un foulon de Lesbos, était Tyrtame. Aristote, dont il était devenu le disciple, après l'avoir été de Platon, charmé de son élocution, lui donna le surnom d'Euphraste (beau parleur) et, plus tard, celui de Théophraste (parleur divin). C'est sous ce dernier nom qu'il s'est immortalisé. Cet homme extraordinaire profita si bien des leçons d'Aristote, qu'il remplaça ce philosophe au Lycée d'Athènes. Il y compta un grand nombre de disciples et passa toute sa vie dans l'enseignement et dans l'étude des belles-lettres. On dit qu'il composa ses *Caractères* à l'âge de quatre-vingt-dix-neuf ans. C'est, du reste, lui-même qui l'affirme, dans l'avant-propos de son livre. La Bruyère a traduit les *Caractères* de Théophraste et a cherché à les imiter. On estime moins le copiste que l'original ; cependant la matière se prête si bien aux travaux de l'esprit que ces deux ouvrages sont considérés, l'un et l'autre, comme des chefs-d'œuvre.

Théophraste ne fut pas seulement un grand professeur, ce fut encore un écrivain aussi fécond que distingué. Il a écrit plus de deux cents ouvrages sur toutes les matières qu'enseignait son maître. On dit même que le disciple a surpassé le maître. Les *Caractères* de Théophraste sont fort intéressants ; c'est une série de portraits moraux qui sont de tous les temps et où l'on reconnaît, à côté d'une grande finesse d'observation, le jugement sûr d'un grand philosophe. L'élégance et la beauté du style prouvent que Théophraste savait écrire comme il parlait.

ZÉNON

360 à 263 av. J.-C.

Il y eut trois personnages de ce nom, deux philosophes et un empereur romain d'Orient. On surnomma ce dernier l'*Isaurien*, parce que les Isauriens l'aidèrent à reconquérir l'empire qu'il avait perdu par des intrigues de palais. Il n'eut de remarquable que sa fin tragique, qui fut le digne couronnement de sa vie. Un autre Zénon, philosophe et disciple de Parménide, en Grèce, fut en même temps un professeur et un patriote. La politique lui fut moins favorable que l'étude ; il supporta d'indignes traitements avec un grand courage. Le Zénon qui nous occupe fut le chef de la secte des stoïciens ; il professa, dans Athènes, sous un portique qui donna le nom à son école ; il eut l'honneur d'avoir, parmi ses élèves, des personnages illustres. Sa mort fut entourée du respect de tous, elle arriva en 263. Ce fut la fin d'une vie consacrée tout entière à l'étude et à la profession publique de la vertu. C'est par là que se distinguait cette école ; elle a produit chez les Romains un grand disciple, le fameux Caton d'Utique, vertueux jusqu'à la mort. L'insensibilité était le grand principe de cette secte un peu farouche ; ils étaient plus vertueux par orgueil que par sentiment ; il leur manquait la charité des chrétiens, vertu féconde, seule digne de Dieu.

ALEXANDRE

356 à 323 av. J.-C.

Jamais héros n'eut une vie plus complète, ni un plus grand bonheur. Né sur les marches du trône, fils d'un père prévoyant et sage qui lui avait préparé les voies, Alexandre le Grand n'eut d'autres peines, d'autres fatigues, d'autres efforts à faire que de se laisser aller au courant naturel des événements et aux inspirations de son génie. On est embarrassé de dire qui fut plus grand, de l'homme ou de sa fortune. Les destins furent si propices à ce jeune prince; la gloire, la prospérité l'entourèrent si jeune de leurs faveurs, qu'on peut se demander s'il eût été aussi grand avec moins de chances de succès, et si toutes ces circonstances favorables n'ont point fait sa grandeur plutôt que son génie. Quoi qu'il en soit, il porta légèrement le fardeau de l'immortalité; et s'il ne s'est pas créé lui-même demi-dieu, il sut du moins admirablement jouer son rôle. En quelques années, cet heureux prince détruisait l'empire séculaire des Perses. La bataille d'Arbelles, qui fut comme le dénouement de ce grand drame, comptait plus de six cent mille combattants. Alexandre réalisa, sans grande résistance, le rêve de la monarchie universelle, rêve poursuivi par tous les grands princes; il conquit la Grèce, l'Asie Mineure, la Scythie, l'Arménie, la Perse, la Bactriane, la Mésopotamie, l'Inde, l'Arabie, l'Afrique et l'Égypte. Quelques guerriers rompus aux fatigues des combats, troupe d'élite aussi brave que peu nombreuse, tel fut le noyau de cette armée conquérante qui s'étendit sur l'univers comme un torrent dévastateur. L'homme fut grand, sans doute, et c'est là une de ces figures peu nombreuses que l'histoire place au rang des héros ; mais, si nous envisageons les desseins de Dieu, le héros n'est plus qu'un instrument qu'on brise aussitôt l'œuvre accomplie. En effet, cet immense empire que, par sa volonté dernière, il destinait au plus digne, n'eut point de maître après Alexandre et fut partagé entre ses lieutenants. Quel fut le rôle providentiel d'Alexandre, Dieu seul le sait véritablement. Mais il nous est permis de penser qu'il fut comme le précurseur de l'empire romain, de même que cet empire, l'une des plus grandes choses que le monde ait vues, n'a été fondé que pour la propagation plus rapide de la grande idée chrétienne. Dans la direction des choses humaines, la Providence pense d'abord à elle-même ; c'est, d'ailleurs, penser à notre souverain bien et à la souveraine justice.

ÉPICURE

341 à 270 av. J.-C.

Ce philosophe athénien valait mieux que sa réputation. On l'a accusé d'avoir basé sa doctrine sur la volupté. Mais il entendait par là celle que donnent le bien et la vertu. Ses ennemis ont voulu le faire passer pour débauché et ivrogne, mais il est certain qu'il avait de très bonnes mœurs et qu'il était d'une grande frugalité dans ses repas. Ce qui a donné lieu à quelque méprise, à son sujet, c'est que plusieurs de ses disciples ont mal compris son système et l'ont appliqué dans le sens brutal du mot. On a fait rejaillir sur l'école le scandale de quelques transfuges qui étaient indignes de lui appartenir. Le côté le plus attaquable des doctrines d'Épicure, c'est, assurément, son manque de foi dans la Providence. Il pratiquait la religion extérieurement, par convenance, mais il ne croyait pas à l'intervention des dieux dans les choses humaines. Ayant trouvé dans le système de Démocrite, qu'il avait passionnément étudié, des principes matérialistes, il imagina que l'âme était composée d'atomes mortels, réunis par une loi d'harmonie. On conçoit qu'avec un pareil système, qui était la négation de l'immortalité de l'âme, on soit conduit à faire du plaisir le seul bien de la vie. C'est assez logique : pourquoi ne pas chercher à être heureux dans cette vie, s'il n'en existe pas une autre en dehors de ce monde? On doit même savoir gré à ce philosophe d'avoir cherché le plaisir dans la vertu. Cela prouverait une âme fort élevée et capable de comprendre les grands sentiments. Épicure était, comme tous les philosophes grecs, une sorte de savant, vivant dans les spéculations de la science et dont on doit considérer les doctrines comme une thèse scientifique plus ou moins ingénieuse, qu'il ne fallait pas prendre au pied de la lettre, dans la pratique de la vie.

Épicure, fils d'un professeur, avait été nourri dans l'amour des choses de l'esprit, et il fut envoyé à Samos dès sa plus tendre enfance, qui se passa dans une sorte d'exil infligé à sa famille, ce qui n'était pas rare à Athènes. Il voyagea et revint dans sa patrie, à l'âge de trente-six ans, pour y former une école de philosophie qu'il établit dans un grand jardin d'Athènes. Ses disciples furent très nombreux ; ils vivaient en commun avec le maître qu'ils entouraient d'un véritable culte. Épicure travaillait et écrivait toujours beaucoup. On prétend qu'il fit plus de trois cents ouvrages. Malgré le grand retentissement de son système et la renommée qui est restée attachée à son nom, la postérité n'a rien conservé de ses œuvres. Mais, comme tous les savants de l'antiquité en ont parlé, on en connaît du moins le sujet. La philosophie d'Épicure fut une espèce d'école rivale de celle des stoïciens, véritables pharisiens, qui feignaient de mépriser la vie, mais qui n'en dédaignaient pas les avantages. Épicure a été le sujet de la discussion des savants de tous les âges. Parmi les modernes, Gassendi voulut réhabiliter sa mémoire en détruisant les accusations dont elle fut l'objet de la part de quelques écrivains de l'antiquité. Il ressort de toutes ces discussions des savants qu'Épicure fut un grand philosophe, un bon citoyen et un homme de bien. Son système philosophique est un matérialisme poétique, dont le grand principe est la volupté qui naît du bien et de la vertu. Avec un peu de logique, cet amour du bien aurait dû conduire à la reconnaissance de Dieu, qui est le souverain bien. Au contraire, l'idée première d'Épicure, faussée par ses continuateurs, a fait dégénérer l'école en une secte amie des plaisirs les plus grossiers. C'est sous cette dernière forme que le système d'Épicure a survécu à son premier auteur. Mais, si l'homme valait quelque chose, la théorie avait un principe faux qui ne pouvait produire que l'erreur.

PYRRHUS

312 à 272 av. J.-C.

Il y eut deux Pyrrhus. Le premier était fils d'Achille et se signala au siège de Troie ; on dit même qu'il sortit le premier du cheval de bois. Il eut pour esclave et pour butin Andromaque, la veuve d'Hector. Notre Pyrrhus, le grand Pyrrhus, était un roi d'Épire. Ses commencements furent difficiles. Il fit la guerre en Égypte ; Ptolémée lui donna sa fille Antigone avec une flotte et de l'argent, ce qui lui permit de reconquérir son royaume. Fidèle aux traditions de l'antiquité, il assassina, dans un festin, son rival Néoptolème, qui était en même temps son oncle. Il régna sur l'Épire et sur la Macédoine, dont il fit la conquête. Pyrrhus est surtout célèbre par les victoires d'Héraclée et d'Asculum qu'il remporta sur les Romains, grâce à ses éléphants. Son confident et son ministre, Cinéas, l'avertit que de pareilles victoires conduisaient à la perte d'un empire. C'est à Cinéas que Pyrrhus racontait ses projets de conquête. Il lui disait : « Après Rome, nous prendrons la Sicile, l'Égypte, l'Afrique, l'Asie, et nous nous reposerons. — Reposons-nous tout de suite, répondit le judicieux ministre. » Pyrrhus ne l'écouta pas. Vaincu par les Romains, dont la ténacité valait mieux que son audace, il rebroussa chemin à la façon des torrents, en dévastant tout sur son passage; il guerroyait en Sicile, en Afrique et en Grèce. Enfin il fut tué, au siège d'Argos, par une femme qui lui lança une tuile sur la tête. C'était un grand guerrier, mais un prince ambitieux et turbulent; il doit peut-être plus son immortalité au talent de Plutarque, son historien, qu'à son propre mérite.

EUCLIDE

320 av. J.-C.

Il y eut deux Euclide ; l'un de Mégare, l'autre d'Alexandrie, en Égypte. Ils étaient presque contemporains, ce qui les a fait confondre. Le premier était un philosophe grec qui s'était déguisé en femme pour suivre, à Athènes, les leçons de Socrate, parce que, d'après l'habitude tyrannique de ces petites républiques, les gens de Mégare n'avaient point accès dans l'Attique. Plus tard, après la mort de Socrate, Euclide retourna dans sa patrie et y fonda une école où il attira Platon et d'autres disciples de Socrate. Cette secte de Mégariens ne fut qu'une académie de rhéteurs, sans principes sérieux ; ils poussaient l'amour de la dispute au point que l'un d'eux, nommé Diodore, mourut, dit-on, de dépit pour n'avoir pu comprendre les syllogismes de Stilpon. Le second Euclide, disons le grand Euclide, — car, s'il fit moins de bruit que le philosophe de ce nom, il eut plus de génie et laissa des œuvres plus durables, — Euclide, le mathématicien, vécut à Alexandrie du temps de Ptolémée Lagus. On dit que ce prince suivit ses leçons et que le professeur, peu courtisan, lui fit comprendre qu'il n'y avait pas de privilèges pour les rois dans l'étude des sciences. Euclide a laissé des éléments de mathématiques qui forment quinze livres et que l'on cite encore aujourd'hui. Les ouvrages de géométrie moderne ont une page qui lui est consacrée. C'est un bel hommage que ce souvenir de vingt et un siècles. Des deux Euclide, ce fut le savant qui valait le mieux. Du rhéteur il n'est rien resté que le bruit affaibli d'une renommée mal justifiée. Le mathématicien a laissé ses œuvres, pour rendre témoignage à son mérite. Elles lui ont assuré l'estime de la postérité.

THÉOCRITE

290 av. J.-C.

Ce poète naquit à Syracuse et fut l'un des plus charmants auteurs que nous ait légués l'antiquité. Nous avons perdu une grande partie de ses ouvrages; il eut le sort de Ménandre. Le peu qui nous soit resté fait juger de la valeur de ses autres écrits. On trouve, dans ses idylles, une telle grâce, une telle perfection, qu'on les cite comme exemple dans nos écoles. Théocrite sait faire parler les choses inanimées; il donne une couleur à la nature, reflet fidèle des beautés de son pays natal. Ce fut un poète descriptif au suprême degré; on trouve, dans ses œuvres, la grâce, la simplicité, la vivacité, la naïveté et le naturel; il s'éleva, parfois, à quelque hauteur, ce qui fait supposer que son génie a pu atteindre la grandeur tragique. Nous le connaissons seulement comme un poète aimable et gai, chanteur de scènes pastorales, dont la forme faisait oublier la grossièreté du fond. M. Géruscz s'étonne que Théocrite ait pu produire des œuvres aussi parfaites, à une époque aussi peu civilisée. Ce savant professeur s'est trompé dans cette circonstance. L'époque de Théocrite, pour être une civilisation païenne, n'en était pas moins fort avancée dans la culture des lettres et des arts. Ce qui distingue la Grèce antique, c'est la perfection du langage et de la forme. Jamais l'humanité n'a pu surpasser les modèles que nous a laissés la Grèce. Elle a produit de grands peintres, de grands musiciens, de grands sculpteurs, de grands orateurs, de grands philosophes, et nous vivons encore, comme l'ont fait les Romains, des souvenirs de cette mère patrie de l'art et des belles-lettres. Voilà comment un Théocrite, qui eût été, chez nous, un homme vulgaire, un poète ordinaire, s'est immortalisé par une description parfaite des choses les plus simples de la vie.

ARCHIMÈDE

287 à 212 av. J.-C.

Il est remarquable que presque tous les grands hommes de l'antiquité étaient de race royale; cela doit déranger, au point de vue scientifique, la thèse de nos démocrates qui disent toujours que le génie sort des rangs de la foule. Archimède, comme Solon et Lycurgue, était proche parent des rois de son pays ; il naquit à Syracuse. Ses premières années furent employées à étudier les sciences en Égypte, sous un grand maître, le célèbre et savant Euclide. Archimède joignit la pratique à la théorie et se révéla, dès cette époque, comme grand ingénieur. Il établit des digues pour contenir les eaux du Nil et canalisa les marais voisins de ce fleuve; plus tard, dans la guerre que les Romains firent à sa patrie, joignant la science au patriotisme, il eut l'honneur de prolonger de trois ans l'agonie de la ville assiégée. Son génie inventa des armes dignes de la pyrotechnie moderne. Tantôt il lançait dans l'air les vaisseaux ennemis, ou bien il les brûlait, à distance, avec des lentilles énormes qui concentraient sur eux les rayons du soleil sicilien. On doit à Archimède des travaux précieux pour la science; il inventa la poulie, la vis qui porte son nom, fit des traités sur l'hydrostatique, sur le centre de gravité, sur le cercle, le cylindre, les sphères et les cônes ; c'est lui qui, cherchant la force du levier, demandait un point d'appui pour soulever le monde. Ce savant, amoureux de la science, fut surpris par un soldat romain au milieu de ses travaux. Il ne répondit pas quand on le fit prisonnier; le soldat, impatienté, le frappa mortellement, malgré les ordres du général

Marcellus qui aurait voulu épargner la vie d'un si grand homme. Archimède a passé à la postérité sans tache et sans défaillance. Sa grande figure rayonne, à travers les siècles, d'une lumière sans ombre. On ne se rappelle en lui que le savant et le patriote. Une telle immortalité prouve, une fois de plus, la grandeur de Dieu qui a créé d'aussi belles intelligences pour l'admiration des âges futurs.

FABRICIUS

282 av. J.-C.

Jamais le nom romain ne fut illustré par un plus grand caractère. Ce général fut le modèle de la vertu, de l'honneur et du désintéressement. Il eut la prudence de Fabius Cunctator, la modestie de Cincinnatus et la bonne foi de Régulus. Vainqueur des Samnites, il refusa leurs présents; il montra autant de générosité envers Pyrrhus. Ce dernier, se confiant dans la loyauté du général romain, lui remit les prisonniers qu'il avait faits, à condition de les lui rendre si le sénat romain refusait la rançon demandée. Fabricius renvoya les prisonniers, ce qui prouvait à la fois sa vertu et le cas qu'on en faisait à Rome. Les Romains n'avaient pas toujours eu de pareils scrupules; et, quand on les voit accuser la foi punique, on peut leur faire le même reproche avec non moins de raison. Cette belle conduite de Fabricius reçut sa récompense; Fabricius ayant averti Pyrrhus, son ennemi, d'un complot qui menaçait sa vie, ce prince, charmé de tant de vertu, traita avec Rome et rendit les prisonniers sans condition. Fabricius, ce grand Romain, fut plusieurs fois honoré de la première magistrature. Il mourut pauvre, et Rome fut obligée de payer ses funérailles; c'était le moins qu'elle devait à ce grand citoyen, qui avait porté si haut l'honneur romain.

RÉGULUS

267 av. J.-C.

Ce général romain est surtout remarquable par sa bonne foi; il eut l'honneur d'un vrai chevalier, il fut l'esclave de sa parole. Ces grands caractères méritent l'admiration de la postérité, avec d'autant plus de raison qu'ils sont plus rares. Deux fois consul, il vainquit les Carthaginois, en Sicile et en Afrique; mais, à Tunis, il tomba dans une embuscade et devint, par trahison, le prisonnier du Grec Xantippe. On lui rendit la liberté, avec promesse de revenir, si les négociations pour l'échange des prisonniers n'étaient pas approuvées par les Romains. Plein de patriotisme et de grandeur, il n'accepta cette mission que pour combattre cet échange auprès du sénat romain et, malgré ses compatriotes, il ne voulut rien céder et retourna à Carthage reprendre ses chaînes. Les Carthaginois, au lieu d'admirer ce grand caractère, le firent périr dans les supplices les plus affreux : on lui coupa les paupières pour l'exposer au soleil africain; puis on le roula dans un tonneau rempli de clous. Régulus fut un héros digne d'inspirer les plus grands poètes. Malheureusement, sa grandeur même était si naïve, si simple et si dégagée de toute passion, qu'elle n'inspira que des auteurs médiocres; l'histoire, en l'immortalisant, lui a rendu un hommage plus élevé et plus durable.

ANNIBAL

247 à 183 av. J.-C.

Ce grand homme balança longtemps la fortune de Rome. Ce fut l'un des plus grands guerriers de l'antiquité; et si l'on tient compte des éléments mercenaires dont étaient composées ses armées, on est en droit de supposer qu'il eût été encore plus grand, s'il eût commandé aux troupes d'une même nation, comme Alexandre, César et Napoléon. Annibal, tout jeune, assista aux revers de Carthage, sa patrie, et il jura de la venger. Parvenu au suprême commandement, — chose incroyable dans une république démocratique, — où, d'ordinaire, on préfère les bavards aux hommes de génie, Annibal conduisit la campagne contre Rome avec la plus grande vigueur et une ténacité sans exemple; il fit le tour du continent en passant par l'Espagne et le Midi des Gaules, et l'on est étonné de la rapidité avec laquelle marchaient ses armées. Deux ou trois grandes victoires le conduisirent aux portes de Rome où il s'établit, en un point stratégique encore aujourd'hui connu sous le nom de « Camp d'Annibal ». Malheureusement, son armée victorieuse s'énerva dans les délices de Capoue. Pourquoi ce grand homme restait-il si longtemps inactif et ne sut-il point profiter mieux de ses brillantes victoires? C'est à la politique que l'on doit ce résultat : Carthage était aux mains des factions; le vainqueur de Rome y était jalousé, et, quand il y fut rappelé pour rendre compte de l'arrêt subit dans le succès de ses armes, on était disposé à lui laisser toute la responsabilité d'une inaction causée seulement par les discordes de sa patrie. Combien Rome était plus grande, même dans ses revers! Il est vrai que, à cette époque, c'était encore une république aristocratique. Le sénat romain envoyait des députés au consul vaincu Varron, en le félicitant de ne pas avoir désespéré du salut de la patrie. Cette grandeur d'âme devait triompher du génie d'Annibal, trahi par l'égoïsme de ces marchands de Carthage qui croyaient qu'on achetait des héros en payant des mercenaires. Les Romains se battaient pour leur pays, et ces riches

Carthaginois faisaient battre les autres. Ils auraient dû, au moins, comprendre quelle faveur la fortune leur faisait, en leur envoyant un homme de génie. Annibal était digne d'être Romain; et, s'il l'eût été, il eût devancé pour Rome l'heure de sa domination universelle. Ce grand homme fut exilé par ses ingrats compatriotes et il mourut, abandonné de tous, dans un coin obscur de la terre étrangère. La postérité seule, éclairée sans doute par cet esprit de justice qui émane de Dieu, lui a rendu l'hommage qu'il méritait et l'a placé au rang des plus grands guerriers dont s'honore l'humanité. Au point de vue providentiel, on peut se demander deux choses : d'abord pourquoi tant de génie dépensé en pure perte; ensuite, pourquoi ce duel de deux nations qui abaissa Rome jusqu'aux limites de la honte. Est-ce une action directe de la Providence, est-ce une de ces épreuves comme elle en envoie à ceux qu'elle veut rendre forts? Voulait-elle grandir, par cette lutte, l'énergie des Romains, appelés par elle aux plus hautes destinées? Voulait-elle, en les mettant aux prises avec une puissance maritime, leur apprendre (ce qu'ils firent) à vaincre sur les mers, comme ils avaient jusqu'alors toujours vaincu sur les terres? Au point de vue providentiel, le seul vrai si l'on veut comprendre l'histoire, les destinées du peuple romain étaient écrites d'avance, comme celles du peuple juif, et il fallait que cette grande mission s'accomplît, pour l'exécution des desseins de Dieu. Annibal fut un instrument destiné à rendre plus grande la gloire de Rome, par la grandeur même de la lutte qu'elle avait à soutenir.

SCIPION L'AFRICAIN

225 à 184 av. J.-C.

Cornélius Scipion fut un grand Romain. Il se distingua dans la guerre d'Espagne. Nommé consul à vingt-quatre ans, il s'empara de Carthagène et chassa d'Espagne les Carthaginois. C'est lui qui eut l'honneur de vaincre, à Zama, le grand Annibal; il termina ainsi la guerre punique. Il fit ensuite campagne en Asie. Accusé, devant le peuple romain, de concussion pendant sa guerre contre Antiochus, il trouva dans sa grandeur d'âme cette belle réponse qui valait mieux qu'un plaidoyer : « Romains, c'est aujourd'hui l'anniversaire de notre victoire contre Annibal! Allons au Capitole rendre grâce aux dieux! » Ses ennemis ne se lassèrent point, cependant, de le poursuivre et finirent par le faire exiler; c'est alors qu'il s'adonna aux belles-lettres. On lui prête ces paroles qui furent sa seule vengeance contre l'injuste persécution de ses contemporains : « Ingrate patrie, tu n'auras pas mes cendres! » Scipion fut un grand homme, autant par son caractère que par ses succès militaires. Grand général, grand *politique*, grand citoyen, il eut toutes les vertus. Il était généreux, humain, sage et désintéressé. Ces qualités devaient le faire réussir dans ce beau pays d'Espagne, où le caractère a, de tout temps, joué un si grand rôle : Scipion était digne d'être un héros de Corneille. Au milieu de sa gloire et de ses conquêtes, à un âge où l'on n'est pas indifférent à la beauté, il protégea une belle captive que ses soldats lui amenaient; et, faisant rechercher son fiancé, il la lui rendit généreusement. La famille des Scipion fut tellement illustre de père en fils, que l'on pourrait trouver dans son histoire plusieurs portraits de grands hommes pareils à celui que nous venons d'esquisser. Il y a, entre autres, Scipion Émilien, qui mériterait le même éloge que le précédent, comme il a mérité, par ses exploits, le même surnom d'« Africain ». Ce sont les grandes familles qui font les grandes nations. Rome, malgré sa constitution démocratique, a surtout été fondée et illustrée par des aristocrates.

TÉRENCE

200 à 159 av. J.-C

Cet ancien esclave devint le principal poète comique des Latins; il avait voyagé en Grèce et avait étudié Ménandre, dont il fut l'imitateur. On prétend même qu'il avait retrouvé toutes les œuvres de ce grand poète comique de la Grèce; il perdit ces manuscrits dans un naufrage. Cette perte est irréparable pour la postérité; nous en sommes réduits à admirer Ménandre par Térence, son interprète : le génie du copiste fait supposer ce que le modèle devait être. Le style de Térence est d'une grande élégance. Térence observe bien les règles de la poésie et s'élève parfois à une grande hauteur. Il nous est difficile de savoir ce que fut Ménandre; Aristophane nous est beaucoup plus connu : il paraît être le véritable type du comique grec, dont le trait principal est la satire. Le vrai comique est, disons-le avec fierté, le comique français, qui remplace la satire grossière par la fine ironie : les comédies latines n'ont pas la passion du trait aristophanesque, mais elles n'ont pas, non plus, le rire fin de Molière. En somme, elles pouvaient intéresser les Romains, parce qu'on y traitait de leurs affaires; pour nous, qui ne sommes ni Grecs, ni Romains, elles nous semblent tout à fait ennuyeuses. Admirons Térence pour l'honneur des lettres, mais continuons à lire Molière!

LES MACHABÉES

168 av. J.-C.

Ce nom a été porté par des chefs illustres du peuple juif. Le premier de la famille est un guerrier de la tribu de Lévi, qui délivra son pays de la domination d'Antiochus Épiphane. Il eut cinq fils, dont trois lui succédèrent, d'une façon brillante, dans la suprême autorité ; ils s'appelaient Judas, Jonathas et Simon. Les rois de Syrie ne parvinrent pas à soumettre le peuple juif, tant qu'il y eut des Machabées pour le commander. Une autre famille de ce nom s'illustra non par les armes, mais par le martyre. Ils étaient sept frères et préféraient la foi de leurs pères à l'idolâtrie des Syriens ; ils subirent, eux et leur mère, le supplice avec le plus grand courage. C'étaient les guerriers du ciel. Ils triomphèrent de la mort et furent comme les précurseurs des martyrs chrétiens. Le vainqueur, Antiochus, avait pris Jérusalem ; mais son orgueil dut s'abaisser devant ces victimes héroïques qui bravaient sa tyrannie. Les supplices odieux qu'on infligea à ces confesseurs de la foi font frémir d'horreur. On les étendit, les membres brisés, sur une roue ; on leur enleva la peau de la tête : tous les raffinements de la cruauté la plus barbare furent employés contre ces jeunes héros, auxquels on ne put arracher une seule plainte. La force de Dieu les soutenait et ils s'excitaient mutuellement au martyre, montrant ainsi que la force brutale peut tuer les corps, mais que les âmes des justes échappent à sa puissance.

MARIUS ET SYLLA

153 à 86 av. J.-C. — 137 à 78 av. J.-C.

Marius, homme du peuple, sans éducation, représente la démocratie sous les traits d'un général brave et heureux. Sylla, appartenant à la vieille famille des Cornélius, homme bien élevé et lettré, représente l'aristocratie romaine, sous le titre d'un dictateur habile et non moins courageux que son adversaire. Ces deux hommes furent en lutte continuelle et, chose singulière, la même guerre, celle des Cimbres et des Teutons, leur valut une égale renommée. Marius avait servi, en Espagne, sous Scipion Émilien qui le jugeait digne de le remplacer; il fut encore le vainqueur de Jugurtha, roi de Numidie. Sylla battit les Cimbres à Verceil, se couvrit de gloire dans la guerre sociale et dans une autre guerre, en Numidie; enfin il fut le glorieux vainqueur de Mithridate, roi de Pont. Marius profita des expéditions de Sylla pour lui ravir le pouvoir par des intrigues politiques; mais Sylla, à son retour de Grèce, lui livra bataille et le força à se cacher dans les marais de Minturnes. Un esclave fut chargé de le mettre à mort, dans le cachot où on l'avait enfermé. Ce grand Romain lui demanda s'il oserait tuer Marius; la hache tomba des mains du bourreau, et Marius réussit à se sauver en

Afrique. La fortune de Sylla l'y poursuivit en ennemi. Marius répondit encore à ceux qui le cherchaient cette belle parole : « Va dire à celui qui t'envoie que tu as trouvé Marius, assis sur les ruines de Carthage ! » Son parti réussit à le rappeler à Rome, où il signala sa présence par des excès et le pillage de la ville d'Ostie. Une maladie, qui eut pour cause son intempérance, l'emporta peu après. Sylla resta seul maître de la république; sa dictature fut remarquable par une grande fermeté, unie à une sage administration. Il encouragea les lettres et les arts et il montra que le parti de l'aristocratie comprenait mieux la grandeur du peuple romain que ces démocrates, sans principes et sans idées, qui ne le flattaient que pour l'asservir. Entre deux maîtres également absolus, celui qui nous donne la gloire est toujours préférable. C'est pourquoi, devant l'histoire, Sylla doit faire oublier Marius.

MITHRIDATE

131 à 63 av. J.-C.

Ce prince fut le successeur d'une série de rois de la province de Pont qui portaient le même nom que lui. Persécuté dans sa jeunesse par les ennemis de son père, qu'il avait perdu de bonne heure, il passa plusieurs années caché dans son propre pays, se livrant à la chasse et à tous les exercices du corps qui devaient le préparer plus tard à être un grand guerrier. On raconte que, dans ses excursions au milieu des montagnes de l'Asie Mineure, il acquit une telle connaissance des poisons et des simples, qu'il put impunément y habituer son corps. Il pensait ainsi se mettre à l'abri des tentatives homicides des ennemis de sa famille. Chose singulière ; lorsque, vers la fin de sa vie, abreuvé d'épreuves et de chagrins, il voulut demander au poison la suprême délivrance des désespérés, ce même corps, habitué dès la jeunesse au poison, se montra invulnérable, et c'est à l'épée d'un soldat qu'il dut de voir trancher le fil de ses jours, devenus insupportables pour lui. Mithridate fut le grand ennemi des Romains, en Asie Mineure. Il leur fit essuyer de nombreuses et sanglantes défaites ; il les vainquit, tour à tour, en bataille rangée et dans des combats partiels. Il leur fit une guerre impitoyable et incessante qui dura toute sa vie et qui ressemblait à celle des Parthes et des Numides ; il ne fallut pas moins que les talents militaires de Sylla, que la fortune heureuse de Lucullus et que le courage impétueux de Pompée pour réduire ce redoutable ennemi du nom romain. Mithridate conquit et perdit successivement la Cappadoce, la Bithynie, la Paphlagonie, la Grèce et presque toute l'Asie Mineure ; il fit perdre aux Romains, dans des massacres partiels, plus de cent mille hommes. A son tour, il en perdit dans des combats réguliers plus de deux cent mille ; son acharnement ne connut point de bornes. A peine le vainqueur avait-il quitté les provinces conquises, qu'il y rentrait audacieusement. Il sut toujours profiter des discordes civiles de Rome ; et, n'étant point abattu par ses défaites, il revenait sans cesse à la charge. Sylla disparu de la scène politique, on le voit reprendre les armes avec audace et succès. Quand Lucullus, malgré son bonheur, est atteint lui-même par cette disgrâce toujours suspendue, dans les États démocratiques, sur la tête des généraux et des chefs du gouvernement, il reprend l'offensive avec rapidité et redevient maître de toutes les provinces qu'il avait perdues. La défection des siens et la trahison de son propre fils peuvent seules abattre ce grand courage. Mithridate comprend que la lutte est finie ; que Rome, qui n'a pu le frapper mortellement par les armes, vient de l'atteindre au cœur, par les dissensions intestines qu'elle a fomentées dans ses États. C'est alors que Mithridate se fait donner la mort pour ne pas assister à la ruine de sa puissance. Tel qu'il était, ce personnage méritait bien de tenter la plume habile de Racine. Il eut l'honneur d'être l'un des héros de ses immortelles tragédies. Pour avoir lutté avec tant de succès, avec tant d'énergie, pendant un aussi grand nombre d'années, contre le peuple romain, il fallait que Mithridate fût véritablement un homme extraordinaire. C'est son plus bel éloge ; son patriotisme, son énergie, son talent militaire font oublier sa cruauté et la duplicité de son caractère. On dit qu'il parlait un nombre considérable de langues; ce n'était donc pas un barbare, quoiqu'il fût l'ennemi de la civilisation romaine. Au point de vue de l'histoire, il servit à rehausser la grandeur romaine devant laquelle il finit par succomber, et sa vie, tout entière consacrée à cette lutte gigantesque, est un exemple remarquable de la hauteur à laquelle peut atteindre la grandeur humaine.

LUCULLUS

115 à 49 av. J.-C.

Lycinius Lucullus, né en 115 avant Jésus-Christ, fut un Crésus romain; mais il eut l'avantage, sur le roi asiatique, d'avoir un mérite personnel que la postérité a oublié, pour ne se souvenir que de son faste et de sa magnificence. Lucullus n'est une grande figure de l'histoire qu'à cause de son influence dans la société romaine, qui était alors la première du monde. La postérité ne connaît dans Lucullus que l'amphitryon magnifique qui dépassa, par la splendeur et le luxe de ses réceptions, tout ce que l'on avait vu à Rome avant lui. Mais telle était la trempe de ces Romains, qui méritaient bien d'être les rois du monde, que ce Lucullus, cet efféminé, ce raffiné, ce fin gourmet, cet hôte élégant, avait trouvé le temps, dans sa jeunesse, d'être questeur en Asie, préteur en Afrique, vainqueur d'Amilcar, consul, rival heureux de Mithridate, adversaire victorieux de Tigrane, roi d'Arménie, qui avait recueilli ce grand vaincu. On le connaît à peine, ce Lucullus aux mœurs élégantes; cet homme à la mode dans les salons romains était si sévère à la guerre, que les soldats eux-mêmes s'en plaignaient, ce qui ne l'empêcha pas d'avoir, à Rome, l'honneur du triomphe public. Enfin, Lucullus était un lettré et un philosophe. On dit même qu'il fut agriculteur renommé. Ce n'était donc pas un honneur ordinaire, et ce n'est pas à sa seule élégance, ni même à sa richesse qu'il a dû le rang qu'il occupait à Rome. On voit par là une preuve de plus de ce qu'étaient ces Romains, qui sont devenus les maîtres du monde. C'est par le caractère et l'éducation qu'ils fondaient leur empire, et, grâce à leurs principes que nous devrions imiter, il a pu durer des siècles. Nous verrons si la démocratie moderne, qui n'a encore produit que des médiocrités, durera aussi longtemps.

POMPÉE

106 à 48 av. J.-C.

Ce fut l'un des plus grands Romains. Sylla l'avait en grande estime; il fut, en effet, très heureux dans sa carrière militaire, en Gaule et en Sicile, pendant la guerre des gladiateurs. Il fut le représentant du sénat romain et le peuple le nomma dictateur. Il purgea la Méditerranée de ses pirates et vainquit le célèbre Mithridate. Il fit la faute, à son retour en Italie, de licencier son armée aux portes de Rome, ce qui le mit plus tard à la merci de César, lorsque le trouble arriva entre les triumvirs. Pendant que César aguerrissait son armée dans la soumission des Gaules, le grand Pompée se faisait nommer consul unique et croyait jouir en paix de la suprême puissance; mais il avait compté sans l'ambition de César, devenu son ennemi depuis la mort de Julie, première femme de Pompée et fille de César. Ce dernier poursuivit Pompée jusqu'en Thessalie et le vainquit à Pharsale. Il disait à ses soldats aguerris par de longues guerres : « Frappez au visage les brillants cavaliers de Pompée! » Ce grand homme, vaincu, s'enfuit en Égypte où il fut massacré par ordre du roi, qui voulait faire sa cour à César. On raconte que ce dernier pleura sur les cendres du grand Pompée. Ainsi finit ce patricien favorisé par le sort et qui ne se montra pas à la hauteur de sa destinée. Il serait injuste de dire que, par ses défaites, Pompée puisse être considéré comme très inférieur à César. D'abord la noblesse de son caractère en fait un véritable Romain : il manqua non de courage, mais de prudence et de politique; ensuite, l'instrument militaire qu'il avait sous la main ne valait pas les vieilles légions que César avait formées dans les Gaules.

Pompée se crut fort de son droit ; il représentait, en effet, le sénat, c'est-à-dire la loi romaine, que César n'hésita pas à violer en passant le Rubicon. La noblesse efféminée de Rome pouvait difficilement lutter contre ce général qui écrivait, à propos d'une de ses campagnes, cette phrase laconique restée célèbre : *Veni, vidi, vici.* En un mot, la fortune trahit Pompée et favorisa César, qui ne le valait pas moralement. Pompée eut pour lui la grandeur du caractère ; c'est une victoire morale qui peut effacer, aux yeux de la postérité, le prestige des victoires militaires de César. Pompée, quoique vaincu, est resté dans l'histoire aussi grand que son vainqueur.

CÉSAR

101 à 44 av. J.-C.

Il fut le plus grand des Romains. Homme de génie et grand guerrier, il avait toutes les qualités, mais aussi tous les vices. Il appartenait à l'une des principales familles de Rome. Sa jeunesse orageuse fut employée à faire des dettes de plusieurs millions qui ne contribuèrent pas peu à sa fortune future, par la complicité de ses créanciers, intéressés à son succès. Ce qui fut toujours grand, chez César, ce fut son ambition. On dirait qu'il a toujours eu comme l'intuition de ses destinées. Jeune, il disait qu'il aimerait mieux être le premier dans un village que le second dans Rome ; vieux, il pleurait devant la statue d'Alexandre, en songeant à tout ce que ce jeune héros avait fait avant l'âge qu'il avait lui-même. Les deux grandes phases de la vie de César furent ses campagnes des Gaules et sa lutte avec Pompée. Il mit sept ans à conquérir les Gaules. Dans cette lutte du génie contre l'héroïsme d'un peuple sauvage, il y eut un mélange de races qui contribua beaucoup à fonder la grande unité française. La rivalité de César et de Pompée, en donnant l'empire au premier, fut le point de départ de la fondation de ce nouvel État romain qui devait absorber l'univers connu. Le rôle de César fut donc très grand, au point de vue providentiel, puisque cet homme de génie fut le véritable fondateur du grand empire romain. Dans les vues de Dieu, Rome devait être à la fois le tombeau des martyrs et le berceau du christianisme. Plus tard, purifiée par ses revers, elle en devint aussi le sanctuaire. Les papes devaient succéder aux empereurs romains et remplacer, par leur puissance spirituelle, cette puissance temporelle dont les lois régissaient l'univers tout entier. César ne fut pas seulement un grand homme politique ; son portrait serait incomplet si l'on ne traçait pas l'esquisse de sa figure de guerrier. Il eut l'honneur, qu'il devait à son génie, d'être le seul capitaine des temps anciens qui n'ait jamais été vaincu. Lorsque la mauvaise fortune le surprenait, il savait, par d'habiles manœuvres, corriger le sort des armes. Assurément, nul général n'eut entre les mains un instrument plus parfait que les légions romaines, et nous avons appris, en 1870, à nos dépens, qu'une armée bien organisée est souvent pour beaucoup dans les chances de la guerre. Il est donc permis de penser que, si César avait eu les soldats d'Annibal, il n'eût pas toujours été invincible : il n'y a que Dieu qui soit infaillible. Malgré tout, César a conservé la réputation d'un général heureux. Sa guerre des Gaules est une merveille de tactique et de stratégie. Il eut à lutter contre un peuple courageux, indépendant et profondément guerrier. César mit sept ans à faire cette conquête, qu'il nous a racontée dans ses *Commentaires*. Sa lutte avec Pompée ne fut pas moins brillante, au point de vue militaire ; la bataille de Pharsale, qui détruisit les légions de Pompée, fut amenée par une série de mouvements des plus hardis. César osa transporter ses armes au delà des mers ; il fallait qu'il fût bien sûr de la victoire pour se couper ainsi toute retraite. Napoléon eut plus tard la même audace, parce qu'il avait le même génie. Mais César n'abandonnait pas tout au hasard de la fortune. Général romain, il connaissait la valeur de ces camps retranchés que savaient si bien construire les soldats de Rome, et, lorsqu'il passa la mer Adriatique, il en installa un formidable de l'autre côté de Duracchium. Ces lignes furent sa véritable base d'opération ; et, vaincu, il aurait encore pu s'y défendre avec avantage. On cite bien des traits du sang-froid et du courage de César. Il avait toutes les qualités d'un grand général : l'audace, le calme et la célérité. Il faut rappeler ici que, pendant ses campagnes des Gaules, il dictait à la fois sept lettres à sept secrétaires différents, en sept langues différentes. La mort de César fut le dernier trait de grandeur de cette vie d'un héros. Il s'enveloppa lui-même dans les plis de son manteau, pour mourir avec décence, alors qu'il était percé de mille coups, et, contre son fils adoptif, Brutus, qu'il trouva parmi ses assassins, il n'eut qu'une parole de reproche, remarquable par sa simplicité : « *Tu quoque, fili!* » (Toi aussi, mon fils!) Brutus ne comprit pas la grandeur des services rendus à la patrie par son père adoptif. Il était digne d'être le héros des révolutionnaires.

Nous avons esquissé le portrait de César, homme politique et guerrier ; il nous reste à faire connaître le César de la vie privée, qui n'est pas moins remarquable que les deux types précédents. Ce nouveau portrait montre César sous un jour différent, qui permet de dire que cet homme fut universellement comblé des dons de la nature. César, en effet, n'a pas été seulement un homme d'État de premier ordre, le plus grand capitaine que le monde ait connu, il fut encore un avocat distingué et un littérateur remarquable. César a plaidé avec succès, et, comme auteur, il a laissé un livre que la postérité a consacré et qu'on nomme les *Commentaires de César*. C'est son histoire de la conquête des Gaules. César était un aristocrate, appartenant à cette société raffinée et lettrée qui donnait le bon ton dans Rome, déjà capitale de l'univers. Ces patriciens avaient été élevés avec toute la recherche, le faste et l'élégance de l'éducation grecque, que les Romains, vainqueurs, étaient allés apprendre chez les Hellènes vaincus. Si l'on joint à ce côté brillant de l'esprit la mâle énergie du caractère romain, on comprendra qu'un aristocrate comme César ait pu arriver au dernier degré de perfection intellectuelle, sinon morale, que peut produire une grande civilisation. César fut donc à la fois un homme du monde, un homme d'affaires, un grand général, un grand politique. Ce fut, par conséquent, le type le plus complet que l'histoire nous ait fait connaître. Il ne péchait que du côté moral, et c'est là qu'il faut distinguer une civilisation païenne de la civilisation chrétienne. Chez les anciens, un homme pouvait être grand, même par des crimes ; chez les modernes, un homme est grand surtout par ses vertus.

SALLUSTE

86 à 36 av. J.-C.

A ne juger Salluste que par sa vie privée et même par sa vie publique, il ne serait pas digne de figurer dans une galerie de grands hommes. Malheureusement, le caractère n'est pas toujours à la hauteur du talent, et le talent se trouve, quelquefois, à un degré fort élevé chez des hommes qui ne méritent pas toujours l'estime publique. A la distance où nous nous trouvons des événements de l'histoire ancienne, il ne nous est pas toujours facile de discerner le faux du vrai, et nous devons accepter les grandes épaves que les révolutions du temps ont apportées sur le rivage de la postérité. Salluste fut, tour à tour, tribun, sénateur, questeur, préteur et proconsul, dans cette grande Rome où l'on était difficile dans le choix des hommes. Sa jeunesse dissolue le mit en rapport avec César, qui était l'ami de tous les libertins de la république. C'en était assez pour avoir les faveurs du maître, en échange des complaisances du courtisan. Ce fut le secret de la fortune de Salluste ; elle fut grande, car il put élever, sur le Quirinal, un palais digne de Lucullus. Il faut pourtant qu'il y ait eu quelque chose de grand dans cet homme, pour qu'il préférât l'étude aux plaisirs, et qu'il consacrât les dernières années de sa vie à nous raconter celle des autres : il fut l'historien de Rome, sous Sylla ; il a été l'historien de la révolte de Catilina et de la guerre de Jugurtha. Son histoire comprend cinq volumes ; on a de lui, également, des *Lettres* à César, inspirées, dit-on, par César lui-même. Salluste écrivait avec énergie et avec une grande netteté. On retrouve, dans ses livres, les qualités de l'homme politique. Il ne faut pas oublier qu'il servait un maître, et que sa parole, quelque élégante qu'elle fût, n'était pas celle d'un homme libre. Tel fut Salluste; il ne fut pas sans tache, mais il eut, du moins, le mérite d'avoir fait des œuvres durables, ce qui est rare en tout temps, et surtout à notre époque.

VIRGILE

70 à 19 av. J.-C.

Ce poète fut le plus grand des poètes latins. Il naquit près de Mantoue, vécut à Crémone et à Naples. C'est dans cette dernière ville qu'il désira être enterré, par une pensée poétique qui était un hommage rendu à la nature exceptionnellement belle de ce beau pays. Virgile commença, à l'âge de vingt-cinq ans, à composer des églogues. Plus tard, vinrent les *Géorgiques* et, enfin, l'*Énéide*, poème lyrique et épique en douze chants, consacrés à Rome et à ses antiquités. On dit que Virgile passa toute sa vie à composer ce bel ouvrage; il n'en écrivait que douze vers par jour. Ce livre lui valut l'amitié de Mécène, d'Horace, et, ce qui était préférable, celle d'Auguste. On dit même que c'est à ce prince qu'on doit la publication de l'*Énéide*, que Virgile n'avait pu terminer de son vivant, malgré un travail de douze ans, et que, par testament, il avait condamné à l'oubli. Comme homme, il fut aimé et recherché de ses contemporains, pour son honnêteté et sa franchise. Comme poète, il n'est pas au-dessous d'Homère et il est resté au-dessus de tous les poètes latins. Son style est remarquable par une grande harmonie, une grande pureté et par les qualités les plus variées. Son livre se lit facilement; on y trouve des images poétiques, de belles descriptions et une harmonie imitative qui permet aux lettrés de citer souvent de beaux passages, passés en proverbe. Dans le genre épique, Virgile est, avec Homère, le seul poète qui ait atteint la perfection, si rare en ce genre inimitable. Voltaire a essayé une *Henriade* qui ne mérite pas de figurer à côté de ces chefs-d'œuvre ; le Camoëns a composé un beau poème sur le Portugal qui n'est pas sans valeur, mais qui est une œuvre secondaire à côté de l'*Énéide*, de l'*Iliade* et de l'*Odyssée*. Il y a encore quelques poètes latins et modernes qui se sont essayés dans ce genre difficile. On ne lit plus leurs œuvres, et on lira toujours celles de Virgile et d'Homère.

HORACE

64 à 7 av. J.-C.

Il fut l'un des plus grands poètes de l'antiquité. Fils d'un affranchi, il reçut une éducation distinguée, s'instruisit dans les lettres de bonne heure, voyagea en

Grèce et, de retour à Rome, prit part à la conspiration de Brutus. Il assista même à la bataille de Philippes, où il jeta son bouclier ; comme Démosthène, il n'était pas né pour les vertus guerrières. C'était un homme modeste, aimable, fin, spirituel, ami des plaisirs ; il était de l'école d'Épicure. Ses premiers écrits lui attirèrent l'amitié de Virgile qui le présenta à Mécène, le protecteur des lettres, et à l'empereur Auguste. Ce grand prince voulut lui donner des honneurs. Soit qu'Horace fût dépourvu d'ambition, soit qu'il préférât le *dolce far niente* de sa vie de poète, il refusa les faveurs d'Auguste et se contenta des bienfaits du riche Mécène. Ce dernier lui avait donné une maison que l'on montre encore auprès de la fameuse cascade de Tivoli ; c'est là qu'Horace se plaisait à vivre, au milieu des beautés d'un site incomparable. Horace a laissé des odes inimitables, formant quatre livres : elles sont écrites avec beaucoup d'élégance et de finesse. L'auteur s'est inspiré de Pindare et d'Anacréon ; la forme légère de ses vers cachait, comme sous un voile gracieux, des vérités sérieuses et profondes. Aussi beaucoup de vers sont-ils devenus des proverbes, répétés par la postérité. On a encore de lui deux livres d'épîtres et de satires ; enfin, un *Art poétique*, imité d'Aristote, le maître en ce genre, ouvrage remarquable, que Boileau copia et augmenta dans son *Art poétique*. Horace rendit à Auguste la justice que méritait ce grand prince ; il a la place d'honneur dans ses écrits, comme Louis XIV l'avait dans ceux de Boileau, de Racine, de Corneille, de La Fontaine et de Molière. Ces deux princes avaient une façon de faire le bien qui les faisait aimer; ils savaient, du reste, choisir leurs protégés qui furent tous des hommes de génie. Les œuvres d'Horace ont eu l'honneur d'être traduites dans toutes les langues par des hommes de talent; c'était autrefois l'exercice favori des lettrés de chaque nation. L'Église, qui accepte tous les chefs-d'œuvre humains, a conservé dans son enseignement ces beaux ouvrages : c'est le plus grand hommage qu'on leur puisse rendre, c'est aussi la preuve de l'esprit libéral et éclairé du catholicisme.

AUGUSTE

63 av. J.-C. à 14 ap. J.-C.

Il y eut deux hommes bien différents dans ce premier empereur romain, neveu et héritier de César. Sous le nom d'Octave, il s'est trouvé mêlé à toutes les intrigues de la politique, et il ne craignit pas de verser le sang de ses amis pour arriver à la suprême puissance. A la mort de César, Octave fit partie du triumvirat, composé d'Octave, Antoine et Lépide. Ces trois personnages, qui s'étaient emparés de Rome, se firent la mutuelle concession de leurs propres amis : les listes de proscription furent établies et le sang coula dans Rome, pour noyer celui de César, lâchement assassiné. C'est ainsi que l'imbécillité du régicide a toujours enfanté le despotisme. Octave ne fut pas le moins cruel des triumvirs ; la mort de Cicéron, qu'il abandonna aux rancunes d'Antoine, en fait foi. Mais, s'il ne fut pas le moins cruel, il se montra le plus ambitieux de ces trois tyrans qui gouvernaient Rome. Les vengeances des partis satisfaites, il fallut se mesurer de puissance à puissance, et la division commença entre ces triumvirs qui n'avaient plus à se sacrifier personne. Lépide fut facilement évincé ; mais Antoine était de taille à se défendre : son duel avec Octave rappela celui du grand Pompée et de César. Malheureusement pour Antoine, une femme intervint dans ses affaires et dans sa vie. Ce fut la célèbre et ambitieuse Cléopâtre, cette reine si connue par ses intrigues et sa beauté, qui avait un instant ébloui le grand César. Elle domina complètement le faible Antoine, et, soit peur, soit trahison, elle lui fit perdre la bataille d'Actium, par la retraite intempestive des vaisseaux égyptiens. Octave, maître du monde et de Rome, dépouille le vieil homme et change à la fois de nom et de caractère : il s'appellera désormais *Augustus imperator* ; et, ce qu'il y a de plus singulier pour qui connaît son passé, c'est qu'il méritera de porter ce beau nom d'« Auguste », qui a fait oublier à la postérité le nom odieux d'Octave. Auguste réalisa cette belle parole qu'on lui attribue à propos de Rome : « Je l'ai trouvée de brique, je la laisserai de marbre. » Ce prince, en possession, désormais sans contestation, du suprême pouvoir, consacrera son règne au bonheur de ses peuples, à la grandeur de sa patrie et à la protection des lettres et des arts : les discordes civiles étaient finies ; la guerre, qui fut toujours l'occupation habituelle des Romains, n'était plus elle-même qu'une guerre sage, destinée à fortifier les frontières plutôt qu'à les étendre. Elle fut d'ailleurs constamment heureuse pour les armes du nouvel empereur. Il mérita, par la protection qu'il sut donner aux grands écrivains de son temps, d'attacher son nom au siècle qui l'a vu naître. Des hommes de génie comme Virgile, Horace, Ovide, Tite-Live et Phèdre, eussent suffi, à eux seuls, pour illustrer ce règne. Le souverain qui sut les comprendre, les encourager, peut-être les faire vivre, mérite de partager leur gloire. Auguste eut enfin l'honneur de tenir le monde sous son sceptre lorsque naissait, à Bethléem, Notre-Seigneur Jésus-Christ. On eut dit que, pour ce grand événement, le plus grand de l'histoire humaine, Dieu avait voulu préparer comme une sorte de recueillement après les luttes terribles des années qui précédèrent la venue d'Auguste. En un mot, ce prince se montra si grand et si sage sur le trône, que ses successeurs tinrent à honneur d'ajouter son nom à celui qu'ils ont porté.

TITE-LIVE

59 av. J.-C. à 21 ap. J.-C.

Quelques écrivains latins eurent un génie qui égala, par sa grandeur, celle de l'empire romain. Ce sont des rayons du soleil de la civilisation qui fécondent, de la sorte, le cerveau de l'homme, à certaines époques de l'histoire. Nous avons eu chez nous ce phénomène sous le règne de Louis XIV ; les Romains l'ont eu sous Auguste. Tite-Live fut l'un de ces remarquables auteurs dont les écrits excitaient l'admiration de leurs contemporains, et même celle des étrangers. On raconte qu'un Espagnol vint de Cadix à Rome pour voir Tite-Live et s'entretenir avec lui. Ce grand historien fut l'ami d'Auguste, qui savait protéger le talent et faire oublier, par ses libéralités impériales, les cruautés d'Octave.

Tite-Live naquit à Padoue, vécut à Rome et à Naples. Il préférait, pour ses travaux, le séjour de cette dernière ville, soit qu'il y fût plus tranquille, soit que la beauté du site inspirât mieux son esprit. C'est cependant à Padoue qu'il termina sa vie. On lui reprochait, dans l'entourage élégant de la cour romaine, d'être un peu trop resté l'homme de Padoue. Il nous est difficile de comprendre ce reproche, qui serait un éloge, à un certain point de vue de patriotisme local. Tite-Live a écrit cent quarante livres sur l'histoire romaine, depuis Romulus jusqu'à Drusus. De cette œuvre, il n'est resté qu'un ensemble de trente-cinq livres et quelques fragments découverts par les savants. Cette histoire impartiale, intéressante, bien écrite, remarquable par des portraits et des anecdotes à la manière des historiens grecs, fit à son auteur une réputation qui est parvenue jusqu'à la postérité. Mais là ne se bornèrent pas les travaux de Tite-Live. Il écrivit aussi, d'une façon remarquable, sur la rhétorique et sur la philosophie. Ses premiers travaux, dédiés à Auguste, avaient attiré l'attention de la cour, et on le chargea de l'éducation du jeune prince Claude, qui devait, plus tard, parvenir à l'empire. Cette distinction prouve le cas qu'on faisait de Tite-Live, car, à son époque, les savants n'étaient pas rares et l'on n'avait que l'embarras du choix. Ce qui nous est resté de Tite-Live donne une haute idée de ce grand historien et du peuple romain qui a produit de pareils hommes.

OVIDE

43 av. J.-C. 17 ap. J.-C.

Publius Ovidius Naso, né à Sulmone, fut l'un des plus grands poètes latins de l'époque d'Auguste. D'une famille patricienne, il était d'abord destiné au barreau, fort en honneur à Rome. Son goût irrésistible pour la poésie se révéla dès ses plus jeunes années, et ses premiers vers ayant attiré l'attention de la cour, il prit définitivement rang parmi les grands écrivains tels que Virgile et Horace, qui avaient les faveurs d'Auguste, et il les partagea avec eux. On admirait beaucoup sa facilité, le charme de son style et, peut-être aussi, la tendresse de sa muse. Ce fut cette dernière tendance de son esprit qui causa les disgrâces de la fin de sa vie. Il fut exilé par Auguste à Tomes, sur le Pont-Euxin. C'est là qu'il termina ses jours, dans la tristesse et le découragement, sans avoir pu rentrer en grâce, même auprès de Tibère, qui se montra aussi mal disposé qu'Auguste. Le prétexte de cet exil fut la trop grande licence des vers d'Ovide. On prétend que la véritable cause était un secret de la famille impériale : Ovide avait osé, comme plus tard Voltaire, à la cour de Frédéric le Grand, élever ses regards jusqu'à la petite-fille d'Auguste, à laquelle il adressa des vers, sous le nom de Corinne. Si la faute fut grande, ce que l'histoire ne dit pas, le châtiment fut terrible : le tendre Ovide s'éteignit, triste et délaissé, sur la terre étrangère, après huit ans d'exil.

Ses ouvrages sont fort nombreux ; le plus remarquable est celui des *Métamorphoses*, dont il avait détruit le manuscrit, par une modestie bien exagérée, mais qui nous est cependant parvenu, grâce aux copies qu'en avaient conservées ses contemporains. Cet ouvrage a été traduit dans toutes les langues et il a fait l'admiration des lettrés de toutes les époques. C'est l'histoire des fables de l'antiquité, racontées avec une grande naïveté, en un style charmant et sous la forme d'allégories pleines de poésie. Il y a dans Ovide un art merveilleux qui fait pardonner ou la futilité du sujet, ou son mauvais choix. Ses écarts de la pensée ne sont jamais, chez lui, des écarts de plume. Il est toujours le maître de cette expression, qui n'en est que plus dangereuse, quand il traite certains sujets empruntés aux misères de l'humanité. Ses autres ouvrages, parmi lesquels on peut citer ses *Fastes*, ses *Élégies* et ses *Épîtres*, ne sont pas moins bien écrits, quoiqu'on y retrouve cette même licence qui éloignera toujours de ce poète les gens qui n'aiment pas, même en latin, à « braver l'honnêteté dans les mots ». Il est fâcheux qu'un si grand poète n'ait pas su, comme Homère et Virgile, consacrer son génie à une grande œuvre, semblable à l'*Iliade* ou à l'*Énéide* : il avait le talent qui produit les chefs-d'œuvre. Il fit un essai, pourtant, dans le genre sérieux, en écrivant une tragédie de Médée, qui ne nous est pas parvenue. Quelques auteurs placent les épîtres d'Ovide au-dessus de ses autres ouvrages. On leur a même donné le beau surnom de : *Fleurs de l'Empire romain*. Le style en est inimitable; mais, si la forme est un modèle, le fond laisse à désirer par le manque de sérieux. On appelle aussi les *Héroïdes* deux livres de lettres, parce qu'il y fait parler certaines héroïnes de l'antiquité dont il a voulu retracer les traits. Enfin, dans l'élégie, quelques lettrés préférèrent Ovide à Properce et à Tibulle. En un mot, ce poète avait en main un instrument parfait, mais il n'en fit pas le bon usage qu'on doit faire des dons de Dieu. Ses écrits licencieux ont fait exiler Ovide de sa patrie. L'exil n'a pas fini pour lui avec la vie ; il s'est étendu jusqu'à ses œuvres, que les lecteurs honnêtes frappent du même ostracisme, en les reléguant dans un coin de leur bibliothèque.

TIBÈRE
42 av. J.-C à 37 ap. J.-C.

Ce second empereur romain, favori trop aimé d'Auguste, qui devait pourtant se connaître en hommes, mais qui, comme César, avait ses faiblesses. Tibère, en un mot, fut un singulier mélange de succès, de gloire, de grandeur, de bassesse, de cruauté, de cupidité, de lâcheté et de corruption. Il se distingua dans la guerre, pendant sa jeunesse ; mais, dès cette époque, il montra son caractère jaloux et ambitieux. Il se trouva l'allié de l'empereur Auguste, par sa mère Livie qui l'épousa. On peut dire que l'adoption d'un tel fils fut, pour Auguste, le châtiment des crimes d'Octave. Pour que l'adoption fût plus complète, ce prince avait fait épouser à Tibère sa fille Julie. A la mort d'Auguste, Tibère, son héritier, se fit prier pour accepter l'empire qu'il convoitait secrètement avec toute l'ardeur de son ambitieuse nature. Son avènement au pouvoir, arrivé l'an 14 de Notre-Seigneur, fut le signal de meurtres et d'homicides qui ne finirent qu'à la mort de ce monstre. Il n'épargna personne. Germanicus, son fils adoptif, périt le premier parce qu'il était vertueux et populaire ; la famille de Germanicus éprouva le même sort. Tibère les assassina tous ; il s'enivrait dans le crime et un meurtre en appelait un autre. Il frappait avec fureur, avec folie ; mais, comme les meurtriers, il frappait dans l'ombre : il se servait tour à tour du poison et du poignard. Devenu soupçonneux et craintif sur ses vieux jours, Tibère se retira dans l'île de Caprée, pour mieux cacher ses débauches et pour être à l'abri des représailles qu'attiraient ses cruautés. Il faillit être puni avant l'heure par Séjan, son vil complice ; mais il s'aperçut à temps de cette trahison et se vengea par la mort du coupable. Tibère périt lui-même, étouffé au moment où Caligula venait d'être proclamé empereur. C'était un monstre qui cédait la place à un autre monstre. On a peine à comprendre comment, sous un pareil homme, l'empire put être florissant. On oublie que Dieu gouverne le monde du fond de son éternité et qu'il permet parfois qu'un scélérat exerce la suprême puissance ; les lois de l'ordre éternel ne sont point dérangées par cet abus passager. Sous Tibère, l'empire eut la paix parce qu'on en avait besoin ; l'ordre, parce que toute volonté était morte chez ce peuple abaissé; la justice, parce que le pouvoir avait conservé sa force, même dans de mauvaises mains; la discipline, parce que l'armée était encore au lendemain des grandes victoires qui lui avaient donné son unité. Tibère remplit les coffres de l'État; il créa de bonnes finances et, on ne le croirait pas, il cultiva les lettres et se fit remarquer en écrivant, en grec et en latin, des poèmes et des annales qui étaient estimés de son temps. Voilà, certes, un étrange personnage! Ses vertus, si l'on peut appeler de ce nom les quelques qualités qu'il avait, sont aussi incompréhensibles que ses crimes. La plume se refuse à écrire les forfaits odieux dont il déshonora sa vie. Il poussa la cruauté et la débauche jusqu'à leurs dernières limites; il a fallu l'état de prostration de la société romaine pour qu'un pareil tyran fût supporté par son peuple. L'humanité est pleine d'inconséquences : on respecte Tibère, et l'on met à mort Charles Ier et Louis XVI! Voilà la morale de l'histoire; mais, heureusement pour nous, ce n'est pas celle de la Providence. Pendant que Tibère sacrifiait la vie humaine pour conserver l'empire du monde, le fils de Dieu offrait sa propre vie pour sauver l'humanité.

PHÈDRE
30 av. J.-C à 44 après J.-C.

Ce fut un célèbre fabuliste latin, qui vécut sous Auguste qu'il servit, et dont il obtint la faveur de l'affranchissement. Cette ressemblance avec son modèle Ésope est assez frappante pour être rapportée. Phèdre naquit en Thrace et fut amené à Rome, comme esclave ; malgré la faveur d'Auguste et la position indépendante qu'elle lui avait faite, il encourut plus tard la haine de Séjan, favori de Tibère, qui avait cru se reconnaître dans une de ses fables. Il perdit ses fonctions au palais et termina ses jours dans la disgrâce de la cour. Cette persécution fut probablement la cause de la disparition de ses fables, qui ne furent retrouvées qu'en 1596, par Pierre Pithou. On prétend qu'elles étaient déjà connues de quelques auteurs, qui leur avaient fait des emprunts. On cite, entre autres, Gabriel Faërne qui, d'après de Thou, aurait eu le manuscrit de Phèdre entre les mains et se serait bien gardé de le faire connaître au public, dans la crainte de diminuer la valeur de sa propre traduction, en vers latins, des fables d'Ésope. Les fables de Phèdre comprennent cinq livres en vers ïambes. La Fontaine n'a pas craint, lui, d'avouer hautement qu'il avait quelquefois pris Phèdre pour modèle. Le génie des fabulistes est bien grand, puisqu'il a pu produire trois fois des œuvres en apparence inimitables et dont l'imitation fut chaque fois un nouveau chef-d'œuvre. Ésope, Phèdre et La Fontaine ont pu se succéder sans se nuire. On dit que leur modèle primitif et commun fut un philosophe indien, du nom de Pilpay. Peut-être ce fabuliste de l'antiquité ne fut-il lui-même qu'un imitateur. Les fables de Phèdre, d'abord inconnues, puis contestées, sont acceptées, aujourd'hui, comme l'ouvrage le plus parfait en ce genre de la littérature latine. La postérité a réparé, pour la mémoire de Phèdre, la haine de Séjan et l'injustice de Tibère. Ses fables sont bien écrites. Elles ne valent pas, cependant, pour le style, celles d'Ésope et de La Fontaine. Peut-être la majesté du latin ne se prête-t-elle pas aux finesses de langage que comportent mieux le grec et le français. La fable est un genre léger dans la forme, sérieux dans le fond, qui demande un art infini, joint à une grande simplicité: en faisant parler la nature, il est nécessaire de lui laisser la naïveté de son caractère. La fable est aussi, très souvent, une allégorie qui cache un trait satirique qu'on ne doit pas voir trop facilement. Le bon La Fontaine fut souvent bien plus malicieux qu'on ne pense; le temps a jeté son voile sur bien des allusions que nous ne comprenons plus, les grands traits seuls sont restés. Ils appartiennent, comme ceux d'Ésope, à ce haut comique qui est de toutes les époques. C'est pourquoi ces deux grands fabulistes sont restés de grands écrivains aux yeux de la postérité. Unissons à leurs noms celui de Phèdre. Ce trio de fabulistes a doté l'humanité de l'un de ses plus riches trésors littéraires. Les fables sont toujours instructives; on les apprend aux enfants, mais les lettrés ne se lassent pas de les relire.

SAINT JEAN-BAPTISTE

1 à 32 ap. J.-C.

Ce grand homme fut un ange de Dieu ; on l'appela le précurseur. Ce fut lui qui prépara les voies du Seigneur. Retiré dans le désert, il prêcha la pénitence aux Juifs qui le suivaient en foule ; il les baptisait dans le Jourdain, et il eut l'honneur de baptiser Jésus qui voulait, par son exemple, instituer le premier de nos sacrements. Le Saint-Esprit descendit du ciel, sous la forme d'une colombe, emblème de la pureté. Dieu le Père proclama son Fils bien-aimé. Tels furent les mystères qui eurent pour témoins saint Jean-Baptiste, le fils d'Élisabeth, la cousine de la Sainte-Vierge. L'ange du Seigneur avait prédit la naissance du grand saint Jean qu'Élisabeth eut dans un âge avancé. Il était prédestiné, et, pour que rien ne manquât à sa gloire, Dieu lui donna la couronne du martyre : le cruel Hérode le sacrifia à la rancune d'Hérodiade. Saint Jean avait blâmé les mœurs de cette cour infâme ; sa tête fut apportée dans un plat d'argent, au milieu d'une orgie, sur la demande de Salomé, qui avait charmé le roi Hérode par la séduction de sa beauté et de sa jeunesse. Saint Jean rendit témoignage à Dieu par sa parole et par son sang. Ce fut l'un des plus grands saints du christianisme ; il mérita d'être choisi par Dieu, c'est son plus beau titre de gloire. A l'inverse des héros de la terre, il trouva son immortalité dans un monde supérieur où l'on n'accepte pas toujours les grands hommes que nous honorons ici-bas.

SAINT PAUL

? à 66 ap. J.-C.

Il y avait, au nombre des persécuteurs les plus ardents des chrétiens, un nommé Saul, Juif de Tarse, qui était citoyen romain. La tradition raconte que saint Étienne, au martyre duquel il assistait en bourreau, pria pour lui et obtint sa conversion. Quoi qu'il en soit, Dieu avait des vues sur Saul. Un jour qu'il allait à Damas continuer ses persécutions contre les chrétiens, Dieu lui apparut sur la route. Saul tomba aveuglé et entendit une voix qui disait : « Saul, Saul, pourquoi me persécutes-tu? » Le Seigneur lui dit : « Je suis le Christ, tu trouveras à Damas un de mes fidèles serviteurs qui te dira ce que j'attends de toi! » Dieu avait averti ce disciple ; et, quand Saul se présenta devant lui, il le bénit, le consacra au Seigneur, lui imposa les mains et lui rendit la vue. Deux écailles tombèrent aussitôt de ses yeux ; c'étaient les écailles de l'erreur et de l'impiété. Saul, qui devait désormais s'appeler Paul, devint l'une des lumières de l'Église et l'un des principaux défenseurs de la foi. Bien qu'il n'ait pas connu Notre-Seigneur autrement qu'en esprit, il fut admis au rang des apôtres, et l'Église l'associe, dans ses prières, à la personne du vénérable saint Pierre. Saint Paul reçut de Dieu les plus grandes faveurs; il fut ravi en esprit jusqu'au septième ciel et vit de près tous les secrets et toutes les splendeurs de la cour céleste. Le Saint-Esprit l'inspira dans la rédaction de ses épîtres, qui sont à la fois un monument littéraire et un monument religieux. Saint Paul fut un évêque, un apôtre, un saint et un docteur; il fit de nombreuses conversions, jusque dans le palais des césars. Les persécutions dont il fut à son tour victime se terminèrent par sa mort, arrivée en 66. Il fut décapité, comme citoyen romain, et n'eut pas l'honneur de mourir sur la croix, que Jésus avait glorifiée et que les païens regardaient comme ignominieuse. Un écrivain de notre temps, qui a brûlé depuis ce qu'il avait adoré dans sa jeunesse, nous représente saint Paul sous les traits d'un petit Juif repoussant et laid. Ce portrait n'a pas même le mérite d'être vrai; si nous n'avons pas de description exacte des traits de saint Paul, c'est qu'on s'occupait plus alors de la sainteté des apôtres que de leur figure. Il nous suffit, à nous, de savoir que saint Paul avait une belle âme, et ceux qui en doutent n'ont qu'à relire ses admirables épîtres. Saint Paul, placé à côté de saint Pierre, montre la diversité des vues de Dieu. Ici, c'est un pêcheur honnête, simple, mais obscur et ignorant : Dieu en fait un savant et le chef de son Église. Là, nous voyons un lettré, dont l'erreur a fait un ennemi du Christ. Dieu s'empare de cet esprit d'élite et en fait un de ses plus grands docteurs.

SAINT JEAN L'ÉVANGÉLISTE

7 à 101 ap. J.-C.

Ce fut le disciple préféré de Notre-Seigneur. En trois circonstances différentes, il reçut du ciel des faveurs particulières. Au moment où Jésus réunissait ses apôtres pour le repas divin qu'on a appelé la cène, saint Jean reposa sa tête sur le cœur de Jésus ; lorsque le Sauveur fut sur sa croix, il dit à sa mère Marie : « Femme, voici votre fils ! » et il désignait saint Jean qui eut, en ce moment suprême, l'honneur de représenter l'humanité tout entière ; enfin, inspiré par le Saint-Esprit, saint Jean, exilé dans l'île de Patmos, composa le livre prophétique de l'Apocalypse, qui est la grande épopée de la fin du monde. Saint Jean fut l'un des douze apôtres ; il naquit, en Galilée, d'une famille de pêcheurs comme saint Pierre. Il devait plus tard devenir, comme lui, un pêcheur d'âmes pour l'éternité. Il prêcha, après la mort de Jésus, en Asie Mineure, et devint le premier évêque d'Éphèse ;

il eut l'honneur du martyre, à Rome. Le cruel Domitien essaya en vain de le faire périr dans l'huile bouillante ; il en sortit sain et sauf comme Daniel de la fosse aux lions. Il fut l'un des quatre évangélistes ; il écrivit son Évangile en grec. Il mourut dans un âge avancé. C'est de lui que l'on tient ce bel Évangile qui termine la sainte messe et qui est un chef-d'œuvre de style, au point de vue de la concision et de la profondeur : chaque mot représente une des grandes idées du christianisme. Ce langage, qui est bien celui de Dieu, rappelle la grandeur et la simplicité de la Bible. L'Apocalypse est encore inexpliqué. Ce livre mystérieux contient des secrets qu'il n'a pas été donné à l'homme de connaître et qui furent révélés à saint Jean, ravi, comme saint Paul, jusqu'au plus haut des cieux.

VESPASIEN

7 à 79 ap. J.-C.

Cet empereur romain, d'origine vulgaire comme presque tous les Romains portés au pouvoir par le caprice populaire, dans cette nation aussi étrange que grande, cet empereur fut, en somme, l'un des meilleurs de cette triste époque. Il succédait aux odieux tyrans qui s'appelaient Claude, Caligula, Néron, Galba, Othon, Vitellius, monstres grotesques autant que sanguinaires, qui auraient déshonoré le trône romain, s'il ne l'avait pas été depuis longtemps. Vespasien apparut comme un rayon de soleil entre deux nuages, comme une figure d'honnête homme dans une société de coquins ; il ne fut pas absolument irréprochable, mais il valait mieux que les autres. Cela suffisait pour en faire un homme de bien, à une époque où la chose était rare. Vespasien parvint au trône par une série de circonstances aussi bizarres et aussi imprévues que toutes celles qui présidaient à l'élection des empereurs romains : révolte du peuple, trahison des généraux, rébellion des soldats. Voilà quelles étaient les prémices de ces régimes ; elles ne manquèrent point à celui de Vespasien. Lorsque la fortune vint le chercher, il était occupé à conquérir la Judée ; il laissa son fils Titus poursuivre le siège de Jérusalem et, songeant à soigner sa propre fortune, il envoya des troupes contre Vitellius qui résistait encore, quoique dépossédé de la pourpre. Vespasien, maître de Rome, réforma les lois et les finances et montra quelque vigueur dans la perception des impôts. Il répondait à quelqu'un qui lui reprochait l'origine de ces impôts : « Cette pièce de monnaie sent-elle mauvais ? » Ce prince était, on le voit, philosophe à ses heures. Il disait également qu'un empereur romain « doit mourir debout ». C'est, en effet, ce qui lui arriva. Il y avait là les éléments d'un grand caractère ; son règne ne fut pas sans gloire. Bien qu'il cessât de combattre par lui-même, il envoya ses lieutenants dans les Gaules, dans la Grande-Bretagne et dans l'Asie Mineure; il conquit tous ces pays et les réunit à l'empire romain. Ces succès ont illustré son règne et, malgré quelques cruautés qu'on lui reproche, il sut, par sa sagesse, en maintenir intacts l'éclat et la gloire.

PLINE

23 à 79 et 61 à 115 ap. J.-C.

Il y eut deux Pline; l'Ancien et le Jeune. Ce dernier fut le neveu du premier; tous deux naquirent à Côme, en Italie. Pline l'Ancien fut un grand naturaliste, à la manière de Buffon. Bien qu'il ait écrit beaucoup d'ouvrages sur l'histoire romaine de son temps, la postérité n'a conservé que son *Histoire naturelle,* ouvrage considérable, qui ne comprend pas moins de trente-sept livres. C'est un recueil universel de tout ce qui concerne la nature. On y traite des animaux, des plantes, des métaux, de l'agriculture, des minéraux, de l'astronomie, des beaux-arts. Pline l'Ancien ne fut pas seulement un savant. A Rome, le savoir conduisait aux fonctions publiques. Pline fut successivement proconsul en Espagne et commandant de la flotte; il eut les faveurs de deux grands empereurs, Vespasien et Titus. Les honneurs ne lui enlevèrent aucun de ses goûts scientifiques ; ils lui servirent, au contraire, à les satisfaire plus complètement. Il ne cessa de travailler toute sa vie. Cet amour de la science fut cause de sa mort ; ayant voulu examiner de trop près une éruption du Vésuve, il périt dans le cratère du volcan. On admire en lui non seulement une grande érudition, mais encore les qualités d'un style vraiment littéraire ; il excelle dans le genre descriptif, ce qui augmente le charme de ses écrits. Pour que la science soit à la portée de tous, elle doit avoir une forme agréable et un langage clair et simple ; l'obscurité des mots a toujours été le boisseau qui cache la lumière. Pline le Jeune, quoique lettré fort distingué, n'eut pas la valeur de son oncle : il n'avait pas, d'ailleurs, le même genre de talent ; c'est surtout comme avocat qu'il se fit connaître. Il eut l'honneur d'étudier sous Quintilien. Les noms de son père adoptif et de son maître furent pour beaucoup dans sa précoce réputation ; favorisé par le prince et la fortune, il ne se montra point ingrat, et son éloge de Trajan fut un magnifique hommage rendu à un protecteur qui en était digne. On reproche à Pline le Jeune un style emphatique et maniéré ; l'écrivain avait dû subir l'influence du milieu élégant où sa grande fortune l'obligeait à vivre. Comme Pline l'Ancien, il occupa des fonctions publiques ; il fut proconsul en Asie Mineure, ce qui fut peut-être pour quelque chose dans sa fortune. Il eut encore le titre de consul, de tribun et de préteur. En un mot, quoique moins savant que l'autre Pline, il fut jugé digne de porter ce beau nom, puisque la postérité lui a conservé le même souvenir qu'à Pline l'Ancien.

PONCE-PILATE

Procurateur en 27, mort en 40 ap. J.-C.

Ce procurateur de Judée ne serait pas digne d'être placé parmi les grandes figures de l'histoire, sans les événements extraordinaires auxquels il a pris une si triste part. On peut dire de lui qu'il fut le type des hypocrites. Sans être Juif, il était pharisien. Ce lâche, devant lequel on amena Notre-Seigneur pour être jugé, le laissa condamner, tout en déclarant qu'il le trouvait innocent. Le misérable se lava les mains devant le public, croyant avoir ainsi satisfait à sa conscience : il eut peur de la foule ; il craignit la colère de César ; il poussa la lâcheté jusqu'à faire flageller ce juste, qu'il ne voulait pas condamner. En se rappelant ce triste personnage, qui, malheureusement, est bien humain, on songe malgré soi aux héros que nous trouvons dans Polyeucte ; ils ne sont pas chrétiens, mais ils le deviennent quand la vérité éclate à leurs yeux. Ponce-Pilate a manqué l'occasion, bien facile pour lui, d'être un héros, en adorant celui qu'il a condamné indirectement, en partageant le supplice de ce juste dans le sang duquel il ne voulait pas tremper ses mains. Il lui était facile de le défendre contre ses ennemis, et il faut que son âme ait été bien vile et bien basse pour ne pas avoir été touchée de cette grâce divine que Dieu lui avait permis d'entrevoir. — Toute sa bravoure, toute son indépendance, toute la dignité de son caractère, se borne à se déclarer incompétent et à renvoyer Jésus devant Hérode ; il se lava les mains ! Ah ! j'oubliais de le dire, il laissa aux Juifs le choix entre Barabbas et Jésus : on sait que Barabbas était un affreux coquin. Ce fut une nouvelle insulte envers le Sauveur. La femme de Pilate avait eu un songe ; elle vint prévenir son mari de n'avoir rien à démêler dans cet attentat odieux : c'était un avertissement du ciel. Pilate, cœur froid, égoïste et tiède, n'était pas digne de le comprendre. Pour nous, il est plus coupable que ce peuple déchaîné contre Jésus. C'étaient des bêtes fauves, affolées, ivres de sang et de carnage ; Pilate était un lettré, un homme éclairé. On raconte même qu'il fit un rapport détaillé au sénat romain sur les circonstances extraordinaires de la mort du Christ, et c'est dans ce rapport que l'on trouve un fort beau portrait du Sauveur, que l'histoire nous a conservé. Pilate, dans cet écrit, n'hésite pas à reconnaître toute la pureté de la doctrine du Seigneur, ses actes les plus remarquables et sa mission divine qu'il constate sans y croire. Pilate eut une fin digne de lui. — Il fut disgracié et exilé dans les Gaules.

On dit qu'il y mourut dans la petite ville de Vienne, en l'année 40. Puisse sa mémoire être vouée à l'exécration et au mépris de la postérité! On pardonne tout, même le crime, mais jamais la lâcheté.

SAINT PIERRE

Apôtre en 32. — Mort en 66 ap. J.- C.

Simon Barjona fut choisi par Notre-Seigneur Jésus-Christ pour être le chef de l'Église. « Simon, lui dit le Sauveur, tu es pierre, et sur cette pierre, je bâtirai mon Église. » — « Tout ce que tu lieras et tout ce que tu délieras sur la terre sera lié et délié dans le ciel! » Le Seigneur, dans une autre circonstance, dit à Pierre: « Paissez mes agneaux, paissez mes brebis! » Enfin, il lui dit encore: « Bien heureux Pierre, parce que ce que vous croyez, mon Père vous l'a appris! » Saint Pierre fut le type de l'honnête homme, et il resta homme, avec toutes les faiblesses de l'homme, malgré ses hautes destinées. Avant la Passion, il jura naïvement de ne point abandonner son maître, quand bien même tous le délaisseraient. Ce mouvement de vanité lui attira la prédiction suivante du Sauveur: « Je vous le dis, en vérité, Pierre, avant que le coq ait chanté, vous m'aurez renié trois fois! » Pierre se chauffait dans la salle qui précédait le prétoire où le grand prêtre interrogeait Notre-Seigneur. Une servante, le désignant, dit de lui : « Cet homme était de ces gens-là. » Pierre s'en défendit. Une seconde servante ayant tenu le même propos, il commença à déclarer, avec serment, qu'il ne connaissait point le Christ, ni ses disciples. Il renia son maître encore une troisième fois, presque avec colère. Alors, le coq chanta. Saint Pierre se rappela la parole du Sauveur et, s'en allant dehors, il pleura amèrement. Saintes larmes d'un honnête homme, qui s'était montré homme par ses faiblesses, et qui devait se montrer apôtre, plus tard, par ses miracles, sa foi et son martyre ! Dieu a voulu nous prouver, par le choix qu'il fit de cet homme simple et faible, qu'il comptait fonder une église par la main des hommes et la faire durer par sa grâce divine. Saint Pierre était un pauvre pêcheur de poissons ; Dieu en fit un pêcheur d'hommes. Ce qui distingue ce prince des apôtres, c'est qu'il resta toujours l'homme naïf et primitif que Jésus avait pris dans les rangs du peuple. Cependant ses défaillances furent rachetées par un grand amour de Dieu, par sa foi, par sa droiture. S'il a renié le Christ par respect humain, c'est lui qui, sortant son glaive, coupa l'oreille d'un des hommes armés venus avec Judas pour arrêter le Sauveur. Ce n'est pas d'un apôtre, mais c'est d'un homme de cœur. Il ne faut pas oublier, non plus, qu'il fut le seul à suivre Notre-Seigneur après son arrestation. Saint Pierre fut l'objet de grandes faveurs célestes. Enfermé à

Rome dans la prison Mamertine, il en fut délivré par un ange, qui fit tomber ses chaînes et ouvrit devant lui les portes de sa prison. Saint Pierre traversa les rangs des gardiens endormis. Ce saint mourut crucifié, comme son maître; il demanda et obtint la faveur d'être placé sur la croix, la tête en bas. C'était un acte d'amour de Dieu et de profonde humilité; il fut le premier évêque de Rome et le premier des papes. On l'enterra dans l'église Saint-Pierre de Rome, longtemps après sa mort. Ses reliques y reposent à côté de celles de saint Paul; c'est sur ces tombeaux que s'élève l'autel où le pape officie pontificalement encore aujourd'hui. Saint-Pierre fut aimé de Dieu, à cause de sa grande honnêteté; si l'on veut se rendre compte des motifs de ce choix divin, il suffira de rapprocher cette figure de celles d'Abraham et de saint Joseph. Elles ont plus d'un rapport et nous montrent la vertu telle que Dieu l'aime; ce n'est pas, assurément, celle que les hommes recherchent et honorent le plus.

NÉRON

37 à 68 ap. J.-C

Domitius-Claudius Néron fut le plus cruel des empereurs romains: son nom est resté comme le type du tyran le plus capricieux et le plus sanguinaire. Chose étrange, ce successeur de l'empereur Claude eut un commencement heureux. Pendant cinq ans, il passa pour le prince le plus aimable, le plus doux et le plus accompli qu'on pût voir; il était soumis à sa mère Agrippine et à ses précepteurs, Burrhus et Sénèque, hommes d'une grande distinction et d'un grand savoir. Bientôt la nature mauvaise de ce prince se révéla; il commença par empoisonner Britannicus, fils de Claude et son demi-frère, qui aurait dû régner à sa place. La mort de ce prince distingué inspira le génie de Racine. La cruauté de Néron ne s'arrêta pas à ce forfait; il essaya de faire noyer sa mère, et, n'ayant pas réussi, après une réconciliation qui ajoutait la fausseté à ses cruautés, il la fit assassiner. Burrhus et Sénèque, devenus des conseillers importuns, eurent le même sort. Octavie, qu'on lui avait donnée pour femme, fut répudiée et mise à mort. Poppée, qui lui succéda, succomba également, frappée par le pied du brutal tyran. Néron se croyait un grand artiste et un grand poète. Son génie furieux, qui tenait de la folie, le jeta dans les plus grandes extravagances; il incendia Rome, pour jouir, du haut de son palais, d'une représentation de la prise de Troie sur laquelle il avait composé un poème. Entouré d'histrions et de courtisanes, il aurait dû être l'objet du mépris public; mais l'abaissement du caractère était si grand, dans ces temps désolés, que cet empereur extravagant trouva des admirateurs. Dans un voyage qu'il fit en Grèce, il se donna en spectacle au peuple, qui fut assez lâche pour lui jeter des couronnes. La fin de ce monstre fut aussi honteuse que sa vie; ses troupes ayant été battues en Espagne, Galba fut proclamé empereur par les prétoriens. Néron n'eut pas même le courage de se tuer, et il se fit achever par un esclave. Ce règne odieux n'empêcha pas l'empire romain de réprimer les actes de révolte de la Grande-Bretagne, des Parthes, de la Judée et d'une partie de l'Asie Mineure. La machine était si bien montée qu'elle fonctionnait encore, même en l'absence de toute direction. La persécution des chrétiens ne devait pas manquer d'être dans le programme de cet homme néfaste qui s'appelait Néron. Ce fut une grande figure, comme figure du mal. Doué comme il l'était, il eût pu être un grand prince et un héros; cependant la postérité ne se rappelle son nom qu'avec horreur; c'est la seule célébrité à laquelle il soit parvenu. Il disait en mourant : « Quel grand artiste le monde va perdre ! » L'histoire lui répond qu'il n'eut aucune des qualités du véritable artiste, mais qu'il eut tous les vices des plus grands scélérats.

TITUS

Né en 40, empereur en 79. — M. en 81 ap. J.-C.

Cet empereur romain était surtout un homme de bien. C'est lui qui disait qu'il avait perdu sa journée quand il n'avait pas fait une bonne action. Fils de

Vespasien, auquel il succéda, il ne régna pas assez longtemps pour le bonheur de ses peuples. C'est Titus qui fut l'exécuteur des hautes œuvres de la Providence en Judée. Il s'empara de Jérusalem, en 70, après un siège tellement rigoureux, que l'histoire nous en a transmis toutes les horreurs, sans exemple jusque-là. Titus dut souffrir beaucoup de ces calamités, et son cœur généreux dut battre violemment lorsqu'il vit cette grande cité livrée à un pillage qu'il fut impuissant à arrêter ; il ne put même pas sauver le temple de Jérusalem, pour la conservation duquel il avait donné les ordres les plus sévères. Un soldat y jeta un tison enflammé, et ce merveilleux édifice fut la proie des flammes ; la prédiction de Notre-Seigneur Jésus-Christ devait s'accomplir tout entière. Cette cité maudite, dont les enfants avaient fait couler le sang du Juste, devait disparaître sans qu'il en restât pierre sur pierre, et, pour que la prédiction fût encore plus précise dans ses effets, Dieu la réalisa comme elle avait été annoncée, avant la fin de la génération qui avait vu naître le Messie. Le siège, qui dura plusieurs années, fut si rigoureux, la famine qu'il causa fut si grande, que les femmes mangeaient leurs enfants et que les habitants avaient fini par se nourrir des plus vils excréments. Le règne de Titus fut affligé de calamités qui semblaient être le contre-coup des désastres de Jérusalem. Il y eut, à Rome, la peste et un incendie considérable ; à Naples, une terrible éruption du

Vésuve. On eût dit que la vengeance de Dieu, après avoir frappé ce peuple ingrat et parricide qu'on appelait autrefois le peuple de Dieu, avait voulu s'étendre aussi jusque sur les gentils. Ces malheurs furent, pour Titus, l'occasion de se montrer de plus en plus humain; il donna de grands secours aux malheureux, fit de nombreuses aumônes aux pauvres, et sa bienfaisance se répandit sur tout l'immense empire qu'il gouvernait. On appela ce prince « les délices du genre humain ». Cet hommage était précieux pour Titus, et il était mérité. Un monstre, son frère Domitien, abrégea, par le poison, la vie de cet empereur généreux et charitable, qui était digne d'être chrétien.

QUINTILIEN

42 à 120 av. J.-C.

Ce rhéteur, ce professeur, cet avocat, fut, chez les Latins, l'oracle du goût et de l'élégance. Il obtint quelques fonctions publiques sous Galba, et Domitien lui confia l'éducation des jeunes princes de sa famille. Il est surtout remarquable comme instituteur et savant. A Rome, la liberté d'enseignement était plus vraie que chez nous; chacun pouvait y ouvrir une école : c'était aux parents à juger s'ils devaient y envoyer leurs enfants, et aux étudiants s'ils voulaient suivre les cours. Sous ce rapport, les païens étaient plus avancés que nous. Quintilien est resté le modèle du maître en éloquence; non seulement il l'enseigna avec un grand talent, mais encore il en a tracé les règles dans des écrits qui font autorité. On lui a reproché des préceptes oratoires destinés à assurer plutôt le succès des plaidoiries que leur moralité. Pour être bon juge en la matière, il faut avoir plaidé. La devise : *Vir probus, dicendi peritus*, exprime bien le vrai caractère de l'avocat; c'est un rôle difficile qui n'attire pas toujours le suffrage public. Mais, étant donné le principe de la liberté de la défense, il faut reconnaître à l'avocat les plus grandes franchises; s'il défend un criminel ou un malhonnête homme, il lui est interdit de s'associer au système de son client et d'alléguer des faits contraires à la vérité. Mais c'est un devoir pour lui de couvrir ce même client de son honorabilité personnelle et de faire ressortir de la cause tous les arguments favorables à celui qu'il défend. Il n'est pas obligé de mettre en lumière les arguments contraires; c'est un défenseur, ce n'est pas un accusateur public. Quintilien a parfaitement compris cette tâche difficile, et il en trace les préceptes avec un grand talent, dans son fameux *Traité de l'éloquence*. Ce grand homme restera, pour nous, comme le type du professeur de droit de l'antiquité romaine.

PLUTARQUE

50 à 140 ap. J.-C.

Ce grand écrivain naquit en Grèce. Après y avoir enseigné la philosophie, il fut envoyé à Rome en mission scientifique et littéraire. Il avait des relations d'amitié avec l'empereur Trajan; on dit même qu'il fit l'éducation d'Adrien. Plutarque, comme tous les Grecs instruits et distingués, parvint aux honneurs : il obtint de l'empereur le gouvernement de l'Illyrie; mais sa carrière politique fut très courte. De retour à Athènes, il fut nommé archonte et termina sa vie dans l'étude des lettres et de la philosophie; il mourut dans un âge avancé. Plutarque est surtout remarquable par son livre : *Des grands hommes de la Grèce et de Rome*. Il établit un parallèle entre les principaux personnages de Rome et d'Athènes. Les portraits ont été tracés de main de maître; le style en est élégant et châtié. On peut le trouver trop pompeux et regretter la longueur des détails inutiles; l'auteur a mis en lumière des figures historiques qui, sans lui, seraient restées dans l'ombre de l'oubli. Il est probable qu'il a prêté à plus d'un de ses grands hommes des sentiments qu'ils auraient dû avoir et des paroles qu'ils auraient dû prononcer. Beaucoup d'historiens en sont là. L'imagination les emporte dans un récit plus ou moins romanesque; il n'y a guère que les chroniques contemporaines qui puissent être absolument exactes. Les portraits de Plutarque sont des études plus littéraires qu'historiques ; mais on y trouve, du moins, ce mérite, qu'elles font aimer et admirer des grands hommes qui peuvent servir, sous la forme où ils apparaissaient, de modèles à la postérité. Le livre de Plutarque n'aurait pas d'autre mérite qu'il faudrait encore le considérer comme un chef-d'œuvre. Ne fait pas qui veut des grands hommes ; la nature en est peu prodigue ; l'écrivain qui les met en relief peut passer lui-même pour un grand homme.

TRAJAN
52 à 117 ap. J.-C.

Parmi ces monstres qu'on décorait du titre pompeux d'empereur romain, il y eut nécessairement quelques hommes de valeur qu'on prit pour des héros, parce que l'espèce en était plus rare en ces temps troublés. Un prince à moitié vertueux était alors un phénomène. Telle fut la grandeur de Trajan. Sous son règne, Rome put respirer un moment : les lois furent respectées ; le commerce fut florissant ; les monuments publics furent dignes de la grandeur romaine et restèrent des témoins de la puissance de leur créateur. On voit encore la colonne Trajane, comme, chez nous, les édifices élevés sous Napoléon. Trajan serait pour nous un grand empereur s'il n'eût persécuté les chrétiens. Je dis « pour nous » personnellement, car, de nos jours, ce serait peut-être un titre de plus à l'hommage des contemporains. Nos édiles, qui n'aiment pas plus la liberté qu'il ne l'aimait lui-même, pourraient, sans se démentir élever une statue à Trajan sur une de nos places publiques, ou donner son nom à l'une de nos rues. Pour l'historien, la vraie grandeur de Trajan fut dans ses succès militaires qui, d'un rang obscur, le firent arriver à l'empire. En effet, il fut presque aussi heureux que César; il porta les armes romaines jusqu'aux confins du monde, il agrandit l'empire d'une partie de l'Asie et de tout l'ouest de l'Europe. Il conquit la Dacie, à laquelle il donna son nom; l'Arménie et la Mésopotamie. Les Romains, qui aimaient la gloire encore plus que la liberté, lui rendirent des honneurs presque divins en le proclamant « Père de la patrie ». Ce guerrier couronné favorisa les lettres et les arts : c'est un excellent moyen de s'immortaliser; d'abord, parce que c'est une preuve de grandeur morale, ensuite, parce qu'on intéresse à sa gloire des hommes de génie qui la font connaître à la postérité.

TACITE
54 à 134. ap. J.-C.

Ce Romain, ami de Pline, allié d'Agricola, favori de Vespasien, était bien placé pour connaître et écrire l'histoire de son temps. Ce fut son seul mérite, et son talent d'écrivain l'a rendu grand ; les esprits cultivés, rares aujourd'hui, se nourrissent encore de la lecture des œuvres de Tacite. Ses ouvrages les plus remarquables sont ses *Annales*, son *Histoire*, la *Vie d'Agricola* et une étude sur les Germains. Le style de Tacite est tellement concis, qu'il faut être très fort en latin pour le comprendre à la simple lecture. C'est la qualité dominante de cet écrivain ; il se montra d'une grande sévérité dans ses portraits historiques. Tibère ne fut pas épargné ; certes, il ne méritait pas de l'être. Une certaine amitié, qui se comprend d'ailleurs, plaça sous la plume rigide de Tacite l'éloge d'Agricola. En un temps où les hommes de bien étaient rares, on pardonne cette partialité qui venait surtout du cœur ; l'étude des Germains est fort remarquable, et elle explique, à quatre cents ans de distance, pourquoi ces peuples ont vaincu les Romains de la décadence. Tacite commença sa vie au barreau, comme tous les hommes célèbres de Rome et d'Athènes ; on ne dit pas s'il servit aussi dans l'armée, ce qui était assez fréquent chez les hommes de robe de cette époque. Il fut néanmoins gouverneur de province et consul. Mêlé à la vie des grands, il put la connaître et la raconter ; c'est tout ce que nous savons de lui. Les grands hommes politiques se jugent d'après leurs actes ; les grands hommes de lettres, par leurs écrits ; ce jugement a été favorable à Tacite, puisque son nom est parvenu jusqu'à nous.

ÉPICTÈTE

90 ap. J.-C.

Ce philpsophe stoïcien était digne d'être chrétien. Son vrai nom est resté inconnu; celui qu'il porta ne fut qu'un sobriquet qui voulait dire l'« esclave ». Il était, en effet, comme Ésope, Phrygien de basse condition et appartint à l'affranchi Épaphrodite, capitaine des gardes de Néron. Sa servitude ne fut pas toujours un temps heureux; son maître le brutalisait et lui cassa la jambe, un jour, d'un coup de pied. Épictète, qui était d'une grande douceur, lui dit pour tout reproche : « Je vous avais bien dit que vous vous faisiez un jeu à me casser la jambe. » Épictète devint le chef d'une secte de philosophes à Rome, après avoir eu une académie en Épire. Les empereurs Adrien et Marc-Aurèle le protégèrent : Sa philosophie, opposée à celle d'Épicure, n'était pas capable de troubler l'État. Sa grande maxime était : « *Sustine, abstine* » (résignation, abstention). Ses œuvres ont été commentées par son disciple Arrien et par Simplicius; son manuel des maximes est fort intéressant. On y trouve une foule de réflexions que nous ne désavouerions pas. Simplicius disait de lui que « ses paroles touchent jusqu'au vif les âmes bien nées, parce qu'il les tire de l'état de sa vie et du fond de son expérience, et nullement de l'envie de dire quelque chose d'extraordinaire que les hommes doivent louer ». Épictète pratiquait, par la vertu, les théories qu'il enseignait. Il était d'une grande charité. Il ramassa, un jour, dans la rue, l'enfant exposé d'un de ses amis ; il empêcha, par ses conseils, le suicide d'un autre de ses amis. Les personnages les plus considérables de l'empire venaient le consulter ; il était fort éclairé et donnait à tous les meilleurs avis. La vertu ne le mit pas à l'abri des persécutions. Il fut chassé de Rome par Domitien et se réfugia de nouveau en Épire, où il avait débuté dans la philosophie, et termina ses jours à Nicopolis. Il mourut pauvre et délaissé, mais résigné ; il disait ces belles paroles : « J'ai été pauvre, mon Dieu, parce que vous l'avez voulu ; j'ai été dans la bassesse et je n'ai jamais désiré d'en sortir. » Il a laissé un distique qui vaut tout un panégyrique : « Épictète, esclave, estropié, autre Irus en pauvreté et en misère, et cependant aimé des dieux. » On le voit, Épictète n'était pas seulement l'ami des dieux, mais leur serviteur fidèle, ce qui vaut encore mieux.

LUCIEN

120 à 200 ap. J.-C.

Ce célèbre auteur grec fut l'un des esprits les plus distingués de l'antiquité. Il a laissé de remarquables ouvrages et, après avoir fait un peu tous les métiers, même celui de philosophe, il est devenu écrivain satirique et s'est moqué du genre humain fort agréablement. Son œuvre capitale fut ce *Dialogue des Morts* que Fontenelle n'a pas réussi à imiter. Les morts de Lucien sont tout à fait vivants, et leurs réflexions sont pleines de verve et de bon sens. Après avoir été sculpteur, avocat, rhéteur et philosophe, Lucien fut nommé gouverneur en Égypte, par l'empereur Marc-Aurèle. Il s'y fit des ennemis dont il triompha dans un remarquable écrit qui nous est resté. Le style de Lucien est bien fait pour plaire à des lecteurs français. Cette fine ironie qui règne dans ses écrits, et qui s'applique à tous les abus de la société grecque, est un des caractères que nous préférons dans les auteurs critiques. On trouve cependant des pensées élevées qui tempèrent, dans Lucien, la sécheresse d'un scepticisme amené, sans doute, par les déceptions de la vie.

Lucien vécut successivement à Antioche, en Macédoine et à Athènes. Il voyagea beaucoup et parcourut tous les pays connus, depuis l'Asie jusqu'à la Gaule. Il mourut dans un âge fort avancé, laissant une réputation de grand écrivain et d'honnête homme que ses mœurs ont pleinement justifiée aux yeux de la postérité.

CELSE

125 ap. J. C.

Ce nom a été porté par plusieurs personnages de l'antiquité, parmi lesquels on compte trois jurisconsultes du temps des empereurs Trajan, Adrien et Sévère ; un consul et un empereur romain, proclamé par les soldats d'Afrique, qui ne régna que sept jours. Trois autres Celse méritent plus particulièrement de fixer l'attention. Le premier était contemporain de Tibère. Ce fut un philosophe qui laissa huit livres sur la médecine. Ils étaient si estimés qu'on les a conservés et qu'ils ont eu de nombreuses éditions à toutes les époques. Ce philosophe était un homme d'une grande valeur ; il est fâcheux qu'on n'ait pas gardé ses autres ouvrages. Un autre Celse fut consul sous Néron. C'était un homme intègre, capable et fidèle ; les soldats, qui ne pratiquaient guère cette vertu civique, demandèrent sa vie à l'empereur Othon. Ce dernier usa d'un stratagème pour sauver cet homme de bien. Il le fit charger de chaînes et emprisonner. Quand il le vit à l'abri de la fureur soldatesque, il le rendit à la liberté et lui donna sa faveur. Celsus commanda les troupes sans succès, mais conserva le consulat après la mort d'Othon, sous Vitellius.

L'autre Celse fut un philosophe épicurien, qui vivait sous Adrien, au IIe siècle. Il écrivit contre les chrétiens et fut l'objet des savantes réfutations d'Origène, inspiré par saint Ambroise. Lucien fit grand cas de Celse et lui dédia un livre. Ce philosophe a surtout fait beaucoup de bruit autour de son nom. Sa science n'égalait pas sa présomption. Il prétendait tout savoir, et ses adversaires lui prouvèrent qu'il avait beaucoup à apprendre. C'est généralement de lui qu'on veut parler, quand on cite le nom de Celse dans les ouvrages d'histoire ou de philosophie. La figure de Celse, placée dans le jour lumineux de celle d'Origène, attira les regards à cause de ce rapprochement. Sans cette circonstance, elle serait restée dans l'ombre de l'oubli, qui convenait mieux à ce faux savant.

AULU-GELLE

130 ap. J.-C.

Les savants latins avaient tous le même entraînement vers les études ayant la Grèce pour objet. On eût dit qu'elle était pour Rome la mère patrie. Ces rois du monde étaient des raffinés qui savaient apprécier les belles choses chez tous les peuples et sous tous les climats. Dès qu'ils eurent mis le pied en Grèce, ils reconnurent vite toute la perfection de la civilisation grecque. Les vainqueurs étaient des vaincus à leur tour, et la défaite était plus grande, car la première n'avait soumis que les corps, tandis que la seconde soumettait les esprits et les cœurs. Rome, victorieuse, subissait le charme de la Grèce vaincue. Elle en prenait les mœurs, les idées, les lois, le langage; c'est ainsi qu'un esprit aussi distingué qu'Aulu-Gelle ne crut pas devoir borner ses études à la langue latine, dont il était l'un des plus habiles grammairiens; il alla jusqu'à Athènes chercher des éléments nouveaux pour ses grands travaux de critique et de grammairien. En étudiant l'antiquité aux vraies sources, il collectionna, avec beaucoup d'à-propos, de fidélité, en un fort bon style, les œuvres les plus remarquables des anciens auteurs de la Grèce. Cet ouvrage considérable eut le sort de ceux de grands écrivains de l'antiquité; mais, du moins, si l'œuvre ne nous est pas parvenue tout entière, elle a su mériter à son auteur la gloire de l'immortalité.

TERTULLIEN

160 à 245 ap. J.-C.

Ce païen, illustre par son éloquence, naquit sur la terre d'Afrique; il se convertit au christianisme et apporta, dans sa nouvelle foi, toutes les ardeurs de sa nature fougeuse. Ses exagérations ne trouvèrent pas grâce devant la sagesse infaillible de l'Église. Trop nouveau converti, trop ardent néophyte pour accepter sans contrôle les idées simples du christianisme, ce païen, qui ne l'était plus de cœur, mais encore d'esprit, donna dans les erreurs des premiers schismes; ses écrits en perdirent de leur valeur. Le seul qui soit resté pur de toute hérésie est son *Apologétique*. Ce fut un grand laïque des temps anciens, voulant enseigner la vraie doctrine, malgré l'Église. Son exemple prouve que, si l'homme peut atteindre à la science par sa raison et son intelligence, il n'est donné qu'à l'Église d'enseigner la vérité dont elle a, seule, le dépôt sacré. Sauf ces réserves, Tertullien est resté, pour la postérité, un grand auteur chrétien ; c'est une nouvelle preuve de l'esprit libéral de l'Église qui, tout en condamnant les erreurs de l'humanité, fut la première à consacrer les œuvres de l'esprit humain dignes de nous être conservées.

ORIGÈNE

185 à 253 ap. J.-C.

Ce savant docteur, qui fut professeur de théologie à l'école d'Alexandrie, à l'âge de dix-huit ans, était un homme extraordinaire, sur le compte duquel personne ne fut d'accord, ni de son temps, ni plus tard. Lui, qui avait désiré le martyre, qu'il obtint d'ailleurs, sous l'empereur Dèce, et qu'il ne supporta pas comme ceux qui l'attendent sans le demander, eut surtout à subir un genre de persécution plus particulièrement cruelle, celle de la calomnie. On l'accusa dans sa foi, dans ses mœurs, dans la pureté de sa doctrine. Il paraît, par les savants docteurs qui l'ont défendu, tels que saint Jean Chrysostome, saint Basile, saint Grégoire de Nazianze, saint Ambroise, que ses prétendues erreurs n'étaient point du tout manifestes. Cependant il fut condamné par des conciles, et son propre évêque, Démétrius, critique la façon clandestine dont il entra dans les ordres pendant un voyage en Palestine. Il fut même excommunié à cette occasion. Un autre fait, qui n'est pas sans importance, ce fut la concession faite par lui au juge romain pendant la persécution de Dèce ; il fit semblant d'offrir de l'encens aux idoles. Il ne considéra pas cet acte comme une abjuration de sa loi, car il continua à prêcher en Orient et en Afrique. Il avait une grande science et une telle fécondité littéraire, que ses écrits atteignirent le chiffre étonnant de six mille manuscrits. Ses principaux ouvrages sont *les Tétraples* et *les Hexaples*, commentaires savants de la Bible, en plusieurs langues. Son école de théologie était si suivie, son enseignement était donné avec une foi si ardente, qu'il portait la conviction dans l'esprit de ses élèves, au point qu'on a dit de son école qu'elle était plutôt une école de martyre qu'une école de théologie. Il mourut à Tyr, âgé de soixante-neuf ans ; il était né à Alexandrie d'un père nommé Léonides, homme de bien, qui s'était beaucoup occupé de l'instruire et qui lui donna l'exemple du vrai martyre. Il eut pour premiers professeurs Ammonius, philosophe chrétien, et saint Clément d'Alexandrie, auquel il succéda dans la direction de l'école chrétienne de cette ville. On est surpris des attaques dont il a été l'objet, quand on réfléchit que ce savant docteur, accusé d'erreur, a pu victorieusement combattre l'hérésie et qu'il est parvenu à convertir l'évêque arabe Bérille qui soutenait que le Christ n'existait pas avant son incarnation. Des docteurs prétendent que ce qui a fait le succès des doctrines de la secte d'Origène, c'est qu'elles servaient à combattre plus facilement certaines hérésies, entre autres celle des manichéens.

Il y a, évidemment, un peu de confusion dans l'histoire de ce personnage, et la postérité n'a pas connu les vrais motifs qui l'avaient fait juger sévèrement par quelques-uns de ses contemporains. Certaines présomptions portent à croire que ce n'est pas par la science qu'il a péché, mais plutôt par le caractère. L'exaltation même de sa foi, la profondeur de l'erreur où plus tard est tombé le quiétisme, prouvent que, en matière de religion, il ne faut jamais placer l'imagination avant la raison. Cet écueil n'est pas moins grand que celui qui consiste à placer la raison avant la foi. Il ne faut pas aimer Dieu jusqu'à l'offenser par amour, et jusqu'à faire le mal pour arriver au bien. C'est du romantisme dans la religion. Le vrai chrétien est plus calme et beaucoup plus simple. S'il aime Dieu de tout son cœur, il commence à prouver son amour par l'obéissance à la loi divine : *Timor domini initium sapientiæ*. Cet ardent Origène, si éloquent qu'il attirait dans son auditoire jusqu'aux femmes les plus distinguées d'Alexandrie, devait avoir des écarts de parole qui venaient de l'esprit de l'homme, et non de celui de Dieu. Son orthodoxie fut certainement contestée par plusieurs, si elle fut défendue par quelques-uns. Il eut même la mauvaise fortune de compter parmi ses défenseurs ces ariens qui ont fait tant de mal à l'Église. Les principales erreurs qui sont nées du système d'Origène sont que Jésus-Christ n'était qu'un fils adoptif de Dieu; qu'il était inférieur à Dieu; que l'âme existe avant le corps et qu'elle a pu commettre le péché, dans cette première existence; qu'il y a des âmes dans les astres; que l'enfer ne sera pas éternel et que les mauvais anges seront réhabilités. Ces erreurs qu'on retrouve, de nos jours, dans les rêveries des spirites, ne sont pas nouvelles, on le voit. On peut dire qu'elles sont renouvelées des Grecs et des Latins. Ce qui fit le crédit d'Origène de son vivant, c'est sa profonde connaissance des Écritures et la façon merveilleuse dont il en expliquait le sens mystique. On lui demandait souvent de combattre les hérétiques et de faire des commentaires publics sur les textes de la Bible. Son esprit, inventif et souple, savait donner à ses discours tous les charmes de l'allégorie la plus saisissante. Les Pères de l'Église ont eu, dans les innombrables œuvres de ce docteur, un fond précieux et inépuisable. Ce titre seul doit nous rendre indulgents pour la mémoire d'un grand théologien qui a servi la religion par la parole et par le martyre. On raconte qu'on suspendait pour lui la peine de la torture, afin qu'il eût la force de la subir plus longtemps. Il a donc souffert pour la sainte cause de Dieu, et, s'il eut des défaillances, oublions-les pour ne nous rappeler que son ardeur chrétienne, sa science incontestable, les dons merveilleux qu'il avait reçus du ciel et le noble exemple d'une vie consacrée tout entière à la recherche de la vérité et à la défense de la foi.

SÉVÈRE

193 à 211 ap. J.-C.

Il y eut plusieurs Sévère. Ce nom fut porté par plus d'un empereur romain. Le plus grand de tous fut Septime-Sévère ; dire qu'il était sans défauts et que sa gloire fut sans tache, ce serait en faire une remarquable exception dans l'histoire ancienne. Les hommes célèbres y offrent, en effet, une contradiction continuelle, par un mélange de vices et de vertus, de faiblesses et de qualités. On voit qu'alors le christianisme n'avait pas encore marqué son empreinte sur le cœur humain. C'est ainsi que Septime-Sévère, un lettré, un homme de science, un ancien avocat, un général, chef de légions, ne craignit pas de persécuter les chrétiens, de détruire la ville de Lyon, cette seconde capitale des Gaules, et de mettre à mort son rival Albinus qu'il avait vaincu, après l'avoir traité en ami. Byzance tomba aussi sous les coups de ses armes. Ces grandes victoires lui valurent l'honneur d'un arc de triomphe à Rome. Ce peuple, encore grand dans sa déchéance, savait admirer les talents, et surtout les succès. L'origine du pouvoir de Sévère fut prétorienne, comme celle des nombreux rivaux qu'il eut à combattre. On est obligé, en lisant l'histoire, de voir ainsi le plus grand empire du monde être la proie des factieux et des ambitieux. L'empire n'est plus au plus digne : il est au plus riche, ou bien au plus audacieux. Sévère fut heureux à la guerre ; il passa pour un bon général, mais ce fut un homme sans pitié pour les faibles et pour les vaincus. Cependant, c'est à l'abri de son trône que l'on vit grandir ces illustres hommes du droit qu'on appelait Ulpien et Papinien. Ils furent les véritables pères du droit romain. Comment ces grandes figures ont-elles pu supporter la vue de tant d'injustices et de tant d'illégalités? C'est un mystère du cœur humain. L'empire était une grande machine dont les rouages nombreux pouvaient être parfaits, dans certains détails; puis, disons-le, par l'expérience de nos révolutions, c'est dans les temps troublés que naissent les plus grands hommes. On dirait que c'est une revanche de l'esprit humain qui réagit contre les événements. Quand on pense que Septime-Sévère alla jusqu'en

Grande-Bretagne et construisit un mur dont on a conservé les traces (travail gigantesque digne des Cyclopes), qu'il porta ses armes du nord à l'orient, et que, dans ce vaste empire, il se montra partout victorieux, on comprend l'enthousiasme qu'il dut inspirer à ses contemporains et l'indulgence de la postérité qui lui a pardonné jusqu'à ses crimes.

PTOLÉMÉE

200 ap. J.-C.

Ce nom a été illustré par plusieurs rois d'Égypte et par deux rois de Macédoine. Le premier roi égyptien qui le porta fut le fondateur de la dynastie des Lagides; les Ptolemées sont nombreux dans cette famille. Ils se distinguaient par des surnoms dont les principaux furent, Philadelphe (*ami de ses frères*) qu'on pourrait lire plus exactement *bourreau de ses frères*); Philopator, surnom ayant une signification ironique comme le précédent (celui qui le portait était plus avancé dans la vie du crime, car il avait tué son père). Nous avons encore les Ptolémées Philometor, Évergète, Soter, Lathyre, Aulète (joueur de flûte). Celui dont nous faisons le portrait n'est point un roi, ce fut un prince de la science; c'était un astronome grec, né à Ptolémaïs, d'où lui vient sans doute son nom; il s'appelait Claude. Il s'illustra par de nombreux travaux auxquels il employa quarante ans de sa vie; il pensait que le soleil et toutes les planètes tournaient autour de la terre; cette théorie a fait place au système contraire de Copernic. Néanmoins, malgré cette erreur, qui était partagée par tous les grands esprits de son temps, Ptolémée n'en fut pas moins un illustre astronome. Il a composé un nombre considérable d'ouvrages sur les mathématiques, sur l'optique, sur l'astronomie, sur la géographie, sur l'astrologie et sur la philosophie, sur l'espace, la pesanteur, la mécanique, les éléments et le système planétaire. Quoiqu'il fût dans l'erreur sur le principe des révolutions célestes, il en avait étudié la marche, et ses tablettes astronomiques sont restées comme un véritable monument scientifique. On sait que les anciens étaient très forts en astronomie; les Chaldéens avaient poussé très loin cette science. Enfin, pour justifier ce portrait, disons que Ptolémée fut un savant universellement accepté par l'antiquité. Nous l'avons préféré à ces tyrans égyptiens dont il portait le nom, parce que sa royauté scientifique valut mieux que leur royauté politique; ces princes ont laissé presque tous un mauvais souvenir dans l'histoire. La mémoire de Ptolémée, l'astronome, nous est du moins parvenue entière et sans tache. Cette couronne immortelle du génie valait mieux que le diadème de ces rois criminels dont l'assassinat était la seule science politique.

OSSIAN

200 ap. J.-C.

Ce poète, dont l'existence est entourée des mystères de la légende, fut, en quelque sorte, l'Homère des îles Britanniques. La poésie de ce vieux barde fut longtemps populaire dans le pays de Galles. C'est là qu'elle fut découverte et recueillie par des savants du viiie siècle. Ces épopées du Nord sont pleines de grandeur, et l'on dit que Napoléon les lisait avec plaisir dans sa jeunesse. Ossian était, dit-on, fils du roi de Morven, et il défendit sa patrie contre les Romains. Ses malheurs, confondus avec ceux de son pays dans les plaintes de sa muse, donnaient beaucoup d'attrait à ses récits épiques. On devait les chanter comme ceux d'Homère, le soir, sous le chaume et sous les lambris dorés des palais. C'était le livre d'or des gestes héroïques de la race gaélique. Ces fières populations de l'antiquité aimaient passionnément leur patrie, et c'étaient des larmes de sang qu'elles versaient sur la terre de leurs ancêtres, profanée par l'invasion étrangère. Il y a aussi, dit-on, un roman et une tragédie dans la vie du célèbre barde. Ossian avait un fils bien-aimé, le dernier représentant de sa race royale. Ce fils devait épouser une jeune fille remarquable par sa beauté ; mais un traître mit fin aux jours d'Oscar, et Ossian eut la douleur de voir mourir aussi Malvina, la fiancée de ce fils tant regretté. Enfin lui-même, resté seul sur la terre, perdit la vue de ce ciel où ses regards de poète devaient chercher sans cesse ceux qu'il avait aimés.

Ossian, aveugle, isolé, vaincu, détrôné, a su faire parvenir jusqu'à nous les accents sublimes de sa douleur. Par la seule force de son génie, il a rendu son nom immortel. Après tant de siècles, il est encore pour nous l'image poétique d'une civilisation, d'une époque et d'une race.

LONGIN

210 ap. J.-C.

Si la civilisation grecque a été féconde en grands hommes, il faut reconnaître qu'elle savait leur rendre un hommage qui n'était jamais stérile. En Grèce, un homme se sentant des dispositions naturelles pour les sciences, les arts, les lettres, l'éloquence ou la philosophie, étudiait sous de bons maîtres. Il devenait maître à son tour, ouvrait une école et y professait sa doctrine, sans autre contrôle que l'opinion publique. S'il avait du talent, ses cours étaient suivis par tous les hommes distingués du pays ; le professeur avait les suffrages du peuple qui l'appelait aux fonctions publiques, il était désormais un personnage admiré et respecté des siens et de l'étranger.

Tel fut le cas de Longin. Ce rhéteur, instruit à l'école d'Alexandrie, ne tarda pas à devenir célèbre, à Athènes, qui était le point de mire de tous les savants; ils y trouvaient la renommée et la fortune. Longin eut ces deux choses à un point inespéré. La reine de Palmyre, la fameuse Zénobie, désira se l'attacher. Tout philosophe qu'il était, Longin trouva ce changement de position avantageux; il abandonna Athènes, ses leçons et ses élèves; il devint non seulement le professeur, mais encore le conseil de cette reine célèbre par ses malheurs et sa lutte avec Rome. A la prise de Palmyre. Longin apprit, à ses dépens, que le rôle de conseiller des princes est quelquefois périlleux. L'empereur Aurélien ne craignit point de ternir sa victoire en demandant la tête de Longin ; il l'obtint de l'ingrate Zénobie que ce sacrifice ne sauva point du déshonneur. Longin se montra du moins philosophe, en face de la mort; il la supporta avec un grand courage. La postérité l'en a récompensé en lui rendant un hommage mérité; elle l'a jugé, dans ce moment suprême, plus grand que le grand Aurélien. S'il ne fut pas le véritable auteur du fameux *Traité du sublime,* il montra, du moins, qu'il pouvait l'être, par la hauteur à laquelle son âme s'est élévée. Nous n'avons rien de ses autres écrits, quoique fort nombreux. Son nom nous est parvenu comme l'écho d'une grande réputation. C'est une preuve de plus du mérite de celui qui en était l'objet.

AURÉLIEN

212 à 275 ap. J.-C.

Cet empereur romain, quoique d'une basse origine, se distingua sur le trône par d'utiles réformes. Il fit des lois sur le luxe et se montra sévère dans la répresrion des abus. Mais il ternit sa gloire par une persécution contre les chrétiens. Ses exploits militaires le conduisirent à l'empire. C'étaient, en effet, les soldats qui, depuis Tibère, nommaient seuls les empereurs; ils les choisissaient, d'ordinaire, parmi les généraux heureux. Aurélien avait fait, avec succès, la guerre des Gaules; on prétend même qu'il donna son nom à la ville d'Orléans. Il fut encore l'heureux vainqueur de la reine de Palmyre, cette fameuse Zénobie qui fit trembler l'empire romain. Aurélien vainquit aussi les Goths, les Vandales, les Marcomans, les Allemands, les Sarmates, les Pannoniens. Ce furent ses dernières victoires; il mourut assassiné dans une expédition qu'il fit contre les Perses. On voit que sa carrière fut bien remplie. Ce fut l'un des empereurs de la décadence; il avait quelque mérite personnel, mais c'est surtout par comparaison qu'il peut compter parmi les princes remarquables de cette triste époque.

PROBUS

232 à 282 ap. J.-C.

Cet empereur romain justifia, par son honnêteté, le surnom de Probus, sous lequel il est connu dans l'histoire. Ses succès militaires lui valurent l'empire que lui décernèrent les légions de Syrie ; mais le maître était trop rigide pour un peuple inconstant et dégradé. Après la paix, Probus voulut faire travailler les soldats à des travaux d'utilité publique, tels que le creusement des routes et des canaux dans l'empire, ou le desséchement des marais malfaisants. Il est plus pénible de piocher la terre que de proclamer des empereurs dont on attend quelque récompense. Probus, qui n'eut pas la vertu de refuser un empire offert par la soldatesque, eut du moins l'esprit de régner en véritable empereur. Cette contradiction lui coûta la vie ; car les soldats, mécontents, le massacrèrent, mais elle lui assura l'immortalité dans l'histoire. Chose singulière, cet empereur a été assassiné au lieu même de sa naissance, à Sirmich, en Illyrie. Il n'a pas laissé seulement une réputation de vertus civiques, il eut une véritable gloire militaire, à cette époque troublée des grandes convulsions de l'empire romain. Il battit, dans les Gaules, une armée de quatre cent mille Germains, défit les Sarmates en

Illyrie, les Goths en Thrace, promena les aigles romaines victorieuses de la Gaule jusqu'en Syrie et en Égypte. Fils d'un paysan et laboureur lui-même, Probus exerça le pouvoir suprême avec une dignité qu'il trouva dans son cœur de soldat. La sévérité qu'il voulait appliquer aux autres, comme à lui-même, fut la seule cause de sa perte. Elle sera l'honneur de son règne et l'opprobre de ses sujets.

HÉLÈNE

248 à 328 ap. J.-C.

Plusieurs femmes de l'antiquité ont porté ce nom. Les deux plus célèbres furent : la première, cette fameuse Hélène, femme de Ménélas, roi de Sparte, dont l'enlèvement, par le prince troyen Pâris, fut le prétexte de la guerre de Troie. La seconde fut sainte Hélène, impératrice d'Orient et mère de Constantin. C'est cette dernière que nous avons choisie, car, sans contredit, elle aurait tout l'avantage dans le parallèle qu'on pourrait établir entre elle et la célèbre Grecque.

Hélène de Grèce, quoique fille de Jupiter et de Léda, n'eut pas les vertus de sainte Hélène, qui n'était que de fort basse condition par sa naissance. L'épouse infidèle de Ménélas causa la mort de milliers de guerriers armés pour venger l'honneur de sa maison royale et de son pays. La mère de Constantin, femme de l'empereur Constance Chlore, ne se servit du crédit que lui avait rendu son fils que pour soulager les malheureux et répandre ses bienfaits dans tout l'empire d'Orient. Hélène, fille des dieux, fit détruire de fond en comble la florissante ville de Troie, théâtre de ses scandales.

Sainte Hélène fit construire des églises et, nouvelle chrétienne, découvrit la vraie croix dans le sépulcre du Sauveur. Enfin, elles devaient différer jusque dans la mort : celle de la princesse grecque fut violente. La reine Polixo, qui l'avait recueillie dans l'île de Rhodes, termina, par un odieux supplice, cette vie si peu digne d'une fille de Jupiter. Elle fut pendue, tandis que sainte Hélène mourut à l'âge de quatre-vingts ans, entourée d'honneurs et de respect, dans les bras de son fils, le grand Constantin. On le voit, par sa beauté morale, la seconde Hélène effaça tout l'éclat de la beauté physique de l'Hélène païenne. L'immortalité de l'Hélène d'Homère ne vaut pas, malgré le génie du poète, celle que l'Église a donnée par son culte à l'Hélène chrétienne.

LACTANCE

250 à 325 ap. J.-C.

Ce professeur du fils de Constantin, nouveau chrétien lui-même, consacra son talent à la défense du christianisme; on l'a surnommé le « Cicéron du christianisme ». Poète et néophyte, il traita, avec ce double caractère, en un fort beau style, des vérités chrétiennes; il écrivait en latin. Ses principaux ouvrages sont : *les Institutions divines* et *l'OEuvre de Dieu*. Il attaqua, avec une grande véhémence, les erreurs du paganisme, qu'il avait appris à connaître. Sous Dioclétien, un homme de valeur ne pouvait rester indifférent devant les odieuses persécutions dont les premiers chrétiens furent victimes. Ce fut cette sainte indignation qui inspira son dernier ouvrage : *la Mort des persécuteurs*. Il y avait un certain courage à l'écrire à son époque; c'est peut-être pour cette raison que Lactance est resté populaire parmi les chrétiens. Son nom nous a été transmis par les premiers savants chrétiens, pour lesquels le latin était resté la langue de prédilection, même longtemps après la chute de l'empire romain. C'est à sauver les débris de la science humaine que s'occupaient alors ces moines que notre ignorance moderne ne sait pas apprécier à leur valeur; c'est à eux que nous devons de connaître Lactance et tant d'autres écrivains de l'antiquité, dont le commerce leur était familier. Parlant eux-mêmes cette belle langue latine, à peine connue de nos jours de quelques lettrés, ils devaient lire, avec l'enthousiasme de la foi, les poésies de ce Latin converti, qui racontait le grand drame religieux dont il était moins éloigné que nous. Il était né deux cent cinquante ans après Notre-Seigneur, sur cette terre d'Afrique, à laquelle, après cinquante ans de conquête, notre démocratie athée n'a pas su rendre sa florissante civilisation des premiers âges de l'ère chrétienne.

SAINT ANTOINE

251 à 356 ap. J.-C.

Ce grand et saint solitaire naquit en Égypte. Il était riche, et, pour se consacrer à Dieu, il donna tous ses biens aux pauvres. Il passa toute sa vie dans la solitude du désert ; il y fonda plusieurs monastères. Il est resté célèbre, dans la légende chrétienne, par les tentations auxquelles le soumit le démon ; elles durèrent une partie de sa vie. On raconte qu'il avait des apparitions continuelles : tantôt c'étaient des diables affreux, tantôt des femmes d'une grande beauté. Il fut insensible aux unes comme aux autres. Ce grand saint est invoqué, en Italie, pour la protection des animaux. On lui donna pour compagnon un cochon, comme saint Roch avait un chien ; il ne faut pas rire de ces légendes : elles sont, au fond, aussi innocentes que les pauvres animaux qui en sont l'objet. Bien des hommes ne valent pas ces êtres inoffensifs, créés par Dieu pour le service de l'homme. Saint Antoine parvint à une grande science et à une grande vertu ; il mourut à un âge avancé et fut, dit-on, plus que centenaire. Il sortit deux fois de sa retraite pour mettre son éloquence au service de l'Église, pour attaquer les hérétiques et défendre les chrétiens persécutés. Par la réputation qu'il a laissée on peut penser, à juste titre, qu'il fut l'un des plus grands saints du christianisme ; il est resté populaire à travers les siècles, justifiant une fois de plus l'adage latin : *Vox populi, vox Dei.*

ZÉNOBIE

267 à 273 ap. J.-C.

Dans l'histoire moderne et contemporaine, en fait de femmes célèbres, on trouve surtout des artistes, des auteurs et quelques personnalités extravagantes, appartenant au monde ou à la politique. L'antiquité nous a fourni des personnages plus relevés, des princesses, des reines, des impératrices. Zénobie fut de ce nombre ; elle était reine de Palmyre. Son père possédait un royaume situé dans la Mésopotamie. Cette princesse se maria au guerrier Odénat qu'elle accompagna dans ses expéditions; on lui a reproché le meurtre de cet époux. Grâce aux traditions de respect des Orientaux pour les personnes royales, elle put, quoique simple femme, se faire proclamer reine de l'Orient et s'emparer de presque toute l'Asie Mineure. Ce qui acheva sa renommée, ce fut l'audace qu'elle eut de porter les armes contre Rome. Elle le fit même avec succès. Ce dut être un grand étonnement, dans la capitale de l'univers, que les exploits de cette reine, qui rappelait les terribles Amazones. Un empereur romain vaincu par une femme, c'était un spectacle qui devait exciter la curiosité et blesser l'orgueil de la société romaine. Comme Rome avait alors l'empire du monde, ses ennemis victorieux trouvaient une grandeur nouvelle dans la grandeur romaine. Zénobie fut une héroïne jusqu'au moment où elle devint une victime, attachée au char du triomphateur. Aurélien fut plus heureux que Gallien; mais il se montra peu généreux envers cette infortunée princesse; il lui enleva ses États, s'empara de sa capitale et la relégua, comme une criminelle, dans la petite ville de Tibur. C'est ainsi que finit, dans l'obscurité du malheur, cette fastueuse reine de l'Orient, qui avait étonné le monde romain par son audace et par sa valeur.

EUSÈBE

270 à 338 ap. J.-C.

Seize personnages des premiers temps du christianisme portèrent ce nom, principalement illustré par deux d'entre eux : saint Eusèbe et Eusèbe, surnommé Pamphile, du nom d'un martyr dont il fut l'ami. Le premier fut le compagnon et le disciple de saint Jérôme, et, quand ce grand saint fonda son monastère de Betlhéem, saint Eusèbe l'y suivit. Ce grand saint était né à Crémone, en Italie, et c'est à Rome qu'il connut saint Jérôme. Ce dernier lui confia quelques missions apostoliques dont il s'acquitta avec un grand zèle. Il était lettré et avait fait quelques ouvrages en latin.

Mais le plus remarquable des Eusèbe fut ce Pamphile, évêque de Césarée, en Palestine, dont la réputation est venue jusqu'à la postérité. Il était très admiré de ses contemporains, par sa science et son éloquence. Ayant eu des relations avec Arius, on l'accusa d'indulgence pour cet hérétique. Mais, à cette époque, beaucoup d'évêques et de prêtres furent soupçonnés de la même manière. Comme si le démon eût redoublé d'ardeur, au fur et à mesure des progrès du chirstianisme, les premiers temps de l'ère chrétienne furent troublés par des hérésies qui ajoutaient les luttes intestines aux cruelles persécutions des païens. Saint Jérôme, qui a traduit plusieurs des ouvrages d'Eusèbe, l'appelait, dit-on, le prince des ariens. Ce qui n'empêcha pas Eusèbe de prendre part au concile de Nicée et d'y proclamer publiquement la doctrine d'Arius. On reproche encore à Eusèbe d'avoir fait partie des conciles d'évêques ariens qui déposèrent saint Athanase. Ces querelles religieuses sont difficiles à juger pour nous. Ce qui est certain, c'est qu'Eusèbe fut l'un des hommes les plus savants de son temps. Il a écrit de nombreux ouvrages fort estimés, entre autres une *Vie* de Constantin, une *Apologie* d'Origène, des *Commentaires* sur les prophètes et les mystères, enfin, une *Géographie de la Judée*, traduite par saint Jérôme. Voilà ce qu'étaient les érudits de l'ancien monde. Nous aurions à peine aujourd'hui le temps de lire tout ce qu'ils ont eu le temps d'écrire.

CONSTANTIN LE GRAND

274 à 337 ap. J.-C.

Ce fut le premier empereur chrétien de l'empire romain. Il était fils de Constance Chlore et d'Hélène ; il dut, sans doute, à sa mère de connaître la vraie religion. Gendre de Maximien, il fut proclamé empereur par les légions romaines, mais il eut à combattre son beau-frère Maxime. C'est dans cette expédition que la croix lui apparut dans le ciel, avec ces mots prophétiques : *Hoc signo vinces*. Il prit pour drapeau ce divin emblème qui lui assura la victoire. Ce fut le *labarum*. Constantin s'empara de l'Italie et de l'Afrique ; il fit cesser les persécutions contre les chrétiens, rendit de sages ordonnances et, par son édit de Milan, reconnut le christianisme comme religion d'État. Il payait sa dette à Dieu, continuant le cours de ses campagnes et aussi, sans doute, des projets providentiels. Il fit la guerre à Licinius, empereur d'Orient, ennemi juré des chrétiens; il lui enleva l'empire et fonda, sur ce territoire, une nouvelle capitale qu'on appela « Constantinople », en souvenir du vainqueur. Constantin, ne bornant pas son activité aux conquêtes politiques, s'occupa de l'hérésie d'Arius qu'il fit condamner par le concile de Nicée. Mais il ternit sa gloire par la mort de son fils Crispus, qu'il sacrifia à la jalousie de l'impératrice Fausta. On n'était pas encore si loin des horreurs du paganisme qu'un si grand homme ne payât son tribut au souvenir de sa première origine. Ce fut pourtant un grand prince. Sous lui, l'on vit prospérer l'Église et l'État; il mérita véritablement le surnom de Grand, car sa grandeur avait pour base impérissable la justice et la foi. Constantin vengea l'Église des odieuses persécutions de ses prédécesseurs, et, s'il ne put sauver l'unité romaine, qui avait dépassé l'apogée des choses humaines, il fonda l'unité chrétienne, qui devait assurer à ce vieil empire romain cette éternité que d'anciennes prédictions avaient annoncée à ses fondateurs.

JULIEN L'APOSTAT

Né en 331. — Règne en 360. — Mort en 363.

Élevé dans le christianisme, cet empereur romain abjura sa foi en montant sur le trône. C'est de là que lui vint le surnom d'Apostat. Il eut ceci de particulier pour nous que, envoyé dans les Gaules avec le titre de César, c'est à Lutèce qu'il fixa le siège de son gouvernement. On voit encore, dans l'enceinte du beau musée de Cluny, les ruines de son palais. Julien était un lettré, un philosophe et un esprit faux. Son cœur ne valait pas mieux que son esprit. Il persécuta les chrétiens et chercha à faire triompher toutes les hérésies. Sa haine contre le christianisme se manifesta dans une tentative ridicule que Dieu fit échouer. Pour donner un démenti aux prophéties, Julien essaya de reconstruire le temple de Jérusalem. Le feu du ciel dispersa ses ouvriers. Ce miracle ne fit qu'endurcir son cœur, ainsi qu'autrefois ceux de Moïse avaient endurci le cœur de Pharaon. Comme tous les Romains, Julien eut sa carrière militaire. Elle commença par une trahison contre Constance, qui l'avait associé à l'empire. Au lieu de lui conduire ses légions du fond des Gaules, il se laissa couronner par elles. Constance mourut au moment de marcher à sa rencontre. Dès lors, Julien, seul maître de l'empire, s'établit à Constantinople, d'où il porta ses armes contre l'Orient. Il combattit les Perses, conquit l'Arménie, la Mésopotamie et l'Assyrie, qu'il perdit aussitôt. C'est dans cette retraite qu'il trouva la mort. On dit qu'il fut atteint par une flèche, et que, l'arrachant de sa blessure, il la lança contre le ciel en s'écriant : « Tu as vaincu, Galiléen ! » Espérons, pour lui, que cette exclamation fut un acte de foi de la dernière heure :

l'immense miséricorde de Dieu s'étend jusqu'aux apostats. Julien fut surtout un ambitieux et un orgueilleux ; son esprit et son instruction auraient dû l'éclairer sur la vérité d'une religion qu'il avait connue et aimée ; mais ses mauvais défauts l'emportèrent sur ses qualités. Cet homme, qui avait du courage, de la tempérance et une grande force de volonté, qui composa plusieurs écrits remarquables, perdit tout son mérite par sa lâche apostasie. Il ne fut qu'un renégat sur le trône, et son règne de deux ans finit d'une manière tragique, comme une juste punition du ciel. Cet homme avait toutes les qualités de l'esprit qui peuvent faire un grand prince ; en s'éloignant de Dieu, il prouva que toutes les qualités du cœur lui manquaient, et il fut réduit à l'impuissance, car, sans Dieu, rien n'est solide ni durable dans ce monde.

SAINT JÉROME
331 à 420 ap. J.-C.

Ce fut encore l'un des plus grands docteurs de l'Église ; il fut l'auteur de la Vulgate. Ses vertus égalèrent ses talents ; il eut une grande autorité dans l'Église dont il fut l'un des dignitaires. Après avoir exercé des fonctions importantes à Rome, auprès du pape, il finit ses jours dans la retraite d'un couvent de Palestine. Les peintres, que sa mémoire a plus d'une fois inspirés, le représentent sous les traits d'un vieillard vénérable, pieusement absorbé par la lecture des livres saints. Cette légende est de l'histoire ; ses écrits ont un grand mérite ; son style était pur comme son âme et ardent comme sa foi. Quand on fera étudier la jeunesse dans ces livres, on formera des hommes de bien, de bons écrivains et de grands esprits. On trouve que l'éducation moderne n'est pas assez laïque ; il faudrait dire qu'elle n'est pas assez chrétienne.

SAINT AMBROISE
340 à 397 ap. J.-C.

Ce grand évêque fut l'une des gloires de l'Église ; il a laissé des écrits fort estimés. Son caractère ne fut pas moins grand que son talent. C'est lui qui arrêta l'empereur Théodose à la porte de la cathédrale de Milan, pour le punir de sa cruauté envers les habitants de Thessalonique. L'empereur, chassé de l'Église, se montra aussi grand, aussi chrétien que l'évêque : il fit pénitence, et les portes de l'Église, qui s'étaient fermées devant le prince coupable, se rouvrirent devant le chrétien repentant. Tel était l'usage que faisait l'Église de son pouvoir ; elle défendait le peuple contre les princes, et c'est au nom du peuple qu'on veut aujourd'hui la persécuter : la vieille société du temps de Théodose était plus chrétienne que la nôtre. Le saint évêque Ambroise fut lui-même l'objet d'un vote populaire qui l'appela à l'épiscopat, en récompense de ses vertus. Qu'on dise, après cela, que l'esprit du catholicisme est hostile à la démocratie. Saint Ambroise gagna le suffrage populaire par ses vertus; il obtint celui de l'Église par sa perfection et celui de la postérité par son grand caractère.

THÉODOSE LE GRAND

346 à 395 ap. J.-C.

Cet empereur romain, originaire d'Espagne, était le fils d'un grand seigneur que l'empereur Valens avait fait exécuter d'une façon cruelle et injuste. Par un singulier retour de la fortune, ce fut le fils qui succéda au meurtrier de son père. Théodose fut remarqué par Gratien, auquel il avait rendu d'éminents services en combattant les barbares qui menaçaient l'empire. Ses principaux ennemis furent les Wisigoths qu'il vainquit et soumit, autant par sa générosité que par sa valeur. Ce ne fut pas sans difficulté qu'il parvint à l'empire; il combattit et vainquit l'usurpateur Maxime, et maintint sur le trône impérial Valentin II. Théodose eut encore à prendre les armes contre Arbogast, le meurtrier de l'empereur Valentinien, et contre un nouvel usurpateur appelé Eugène. Il les défit à la bataille d'Aquilée, et se trouva ainsi maître de l'empire dont il ne jouit pas longtemps et qu'il laissa par moitié à chacun de ses fils, Honorius et Arcadius. Théodose était digne de sauver l'empire d'une décadence imminente; il se fit remarquer par la sagesse de son administration. Il protégea l'Église contre les faux dieux, et combattit les hérésies, notamment celle du fameux Arius. Théodose eut à réprimer des révoltes, ce qu'il fit avec une grande énergie, mais avec une grande cruauté. Après le massacre de Thessalonique, il reçut de saint Ambroise une leçon d'humanité qui prouva à la fois l'indépendance du clergé catholique et la grandeur d'âme de l'empereur. Le saint évêque infligea à Théodose une pénitence publique et lui refusa l'entrée de la cathédrale de Milan. Théodose se soumit, fit amende honorable et fut pardonné; il est impossible de trouver dans l'histoire un plus grand spectacle. C'est la meilleure réfutation qu'on puisse faire contre les ennemis de l'Église; une pareille autorité, de la part du pouvoir spirituel, en montre toute la grandeur, et une pareille soumission, de la part de l'empereur, est un acte de foi qui honore Théodose. C'est alors véritablement que l'on pouvait dire que le droit prime la force. Voilà le rôle que l'Église remplissait, avec tant de dignité et d'honneur, dans les premiers âges du christianisme; elle avait sauvé de la barbarie les lettres, les arts et l'agriculture, et, par son autorité morale, respectée de tous, elle sauvait encore le droit et la liberté, c'est-à-dire les biens les plus précieux de l'humanité. Voilà ce que l'Église a fait de tout temps, et voilà ce que les révolutions politiques ont détruit, pour le malheur de l'humanité.

SAINT JEAN CHRYSOSTOME

347 à 407 ap. J.-C.

Ce saint évêque de l'Église avait une telle éloquence qu'on l'a surnommé « Bouche d'or ». Il avait débuté au barreau. Touché par la grâce, il se voua tout entier à la religion; il vécut plusieurs années dans une retraite absolue. Sa vie d'anachorète eut pour théâtre les montagnes de la Syrie; il y passait son temps entre l'étude des livres saints et les mortifications de la chair. La réputation de son savoir et de ses vertus parvint jusqu'à la cour d'Arcadius. Cet empereur d'Orient, voulant s'attacher un personnage d'un aussi grand mérite, le nomma patriarche de Constantinople; c'était la première dignité ecclésiastique de l'empire d'Orient. Chrysostome fut à la hauteur de sa sainte mission; il étonna l'empire par son éloquence, mais la fermeté de son caractère lui fit des ennemis jusque sur les marches du trône. Ayant blâmé le luxe de l'impératrice Eudoxie, il fut déposé et puis exilé, sur la demande de cette princesse; le saint évêque fut tellement maltraité qu'il mourut des suites de ce martyre. Comme son homonyme, le grand saint Jean-Baptiste, il fut livré, par un prince faible, à la basse vengeance d'une femme. On dit que l'éloquence de Chrysostome captivait jusqu'aux peuples révoltés de l'empire, qui rentraient dans le devoir à sa voix. Il joignait aux dons de la nature le charme de la science et de la vertu.

SAINT AUGUSTIN

354 à 430 ap. J.-C.

Le fils de sainte Monique fut l'un des plus grands docteurs de l'Église. Il eut une jeunesse aussi studieuse qu'orageuse; les prières de sa mère et l'amitié de saint Ambroise amenèrent sa conversion. A trente-deux ans, il reçut le baptême et donna ses biens aux pauvres, selon le précepte du Sauveur; l'ancien professeur de rhétorique devint prédicateur; il fit pénitence de ses erreurs et de ses excès. Par le jeûne et la prière, il devint ainsi l'un des plus grands saints de l'Église et l'un de ses premiers Pères. Telle fut la vie du célèbre évêque d'Hippone. Ses écrits sont nombreux. On cite, dans le monde, ses *Confessions*, et, parmi les théologiens, la *Cité de Dieu*. On l'a appelé le docteur de la grâce, à cause de son traité sur la grâce. Il avait une grande éloquence, mais une vertu encore plus grande. Les écrits de ce grand docteur devraient être dans les mains de la jeunesse, comme ils sont dans celles des théologiens. On apprend par cœur les classiques grecs et latins, et on ne lit pas les Pères de l'Église qui leur sont supérieurs en morale, et au moins égaux en talent.

MERLIN

400 ap. J.-C.

On connaît sous ce nom plusieurs personnages historiques. Le plus ancien, le plus célèbre, bien que son histoire soit restée enveloppée dans les nuages de la légende des temps chevaleresques, ce fut ce Merlin que don Quichotte admirait tant et qu'on appelait l'« enchanteur Merlin ». Il vivait au ve siècle, en Écosse, et était le ministre et le favori de ce roi Arthur qui ne nous est guère plus connu que lui. Pour être parvenu au grade élevé d'enchanteur, l'un des premiers de la sorcellerie, il fallait bien que Merlin eût de grandes connaissances scientifiques et astronomiques. Il s'éleva, par ses études et son génie, au-dessus du vulgaire de son temps, assez disposé à n'attribuer la science et le talent qu'à des causes surnaturelles. Ambrosius Merlin eut une mort aussi mystérieuse que son étrange existence. Retenu dans une forêt de Bretagne, par un sortilège qu'il ne pouvait détruire, il y trouva la fin de son pouvoir et de sa vie. On a de lui des prophéties écrites en langage celtique et qui ont été traduites plus tard dans toutes les langues modernes. Les gens qui étudient la fausse science de la magie font grand cas de ces ouvrages et placent leur auteur sur le même rang que le fameux Albert le Grand. En 1754, naquit un autre Merlin connu sous le nom de *Merlin de Douai*, et aussi sous celui de « comte Merlin ». Ce fut un jurisconsulte fort savant qui mérita le titre de « Papinien moderne ». Il était avocat à la cour de Douai lorsque, en 1789, la faveur populaire l'envoya siéger aux états généraux. Il s'y fit remarquer par le concours précieux qu'il donna à ses collègues dans les différentes commissions. Le cas qu'on fit de sa personne lui valut un siège à l'Assemblée constituante et à la Convention. Il y prit rang à la montagne. Son caractère ne fut pas à la hauteur de sa science; il vota la mort de Louis XVI et fut le créateur du tribunal révolutionnaire et de la *loi des suspects*. Plus tard, il racheta ces actes regrettables par des travaux de jurisprudence, tels que sa *loi des successions* et son *Code pénal*. Un homme de sa valeur ne pouvait manquer d'être appelé aux fonctions publiques, surtout après les gages qu'il avait donnés à la Révolution. Il devint ministre de la justice, de la police et membre du Directoire; l'empire lui donna sa vraie place, celle de procureur général à la Cour de cassation. En 1815, la Restauration, ne pouvant oublier les excès révolutionnaires de ce jacobin lettré, se priva de ses services en l'exilant. Il se retira en Hollande, jusqu'en 1830. Il revint alors en France, à la faveur d'une nouvelle révolution, et fut membre de l'Académie des sciences morales. Il a laissé de nombreux et intéressants ouvrages, tels que son *Répertoire de jurisprudence* et son *Recueil de questions de droit*. Son nom est sans cesse cité comme une autorité par les jurisconsultes ; mais son passé doit nous mettre en garde contre ses doctrines. Il semble difficile qu'un homme, qui avait violé le droit et la justice, puisse enseigner aux autres à respecter ce qu'il n'avait pas respecté lui-même. Au surplus, il fut un compilateur plutôt qu'un philosophe. Esprit érudit, ce savant n'honora pas la science par l'élévation de son caractère. Il mourut en 1838, laissant un fils qui avait été, sous l'empire, un général fort distingué.

Un troisième Merlin fut ce petit avocat révolutionnaire de Metz, connu sous le nom de Merlin de Thionville, et qui donna dans tous les excès révolutionnaires de Merlin de Douai, sans avoir le mérite scientifique de ce dernier. Il naquit en 1762 et mourut en 1833. Il fut député de la Moselle à l'Assemblée législative et, plus tard, à la Convention. C'était un adversaire acharné des prêtres et des nobles. C'est à lui qu'on doit la loi de confiscation des biens d'émigrés et la déportation des prêtres non assermentés. Il rendit quelques services, comme délégué officiel aux armées de la République, à Mayence et sur le

Rhin. Il contribua aussi à la chute de Robespierre; mais, s'étant montré hostile à l'ambition de Bonaparte, il fut mis de côté, sous l'empire, qui ne dédaignait pas, cependant, d'employer les jacobins désireux de racheter leur passé. Tels furent les trois Merlin. Si l'un d'eux a mérité de prendre place parmi les grandes figures de l'histoire, ce serait assurément celui qu'on a nommé « Merlin l'enchanteur ».

SAINTE GENEVIÈVE

419 à 512 ap. J.-C.

Une bergère de Nanterre mérita, par ses vertus et sa piété, de devenir la patronne de Paris. Voilà ce que l'Église, dans sa sagesse, a fait d'une simple fille des champs : elle lui a donné le titre de sainte, et elle l'a proposée à la vénération des fidèles, depuis plus de douze cents ans. Quelle leçon pour nos démocrates qui poussent le peuple à se grandir par ses vices et ses appétits! Sainte Geneviève naquit en 419. Sa jeunesse se passa dans les exercices de la piété la plus ardente; elle aima le Seigneur, et Dieu la marqua du sceau des élus. Rien ne montre mieux la force de la foi et la grandeur morale qu'elle peut donner que l'intervention de sainte Geneviève, pendant l'invasion du barbare Attila. Elle sut, par ses conseils, encourager et rassurer les Parisiens prêts à quitter leur cité. Ses prières sauvèrent la ville; Attila fut arrêté dans sa marche victorieuse par une main plus puissante que ses armées. Le barbare recula devant la voix qui commande aux flots et aux orages; la prière d'une vierge désarmée fit tomber le glaive de cette main puissante qui avait porté le fer et le feu dans toutes les Gaules. La reconnaissance des Parisiens ne se refroidit pas avec le temps, et, encore aujourd'hui, ce peuple léger, frondeur et sceptique, qui a tué ses archevêques, qui a souillé ses églises, qui a frappé ses prêtres, se retrouve en foule, pieux, croyant et recueilli, le 3 janvier, devant le tombeau de cette sainte qui a protégé ses pères. Pendant le dernier siège de 1870-1871, si, à la place des pharisiens qui nous dirigeaient, nous avions eu des hommes de cœur et de foi, on eût sorti la châsse de sainte Geneviève. Elle nous eût sauvé, comme autrefois, et le peuple l'eût acclamée avec enthousiasme. Les voies de Dieu sont impénétrables. Sainte Geneviève n'eut pas la science de sainte Thérèse, et, cependant, elle a fait plus de miracles qu'elle, et, depuis le 3 janvier 512, époque de sa mort, les manifestations de la grâce divine, faites en son honneur, n'ont point cessé de nous montrer ce qu'elle valait aux yeux de Dieu. Honorons donc cette grande figure comme sainte et comme patriote. Reconnaissons que la vraie piété et la vraie religion sont toujours accompagnées des sentiments les plus élevés, dans la vie publique comme dans la vie privée. En un mot, nos meilleurs Français ont toujours été ceux qui avaient l'amour de Dieu.

SIDOINE APOLLINAIRE

430 à 489 ap. J.-C.

Ce fut un célèbre personnage de la Gaule romaine. Il naquit à Lyon et y étudia la philosophie sous Eusèbe. Il faisait des vers latins fort estimés et a laissé plusieurs ouvrages de ce genre. Son érudition et la position que son père avait occupée, comme préfet des Gaules sous Honorius, le firent appeler à Rome par l'empereur Anthémius, qui le nomma préfet et patricien. Plus tard, il épousa la fille de l'empereur Avitus, dont il eut plusieurs enfants. On dit que l'un d'eux fut la souche de la fille de Polignac. Sidoine Apollinaire reçut de grands honneurs de la faveur impériale et les mérita par les services qu'il rendit dans plusieurs ambassades importantes. Persécuté un instant, à l'avènement de Majorien, il rentra peu à peu dans toutes ses dignités. C'est alors qu'on le désigna, malgré lui, pour occuper le siège épiscopal de Clermont, en Auvergne. S'il n'avait pas eu, d'abord, la vocation ecclésiastique, il montra, par ses vertus et ses actes de charité, qu'il était de ceux que Dieu choisit dans les rangs du monde. Il renonça à toutes ses charges pour se consacrer à la vie ecclésiastique et à l'exercice d'une piété qui le fit mettre au rang des saints. Il y a une légende, en Auvergne, qui fait descendre ce personnage d'un prêtre d'Apollon. Est-ce son nom qui a fait la légende, ou le nom lui-même n'est-il qu'un souvenir qui justifie cette origine ? Nous ne pourrions le dire. Mais le fait nous a paru curieux à noter. Sidoine Apollinaire, qui mourut à un âge peu avancé, a laissé de nombreux ouvrages profanes et religieux. On a de lui neuf livres d'épîtres et vingt-quatre pièces de poésie. Malgré ces productions si variées, on lui reproche un style obscur et peu châtié. En grattant le Latin, on retrouvait le barbare. Mais, ce qui achève son éloge, c'est que l'Église en a fait un saint.

ATTILA

Règne en 432. — Mort en 453 ap. J.-C.

Ce barbare s'appelait lui-même le fléau de Dieu ; il avait conscience de sa mission providentielle. Il fut, en effet, l'instrument dont Dieu se servit pour châtier les peuples de l'Occident. Il disait que l'herbe ne croissait jamais sous les pieds de son cheval. Le génie de la destruction était le caractère distinctif de sa nation ; les Huns se répandirent en Europe comme un torrent dévastateur. Ils étaient organisés militairement et leur férocité n'avait d'égale que leur courage; cependant Attila s'arrêta à Troyes devant saint Loup, et à Paris devant sainte Geneviève. On dirait que, comprenant sa terrible mission, il s'inclinait devant les serviteurs du Dieu vengeur qui l'envoyait. Il livra, près de Châlons, une des grandes batailles du moyen âge. Sa fin fut digne de sa vie ; il mourut à la suite d'une orgie, et ses peuples, fanatisés, lui firent de magnifiques funérailles. Il prit beaucoup de villes et en épargna quelques-unes. Son nom est resté, dans l'histoire, comme celui d'un conquérant barbare, qui détruit tout sans rien fonder ; les Huns étaient, disait-on, un peuple venu de l'Inde. Dans leur retraite, ils ont laissé une partie de leur armée dans les plaines de la Hongrie. Ce sont les ancêtres des Hongrois modernes ; leurs cavaliers s'appellent encore aujourd'hui des Honved, nom qui vient des Huns. Ce petit peuple a la ténacité de ses ancêtres : il vit au milieu de l'Europe depuis des siècles ; impuissant à conquérir les peuples voisins, il a toujours résisté à se confondre avec eux.

CLOVIS

Né en 465. — Mort en 511.

Ce prince est resté un barbare, malgré sa conversion au christianisme. Il n'avait que quinze ans lorsqu'il succéda à son père Childéric. Sa femme, qui fut sainte Clotilde, était fille d'un roi bourguignon. C'est à elle, principalement, que Clovis dut de connaître la vraie religion. A la bataille de Tolbiac, ses troupes fléchissaient ; il étendit les bras vers le ciel et s'écria : « Dieu de Clotilde, donne-moi la victoire et je me fais chrétien ! » Il fut exaucé ; il tint parole et se convertit, lui et tout son peuple. Saint Remi, évêque de Reims, fut l'intermédiaire dont se servirent la Providence et sainte Clotilde : mais le barbare était resté sous le chrétien. A Soissons, un soldat refusa à Clovis un vase sacré qui faisait partie des dépouilles ennemies ; plus tard, il retrouva ce soldat, qui avait une mauvaise attitude sous les armes. Clovis, mécontent de ses réponses, lui trancha la tête en lui disant : « Souviens-toi du vase de Soissons ! » C'est bien le même prince qui fait périr la plupart de ses parents pour s'emparer de leurs provinces. Il avait oublié alors la belle parole de saint Remi : « Baisse la tête, fier Sicambre ; adore ce que tu as brûlé, et brûle ce que tu as adoré ! » Il ne se rappelait plus cet élan généreux qu'il avait eu lui-même au récit de la passion de Notre-Seigneur : « Que n'étais-je là, avec mes Francs, pour venger son injure ! » Ce prince resta cruel et ambitieux ; à la façon des barbares, il ne se contenta pas de vaincre des ennemis, il entreprit des guerres injustes et dépouilla les princes de sa famille. Au point de vue providentiel, Clovis ne fut qu'un instrument grossier dont Dieu se servit pour convertir au christianisme les populations de la nouvelle Gaule. Aussi l'Église, toujours infaillible dans ses jugements, a-t-elle refusé à Clovis la couronne de sainteté qu'elle a donnée à sa femme.

SAINT BENOIT

480 à 543 ap. J.-C.

Ce grand saint fut l'un des premiers fondateurs des ordres religieux. Il pratiqua lui-même la vie monastique, avant d'y former les autres. Né à Nursie, près de Spolète, en Italie, il se retira, dès l'âge de dix-sept ans, dans le désert de Subiaco, situé non loin de Rome, au-dessus des montagnes de Tivoli. C'est là qu'il vécut pendant trois ans, en ermite, n'ayant d'autre nourriture que le pain qu'il recevait, par une corde, du charitable saint Romain.

Les moines d'un couvent voisin de sa solitude vinrent le supplier de vouloir bien être leur abbé. Il se fit beaucoup prier et, connaissant leurs faiblesses, il leur dit qu'ils ne se feraient point facilement au régime auquel il était habitué lui-même. En effet, ces moines, fatigués de sa sévérité, lui offrirent un jour du vin empoisonné. On raconte que, au moment de le prendre, saint Benoît bénit le verre, qui se cassa, et le liquide se répandit par terre. Il connut, par ce miracle, la méchanceté des moines et, leur pardonnant, il leur conseilla de choisir un autre abbé ; et, quant à lui, il retourna dans sa solitude. Mais plusieurs fidèles vinrent l'y trouver pour se mettre sous sa direction, et il fonda, dans ce pays, jusqu'à douze monastères. Les règles de son ordre étaient assez sévères, tout en laissant une large part à l'étude, dans l'emploi de la journée. Saint Benoît fonda également le fameux monastère du mont Cassin, sur l'emplacement d'un temple d'Apollon. Il convertit les gens du pays et brisa leurs idoles. On raconte que le roi Totila éprouva la sainteté de ce personnage en lui envoyant une ambassade où ce roi feignait d'être en personne. Saint Benoît dit aux officiers du roi comment il avait connu leur supercherie. Ce prince en fut frappé et il se convertit. L'ordre de saint Benoît est l'un des plus anciens de l'Église et n'en fut pas le moins illustre. Les camaldules, les chartreux, les célestins et les moines de Cîteaux en sont sortis. Les bénédictins ont laissé des travaux scientifiques et historiques qui sont des monuments littéraires indestructibles.

Quand la science moderne travaillera de la sorte, elle justifiera l'orgueil qui la distingue. Ces travaux gigantesques que nous pouvons à peine connaître, tant ils sont variés et nombreux, représentent les ouvrages de plusieurs existences de savants religieux. C'est par la prière, le jeûne et la foi, que saint Benoît a fondé ses académies chrétiennes. Ce saint, qui se roulait dans des buissons d'épines pour calmer l'ardeur de ses passions, avait une autre énergie que les orgueilleux philosophes de l'antiquité. Sa force venait de Dieu. Aussi ses œuvres durent encore, après quatorze siècles. Quel est le fondateur d'États qui puisse jamais rêver une pareille destinée? Comme nos grands hommes sont petits auprès des saints que l'Église honore!

JUSTINIEN

Né en 483. — Règne de 527 à 565 ap. J.-C.

L'empereur Justinien est surtout remarquable par la réforme qu'il introduisit dans les lois de l'empire d'Orient. Le code qui porte son nom est, encore aujourd'hui, la base du droit public. Il est divisé en plusieurs livres appelés, *Digeste, Institutes* et *Novelles*. Sous ces titres différents, les savants que Justinien chargea de rédiger ce *corpus juris* réunirent les diverses lois de l'ancienne Rome. Justinien ne fut pas seulement un législateur; ses armées portèrent la guerre chez les Vandales, chez les Perses et chez les Goths. Il eut à son service deux célèbres généraux qui furent rivaux en gloire et en ambition; ils s'appelaient Narsès et Bélisaire. On raconte que le premier, envoyé au secours du second, tourna ses armes contre lui pour achever sa défaite et rester seul maître du champ de bataille. Ils se valaient comme talent; mais, pour le caractère Bélisaire, était au-dessus de Narsès. Justinien sacrifia ce grand homme à la jalousie de Théodora, impératrice aussi célèbre par sa beauté que par son inconduite. Elle fut le mauvais génie d'un prince dont le nom est resté en honneur parmi les jurisconsultes de tous les pays.

BÉLISAIRE

490 à 565 ap. J.-C.

Ce général de Justinien, empereur de Byzance, fut fameux autant par son infortune et ses disgrâces, que par ses nombreuses victoires. La légende montre Bélisaire disgracié, aveuglé par la main du bourreau, mendiant sa vie au passant. Ce qui est certain, c'est que ce grand général, qui avait pris deux fois Rome contre les Goths, qui avait enlevé Carthage et l'Afrique aux Vandales, qui avait battu le célèbre Chosroès, en Perse, qui avait chassé les Bulgares des environs de Constantinople, ce grand Bélisaire, toujours heureux, toujours victorieux, sauf une fois en Italie, fut disgracié par l'empereur dont il était le fidèle serviteur et l'allié. On prétend que la jalousie de Narsès, son rival en l'art de la guerre, ne fut pas étrangère à ses disgrâces. On dit même que ce général, jaloux de la gloire de Bélisaire, ne le secourut pas à temps et se complut à le laisser battre par les ennemis de l'empire. La postérité fut plus juste pour Bélisaire que ses contemporains ; elle en fit un personnage légendaire, une sorte de Job romain : il fut ainsi vengé, dans sa mémoire, des intrigues de cour dont il a été la victime pendant sa vie.

PROCOPE

500 à 565 ap. J.-C.

Il y eut plusieurs Procope : un martyr chrétien de Palestine sacrifié en 303 ; un empereur de Constantinople qui ne régna que fort peu de temps. Le fils de l'empereur Anthémius portait aussi ce nom. Un certain Procope, de Gaza, rhéteur et théologien, vivait vers 520 et se fit remarquer par son histoire des Pères grecs et latins. Il y eut encore deux Procope, nommés l'un le « Grand », l'autre le « Petit », qui furent des chefs hussites du temps de l'empereur Sigismond. En 1684, naquit à Paris Procope Couteau (ou Coltelli), d'une famille sicilienne ; il fut plus tard médecin, mais se fit connaître moins par sa science que par de petites productions théâtrales dans le genre léger. C'est son père qui fonda ce fameux café Procope où se sont rencontrées tant de célébrités littéraires et politiques de notre temps.

Enfin, on a connu, sous ce nom, un historien grec, né à Césarée, en Palestine, et célèbre écrivain du temps de Justinien. On prétend qu'il fit à la fois l'éloge et la critique de ce prince. Bien entendu, il ne publia que l'éloge, réservant la critique pour ses œuvres posthumes. Il eut la bonne fortune de servir de secrétaire au grand Bélisaire et de l'accompagner dans toutes ses campagnes. Cet auteur, fort estimé, passe pour avoir été chrétien. Ses œuvres sont plutôt recherchées pour leur véracité et les faits curieux qu'elles contiennent que pour leur forme littéraire. Cependant il eut, de son vivant, de grands honneurs. Il fut sénateur, préfet de Constantinople, et on lui donna le surnom d'illustre, qui n'était pas encore trop prodigué à cette époque.

NARSÈS

Général en 540, mort en 568

Ce personnage, originaire de la Perse, arriva au grade de général par la seule faveur de Justinien, au palais duquel il avait été attaché d'abord comme un simple domestique, plus tard comme fonctionnaire. L'empereur l'avait chargé de surveiller Bélisaire dans sa campagne en Italie ; il nuisit plutôt à l'empire qu'il ne le servit, dans cette occasion. Malgré la défaite due à sa seule jalousie, il obtint, à la cour de Byzance, d'être préféré à Bélisaire qui valait mieux que lui, comme talent et comme caractère. Il retourna en

Italie, où il prit le commandement en chef des troupes de l'empire; il battit Totila, roi des Goths, puis Leutharis et Bucelin, chefs germains. Il chassa de l'Italie, dont il eut le gouvernement, les Germains et les Goths. Son administration, qui ramena dans le pays une certaine prospérité, ne fut pas aussi habile au point de vue de la perception des impôts; il se rappela trop son premier métier et amena des plaintes qui lui firent encourir les disgrâces de la cour. Il avait été, en partie, la cause des malheurs de Bélisaire. La Providence, toujours juste, le frappait des mêmes disgrâces. Il ne les supporta pas avec la même noblesse que Bélisaire, et son nom n'est resté dans l'histoire que comme celui d'un général habile à la guerre, tandis que celui de Bélisaire rappelle le souvenir d'un grand caractère.

MAHOMET

569 à 632 ap. J.-C.

Cet Arabe, inspiré probablement par le diable, eut l'idée de faire une contrefaçon de la religion chrétienne. Son Coran est, en effet, un mélange de judaïsme et de christianisme; il y traite les chrétiens d'infidèles et y reconnaît que Notre-Seigneur Jésus-Christ fut un prophète et que sa sainte mère fut une vierge. Mahomet naquit à la Mecque, vers 570 de notre ère. Il guerroya en Syrie ; à vingt-cinq ans, il épousa une veuve nommée Kadichah. Elle lui apporta la fortune qui lui permit de se livrer à toutes ses intrigues ; il imagina de simuler la sainteté, et son hypocrisie ne tarda pas à lui donner une grande influence sur les crédules Arabes. C'est en 610 qu'il débuta dans son prétendu apostolat ; il invoquait l'archange Gabriel ; mais, en 622, ayant trouvé des contradicteurs, il fut forcé de s'enfuir de la Mecque. C'est ce que l'on a appelé l'Égire ; c'est la première date de la chronologie musulmane. Mahomet propagea sa doctrine les armes à la main et réussit à s'emparer de la Mecque, qui est aujourd'hui le lieu de pèlerinage de ses adeptes. Sa religion, basée sur le fatalisme et sur le matérialisme, s'est étendue jusqu'aux confins de l'univers, et elle compte encore aujourd'hui des millions d'adhérents. Il voulait bien admettre un seul Dieu, une âme immortelle ; mais son paradis était peuplé de houris. Il sut, néanmoins, inspirer à ses sectaires un mépris absolu de la mort ; il emprunta au judaïsme et au christianisme la prière, le jeûne, l'aumône et différentes cérémonies ; mais il s'empressa de permettre la polygamie. Ce fut un véritable imposteur. Il alla jusqu'à imaginer des miracles qu'il ne fit point. On prétend qu'il cachait la lune dans sa manche ; il aurait pu faire semblant d'y cacher le soleil, et ses crédules Arabes y auraient encore été trompés. En somme, Mahomet est une grande figure ; mais c'est un génie du mal. La civilisation qu'il a fondée menaça un instant l'Europe et le monde, au point de faire croire qu'elle aurait la domination universelle. Le christianisme, avec ses mœurs pures, sa doctrine si élevée, ses sentiments si chevaleresques, a vaincu ces hordes barbares, et Dieu s'est prononcé pour le petit nombre des élus. Pourquoi celui des infidèles est-il encore si grand, c'est le secret du ciel. Mais l'islamisme a passé comme un météore brillant, et l'on peut dire qu'aujourd'hui ses feux sont éteints. Ce sera toujours un mystère que la durée de cette religion de Mahomet, qui n'était au fond qu'une ridicule supercherie et qui fut l'œuvre d'un homme, tandis que le judaïsme et le christianisme furent l'œuvre de Dieu. Cependant cette singulière création eut un certain caractère de grandeur matérielle. C'est en cela seulement que Mahomet est grand lui-même, au point de vue de l'histoire.

SAINT ÉLOI

588 à 659 ap. J.-C.

Cet argentier du bon roi Dagobert est resté dans les souvenirs du peuple, à côté de son maître. On chante encore aujourd'hui : « Le bon saint Éloi, etc. » Ces plaisanteries, qui sont bien françaises, ne prouvent rien contre ceux qui en sont l'objet; elles montrent, tout simplement, que ces personnages ont attiré l'attention populaire et, peut-être, qu'ils ont, avec justice, réprimé ou empêché plus d'un abus. Saint Éloi devait être, à l'époque de Clotaire II et de Dagobert Ier, qu'il a servis, un homme de confiance dans le genre de Sully ou de Suger. Il n'était qu'un simple trésorier du roi, mais cette charge équivalait à un ministère. Saint Éloi sut joindre à son habileté politique un talent d'artiste tellement grand, que ses ouvrages d'orfèvrerie ont passé pour des chefs-d'œuvre; son talent était employé surtout à des choses saintes, comme des tombeaux d'évêques et des châsses de bienheureux. On aimait, à cette époque de foi, à travailler pour la religion, et Dieu, qui sait rendre au centuple ce qu'on fait pour lui, bénissait toutes ces œuvres qui ont fait l'admiration des siècles. Le scepticisme moderne pourra travailler longtemps avant d'en arriver là. Les travaux de saint Éloi devaient avoir leur récompense. Cette belle âme, qui n'était pas faite pour le monde, ne tarda pas à le fuir; un couvent fut sa retraite. Mais Dieu avait ses desseins et en tira saint Éloi, en 640, pour en faire un évêque de Noyon. Sa piété fut si grande, malgré la faveur qui le rappelait, pour ainsi dire, à de hautes fonctions publiques, que l'Église le trouva digne de figurer parmi les saints qu'elle honore.

LES GRANDES FIGURES

DAGOBERT

Né en 604. — Mort en 638 ap. J.-C.

Ce roi de la première race fut chanté par le peuple et par la postérité ; il eut sa légende, ce qui prouve que c'était un homme de mérite. Il mourut jeune, en 638, ce qui l'empêcha, probablement, d'arriver à une plus grande célébrité. Par ce qu'il a fait, on peut supposer ce qu'il aurait pu faire. Il porta ses armes victorieuses en Saxe, en Gascogne et en Bretagne. Il suffit d'examiner la position géographique de ces trois pays pour comprendre toute l'activité de ce roi peu connu. Il réunit sous son sceptre l'Australie, la Neustrie et l'Aquitaine, c'est-à-dire une grande partie de la France actuelle. Il eut l'honneur de fonder la fameuse abbaye de Saint-Denis. Le roi qui créa de pareils monuments ne pouvait être un homme ordinaire. On l'a accusé d'être cruel et dissolu. Ce sont des défauts de sa race et de son époque ; il sut cependant protéger les arts, et on lui doit d'avoir tiré de l'obscurité celui qui fut saint Éloi. Un prince qui a pour ami et pour ministre un aussi grand personnage doit avoir eu lui-même les qualités qu'il a su deviner chez les autres. Dagobert n'a contre lui, au point de vue de l'histoire, que l'ignorance et l'obscurité de son temps ; s'il s'était trouvé un littérateur émérite pour raconter les hauts faits et les vertus de ce roi, il eût passé peut-être pour un grand prince et un souverain remarquable. Le peuple, qui juge sainement, parce qu'il le fait avec son cœur, lui a donné, à défaut d'auréole, la renommée de la chanson, cette rapsodie toute française. Les qualités de ce roi devaient plaire à son peuple; il était brave, il était gai, il était galant. C'était peut-être un Henri IV mérovingien. On a conservé le souvenir, à travers les âges, de ses aventures et de ses chasses au sanglier. La comparaison avec le Béarnais n'est donc nullement forcée ni invraisemblable. N'oublions pas que la chanson qui a célébré Henri, le Diable à quatre, faisait appeler Dagobert « grand roi » par le bon saint Éloi.

CHARLES-MARTEL

689 à 741 ap. J.-C.

Ce duc d'Austrasie fut père de Pépin le Bref et fils de Pépin d'Héristal. Il dut son nom de Martel à la manière dont il combattit les Sarrasins à la bataille de Tours; il avait en main une grande framée franque, avec laquelle il frappait les ennemis comme avec un marteau. Quoique n'ayant pas régné et s'étant contenté de ses titres de duc et de maire du palais, Charles-Martel gouverna réellement la France et la

sauva de l'invasion musulmane. Le pape Grégoire III
l'en récompensa par les plus grands honneurs. Les
Sarrasins ne furent pas les seuls ennemis que Charles-
Martel combattit et vainquit; il défit encore les Bava-
rois, les Frisons, les Saxons et les Thuringiens.
Charles-Martel fut maire du palais, sous le règne de
Clotaire IV, jeune prince qu'il avait mis lui-même
sur le trône à la place de Chilpéric II. A la mort de
Clotaire, il rendit la couronne à Chilpéric et continua
à gouverner la France, à l'ombre du sceptre de cette
ombre de roi. Il ne manqua à ce grand guerrier que
le titre royal; mais, s'il n'avait pas le nom de roi, il
en avait la puissance. Ce fut un grand personnage
dans l'État. L'histoire l'honore comme le véritable
défenseur de la civilisation française contre l'invasion des barbares. Charles-Martel prépara, par ses
conquêtes, par ses victoires et par ses hauts faits
d'armes, le règne de son fils Pépin le Bref, comme ce
dernier prépara lui-même celui de Charlemagne.

PÉPIN LE BREF
752 à 768 ap. J.-C.

Ce fut le chef des Carlovingiens. Fils de Charles-
Martel, il se montra digne de son père par son courage. Sa petite taille le poussa à des actions d'éclat
destinées à montrer que la valeur n'est pas toujours

l'apanage des hommes de haute taille. Pépin, un jour, se jeta dans l'arène du cirque devant les seigneurs assemblés, pour montrer sa force et son audace et, d'un coup d'épée vigoureux, il trancha la tête d'un lion qui combattait un taureau. Pépin ne fut pas moins habile dans sa conduite politique. Cette habileté alla même jusqu'à l'injustice et la spoliation; comme Clovis, il déposséda ses parents et se fit un royaume de leurs dépouilles. C'est ainsi qu'il déposa Childéric III, qu'il avait lui même fait couronner, en sa qualité de maire du palais. Le pape saint Boniface consacra cette usurpation en lui donnant la couronne, à Soissons; Pépin se montra reconnaissant et enleva aux Lombards Ravenne et les États de l'Église, qu'il offrit au pape. Ce fut l'origine du pouvoir temporel des souverains pontifes. Pépin agrandit son royaume par la conquête de l'Aquitaine. Ce fut un prince habile et le véritable fondateur de sa dynastie; il comprit que son règne, pour être impérissable, devait reposer sur les deux colonnes de la gloire et de la religion. Il eut l'honneur d'être le fils d'un héros : Charles-Martel est le père du grand Charlemagne, l'un des plus grands rois que le monde ait connus. Placé entre ces deux grandes figures, celle de Pépin le Bref se trouve diminuée par la comparaison ; mais, s'il fut bref de nom, il fut grand de cœur et d'esprit. L'histoire lui a laissé la place qu'il a si bien occupée, tout en honorant son devancier et son successeur. C'est ainsi que, autrefois, elle rendit justice à Philippe de Macédoine, sans rien ôter au génie d'Alexandre le Grand. Pépin le Bref, dans l'ordre providentiel, a une grandeur sans pareille ; il fut le créateur et le protecteur des États de l'Église. Son œuvre dura des siècles et valut à la France le plus grand honneur de la terre et les plus grandes bénédictions du ciel.

CHARLEMAGNE

742 à 814 ap. J.-C.

Ce grand prince, que l'Église honore comme un bienheureux, fut la plus grande figure des temps modernes. Il fonda un grand empire franco-germanique qui fut presque la réalisation de la monarchie universelle. Charlemagne, aussi grand législateur que grand guerrier, avait tous les dons de l'esprit et du cœur; physiquement, il n'était pas moins bien doué. On dit qu'il avait près de six pieds de taille en hauteur. Il aimait les lettres et les arts; fort érudit lui-même, il ne dédaignait pas de surveiller les écoles de son empire. Ses *Capitulaires* sont la base du droit chrétien moderne. Le caractère des institutions fondées par lui est essentiellement chrétien ; il fut incontestablement beaucoup plus avancé que son siècle ; et si son œuvre ne lui a pas survécu tout entière, cela n'a pas dépendu de son génie qui était universel, mais des difficultés inhérentes au temps barbare où il a vécu. Il était d'une forte race et dans ses veines coulait le sang généreux de Charles-Martel et de Pépin. Comme guerrier, il a lutté, pendant tout son règne, avec une grande énergie ; ses principaux ennemis furent les Saxons et les Normands. Il triompha des premiers dans des guerres successives où sa sévérité dépassa les bornes de la justice ; il alla jusqu'à déporter des populations entières. Cette cruelle nécessité de la guerre fit une tache à sa gloire ; il s'acharna après ce peuple saxon dont la résistance mit en péril les destinées de l'empire. Quant aux Normands, il ne lui fut pas donné de les anéantir, et Charlemagne, vieilli, versa des larmes en songeant aux nombreux dangers que ces nouveaux ennemis feraient subir à ses successeurs. La capitale de Charlemagne fut Aix-la-Chapelle, ce qui permit aux Allemands de revendiquer ce prince parmi leurs grands rois. La France a les mêmes prétentions, car il régna aussi sur elle, et ses enfants furent ses meilleurs soldats. Charlemagne a été aussi, comme un autre héros, le grand fondateur de l'unité française ; on pourrait presque dire de l'unité européenne. Plus tard, Napoléon, dont le génie égalait celui de ce grand prince, devait réunir sous son sceptre les mêmes peuples et les mêmes royaumes. Ces agglomérations de races, de nations et de contrées diverses, sont-elles des essais de la Providence pour préparer la grande unité finale de l'humanité? Nous sommes en droit de le croire, car la parole de Dieu se vérifie toujours, et il a dit qu'aux derniers âges du monde, il n'y aurait « qu'un seul peuple et un seul pasteur ».

IRÈNE

769 à 803 ap. J.-C.

Cette impératrice d'Orient fut aussi remarquable par son esprit que par sa beauté. D'une naissance obscure, cette Athénienne devint la femme de l'empereur Léon IV ; elle se fit remarquer, sur le trône, par toutes les qualités les plus brillantes. Elle mérita d'avoir la régence à la mort de son mari et elle s'en montra digne. Elle eut même des succès militaires, mais que des revers vinrent obscurcir. La fortune de Haroun-al-Raschid fit pâlir son étoile; cependant, elle eut l'honneur de réunir le concile de Nicée qui termina le schisme d'Orient. La fin de sa vie fut troublée par des malheurs et par un crime qui ternit sa gloire. Son fils Constantin, payant ses bontés par l'ingratitude, la chassa de la cour et la fit emprisonner; elle s'en vengea en lui faisant crever les yeux. On lui prête toutes sortes d'aventures romanesques; on prétend qu'elle voulut épouser Charlemagne. Toute cette ambition eut une fin misérable; trahie par son ministre Nicéphore, elle fut envoyée en exil et mourut à Lesbos, dans la plus grande misère. Telle fut l'histoire de cette grande reine, qu'on pourrait appeler la Sémiramis de l'empire grec.

ROLAND

Mort en 778 ap. J.-C.

Ce célèbre neveu de Charlemagne fut un héros légendaire dont les poètes ont chanté les exploits dans plusieurs langues. L'Arioste en a fait le sujet de deux poèmes épiques: le *Roland furieux* et le *Roland amoureux*. Ce pauvre prince, qui mourut bravement à Roncevaux à la tête des troupes de Charlemagne, ne s'attendait pas, sans doute, à cet excès de gloire. On personnifia, en lui, la chevalerie française. Les Pyrénées, théâtre de ses derniers combats, prêtant à cette lutte leur cadre gigantesque, tout fut grand dans ce drame militaire; la poésie a fait de ce guerrier un héros d'Homère. On a chanté son cor de chasse, son épée, la fameuse Durandal, dont les tronçons fendaient des quartiers de rocher. La lutte avait lieu dans les gorges des Pyrénées. On ne comprend pas que les armées de Charlemagne, qui avaient conquis l'Allemagne et presque toute l'Europe, aient été arrêtées dans les montagnes d'Espagne. La légende en faveur de la gloire de Charlemagne a rendu ces combats tout à fait fabuleux. Ce ne sont que rochers précipités dans les ravins profonds, arbres déracinés encombrant les torrents ; la nature y semble au service des hommes. Durandal se brise, tout est fini : le héros, qui luttait seul contre une armée, se trouve sans défense. L'histoire, moins poétique que la légende, attribue la défaite de Roland au traître Ganelon. Quoi qu'il en soit, Roland est resté, malgré ses malheurs, le type de l'honneur et de la bravoure chevaleresque. Cette idée généreuse a trouvé un écho dans les cœurs français ; nous avons cru nous reconnaître dans ce personnage, bien plus que dans la personne du grand Charlemagne. C'est pourquoi la chanson de Roland est restée une épopée nationale.

PHOTIUS

Patriarche en 858. — Mort en 891 ap. J.-C.

Cet homme extraordinaire, dont l'ambition surpassait encore le génie, fut l'auteur du grand schisme d'Orient. Nommé patriarche de Constantinople, en 858, quoique laïque, au préjudice de saint Ignace, dépossédé fort injustement de son siège, il ne put se maintenir dans cette première dignité de l'Église orientale. Les faveurs de la cour impériale, où il avait été capitaine des gardes, ambassadeur et ministre, lui avaient assuré un grand crédit sur les métropolitains du patriarcat qui eurent la faiblesse de reconnaître son élection. Ils avaient mis à leur complaisance une condition qui semblait sauvegarder leur conscience. Photius devait s'incliner devant les droits de saint Ignace, persécuté par l'empereur. Le trop habile Photius promit tout ce qu'on lui demanda. Mais, à peine en possession du patriarcat, il provoqua la réunion d'un concile qui déposa saint Ignace. Poussant usqu'au bout la ruse et l'effronterie, il envoya au pape Nicolas Ier des ambassadeurs pour surprendre la bonne foi du souverain pontife et faire approuver la déposition du saint patriarche dont il voulait garder le siège. Le plus curieux de cette triste histoire, c'est que les légats du pape donnèrent le titre de pape à Photius, qui avait obtenu d'un nouveau concile la confirmation de ses pouvoirs et la déchéance de son prédécesseur. Saint Ignace, véritable martyr, se sauva jusqu'à Rome et détrompa le pape, qui donna tort à ses légats. Le saint-père réunit à Rome un concile qui rétablit saint Ignace dans le patriarcat de Constantinople, et annula l'installation de l'ambitieux Photius. Ce dernier leva enfin le masque. C'est ici que commence réellement le schisme d'Orient. Photius réunit le synode de Constantinople et condamna, à son tour, le pape Nicolas qui l'avait excommunié. Il voulait être pape et y réussit, du moins en Orient. Cependant il ne jouit pas sans trouble de son omnipotence spirituelle. Basile, qui avait succédé comme empereur d'Orient à Michel, le protecteur de Photius, déposa ce dernier, le chassa de Constantinople et rétablit saint Ignace dans toutes ses dignités. Un concile œcuménique ratifia cette décision impériale et frappa le schismatique d'un solennel anathème. Mais Photius revint à la charge, avec la persévérance d'un esprit aussi malfaisant qu'ambitieux; il profita de la brouille de l'empereur et du pape pour rentrer dans les bonnes grâces de Basile auquel, dit-on, il fabriqua, avec autant de cynisme que de flatterie, une fausse généalogie attribuée à Théophane. Ce qui est étrange dans cette singulière histoire, c'est que le pape Jean VIII consentit au rétablissement de Photius dans la dignité de patriarche; qu'un concile confirma cette décision et que les légats du pape l'autorisèrent par leur présence. Mais Jean VIII, mieux renseigné, désavoua ses légats et chargea Marin, qui devint plus tard son successeur, de régler cette affaire si compliquée par la déposition de Photius. L'empereur Léon le Philosophe termina la querelle en exilant Photius. Mais, si l'auteur du schisme ne profita pas longtemps de sa révolte, malheureusement sa tentative de séparation fut renouvelée plus tard et le schisme est devenu définitif. Il a séparé, par des raisons politiques, deux puissantes Églises qui ont encore la même foi et la même doctrine et qui ne diffèrent que sur des questions faciles à résoudre. L'Église d'Orient refuse de reconnaître la suprématie du siège de Rome, et cependant elle considère saint Pierre comme le prince des apôtres. Sauf quelques autres points sans importance, ses dogmes et ses sacrements sont les mêmes que ceux de l'Église catholique romaine. Ce sont deux Églises sœurs, également illustrées par un glorieux passé, mais séparées par l'ambition et la mauvaise foi des hommes. Le jour prochain de leur réunion sera, pour la foi catholique, un grand triomphe; et, quand on verra la facilité de cet accord si désirable, on s'étonnera qu'il ait fallu des siècles pour l'obtenir. Photius, cet ambitieux coupable, dont le nom restera attaché à ce schisme, qui fut un grand malheur public, Photius avait un tel esprit, une telle érudition, une telle force d'intelligence, qu'il arriva, par ses intrigues, à séduire les peuples, les empereurs et les papes eux-mêmes. On dit que, par ses seules études. ce patricien de Constantinople se fit remarquer, à un titre égal, comme professeur, poète, mathématicien, médecin, philosophe, astronome et orateur. Il a laissé, d'ailleurs, des ouvrages dont les annotations sont un prodige d'érudition. Il y fait connaître près de trois cents auteurs dont, sans lui, les noms ne seraient pas parvenus jusqu'à nous. Il a fait aussi un grand nombre d'épîtres; il a écrit l'histoire des sept conciles généraux tenus avant son temps. On a de lui des traités de scolastique, des discussions théologiques, des réfutations de certaines hérésies et une dissertation fort longue sur la procession du Saint-Esprit. En un mot, Photius fut un esprit excessivement distingué, qui eût pu rendre à l'Église de réels services, si son cœur avait valu son intelligence. Rappelons-nous que toute science vient de Dieu; l'orgueil humain peut, sans révolte, fonder des empires, des républiques et des religions, mais ce seront toujours des œuvres éphémères et des monuments bâtis sur le sable. Il n'y a d'éternel que les œuvres de Dieu.

GERBERT

930 à 1003 ap. J.-C.

Cet illustre pape monta sur le trône de saint Pierre sous le nom de Sylvestre II. Ce fut un pape remarquable par son savoir. On ne dira pas que l'Église favorisait en lui l'aristocratie, car c'était un plébéien et un simple bénédictin. L'empereur Othon Ier le distingua et le choisit pour précepteur de son fils; il eut le même emploi à la cour d'Hugues Capet, auprès du prince Robert. Il fut successivement archevêque de Reims et de Ravenne; c'est à l'empereur d'Allemagne qu'il dut son érection au siège pontifical. Ce choix montre bien l'esprit éclairé et large de cette époque; c'était le premier pape français et il était appuyé par un empereur allemand. L'administration de Gerbert fut remarquable à tous égards. Aucune science ne qui était étrangère. Il était de première force en mathématiques et en astronomie, ce qui le fit accuser de magie par les gens simples de l'époque. C'est à lui qu'on doit les caractères arabes et la pendule. C'était un esprit libéral, et son influence fut pour beaucoup dans le progrès des sciences et des lettres de son temps. C'est ainsi que la barque de Pierre naviguait sur un océan agité. Elle portait, dans un siècle barbare, le dépôt sacré des sciences, des arts et des lettres. L'Église non seulement fit notre éducation première, mais encore elle sauva du naufrage les archives de l'humanité. Son instruction et son éducation furent libérales, à ce point de cultiver les auteurs profanes par amour du beau ; c'est elle qui tira de l'oubli les lettres grecques et latines. Si nous avons, de nos jours, des connaissances scientifiques que nous tournons contre l'Église, c'est à elle seule que nous les devons. Ce rôle généreux et bienfaisant, l'Église le soutint, aussi bien dans la politique que dans les autres connaissances humaines. C'est elle qui arbora le drapeau de la démocratie ; c'est elle qui appliqua, dans la vie privée et dans la vie publique, ces trois formules dont se sont emparés nos révolutionnaires : *Liberté, Égalité, Fraternité*. C'est à elle que nous devons tous les progrès modernes, et jusqu'à nos lois, qu'on retrouve presque toutes dans le droit canon. Elle fut la sauvegarde de la dignité humaine et le véritable phare de la civilisation. Si, par ingratitude, nous répudions ses bienfaits, si, par une fausse politique, nous l'éloignons de la société civile, nous retirons la lumière et la vertu du milieu de nous. Nous nous condamnons, par notre orgueil, à retomber dans le despotisme révolutionnaire et dans les orgies du bas empire.

HUGUES CAPET

987 à 996 ap. J.-C.

Ce seigneur féodal fonda une dynastie qui régna sur la France jusqu'en 1793. On peut dire que ce fut un véritable fondateur. Alexandre, César, Napoléon ont à peine laissé deux ou trois successeurs. Hugues Capet, que les révolutionnaires appellent un usurpateur, fut proclamé roi de France, à l'assemblée de Noyon : il avait déjà le pouvoir, il se fit donner la couronne. L'héritier déchu était Charles de Lorraine, le descendant des Carlovingiens. Hugues lui livra bataille et le fit prisonnier. Cette révolution, car c'en était une dans le bon sens du mot, fut le triomphe de la féodalité. Ce régime n'était pas ce que les ignorants croient : c'était une organisation puissante de la société, basée sur le patronage seigneurial. Il y avait là quelque chose qui ressemblait à la *gens* romaine. Chacun avait sa place dans la hiérarchie sociale. Le prolétaire était paysan, ou bien ouvrier;

son seigneur lui devait aide et protection. La France était divisée en fiefs plus ou moins grands : chacun relevait de quelqu'un ; mais, au-dessus du suzerain, il y avait un seigneur plus puissant auquel on pouvait faire appel. Lorsque Hugues Capet fut nommé roi de France, il devint la plus haute expression du droit féodal. La féodalité n'était pas née, comme le disent les écrivains révolutionnaires, de la force brutale. Ce sont les pouvoirs démocratiques qui ont cette origine. La féodalité trouva naissance dans l'idée généreuse de la protection du fort sur le faible, de l'homme d'armes sur le paysan. Elle commença à l'époque des invasions germaniques. Des villages entiers se formaient alors à l'abri des châteaux, qui étaient de véritables citadelles contre l'ennemi commun. Le gentilhomme n'était point un soldat salarié, il consacrait sa vie à la défense de la patrie ; les paysans, les ouvriers et les bourgeois vivaient tranquilles et heureux, sous l'égide de sa puissante épée. Le seigneur pouvait être parfois un tyran ; mais il avait, au-dessus de lui, des seigneurs plus puissants, qui faisaient justice de ses excès. Le pape et le roi représentaient le droit et la liberté ; le sentiment chrétien était si grand, à cette époque, qu'on a vu, souvent, la puissance morale de l'Église triompher des abus de la force. Des seigneurs, et même des rois, furent alors frappés par les censures ecclésiastiques, et leurs sujets se trouvèrent déliés de toute obéissance envers eux.

Avons-nous, aujourd'hui, une autorité morale qui ait le pouvoir de nous soustraire à des lois injustes ? C'est le mal, c'est le vice de la société moderne! Il n'y a pas de contrepoids ; c'est la démagogie. Nous n'avons pour nous que Dieu et notre conscience. Il peut se faire qu'on nous impose des lois contraires à la morale et à la religion. Nous n'aurons, pour nous en défendre, que le choix entre la révolte ou le martyre. Hugues Capet passa, dans son temps, pour un seigneur habile ; sa famille avait déjà le pouvoir depuis plusieurs générations. On peut dire que la France, fatiguée de l'impuissance des Carlovingiens, se choisit une autre dynastie ; la Providence a béni ce choix pendant plus de mille ans.

GUILLAUME LE CONQUÉRANT

1027 à 1087 ap. J.-C.

Ce bâtard de Robert le Diable, duc de Normandie, eut une fortune qu'on ne peut comparer qu'à celle des plus grands conquérants de l'antiquité ; il s'empara de l'Angleterre, réalisant facilement le plan exécuté de la même manière par César et manqué par Napoléon. S'appuyant sur un prétendu testament d'Édouard III, roi d'Angleterre, mort sans enfants, il disputa la couronne à Harold, seigneur saxon, désigné par ses pairs ; et le vainquit à la bataille d'Hastings, en 1066. Possesseur paisible de l'Angleterre, il imposa son alliance à l'Écosse. Son fils Robert, un autre diable non moins turbulent que son grand-père, se révolta, et, après une assez longue lutte, Guillaume lui abandonna le duché de Normandie. Guillaume établit la féodalité en Angleterre et partagea le pays entre les seigneurs normands. La conquête de l'Angleterre fut l'origine d'une quantité de grandes familles qui eurent longtemps deux patries, la France et l'Angleterre. On reproche à Guillaume des cruautés. Au moment de sa conquête, il fit construire la tour de Londres, destinée à tenir en respect ses nouveaux sujets. Cette forteresse devint plus tard une prison d'État; aujourd'hui, elle n'est plus qu'un dépôt d'archives. Guillaume, devenu très gros, fut raillé par Philippe Ier de France, qui n'avait pas pour lui l'amitié de Henri Ier. Guillaume répondit par une excursion dans le Vexin et par l'incendie de Mantes la jolie. Cette expédition lui coûta la vie, par les fatigues qu'il y ressentit. Il mourut peu de temps après, à Rouen, abandonné des siens. On l'enterra à l'abbaye de Saint-Étienne de Caen, dont il était le fondateur. La chronique dit qu'un homme du peuple s'opposa à son inhumation, sous prétexte que le terrain n'avait pas été payé. Ce trait est bien normand, mais il montre la grande liberté dont on jouissait, dans ces temps que nous considérons comme barbares. De nos jours, un pareil scandale entraînerait une arrestation immédiate de son auteur. Guillaume fut un prince extraordinaire, par son courage et par les grandes choses qu'il sut accomplir. Fondateur de l'une des plus puissantes monarchies du monde moderne, il créa une œuvre grandiose et durable, ce que ne firent aucun des conquérants fameux dans l'histoire. Fils de ce Robert qui était allé combattre en terre sainte, il avait l'esprit audacieux et aventureux de sa race. La fortune, favorisant son ambition, a placé sur sa tête de vainqueur l'une des plus belles couronnes de l'univers.

ROBERT LE DIABLE

Duc en 1028. — Mort en 1035.

Ce duc de Normandie, qui était un véritable diable à quatre, fut surnommé également le Magnifique, à cause de ses prodigalités et de son luxe. On le soupçonne d'avoir empoisonné son frère Richard III, auquel il succéda en 1028. Son règne fut très agité; il eut à vaincre des séditions continuelles en Normandie. Il fit la guerre un peu partout: en Flandre, où il rétablit sur le trône Baudoin IV; en France, où il rendit sa couronne au roi Henri Ier. Il fit encore la guerre en Bretagne dont il réduisit le duc au vasselage; il prit parti pour les princes d'Angleterre contre

Canut le Danois. Sa jeunesse ayant été fort orageuse, il crut devoir faire un pèlerinage à Jérusalem pour expier ses fautes. Il mourut dans ce voyage, en 1035. Son fils, digne d'un tel père, fut le célèbre Guillaume le Conquérant. Robert a inspiré les poètes et les musiciens; un de nos grands maîtres lui a consacré un opéra, qui est un chef-d'œuvre, sous le nom de *Robert le Diable*. Les fiers Normands étaient, en effet, des hommes terribles; ils portaient partout le fer et le feu. On les a vus combattre en Palestine, en France et en Italie. Dans ce dernier royaume, ils s'emparèrent des deux Siciles et menacèrent le saint-siège, dont la puissance temporelle était pourtant alors incontestée. Ces princes étaient, à la fois, des conquérants, des pirates et des aventuriers. L'esprit turbulent de leur race se retrouvait, chez eux, au suprême degré. C'étaient bien ces mêmes Normands dont l'audace avait arraché des plaintes au cœur magnanime de Charlemagne: ils descendaient, dans leurs barques légères, jusque sous les murs de Paris et finirent par s'établir dans l'une des plus belles contrées de la France, à laquelle ils ont laissé leur nom. Robert était un diable, mais un bon diable, puisqu'il a donné le jour à Guillaume le Conquérant, le fondateur d'un des plus puissants royaumes de l'Europe.

LE CID ET GONZALVE DE CORDOUE

1030 à 1099. — 1443 à 1515 après J.-C.

Gonzalve de Cordoue, le plus grand capitaine de l'ancienne Espagne, pareil au Cid Campéador, ce seigneur vainqueur des camps, nommé Rodrigue diaz de Bivar, avec lequel on l'a souvent confondu, était également une grande figure poétique, digne d'inspirer le grand Corneille. Gonzalve de Cordoue fut un guerrire heureux et hardi; c'est lui qui s'empara de Grenade, dernier rempart des Maures d'Espagne. Il combattit aussi avec succès contre les Français, dans l'Italie méridionale. Ce fut un serviteur fidèle et dévoué de ces rois catholiques qu'on appelait Ferdinand V et Isabelle de Castille. La légende lui prête une respectueuse admiration pour cette grande reine dont le souvenir n'est pas oublié en Espagne. Ce fut quelque chose comme le dévouement de Thibaut de Champagne pour Blanche de Castille. En ces temps chevaleresques, l'affection d'un sujet pour sa reine pouvait aller jusqu'au sacrifice, sans qu'il s'y mêlât aucune pensée mondaine. Nous savons peu de chose du Cid; on croit qu'il naquit à Valence, pays des oranges. Cette ville, fière de ce souvenir, s'appelle encore aujourd'hui « Valence du Cid ». Nous n'en savons guère plus sur Gonzalve de Cordoue ; tout ce qu'on peut dire de lui, c'est que, partout où il paraissait, il relevait la fortune de l'Espagne. Sa fougue valait des bataillons et, dans un pays où la bravoure est surtout en honneur, il a su rester le héros de la légende.

SAINT BRUNO

1030 à 1101 ap. J.-C.

Ce saint fut le fondateur de l'ordre des Chartreux. Né à Cologne, il fut d'abord chanoine dans cette ville, puis plus tard à Reims. La conduite de l'archevêque Manassès, qui était plutôt un homme de guerre qu'un prélat, ayant déplu à saint Bruno, ce dernier se retira dans le Dauphiné, auprès de saint Hugues, qui était évêque de Grenoble. Saint Bruno était accompagné de ses disciples qui voulaient, comme lui, se vouer à la vie monastique et se retirer dans la solitude. Saint Hugues les envoya dans le désert de la grande Chartreuse, qui a donné son nom au premier couvent fondé par saint Bruno. La règle y était des plus sévères; les moines ne parlaient pas, ne mangeaient que des légumes et ne buvaient que de l'eau; ils étaient vêtus d'un cilice et partageaient leur temps entre la prière, l'étude et le travail manuel. Cet ordre est devenu, par la suite des temps, fort célèbre et fort riche. Les couvents se sont multipliés dans plusieurs pays et, notamment, en France, en Suisse, en Italie. De nos jours, les chartreux observent encore la même règle, et, s'ils fabriquent la liqueur qui porte le nom de leur monastère, le produit en est employé en bonnes œuvres de charité et de piété, ce qui n'est pas l'usage ordinaire des revenus industriels ou commerciaux. Saint Bruno fut appelé à Rome par le pape Urbain II, dont il avait été le maître et qui voulait s'éclairer de ses conseils. On lui offrit des dignités ecclésiastiques ; il les refusa, comme autrefois il avait refusé l'archevêché de Reims. Trouvant même la cour de Rome trop mondaine pour lui, il se retira de nouveau en Calabre, où il fonda encore un couvent. C'est là qu'il mourut, en odeur de sainteté. Léon X le canonisa en 1515. Ce grand saint a laissé fort peu d'écrits. Ceux qu'on lui attribue paraissent être de Brunon de Ségui, saint personnage du XIIe siècle. Il n'y a d'authentiques que deux lettres écrites par saint Bruno à Raoul le Verd, son ancien collègue de Reims, et à ses moines de la grande Chartreuse. La vie de saint Bruno avait été reproduite dans une série de tableaux qui se trouvaient au couvent des Chartreux de Paris, et que l'on voit encore au musée du Louvre, où ils furent transportés à la révolution. Saint Bruno fut donc un exemple frappant d'humilité chrétienne et d'austérité sacerdotale. Ses vertus et ses actes de charité furent ses vrais ouvrages. Dans sa simplicité, cet enseignement a plus de grandeur que toute l'éloquence des sophistes et que toute la science des philosophes. Cet anéantissement même ne fut pas nuisible au progrès de l'esprit humain, puisqu'il a contribué à fonder l'un des ordres religieux les plus savants de l'univers.

SUGER

1082 à 1152 ap. J.-C.

Ce grand ministre de Louis VI et de Louis VII fut un abbé élevé à l'abbaye de Saint-Denis avec Louis VI. Il fut apprécié par ce souverain, qui l'appela dans ses conseils. On peut dire que Suger sauva la France, abandonnée à elle-même par ses souverains, partis pour la croisade. Pendant leur absence, ce grand ministre réforma les lois, ranima toutes les forces vives du pays; il se montra même libéral en favorisant l'affranchissement des communes, ce qui fut l'un des résultats inattendus des croisades. Pendant que les grands seigneurs, épris de la gloire et de la foi, guerroyaient en Palestine, après avoir engagé leurs terres sans payer leurs frais de guerre, les bourgeois, moins chevaleresques, mais plus pratiques, s'arrondissaient des dépouilles de ces paladins. C'est ce qui a permis l'affranchissement des communes. Le gentilhomme guerrier était absent; le bourgeois, homme d'affaires, se montrait: la propriété changeait de mains. Ce fut un premier coup porté à la noblesse, toujours victime de son cœur et de son dévouement. Suger, d'origine prolétaire, était porté à favoriser les basses classes; aussi lui donna-t-on le surnom de « Père de la patrie ». Cependant, quoiqu'ayant blâmé une première croisade, il se montre favorable à une seconde, s'y entremit et la prêcha. Il en eût même fait partie, si la mort ne fût venue le surprendre dans ses préparatifs. En un mot, Suger fut un grand ministre et un grand Français; l'histoire lui a rendu justice. Nos démocrates modernes, qui font la guerre au clergé, ne désavoueraient pas cette grande figure politique; mais, comme elle fut cléricale, ils se garderont bien d'en parler, car, pour eux, la vieille France de quatorze siècles n'existe pas : le monde ne commence qu'en 1789, pour ne pas dire en 1793.

SAINT BERNARD

1091 à 1153 ap. J.-C.

Ce moine, de l'ordre de Cîteaux, fut un grand religieux; il écrivit en latin de nombreux ouvrages qui sont fort estimés. Premier abbé de Clairvaux, saint Bernard fut l'un des grands prêcheurs de son temps. Il entraîna, par son éloquence, Louis le Jeune et l'empereur Conrad III à la deuxième croisade. Ses sermons attirèrent le peuple et les grands; il excitait l'enthousiasme par l'ardeur de sa foi et la vigueur de sa parole. Ce fut un grand saint, un grand orateur et un grand apôtre. On lui doit la fondation de plus de soixante-dix monastères. Quand on songe au bien-être que ces couvents répandaient dans les populations, aux lumières qui rayonnaient de ces saintes demeures sur les ténèbres de cette époque, on est en droit de considérer saint Bernard comme un grand civilisateur. Ces grands hommes de l'Église ont réellement fondé la grandeur française.

RICHARD COEUR DE LION

1157 à 1199 après J.-C.

Ce roi d'Angleterre fut le type du véritable paladin. Sa jeunesse fut aussi extravagante que le reste de sa vie; il y prit les armes contre son père. On ne peut pas dire de lui qu'il fut un grand roi, quoiqu'il ait fait des actions d'éclat. Sa vie aventureuse était plus propre à en faire un héros de théâtre, de roman, voire même de légende, qu'un prince habile et grand. Le côté poétique est ce qui domine dans cette grande figure. D'un caractère bouillant et entier, Richard fut en lutte avec ses parents et ses alliés, dès qu'un dissentiment s'élevait entre eux. C'est de cette façon que, parti pour la croisade avec Philippe Auguste et ayant eu une discussion avec ce prince, la querelle dégénéra en véritable hostilité. Richard se conduisit néanmoins, dans cette campagne, en véritable chevalier. D'une bravoure et d'une audace sans égales, il se couvrit de gloire dès les débuts de l'expédition. C'est lui qui prit Chypre et Saint-Jean-d'Acre. Resté seul, il battit, à Asor, cent mille musulmans. Son retour, en Europe, fut moins brillant ; assailli par une tempête, il essaya de traverser l'Autriche, pays ennemi pour lui. C'est ici que la légende commence pour Richard. Ce grand roi, reconnu sous un déguisement, est fait prisonnier par l'ordre du duc d'Autriche. Ce gentilhomme inhospitalier commettait ainsi une félonie que François Ier n'eut pas à se reprocher envers Charles-Quint, avec lequel il était pourtant en guerre ouverte. Richard fut enfermé, pendant un an, dans une forteresse de l'Autriche où Blondel, son fidèle serviteur, parvint à le découvrir en chantant, dit-on, une ballade. Richard sortit de prison en payant rançon à son geôlier, à ce gentilhomme allemand qui ne craignit pas de recevoir deux cent cinquante mille marcs pour son indigne action. Le beau rôle restait encore à Richard, et l'on comprend l'enthousiasme de la postérité pour ce prince. S'il fut querelleur, inconséquent, imprudent, léger, irréfléchi, il ne manqua jamais de cœur, de loyauté ni de courage. Pendant qu'il combattait pour la sainte cause, en Palestine, ses alliés l'abandonnèrent, et son frère, Jean sans Terre, s'emparait de ses États. Il ne profita pas, d'ailleurs, longtemps de cette usurpation ; Richard reprit sa couronne et châtia l'ingrat. Il lui restait un compte à régler avec Philippe-Auguste. Ce roi de France, qui n'était pas sans valeur et qui était un grand politique, s'était permis de railler Richard, qu'il détestait. Celui-ci répondit à une plaisanterie de mauvais goût : qu'il irait faire ses relevailles avec cent mille lances. En effet, il battit Philippe, à Fréteval. Richard, toujours en guerre, mourut près de Limoges, dans une expédition aussi aventureuse que toutes celles de sa vie. Tel fut Richard Cœur de Lion, ainsi nommé à cause de son grand courage. L'Angleterre n'a pas gagné grand'chose à son règne, mais elle peut être fière de ce roi. Son caractère chevaleresque en a fait un héros, non pour les politiques, qui estiment plus les résultats que le mérite, mais pour les artistes et les hommes de lettres, qui pensent que l'amour de la gloire, même sans profit, est encore la plus noble des passions humaines.

BLANCHE DE CASTILLE

Née en 1187, règne de 1226 à 1236, morte en 1252.

Cette princesse était fille d'Alphonse IX, roi de Castille ; elle épousa Louis VIII, roi de France, et eut l'honneur de donner le jour à saint Louis. Elle gouverna le royaume de France pendant la minorité de son fils, de 1226 à 1236. Sa grande beauté la rendit aussi célèbre que ses vertus ; elle gouverna l'État avec une grande sagesse dans des temps difficiles et, livrée à elle-même, elle sut se faire aimer et se faire respecter des puissants seigneurs qui habitaient la France et qui étaient presque les égaux du roi. Il faut dire que, à cette époque, on n'avait pas les mœurs de la démocratie qui ne respecte rien, mais celles de la chevalerie qui respectait tout. Au premier rang des seigneurs féodaux, se détachait la figure de Thibaut, comte de Champagne, qui avait subi le charme de la beauté de sa reine. Blanche sut employer son influence à contenir tous ces seigneurs, et elle ne compromit jamais sa personne, ni les intérêts de l'État. Thibaut fut, pour elle, un puissant auxiliaire, et son admiration se borna à remplir ses devoirs de sujet. Aussi cette reine est-elle restée une figure légendaire ; les historiens racontent des choses touchantes sur l'éducation qu'elle donnait à saint Louis. Elle lui disait qu'elle préférerait le voir mourir que de le voir commettre un seul péché mortel. Le fils fut digne de la mère. Ajoutons qu'il en fut l'éloge vivant. Avoir donné le jour à un tel prince, l'avoir élevé dans les principes si purs et si chrétiens où il a vécu, est un grand honneur pour une mère, et c'est la meilleure preuve de son mérite personnel. Une autre mère eut un pareil honneur ; c'est sainte Monique, qui éleva saint Augustin et obtint sa conversion par ses prières. Blanche de Castille mourut à Melun, en 1252. Elle était âgée de soixante-cinq ans. Il faut honorer sa mémoire, car ce fut une grande reine ; elle sauva la France de l'anarchie. Elle était de la noble race de Castille qui a donné, plus tard, Isabelle la Catholique. Ces grandes figures chrétiennes méritent notre admiration, car elles ont plus fait pour le bonheur de l'humanité que tous les rêveurs modernes qui remplacent les vertus par des phrases et des intrigues. La société humaine a été faite par Dieu, elle a été continuée par ses saints, et elle sera un jour détruite par des impies dont l'œuvre néfaste est déjà bien avancée. Au point de vue providentiel, on peut comparer les grandes figures, comme Blanche de Castille, à des envoyés de Dieu chargés d'une mission sainte. Parmi nous, les révolutionnaires, les athées sont les envoyés du diable ; leur mission est de tout détruire et d'inspirer la haine et la révolte. Quelques-uns furent grands par l'excès de leur puissance et par la force de leur mauvais génie. Cette galerie serait incomplète, si nous ne les y placions pas ; il faut nous en expliquer une fois pour toutes : leur grand rôle dans l'histoire sera notre excuse, comme il faut des ombres pour faire ressortir la lumière d'un tableau. Ainsi nous placerons, à côté des saint Louis, des Blanche de Castille, des Fénelon, des Pie IX, des Bossuet, ces figures sombres de monstres tels que Robespierre, Marat, Caligula, Néron, Attila, Tibère. Elles seront pour nous les grandes figures du mal. Blanche de

Castille a mérité, par sa maternité, par sa piété, par sa vertu, par sa conduite politique, d'être placée parmi les grandes figures du bien.

THIBAUT VI, COMTE DE CHAMPAGNE

1201 à 1253 ap. J.-C.

Ce Thibaut, comte de Champagne, ami et adversaire de Blanche de Castille, mère de saint Louis, n'était pas un homme ordinaire, ni le premier venu. Les historiens, souvent légers ou mal informés, l'ont représenté comme un seigneur fort épris de la beauté de Blanche. Ils ont donné, pour raison de cette intimité, un sentiment platonique comme on en voyait souvent, au temps de la chevalerie; le même sentiment que celui qui unissait le fidèle Gonzalve de Cordoue à sa reine, la grande Isabelle la Catholique. Il est possible qu'il y ait eu commerce d'amitié entre Thibaut et Blanche de Castille; mais ce que n'ont pas dit les historiens, c'est qu'ils étaient tous deux de même origine et de même rang. Thibaut avait pour mère une autre Blanche; celle-là était de Navarre; elle était sœur de Sanche VII. Ce Thibaut, qui fut poète, troubadour, chevalier, guerrier, comte de Champagne, comte de Blois, comte de Chartres, comte de Châteaudun et comte de Sancerre, devint, en 1234, roi de Navarre sous le nom de Thibaut Ier. On voit que ce n'était pas précisément un parvenu ; il pouvait aspirer à l'amitié, même à la main de Blanche de Castille, sa compatriote et, peut-être, sa parente. S'il prit les armes contre elle, au commencement de la minorité de saint Louis, c'est que, dans ces temps-là, les feudataires luttaient volontiers, pour leurs droits, contre le pouvoir royal. C'était l'ère de la vraie indépendance humaine ; l'échine ne se courbait pas facilement, chez les chevaliers, aux armures pesantes. Ils n'assassinaient pas les rois, comme nos cuisiniers démocrates, mais ils traitaient d'égal à égal avec eux. Thibaut était de la race des vrais seigneurs féodaux, et il n'est pas étonnant qu'il ait attiré l'attention de la reine Blanche et qu'il ait mérité son amitié. De rival et d'ennemi, il devint un sujet soumis et utile. C'est lui qui réduisit au silence ces seigneurs jaloux du pouvoir royal qui, combattant pour leur propre pouvoir, auraient fini par morceler la France. C'était, du reste, un fier et généreux paladin que ce Thibaut ; il entreprit, à lui seul, une croisade qui dura deux ans ; elle ne réussit pas, mais Dieu lui tint certainement compte de l'intention ; l'histoire a raconté ce haut fait d'armes et cet acte de foi. Ce faiseur de chansons était, à ses heures, un faiseur de horions ; sa lyre était douce, mais son bras était d'acier. Il mourut à Pampelune en 1253, et laissa deux fils qui lui succédèrent sur le trône de Navarre. Sa descendante, Jeanne Ire, apporta en dot, à Philippe le Bel, la Champagne et la Navarre. On voit que nos rois, en faisant leurs affaires, n'oubliaient pas celles du pays. Ces dernières passaient, du reste, avant les leurs. Ce sont les rois qui ont fait notre France, sous le regard et avec l'aide de Dieu. Espérons que cette belle œuvre ne sera pas détruite par des mains impies et parricides.

MONTMORENCY

1230 ap. J.-C.

Ce grand nom de héros signifie « légion » dans l'histoire de France. Tous les Montmorency sont braves, presque tous sont maréchaux de France et connétables. Leurs dignités furent grandes ; on voit par leurs services comment les honneurs se gagnaient, dans la vieille France. De 1100 à 1800, cette famille a donné à la France quatre connétables et quatre maréchaux, sans parler des autres dignités, grades et services militaires. On comprend qu'elle soit devenue la première dans les fastes de la noblesse. Nous parlerons d'abord de ce Mathieu de Montmorency, qu'on appela le « grand Connétable ». Ce fut le plus illustre de la race et peut-être celui qui sut le mieux porter ce grand nom. Il était fils de Mathieu de Montmorency, connétable de France, en 1130. Son grand-père eut l'honneur de gouverner la France pendant les croisades, et, par ses alliances princières, il éleva très haut la fortune de la maison de Montmorency. Le grand Connétable n'était pas homme à la laisser déchoir. A Bouvines, il décida la victoire de nos armées et enleva lui-même quatre drapeaux impériaux, que le roi ajouta, sous forme d'alérions, aux aigles de son blason. Il avait conquis une partie de la Normandie. Plus tard, il combattit les Albigeois du Midi et devint le soutien de la reine Blanche de Castille, pendant la minorité de saint Louis. Ce fut un grand caractère et son épée, invaincue, ne servit jamais que de nobles causes.

Un autre Montmorency, le duc Anne, né en 1492 et mort en 1567, porta dignement, sous François Ier, l'étendard de cette illustre maison ; il fut aussi connétable et mérita, par ses talents militaires, le surnom de « nouveau Fabius ». Moins heureux que le grand Connétable, il fut fait trois fois prisonnier : à Pavie d'abord, puis à Saint-Quentin, bataille qu'il perdit maladroitement; enfin, à la bataille de Dreux qu'il avait gagnée contre le prince de Condé. Malgré ces échecs, ce fut un grand homme de guerre dont les premières armes furent assez brillantes pour lui mériter, en 1522, la dignité de maréchal de France. Il rendit aussi quelques services politiques, en déjouant les plans de Charles-Quint, ce redoutable ennemi de François Ier. Néanmoins, les rivalités des courtisans portèrent atteinte à son crédit et le firent exiler. Henri II le rappela près de lui. Il rentra dans la retraite sous François II et revint en faveur sous Charles IX. Mais, malgré les avances de Catherine de Médicis, qui voulait s'appuyer sur son crédit, il s'unit aux Guises contre la couronne. Ces défections n'étaient pas rares dans ces temps troublés, et tel était alors le respect qu'on avait pour les grandes dignités de l'État, qu'on n'osait pas en priver même des révoltés. Le duc Anne de Montmorency racheta sa rébellion par une guerre heureuse contre les Anglais et par une mort glorieuse, à la bataille de Saint-Denis contre les religionnaires. Ce maréchal, dont la fortune fut si diverse, était un homme de valeur et un caractère fortement trempé.

Le troisième Montmorency, digne d'être cité à côté des deux précédents dans cette famille qui comptait tant de grands hommes, fut ce duc Henri que l'implacable Richelieu décapita, pour abaisser la noblesse française, en révolte contre la royauté. Ce Montmorency, né en 1595 et mort en 1632, avait été l'ami de Henri IV. Il fut amiral et maréchal de France. Il se fit remarquer dans les guerres de religion et dans la campagne d'Italie. Mais ayant pris parti pour Gaston, frère du roi, qui s'était révolté contre Louis XIII, il ne craignit pas de soulever les habitants de son gouvernement du Languedoc et de combattre les troupes royales à Castelnaudary. La fortune lui ayant été contraire, il fut pris, après une résistance des plus courageuses. Richelieu le fit passer en jugement à Toulouse, où il fut condamné à la peine capitale.

Triste fin, pour une aussi grande maison, car il fut le dernier de sa glorieuse lignée. Les autres Montmorency, dont l'un fut maréchal en 1814, et un autre ministre en 1822, appartenaient à une branche collatérale de cette maison, aussi illustre par ses infortunes que par ses gloires. La conduite de Henri de Montmorency, filleul de Henri IV, est inexcusable au point de vue du patriotisme, et Richelieu a sacrifié cette tête à la grande idée de l'unité française. Mais il ne faut pas oublier que Montmorency combattait aux côtés de Gaston, frère du roi; que ce roi était Louis XIII, c'est-à-dire un prince faible, hésitant, qui, peut-être, encourageait, sous main, les révoltés qu'il abandonnait à la rigueur des lois quand il les voyait vaincus par ses propres troupes. Montmorency pouvait croire qu'il prenait les armes non contre la France, mais contre Richelieu. Les temps étaient changés. Ce qui avait été possible au connétable de Bourbon ne l'était plus, sous Louis XIII, au maréchal de Montmorency. Il fallait un exemple, on le donna. C'était la royauté qui décapitait la noblesse, dans la personne d'un de ses chefs les plus puissants et les plus illustres. Ce fut, en effet, le dernier jour de la féodalité. Sa fin fut fière comme l'avait été son règne. D'ailleurs, son dernier représentant ne pouvait faiblir devant la mort, car c'était un Montmorency.

SAINT LOUIS

Né en 1215. — Roi de 1226 à 1270 ap. J.-C.

Ce fut un grand monarque; il régna sous le nom de Louis IX. L'Église, en le canonisant, montra qu'elle savait honorer la vertu partout où elle se rencontre. Ce prince était fils de la sainte et illustre Blanche de Castille. La première éducation, qu'il devait à sa mère, contribua beaucoup à en faire un héros et un saint. Politiquement parlant, saint Louis commit la faute d'entraîner son peuple dans une croisade inutile; mais il accomplissait un vœu, et sa grandeur consiste à n'avoir pas mesuré l'étendue de ses sacrifices et de ses efforts, quand il s'est agi de tenir la parole donnée à Dieu. Ce qui était une faute politique devint chez lui un acte de piété. La sublime folie de la croix, comme l'appelait saint Paul, n'est pas toujours en harmonie avec les intérêts humains; mais ce qu'on perd sur la terre, on le retrouve, au centuple, dans le ciel. Saint Louis faisait de la politique de bon père de famille. Ce n'est peut-être pas celle des conquérants; mais, à coup sûr, c'est celle des honnêtes gens. Jamais roi ne fut plus paternel; il rendait lui-même la justice à son peuple, et l'on montre encore l'arbre qui l'abritait. Fils respectueux de l'Église, il sut lutter contre les abus et les empiétements du clergé de son royaume, et le saint-siège, toujours infaillible, lui donna raison. L'influence de ce grand prince s'étendit sur toutes les parties de son royaume et jusque dans les plus petits détails de la vie de ses sujets. Saint Louis s'oubliant toujours lui-même pensait que le roi est fait pour la nation, et non pas la nation pour le roi. Cette maxime, revendiquée par les libéraux modernes, appartient à l'école véritablement libérale de l'ancienne monarchie. En un mot, saint Louis éleva, en France, à un grand niveau, la morale, les lois et la religion. Il fit plus de bien que ces grands conquérants que l'Église ne canonise pas, mais que l'humanité, moins difficile et plus crédule, a transformés en demi-dieux. Saint Louis fut, sur le trône, un grand exemple de piété filiale, d'abnégation et de patriotisme. Quand il visitait les pestiférés d'Afrique, ce n'était pas, chez lui, un acte politique, mais un acte de charité accompli avec toute la simplicité d'un héros chrétien. On ne reconnaît à saint Louis aucun vice ni aucune faiblesse; c'est le type le plus parfait d'un héros chrétien.

JOINVILLE

de 1224 à 1318 ap. J.-C.

Le sire de Joinville n'était pas de ces gentilshommes qui se vantaient de ne pas savoir signer leur nom; il tenait aussi bien la plume que l'épée. Compagnon d'armes de saint Louis, il mérita d'être l'ami de ce grand roi ; il le suivit dans sa croisade, il en supporta, comme lui, les malheurs. Avant de servir saint Louis, il avait été ministre du célèbre Thibaut, comte de Champagne, l'ami de Blanche de Castille et le défenseur du jeune roi. Joinville était donc bien placé pour connaître l'histoire d'une époque qu'il devait raconter dans ses intéressants mémoires. Ce fut l'œuvre qui le fit connaître ; l'historien était digne d'apprécier ceux dont il racontait la vie. C'est par lui qu'on apprend à admirer toute la valeur de saint Louis, qui fut le meilleur et le plus grand des rois de notre époque féodale. Joinville fut un brave soldat et un honnête écrivain ; son talent venait surtout de son cœur ; c'est encore la meilleure source des grandes choses.

SAINT THOMAS D'AQUIN

1227 à 1274 ap. J.-C.

Ce grand saint fut aussi un grand théologien. La *Somme* de saint Thomas est encore un des principaux livres de l'enseignement catholique. Saint Thomas était Italien, comme son nom l'indique ; il était de la famille des comtes d'Aquino, et naquit près de Naples, en 1227, à l'époque de notre grand roi saint Louis, dont il fut le commensal et l'ami. Sa réputation de grand théologien le faisait rechercher des savants de toute l'Europe. Il passa successivement d'Italie en Allemagne et d'Allemagne en France. On raconte que, à la table de saint Louis, il était si fort absorbé par la réfutation d'une hérésie, qu'il frappa avec violence, sans se rappeler la présence du roi. Saint Louis, bien loin de se blesser de cette distraction, voulut faire écrire immédiatement le sujet d'une méditation si profitable à la science. Saint Thomas d'Aquin était aussi religieux que savant; il commençait tous ses travaux par la prière, et c'est à Dieu qu'il demandait la solution des questions qui embarrassaient son esprit. On est étonné de ce grand nombre d'ouvrages produits par ce saint docteur, nommé le « Docteur angélique », car sa vie fut bien courte pour un pareil travail. Il ne mit que vingt ans à écrire tous ses livres, dont quelques-uns sont des chefs-d'œuvre. Dans cette période de temps si restreinte, il écrivit cinq volumes sur Aristote, des commentaires sur les sentences et les questions religieuses, ses deux *Sommes*, une explication de l'Écriture et près de seize ouvrages différents, le tout formant un ensemble de vingt-trois volumes. Saint Thomas était de l'ordre des Frères mineurs de saint Dominique. En cette qualité, il avait été envoyé à Naples, malgré les réclamations de l'Université de Paris, qui demandait avec instance qu'on ne la privât pas d'un pareil maître. C'est à Naples qu'il se trouvait au moment de l'ouverture du second concile général de Lyon. Le pape Grégoire X l'y appela. Saint Thomas tomba malade en route, à Fosseneuve, abbaye de Cîteaux, située en Campanie, près de Frosinone. C'est là qu'il mourut, en donnant les marques de la plus grande piété. Plusieurs miracles s'opérèrent sur son tombeau. Il fut canonisé par Jean XXIII, en 1313, et, plus tard, Pie V le mit, en 1567, au nombre des docteurs de l'Église. Son corps ne resta pas en Italie. Notre ville de Toulouse hérita des reliques de ce grand saint. On dirait que, même après sa mort, les peuples se sont disputé sa possession, comme, pendant sa vie, on se disputait sa parole et sa science. Au surplus, les hommes de la valeur de saint Thomas d'Aquin ont pour véritable patrie l'humanité tout entière.

LE DANTE

1265 à 1321 ap. J.-C.

L'auteur de la *Divine Comédie* fut le prince des poètes italiens. Son poème est l'un des chefs-d'œuvre les plus estimés de la littérature moderne. On le place à côté des œuvres d'Homère et de Virgile. Cette *Divine Comédie* se divise en trois parties, qui correspondent à l'*Enfer*, au *Purgatoire* et au *Paradis*. Cet ouvrage a été inspiré par le plus pur génie littéraire; mais on y trouve un mélange assez confus de pensées chrétiennes et païennes. Le Dante se fait accompagner, par Virgile, dans les enfers. Le grand poète latin lui nomme les habitants de ce sombre séjour. L'un des plus beaux vers de ce poème est l'incription qu'on lit à la porte de l'enfer :

> Vous qui entrez, laissez ici toute espérance !

L'enfer est divisé en plusieurs cercles. Cette imagination poétique a produit, chez les peintres, une impression qui s'est traduite par des tableaux remarquables qui prouvent, une fois de plus, la grandeur des idées du premier créateur. Le Dante a écrit dans un italien qu'il est difficile de comprendre aujourd'hui. Son *Paradis* est loin de valoir son *Enfer*, ce qui est une marque de faiblesse dans les conceptions de l'auteur, et, peut-être, un manque de foi. Milton a été mieux inspiré. La Béatrix du Dante n'a pas suffi, malgré les souvenirs d'une grande affection, à l'inspiration du poète. Il a mieux compris les misères humaines, dont il a fait un portrait aussi fidèle qu'effrayant. On voit même, dans ses descriptions, une satire politique où les contemporains du poète n'étaient pas épargnés. Il ne faut pas s'étonner de trouver, chez Dante Alighieri, les passions politiques. Il prit, en effet, parti pour les Guelfes contre les Gibelins, dans les guerres civiles de Florence.

Il fut même un vaillant capitaine; il remplit aussi des fonctions publiques et fut l'un des premiers magistrats de Florence. Mais la division, qui est de l'essence des républiques, ne tarda pas à se mettre dans le parti guelfe. Il y avait les blancs et les noirs, comme à Constantinople on eut les verts et les bleus. Dante se trouva parmi les vaincus et fut exilé. Paris eut l'honneur de lui servir d'asile; mais il retourna en Italie pour y mourir à Ravennes, pauvre et oublié, loin de sa ville natale et de ses enfants. Telle fut la fin de ce grand homme qui fait encore l'admiration de la postérité.

PÉTRARQUE

1304 à 1374 ap. J.-C.

Ce grand poète fut plus heureux que Dante, dont son père était l'ami. Il fut couvert de gloire et d'honneurs; il remplit des fonctions diplomatiques pour la papauté réfugiée à Avignon, pour les Romains qui rappelaient le pape Clément VI, pour les ducs de Mantoue et de Milan. Il fut même envoyé en France. Pétrarque fut le favori de tous les princes italiens; il leur préféra, néanmoins, l'indépendance d'une modeste retraite; c'est Venise qu'il choisit pour sa résidence définitive. Les républiques italiennes avaient des mœurs aristocratiques; elles diffèrent en cela des nôtres. Venise offrit un palais à cet exilé volontaire. Pétrarque eut, de son vivant, tous les honneurs possibles ; il reçut même, au Capitole, cette couronne de lauriers que le pape avait offert au Tasse et que la mort l'avait empêché de recevoir. Pétrarque, poétisé par l'image de la grande Laure, fut le plus honoré, sinon le plus illustre, des grands poètes italiens. Il ne fit pourtant rien d'égal à la *Divine Comédie*, ou à la *Jérusalem délivrée*. Ses œuvres consistent en sonnets, chansons, odes, versets, lettres, églogues et poésies latines. C'est peut-être la grâce et la légèreté de ses œuvres qui l'ont sauvé de l'envie dont Dante et le Tasse ont été victimes. Pétrarque fut l'ami des princes et du peuple ; il a su se faire aimer et admirer par tous. Il a été un trait d'union entre tous les partis ; on peut l'appeler un homme heureux. En le couronnant, l'Italie, jalouse de sa gloire littéraire, s'est couronnée elle-même. Elle a persécuté Dante et plus tard le Tasse ; elle a peut-être voulu se personnifier dans un génie moins grand, mais plus aimable.

DU GUESCLIN

1320 à 1380 ap. J.-C.

Bertrand du Guesclin naquit en Bretagne. Il se fit remarquer de bonne heure par son esprit batailleur. On dit même que, au château de son père, étant enfant, il renversa une table avec violence pour une observation injuste qu'on lui faisait. Dès son plus jeune âge, il s'exerça à des luttes avec les enfants du voisinage, et il revenait souvent au logis tout déchiré et tout meurtri. On raconte que, ayant appris qu'il y avait un tournoi à Rennes, il emprunta un cheval, des armes, se présenta dans l'arène incognito, et ne se fit connaître qu'après la victoire qui lui valut le pardon de son père. Après cette escapade, il commença à guerroyer en Bretagne, au service de Charles de Blois, contre Jean de Montfort. Enfin, un horizon plus vaste s'ouvrit à son génie, et il gagna la bataille de Cocherel, contre le roi de Navarre, au profit de Charles V. Il fut moins heureux en Bretagne, à Auray, où Chandos le fit prisonnier. Ayant payé une riche rançon, il délivra la France des Grandes Compagnies, en les menant en Espagne guerroyer pour Henri de Transtamare, contre Pierre le Cruel, roi de Castille. Il trouva là son rival Chandos et le Prince Noir d'Angleterre. Il faut croire que Chandos était plus habile que lui, car il perdit la bataille de Navarette où il fut encore fait prisonnier. Du Guesclin n'était pas d'avis de livrer ce combat; les chefs espagnols lui demandèrent brutalement s'il avait peur. C'était condamner le héros breton à courir à la mort. Il répondit : « Vous verrez si j'ai peur, mais nous serons tous déconfits. » Les Anglais, qui l'estimaient et le connaissaient, le laissèrent aller à Nantes chercher la rançon que lui préparaient les dames bretonnes. La loyauté de du Guesclin égalait celle de ses ennemis. Il rapporta la rançon et, vainqueur à Montiel, il rendit la couronne à Henri de Transtamare. Ce n'était pas la première fois que du Guesclin et le Prince Noir faisaient assaut de générosité chevaleresque. Enfermé dans Rennes, que les Anglais assiégeaient, du Guesclin osa se présenter seul à leur camp pour lutter en combat singulier avec un jeune gentilhomme anglais nommé de Cantorbie qui avait, au mépris d'une trêve, fait prisonnier le jeune frère de du Guesclin et provoqué ce dernier, la veille, assez grossièrement, dans une visite qu'il faisait au Prince Noir pour réclamer son frère. Il faut connaître les mœurs chevaleresques de cette époque pour comprendre et admirer leur simplicité. Un chef qui, de nos jours, irait au camp ennemi, passerait pour un traître. La visite de du Guesclin n'était qu'un acte de courtoisie envers le Prince Noir qui avait désiré voir un aussi grand capitaine. Le lendemain, le combat singulier eut lieu. Cantorbie mordit la poussière, et du Guesclin put s'en retourner, sans être inquiété, dans la bonne ville de Rennes assiégée par ses ennemis. Charles V le récompensa de ses services en le nommant connétable, en 1370. Du Guesclin ne fut pas ingrat. Il chassa les Anglais de la Normandie, de la Guyenne et du Poitou ; il leva de nombreux hommes d'armes en Bretagne et en Normandie ; les plus grands noms figuraient dans son armée et s'abritaient sous son aigle à deux têtes ; il avait pour écuyer Thomas Guilloteau qui portait sa bannière. Sa dernière campagne fut le siège de Châteauneuf-de-Randon. Les Anglais, ces éternels ennemis, promirent, néanmoins, de se rendre à du Guesclin si, dans l'intervalle de quinze jours, la ville n'était pas délivrée. Du Guesclin ayant expiré pendant cette trève, le gouverneur, après le délai convenu, vint apporter les clés de la ville sur son tombeau. C'est le plus bel hommage qu'on puisse rendre à un ennemi, et du Guesclin en était digne, car il n'avait jamais manqué aux lois de l'honneur et de la chevalerie. C'était un grand capitaine qui ne fut trahi par la fortune que parce que le courage de ses soldats n'a pas toujours été à la hauteur du sien. Il combattit un peu à la façon des héros d'Homère. Ce n'était pas encore Turenne, Condé, les grands généraux qui ont eu de grandes armées, mais, au point de vue héroïque, ces grands hommes de guerre doivent s'effacer devant les Bayard et les du Guesclin.

GASTON DE FOIX
1331 à 1391 ap. J.-C.

Ce Béarnais, dont le souvenir remplit encore le château de Pau, fut un prince chevaleresque et un intrépide guerrier. Il fut, tour à tour, l'ennemi des Anglais et des Turcs ; il combattit également en

France pour défendre ses droits sur le Béarn. Ce fut encore un grand chasseur ; il écrivit même un ouvrage sur cette matière, joignant ainsi le précepte à l'exemple. C'était une nature exagérée, bruyante, remuante et originale ; il était aussi beau que brave. Sa grande jeunesse ajoutait un charme nouveau à ses brillantes qualités ; il n'en fallait pas davantage pour en faire un héros aux yeux des populations ardentes du Midi. Mêlé aux guerres de religion qui désolaient alors la France, il fut l'adversaire heureux du comte d'Armagnac. Gaston Phœbus est resté, dans le Béarn, une figure légendaire ; on montre encore, au château de Pau, la tour de Phœbus ; les chansons béarnaises sont pleines de ses exploits, et l'histoire nous a conservé le souvenir de ses faits d'armes.

Un autre Gaston de Foix, né en 1489, se distingua comme chef de nos armées en Italie, et gagna, contre les Espagnols, la bataille de Ravenne. On voit que ce nom a été illustré par plus d'un grand homme. Phœbus fut le premier, en date, mais *le foudre d'Italie* a fait oublier le héros béarnais.

FROISSART

1333 à 1410 ap. J.-C.

Cet historien naquit à Valenciennes. Il se destina d'abord à l'état ecclésiastique, mais en préférant les avantages aux devoirs, il passa ses jours dans les châteaux et à la cour des princes qu'il charmait par ses récits et par ses poésies. Il fut bien accueilli, en Angleterre, par Philippine de Hainaut; le Prince Noir et Gaston Phœbus furent aussi ses protecteurs. C'est dans le cours de ses voyages qu'il composa ses *Chroniques*, fort estimées à cause de leur originalité; elles n'ont qu'un mérite, c'est de faire connaître, dans leur vérité, les mœurs du temps dans les différentes cours d'Angleterre, de Flandre, d'Écosse et de France. Ces *Chroniques* sont bien loin d'être une œuvre littéraire remarquable; l'auteur n'y montre aucune pensée philosophique; il raconte ce qu'il a vu, sans commentaires; il n'a donc pas le mérite des chroniqueurs tels que Joinville et Commines. Dans l'œuvre de Froissart, il ne faut chercher que la relation fidèle, mais brutale, des faits et des gestes dont il fut le témoin; mais son récit profite de la singularité de l'époque où il a vécu; c'est pourquoi les *Mémoires* de Froissart nous sont restés. On y voit des choses étranges, comme le temps où ils furent composés. Dans un repas pantagruélique, donné dans le Midi, probablement à Toulouse ou à la cour de ce Gaston Phœbus, le protecteur de Froissart, les convives étaient servis par des hommes à cheval, et le surtout de la table, au lieu d'être en argent ou en or, était formé de statues vivantes, représentées par les plus belles filles du pays. On conçoit, par de semblables détails, la curiosité, sinon l'admiration, du lecteur. Froissart est un historien réaliste qui a surtout le mérite de l'ancienneté.

TAMERLAN

1336 à 1405 ap. J.-C.

Ce conquérant asiatique fut un fléau de Dieu, comme Attila et Gengis-khan, dont il descendait. Sa renommée est arrivée jusqu'à nous au bruit de ses victoires contre les Ottomans, maîtres eux-mêmes d'une grande partie de l'Europe. Un prince de l'Occident, qui aurait livré le même nombre de batailles, eût été considéré comme un grand roi par la postérité; mais Tamerlan ne commanda qu'à des barbares et passa pour barbare lui-même, bien qu'il fût fort avancé dans les sciences et dans les lettres. Il porta ses armes jusqu'en Chine, traversa, comme un torrent dévastateur, la Syrie, l'Inde, le Khokand, l'Asie Mineure, le pays des Kirghiz la Caucasie et la Tartarie, son pays natal. Il leva des armées de plus de deux cent mille hommes; il chassa les Ottomans de l'Inde, les vainquit près de Delhi; il conquit encore le sud de la Russie. On lui a reproché ses grandes cruautés et la destruction de plusieurs villes; c'est par là qu'il se montra conquérant barbare. Peut-être eut-il à subir les dures nécessités de la guerre? L'histoire, sans nous donner de grands détails sur ce prince, nous le montre fondant des écoles et réformant les lois et l'administration dans ses vastes États. Tel fut Tamerlan, connu aussi sous le nom de Timour-Leng, qui, pour nous, est resté un barbare et que les Orientaux ont, avec raison, placé au rang de leurs héros.

CHRISTINE DE PISAN

1363 à 1431 ap. J.-C.

Ce fut un bas bleu du temps de Charles VI. Elle fit, pour ce malheureux prince, un ouvrage nommé : le *Chemin du grand Étude*. Elle composa d'autres livres, entre autres le *Thrésor de la cité des dames*, et de nombreuses poésies légères, selon la coutume du temps, ce qui la mit fort à la mode et lui fit une certaine réputation. Elle avait habité la France dès son enfance et y avait été amenée par son père, Thomas de Pisan, astrologue favori du roi Charles V, et originaire de Bologne, en Italie. Cette famille paraît, du reste, à en croire le nom qu'elle porte, avoir habité primitivement la ville de Pise.

A la mort de Charles V, la fortune des Pisan changea, et, quoique la fille eût épousé une personne de qualité, elle se trouva dans ce silence qui succède au bruit des fêtes et dans cet isolement qui commence où finit la faveur des cours. Grâce à ses travaux littéraires, qui n'avaient cependant pas une grande valeur, Christine de Pisan conserva sa position auprès des grands. C'est de là qu'est venue sa réputation bien plus encore que de son mérite. Le genre de ses écrits est très léger, ce qui explique leurs succès dans une cour efféminée comme celle de Charles VI. Ses virelais, ses rondeaux, composés en patois sonore du Midi, devaient plaire aux courtisans, surtout lorsqu'ils tombaient des lèvres d'une femme aimable et rendue intéressante par ses malheurs. Ses œuvres ont été traduites, plus tard, en français, et on peut les lire dans une collection consacrée aux femmes auteurs de l'ancien temps. En général, toutes les poésies légères de cette époque ne sont que des jeux d'esprit, sans aucune portée morale, et de véritables enfantillages qui étonnent d'abord le lecteur et finissent bientôt par le lasser.

TALBOT

1373 à 1453 ap. J.-C.

Ce guerrier anglais, d'origine normande, fut appelé l'Achille britannique. Il méritait plutôt le surnom de du Guesclin anglais. C'était, en effet, un capitaine d'une grande bravoure, dans le genre de celle du héros français; comme lui, il fut quelquefois malheureux à la guerre, sans avoir jamais cessé d'y être intrépide. Les rois d'Angleterre, Henri V et Henri VI, le comblèrent d'honneur ; il fut nommé maréchal de France, titre qui s'explique par l'occupation de notre pays, alors presque tout entier au pouvoir des Anglais, gouverneur d'Irlande, sénéchal d'Angleterre, comte de Schrewsbury, de Waterford et baron de Dangarvan. Il se signala, en France, à Caen et à Rouen ; il s'empara d'Alençon, de Pontoise, et ayant échoué devant Orléans, il prit sa revanche à Laval, et fut enfin vaincu et prisonnier à Patay, nom plusieurs fois glorieux pour la France. A sa seconde campagne, il reprit Pontoise et échoua devant Dieppe. On l'envoya, ensuite, commander en Guyenne, où il rétablit, par ses armes, la fortune de l'Angleterre. Vainqueur à Bordeaux, il trouva la mort, non loin de cette ville, à la bataille de Castillon, en 1453. Les Anglais, en le perdant, perdirent la Guyenne et à peu près tout ce qu'ils possédaient en France. Telle fut la vie de ce brave guerrier qui avait un courage à toute épreuve et qui était digne d'être un des héros d'Homère. Il eut l'honneur de combattre Jeanne Darc, et Xaintrailles le fit prisonnier. Il fut traité avec une grande courtoisie qui était dans les mœurs des gens de guerre de l'époque. Il eut, à son tour, l'occasion de reconnaître ce procédé à l'égard de Xaintrailles qui devint, lui aussi, son prisonnier par le sort changeant des armes. Des hommes comme Talbot honorent leur pays qui s'honore également en les couronnant de lauriers.

BAJAZET

1389 à 1402 ap. J.-C.

Ce sultan inspira les poètes qui chantèrent ses succès. Ce fut un grand conquérant; la victoire le porta jusqu'aux murs de Constantinople. Il s'empara des provinces danubiennes, d'une partie de la Grèce et de la Macédoine; il conquit aussi presque toute l'Asie Mineure. Enhardi par le succès de ses armes, il porta la guerre en Europe et triompha, sur les bords du Danube, d'une coalition chrétienne. Mais ce foudre de guerre, comme on l'avait surnommé, trouva son maître dans le redoutable Tamerlan, qui le vainquit, à son tour, s'empara de ses États et de sa personne. Ce magnifique et glorieux sultan devint l'esclave du cruel Tamerlan. On dit que cet Asiatique le soumit aux plus grandes tortures et qu'il se fit un jouet de ce malheureux prince. Bajazet périt misérablement pendant sa captivité. Par un étrange retour de fortune, cette tête couronnée de lauriers fut courbée sous la main de fer du destin. La postérité s'est intéressée à ses malheurs, c'est par là qu'il est devenu célèbre.

JEAN LE BON

1319 à 1364 ap. J.-C.

Ce prince, de la famille des Valois, eut un règne malheureux. Il était digne d'un meilleur sort. On peut dire qu'il fut le Régulus français. Prisonnier à la bataille de Poitiers gagnée par le terrible Prince Noir qui fut l'ennemi de du Guesclin, il préféra retourner à la Tour de Londres que de manquer à la foi jurée. Son fils, le duc d'Anjou, resté comme otage en Angleterre, s'était évadé. Jean le Bon se crut obligé de remplir l'engagement auquel avait manqué son fils. A ceux qui lui représentaient les dangers de sa résolution, il répondait ces belles paroles : « Si la bonne foi était bannie de la terre, elle devrait trouver asile dans le cœur des rois. » Ce prince méritait bien son surnom de « bon ». Le commencement de son règne fut marqué par de grandes révoltes. Il était entouré d'ennemis à l'extérieur et à l'intérieur. Charles le Mauvais, roi de Navarre, qui méritait, lui aussi, son surnom, convoitait la couronne de France. Paris était soulevé par Étienne Marcel, prévôt des marchands. C'était l'une des nombreuses *Communes* qui sont dans les habitudes parisiennes. La province était désolée par la Jacquerie; c'était une situation désastreuse. Jean le Bon lui préféra l'exil, la prison et la mort. Charles V releva, plus tard, la fortune de la France; mais l'histoire a conservé le meilleur souvenir de Jean, prince malheureux et chevaleresque. On n'était pas encore à l'époque où la France abandonnait ses rois vaincus. Un grand peuple s'honore par la fidélité dans le malheur. Les Romains envoyaient une députation à leur consul vaincu pour le féliciter de n'avoir pas désespéré du salut de la République; si nous voulons être dignes de l'empire du monde, il faut les imiter. Une défaite n'est rien, c'est la défaillance qui est tout: le vaincu d'aujourd'hui est le vainqueur de demain. Il faut admirer ces chevaliers français marchant, à la bataille de Poitiers, l'épée à la main contre les canons anglais qu'ils voyaient pour la première fois. La fortune leur fut contraire, comme à Jean le Bon; mais l'honneur leur est resté, comme à lui. C'est une semence féconde qui enfante des héros.

JACQUES COEUR

1400 à 1456 ap. J.-C.

Ce célèbre négociant naquit en 1400, à Bourges. Il était fils d'un orfèvre. En peu d'années, il acquit, par son négoce, une fortune qui fut considérée comme la plus grande de l'époque; il avait au moins deux cent millions de francs. La mer était couverte de ses vaisseaux ; il fut l'argentier de Charles VII. Ce grand homme réussit également dans la politique et dans la guerre ; il se tira honorablement des missions dont le roi le chargea à l'extérieur. Plus tard, ayant encouru la disgrâce de ce prince, il trouva, à Rome, un asile et une protection : le pape Calixte III lui confia la flotte qu'il envoyait contre les Turcs. Jacques Cœur aida souvent de sa bourse l'ingrat Charles VII, et il faut dire, à la louange de la papauté, qu'elle sut réparer les injustices du roi de France. On montre encore, à Bourges, l'hôtel de Jacques Cœur et on y respecte toujours la mémoire de ce grand citoyen. On voit, par son exemple, que les hommes de génie, quelle que fût leur naissance, faisaient aussi bien leur chemin sous la monarchie que dans nos temps démocratiques. C'est qu'alors on honorait véritablement le devoir et la vertu. De nos jours, on fait quelquefois la part trop grande à l'intrigue et au vice.

JEANNE DARC

1409 à 1431 ap. J.-C.

Il y avait, à Domrémy, une bergère du nom de Jeanne Darc, pieuse comme sainte Geneviève qui devait, elle aussi, arrêter les ennemis de la France. Jeanne entendait des voix qui lui parlaient de sa mission ; cette inspiration surnaturelle ne fut pas de courte durée, elle se répéta pendant cinq ans. Jeanne, après plusieurs tentatives infructueuses, ne se rebuta pas et triompha de l'opposition de ses parents; elle parvint jusqu'au roi de France, l'oublieux Charles VII, qui perdait gaiement son royaume. En sa cour de Chinon, le roi de Bourges fut reconnu par Jeanne, bien qu'il se fût mêlé à la foule de ses courtisans. Jeanne lui annonça qu'elle était chargée par Dieu de le rétablir roi de France et de le faire couronner à Reims. Une petite armée de douze mille hommes suivit Jeanne Darc jusque sous les murs d'Orléans. Parmi les chefs qui l'accompagnaient, il y avait des braves comme Dunois et Xaintrailles. Jeanne Darc fit lever le siège d'Orléans par les Anglais qui fuirent devant sa bannière blanche. Les Orléanais n'ont pas oublié cette délivrance, et, encore aujourd'hui, ils la célèbrent dans une fête annuelle en l'honneur de cette héroïne toute française qui, pour eux, est restée une bienfaitrice et une sainte. Le pieux évêque d'Orléans, Mgr Dupanloup, a fait de généreux efforts pour obtenir la canonisation de Jeanne Darc; mais on sait avec quelle prudence l'Église catholique décerne la couronne de sainteté. Il n'est pas douteux que Jeanne Darc ne fut une martyre de la cause française, une sainte fille et une héroïne inspirée par Dieu. Si l'Église ne lui a pas donné la couronne de sainteté, c'est une preuve de plus du mérite des bienheureux qui l'ont obtenue. Jeanne Darc tint sa promesse, qui était celle de Dieu ; elle conduisit, à travers mille dangers, et l'on pourrait dire mille triomphes, Charles VII jusqu'à la basilique de Reims. Il y fut sacré roi. Jeanne assista à la cérémonie, sa bannière blanche à la main, et, sentant sa mission finie, elle voulut se retirer ; le roi s'y opposa. Incrédule jusque-là, il devint exigeant après les services rendus. Jeanne se sacrifia ; elle alla à Paris et, quoique blessée sur le rempart à l'endroit où l'on voit sa statue, rue des Pyramides, elle assura encore une fois le succès de nos armes. Enfin, ses tristes pressentiments devaient se justifier ; un tel héroïsme, plus chrétien qu'humain, devait être couronné, non par les honneurs qui sont la gloire humaine, mais par le martyre qui est la gloire divine. Jeanne Darc fut abandonnée par les siens au siège de Compiègne, et, dans une sortie, trahie par le gouverneur de la ville, elle tomba aux mains des Anglais. Ces derniers, résolus de la faire périr, cherchèrent d'abord à la déshonorer. Ils trouvèrent un complice dans Cauchon, évêque français. Jeanne se vit accusée à la fois par ses ennemis et par ses compatriotes. On lui reprochait la sorcellerie. Les victoires étaient assurées ; on pouvait être ingrat, et il y avait quelque honte à avouer qu'on devait à une femme le royaume de France. L'abandon de Charles VII fut bien digne des commencements de ce prince. Jeanne Darc fut oubliée, et son cynique procès se poursuivit au milieu des plus affreuses tortures morales et physiques. On alla jusqu'à lui faire signer de force l'aveu de ses crimes imaginaires. Sa fin héroïque fut le démenti de cette fausse déclaration; elle mourut à Rouen, en 1431, brûlée vive sur un bûcher. Sa mort fut héroïque comme sa vie; elle pardonna à ses ennemis, pleura sur leurs fautes et, comme Jésus qu'elle invoquait, elle rendit l'âme en jetant un grand cri, dernière expression de cette âme virile dans un corps de femme. L'Église a, plus tard, réhabilité Jeanne Darc de cette inique condamnation, et l'autorité française a été l'exécutrice de son testament et de ses prédictions. Jeanne Darc est la plus belle et la plus poétique figure de notre histoire militaire; le peuple, qui se trompe souvent, mais dont le cœur se souvient, lui a fait une légende impérissable qui est le plus bel hommage rendu à sa mémoire. Le dernier mot de la mission divine de Jeanne Darc n'est peut-être pas dit: c'est à l'Église qu'il appartient de le prononcer. A-t-elle fait les miracles des saints ou les prodiges des héros? Peu importe pour l'histoire, car toutes les belles actions viennent de Dieu. Quand bien même les voix qu'entendait Jeanne n'auraient été que les élans de son patriotisme, quand bien même sa mission ne fût venue que d'une imagination exaltée par les malheurs de la France, elle serait encore l'œuvre de Dieu qui aurait permis ce qu'il eût pu ordonner. La vie de Jeanne fut pure et désintéressée; elle mérite donc le respect. Il était juste que ce beau pays de France, perdu par les femmes de la cour, fut sauvé par une paysanne. Dieu nous a appris, par les deux Testaments, qu'il aimait à faire des merveilles avec les plus faibles instruments. Que Jeanne Darc ait eu une mission ou qu'elle se la fût donnée elle-même, qu'importe, si le résultat est le même. C'est une subtilité puérile que de vouloir renier l'œuvre de Dieu, parce qu'une femme s'est chargée de l'accomplir. La mission de Jeanne Darc ne fut pas une œuvre religieuse, mais une œuvre patriotique. Le miracle est le même, car, enfin, la France a été délivrée. Dans ces temps de foi, on ne séparait pas la patrie de la religion, ce qui permettait de croire à la sainteté de Jeanne Darc. Nous sommes plus sceptiques, pour notre malheur, mais, malgré notre incrédulité, si nous ne voulons pas voir dans Jeanne Darc une sainte inspirée de Dieu, il nous faudra, bon gré mal gré, y voir une héroïne faisant des prodiges par la seule force de sa foi.

LOUIS XI

1461 à 1483, né en 1423

Ce prince fut un mauvais fils et un grand roi. Il réalisa les maximes de Machiavel qui dit que les vertus privées des princes ne font pas toujours le bonheur des peuples et qu'il vaut mieux avoir un roi vicieux qui gouverne bien, qu'un roi vertueux qui gouverne mal. Louis XI avait, au suprême degré, l'esprit politique ; il connaissait et pratiquait toutes les intrigues. Après s'être révolté contre son père Charles VII, et réfugié à la cour du duc de Bourgogne, il ne tarda pas à devenir ingrat envers ce prince lorsqu'il fut roi lui-même. Sa ruse naturelle le fit triompher de la « Ligue du Bien public », dirigée contre lui ; il désintéressa son frère, en lui donnant la Normandie, le duc de Bourgogne, en lui cédant quelques villes de la Picardie, et le comte de Saint-Pol en le nommant connétable ; mais il ne tarda pas à reprendre à chacun ce qu'il avait donné. Ainsi le comte de Saint-Pol périt sur l'échafaud, avec le comte d'Armagnac. Il n'eut pas si facilement raison du duc de Bourgogne qui, jouant au plus fin, le surprit lui-même et le retint prisonnier dans Péronne. Louis XI s'en tira avec son habileté ordinaire et se vengea, à la mort du duc, en s'emparant de ses États. Il réunit à la couronne de France la Picardie, l'Artois, la Bourgogne et, plus tard, la Provence, le Maine et l'Anjou. Peu de rois ont autant agrandi notre pays. Ce que l'on peut reprocher à Louis XI, ce sont ses mauvais sentiments, ses cruautés, sa superstition et sa préférence pour les intrigants de bas étage qui servaient ses desseins. Il avait fait des personnages importants d'Olivier Le Dain, son barbier, de Tristan, son bourreau, et de Coythier, son médecin, pendant qu'il enfermait, pendant onze ans, dans une cage de fer, son ministre, le cardinal La Balue. Louis XI mourut au château de Plessis-lez-Tours, aussi isolé qu'il avait vécu. Il favorisa la bourgeoisie, abaissa la noblesse et commença cette lutte de la royauté contre la féodalité que Richelieu devait achever au profit de la monarchie. Louis XI était assiégé de terreurs folles, comme tous les gens sanguinaires ; il était resté conspirateur sur le trône, et sa fin fut digne de son commencement. Au point de vue moral, ce fut un personnage peu recommandable ; au point de vue religieux, ce fut un homme sans foi, qui crut, par des pratiques superstitieuses, pouvoir tromper Dieu, comme il avait trompé les hommes ; au point de vue politique, ce fut un prince habile qui déjoua toutes les entreprises de ses ennemis et qui, d'abord le plus faible, devint, plus tard, le plus fort par l'astuce, le mensonge, la ruse et la duplicité. Nous en avons profité, mais si les desseins de Dieu n'étaient pas impénétrables, on regretterait de voir de tels résultats avoir une telle origine.

CHARLES LE TÉMÉRAIRE

1433 à 1477 ap. J.-C.

Ce duc de Bourgogne, fils de Philippe le Bon, fut le grand ennemi de Louis XI, après avoir été son hôte. Charles apprit, à la cour de son père, à connaître et à détester Louis XI, qui s'y était réfugié pour fuir le courroux paternel. Aussi, n'est-on pas surpris de voir Charles s'allier aux ducs de Guyenne et de Bretagne contre Louis XI devenu roi. Charles le Téméraire avait un courage exagéré qui lui a valu son nom; mais son adversaire était un rusé compère; il savait habilement préparer des pièges contre son ennemi. Charles l'apprit à ses dépens au siège de Beauvais, où l'on vit apparaître l'héroïque figure de Jeanne Hachette. Cependant, Louis XI dut abandonner le champ de bataille de Montlhéry à son intrépide adversaire. Les armes de Charles le Téméraire subirent un nouvel échec à Granson et à Morat. On appela ces rencontres des combats de géants, ce qui prouve la résistance et la témérité du vaincu. Ce duc célèbre trouva, ce qu'il cherchait depuis longtemps, une mort glorieuse sous les murs de Nancy. Ce fut la fin de tant de témérité. Louis XI, débarrassé d'un ennemi dangereux et incommode, put à son aise régler les destinées du royaume et manquer aux engagements d'un passé difficile. Charles le Téméraire avait produit, par son audace et ses victoires, une telle impression sur la population lorraine, que, bien des années après sa mort, arrivée en 1477, sous les murs de Nancy, les bourgeois de cette ville faisaient encore des transactions ayant pour date le retour de Charles le Téméraire. Le peuple, qui honore toujours le courage, lors même qu'il en souffre, ne voulut pas croire à la mort de ce héros.

XIMÉNÈS

1436 à 1517 ap. J.-C.

François de Cisneros Ximénès naquit en Castille l'année 1436. Il fut membre de l'Université de Salamanque, avocat à Rome et archevêque de Tolède, en Espagne ; confesseur de la reine Isabelle la Catholique, il devint son ministre. Ferdinand continua à s'appuyer de son expérience. Homme d'une grande sagesse, d'un grand sens, d'un caractère intègre, il fut un grand ministre et gouverna l'Espagne avec autant de prudence que d'autorité; il aplanit les différends de cette nation avec la maison d'Autriche, et c'est lui qui fit donner à Charles-Quint la couronne d'Espagne. Ce prince lui devait trop pour ne pas se montrer ingrat, mais Ximénès était à la fin de sa carrière; il mourut à temps pour ne pas être disgracié. Ce prélat rendit à l'Espagne les plus grands services; son patriotisme lui fit entreprendre une expédition en Afrique et conquérir Oran; il fut aussi le protecteur des arts et des belles-lettres. On lui doit cette magnifique Université d'Alcala qui comptait cinq facultés et où venaient étudier les jeunes gens des nations les plus éloignées. On ne connaissait pas alors l'enseignement laïque, et la liberté florissante sous l'égide de l'Église, enfantait des collèges et des universités qui valaient bien les nôtres. Ximénès publia lui-même quelques ouvrages. Cardinal et premier ministre, rien n'a manqué à sa gloire, et l'Espagne le compte au nombre de ses grands hommes.

CHRISTOPHE COLOMB

de 1436 à 1506 ap. J.-C.

Ce grand homme, avec la persévérance du génie véritable, triompha des éléments, des préjugés, de l'envie et de la sottise humaine. Animé d'une foi religieuse et scientifique qui le soutenait, il découvrit le nouveau monde, dont ses calculs lui avaient révélé l'existence. Comme tous les inventeurs, il fut repoussé de partout, même de sa patrie. A Gênes, il crut pouvoir compter sur le concours de sa ville natale, alors puissante république italienne; mais, en général, les républiques n'encouragent guère les hommes de talent qui ne font pas un grand étalage de leurs mérites. Il ne fut pas plus heureux à la cour de Portugal. Enfin, à la cour d'Espagne, il trouva une reine digne de le comprendre; c'était la fameuse Isabelle la Catholique, femme de Ferdinand V. Cette grande princesse, une fois les premières difficultés vaincues, lui confia trois vaisseaux qui abordèrent, après soixante-cinq jours de traversée, à l'île de San-Salvador. Colomb éprouva les plus cruelles angoisses à cause de la lenteur du voyage et de la révolte de l'équipage. On dit même qu'il fut mis aux fers par ceux qu'il commandait et qui l'accusaient d'imposture. Un matelot finit par crier : « Terre, terre! » Ce fut la délivrance de Christophe Colomb. Cet homme de génie dut trouver, dans la joie de sa découverte, une récompense digne de sa constance; il n'y a que le génie pour croire encore, quand tout le monde doute. Les rois d'Espagne qui, eux, ne doutaient guère de leur puissance et qui croyaient volontiers que le monde leur appartenait, n'hésitèrent pas à nommer Colomb vice-roi des Nouvelles-Indes. Cette découverte eut lieu en 1492. Colomb fit plusieurs autres voyages dans lesquels ils découvrit les Antilles, Saint-Domingue et le nord de l'Amérique du Sud. Un aventurier lui vola l'honneur de sa découverte : ce fut Améric Vespuce, qui donna son nom au nouveau continent. Colomb n'a laissé le sien qu'à un petit État que l'on appelle encore aujourd'hui la Colombie. Ses dernières années furent abreuvées d'épreuves ; on le dépouilla de son commandement et on le priva de sa liberté. Le roi Ferdinand lui-même se montra ingrat pour ce grand homme qui lui écrivit une lettre admirable de simplicité et de sentiment. En 1506, Colomb mourut pauvre, infirme et découragé. Le nouveau monde lui a rendu un tardif hommage, et l'on voit en Amérique des statues érigées à l'honneur et à la mémoire de Cristobal Colon. C'est attendre longtemps une réparation méritée, mais Colomb avait la foi, et il fut plus fort que ses ennemis. Cet homme remarquable fut non seulement un grand navigateur, il fut aussi un mathématicien, et sa science servit au progrès de l'art maritime. De nos jours il eût fait fortune et eût été l'idole de ses contemporains. Son époque profita de ses découvertes, et on ne vit, en lui, qu'un pauvre inventeur dont on se moqua d'abord et qu'on finit ensuite par exploiter. Mais il restera à Colomb un titre de gloire que nul ne peut lui enlever et dont Dieu l'honora : il fut l'instrument dont la Providence s'est servie pour rapprocher les deux mondes.

COMMINES

1445 à 1509 ap. J.-C.

Joinville avait été l'historien et l'ami de Louis IX, Commines joua le même rôle auprès de Louis XI. Ce roi ne valait certes pas Louis IX, de même Commines ne valut pas Joinville. Cependant, comme historien, il a laissé d'intéressants *Mémoires* sur Louis XI et sur Charles VIII. Confident et ami de Louis XI, il n'eut pas le courage de blâmer les cruautés de ce roi jaloux et méchant. Charles VIII dédommagea Commines de la dure servitude de Louis XI; au moins il servait un héros après avoir servi un tyran; mais Commines tenait surtout à la fortune qu'il n'avait pas eue sous

Charles le Téméraire, son premier maître, et que Louis XI eut l'habileté de lui donner avec profusion pour se l'attacher. Louis XI se connaissait en hommes; mais il préférait le talent au caractère. C'est ce qui fit la fortune de Commines.

TRIVULCE

1447 à 1531 ap. J.-C.

Ce guerrier célèbre, quoique né à Milan, servit plus la France que son pays. On pourrait le compter au nombre des grands généraux français. Il fit la guerre contre Venise, et prit part à la bataille de Marignan. Il eut l'honneur de servir la France sous Sforza, qui combattait pour Louis XI. Il fut un instant l'adversaire de Charles VIII. Enfin, Louis XII, dont il fut l'allié, le nomma gouverneur du Milanais. Ce fut un habile général qui brilla quelque temps et dont le nom est resté populaire dans ce pays de France qui consacre toutes les gloires.

MÉDICIS

1448 à 1492 ap. J.-C.

Laurent de Médicis fut appelé le Magnifique à cause de sa popularité qui était due à son éloquence.

à sa franchise, à la noblesse de son caractère et à ses libéralités véritablement princières. Il fut le successeur de son père et de son grand-père, comme gonfalonier de Florence. Sa famille avait, suivant les uns, une origine obscure; elle descendait d'un médecin, comme le nom l'indique; d'après d'autres historiens, elle aurait eu l'honneur de se rattacher à la famille des rois carlovingiens. Quoi qu'il en soit, elle gouverna l'État de Florence depuis la fin du xive siècle jusqu'à la moitié du xviiie. Cette famille, qui a donné à l'Italie une série d'hommes illustres, donna également à la France plusieurs princesses que l'on voit figurer à la cour pendant les règnes des derniers Valois. L'influence des Médicis propagea, en France, le goût des beaux-arts et des belles-lettres, mais elle y introduisit également toutes les roueries, toute l'intrigue, toute l'astuce et toute la finesse de la politique italienne. Ce fut, en quelque sorte, une invasion étrangère qui commença à Catherine de Médicis et qui se continua jusqu'à Mazarin, le ministre de la régence d'Anne d'Autriche. Laurent le Magnifique eut à combattre des ennemis puissants, tels que le pape et le roi de Naples qui avaient formé contre Florence une ligue dans laquelle entrèrent les premières familles italiennes. L'un des Médicis succomba dans cette lutte, Laurent lui-même y fut blessé. Une diversion des Turcs arrêta les efforts de la coalition; mais les dernières années du règne de ce prince furent éprouvées par des révoltes et des difficultés intérieures qui amoindrirent son autorité. Laurent tint à honneur de protéger les lettres, les sciences et les arts. Il était lui-même un lettré distingué; il fut l'ami des grands hommes de son temps, parmi lesquels apparaît, au premier rang, l'immortel Michel-Ange. Tel fut le plus grand des Médicis qu'on pourrait appeler le Louis XIV de cette maison princière. Quoique l'État de Florence fût petit par ses frontières, il était grand par sa civilisation et la culture d'esprit de ses premiers citoyens. Comme les républiques grecques de l'antiquité, cette ville fut célèbre dans l'histoire italienne; la famille des Médicis, qui la gouverna si longtemps, ne fut pas étrangère à sa gloire et à sa prospérité. On peut dire que, comme nos rois ont fait la France, ces grands citoyens ont fait la Toscane. Ces temps n'étaient point exempts de troubles, mais on y faisait de grandes choses, et ces petites républiques, véritablement aristocratiques, valaient mieux que les démocraties modernes, où le génie individuel est écrasé sous les pas précipités d'une foule affolée par ses passions et par ses caprices.

ISABELLE LA CATHOLIQUE

1450 à 1504 ap. J.-C.

Cette grande reine, l'héritière de Castille, réunit, par son mariage avec Ferdinand V, la province d'Aragon à celle de Castille. Cette réunion, qui eut lieu en 1474, fut le véritable commencement de la monarchie espagnole. Ferdinand et Isabelle, connus en Espagne sous le nom de rois catholiques, furent de grands princes honorés par la postérité. On admire encore leur tombeau dans la cathédrale de cette ville de Grenade prise par eux et qui fut longtemps le dernier boulevard de la race mauresque. Le siège de Grenade fut le grand fait d'armes de leur règne. Comme la ville résistait à leurs efforts, ils construisirent une autre ville en forme de croix qu'on appela la Santa-Fé, et que les voyageurs trouvent, encore aujourd'hui, dans cette belle plaine qu'on appela la Véga de Grenade ; on voit la ville des Maures placée sur deux collines, comme une grenade entr'ouverte, éclairée par un soleil radieux ; à l'horizon, deux grandes montagnes terminent ce beau tableau : l'une, grise, est la sierra Elvira, l'autre, blanche et plus élevée, s'appelle la sierra Nevada. Le siège de Grenade dura sept mois ; il se termina en 1492. Le roi maure Boabdil sortit, en pleurant, de cette ville qui était réellement un paradis terrestre. Les rois catholiques commirent la faute de chasser d'Espagne plusieurs millions de Maures et de Juifs ; cette proscription porta une véritable atteinte à la prospérité du pays. Ferdinand V eut à soutenir de longues luttes avec la France ; ce fut un prince politique et habile. En Espagne, on conserve encore la mémoire de sa femme dont le caractère chevaleresque tenait de la légende. C'était une grande princesse; elle encouragea les arts et les lettres. Elle fut la protectrice de Christophe Colomb, le génie incompris de son époque, que la grande Isabelle était seule digne d'apprécier parce que son grand cœur savait deviner ce qui échappait à l'esprit des autres.

ALBUQUERQUE

1453 à 1515 ap. J.-C.

Don Alphonse d'Albuquerque fut un très grand personnage et un général des plus remarquables et des plus heureux; il mérita le nom de Mars portugais. C'est lui qui conquit, pour le Portugal, l'Inde, Zanzibar, Mascate, les îles de Malacca, de la Sonde, Ceylan, Malabar, enfin Goa, centre de la puissance portugaise dans la Cochinchine. Il fut vice-roi des Indes; l'éclat de ses victoires, la puissance et la gloire de ses armes lui attirèrent le respect et la soumission de tous les princes de l'extrême Orient. On le traitait en roi, mais le Portugal ne tarda pas à le traiter en sujet, il fut disgracié. Cette injustice causa sa mort, en 1515. Il ne méritait pas tant d'ingratitude, car il avait fait du Portugal, petit État européen, un immense empire oriental. Les armées du Portugal contribuèrent à ses succès; mais c'est lui qui sut en conduire les soldats à la victoire. Ce fut un chef habile, généreux, chevaleresque, entreprenant. Il était de bonne race, il descendait des rois de Portugal. Cet aristocrate a plus fait, pour son pays, que tous les démocrates du royaume; ces derniers font des révolutions à leur profit; le premier fit des conquêtes au profit de son pays. Quand on relit l'histoire, on y trouve que les grandes choses ont été faites par des aristocrates, que les grands États ont été fondés par de grands rois ou de grandes familles. Les révolutionnaires n'ont jamais été que des destructeurs; habiles seulement à détruire, ils sont impuissants à reconstruire. Honneur donc au grand Albuquerque, le fondateur de la puissance, si longtemps prospère, du Portugal! Quand on pense que le pavillon de cette nation flottait victorieux et puissant de Lisbonne à Ormuz, d'Ormuz à Goa, de Goa à Ceylan, on est rempli d'admiration pour le grand homme qui fut le créateur d'une pareille puissance. La postérité a été plus juste que le Portugal; nous l'imiterons en plaçant Albuquerque parmi les grands hommes qu'on doit offrir comme modèle aux générations futures.

LOUIS XII

Né en 1462, m. en 1515 ap. J.-C.

Louis XII fut surnommé le *Père du peuple* à cause de sa paternelle administration. Il était fils de Charles d'Orléans et de Marie de Clèves. Ce fut le chef de la branche des Valois-Orléans. Il avait trente-six ans lorsqu'il monta sur le trône; il resta toujours attaché à ses devoirs. On cite de lui cette belle parole qui peint l'homme : « Ce n'est pas au roi de France à venger les injures du duc d'Orléans ! » Ce fut un prince économe, simple et modeste. Moins la sainteté, il eut beaucoup de rapports avec saint Louis. Il avait épousé Anne de Bretagne, veuve de Charles VIII; c'était un mariage politique destiné à conserver à la couronne de France le duché de Bretagne; mais il faut dire que cette alliance n'eut lieu qu'après le divorce de Louis XII avec Jeanne la Boiteuse qui était sa parente. La raison d'État l'emporta sur le cœur; c'est une tache pour la vie privée de ce grand roi. Les campagnes de Louis XII, dans le Milanais, sont fort remarquables; il y déploya une grande habileté; il sut former une espèce de ligue et fut longtemps l'allié du grand roi d'Espagne, Ferdinand le Catholique. Les deux rois se brouillèrent à la fin de leur règne. Louis XII était servi par d'habiles généraux. Trivulce, d'Aubigny et Luxembourg; il se trouvait, d'ailleurs, engagé dans cette guerre par les conquêtes de Charles VIII, son prédécesseur; elle se termina pas la possession de Naples et des Abruzzes. C'est ici que commence la querelle avec les Espagnols. Louis XII, d'abord vainqueur, fut bientôt défait par Gonzalve de Cordoue auquel Ferdinand avait fait passer des troupes avec une grande mauvaise foi et au mépris des traités. Bref, nous perdîmes le royaume de Naples. La Trémoille, disgracié, avait été mal remplacé; l'armée française fut complètement battue, malgré la bravoure de Bayard. Enfin Louis XII mourut à cinquante-trois ans. Ce prince eut des fortunes diverses pendant son règne. Il fut mêlé à toutes les ligues qui divisèrent l'Italie, et ses guerres, d'abord glorieuses, finirent par épuiser les ressources du royaume et diminuer l'autorité du roi, sans amoindrir la grandeur de son caractère.

DORIA

1468 à 1560 ap. J.-C.

André Doria fut un grand guerrier. La mer fut le théâtre de ses exploits; il était Génois. Bien qu'il eût servi, tour à tour, des maîtres différents, il fut toujours bon patriote. La république de Gênes était un trop petit État pour un aussi grand génie. Aussi Doria se mit-il au service du pape, du roi de Naples, de François Ier contre Charles-Quint, et de Charles-Quint contre François Ier. Il eut un instant l'honneur de commander la flotte française, et il se couvrit de gloire. Trompé dans ses espérances, il changea de maîtres pour gagner l'indépendance de l'État de Gênes. Il fut vainqueur, à Naples, du glorieux et intrépide

Gonzalve de Cordoue; il fit aussi une expédition, à ses frais, contre les Maures qu'il chassa de la Méditerranée; il lutta encore, avec avantage, contre les Turcs et contre Barberousse. Son épée faisait toujours pencher la victoire vers le parti qu'il servait. Son excuse, si c'en est une, pour ses changements trop fréquents de drapeau, fut son amour constant pour sa patrie. Gênes l'en a récompensé en immortalisant sa mémoire.

ÉRASME

1467 à 1536 ap. J.-C.

C'était l'un des plus savants écrivains du temps de Luther, dont il fut l'adversaire redoutable. D'une naissance obscure et irrégulière, Didier Érasme, appelé d'abord Gérard, naquit à Rotterdam. On le fit entrer dans les ordres malgré lui. Plus tard, le pape le releva de ses vœux monastiques; mais, comme il avait rendu de grands services à l'Église par son habile polémique sur les questions religieuses, et que c'était un homme de bien et un érudit fort estimé, même des plus grands princes, le pape voulut le nommer cardinal. Érasme préféra se retirer à Bâle, en Suisse, pour surveiller l'impression de ses ouvrages. Bien qu'il y vécût dans la retraite, un homme de sa valeur ne pouvait rester inoccupé, et on le nomma recteur de l'université. Érasme fut honoré de l'amitié de Henri VIII d'Angleterre, de Charles-Quint et du grand pape Léon X. François Ier chercha à l'attirer à sa cour. On se disputait sa personne, et ses écrits, remarquables par la force et la pureté du style, étaient fort goûtés, quoiqu'ils fussent en latin. On lui a contesté des connaissances étendues dans la langue grecque, mais il l'enseigna pourtant en Angleterre. Érasme, tout en combattant la révolte de Luther, n'approuvait pas toutes les habitudes du clergé de son époque. Il alla peut-être un peu loin sur ce terrain dangereux; aussi quelques-uns de ses ouvrages furent-ils critiqués et censurés. On remarque beaucoup la modération de Léon X qui accepta la dédicace de son Nouveau Testament, malgré les attaques dont ce livre fut l'objet de la part de quelques catholiques. Érasme était un homme merveilleusement doué et un savant qui mettait toute son ambition dans l'étude des lettres et de la science. Il vécut simplement, malgré sa grande réputation et la faveur dont il jouissait auprès des grands. Ses écrits furent aussi nombreux que sérieux. Ce sont des ouvrages de théologie et de philosophie. Quelques-uns traitent de la grammaire et de la rhétorique. On a encore de lui des *Dialogues satiriques* pleins de verve et un *Traité de la folie*, plaisante revue de l'éternelle comédie humaine.

MACHIAVEL

1469 à 1527 ap. J.-C.

Ce grand écrivain valait mieux que sa réputation. On lui a reproché des doctrines immorales en politique. Son nom a servi à désigner la rouerie qui fait parvenir aux honneurs et aux emplois par les plus mauvais moyens. Un livre de Machiavel, intitulé : *le Prince*, a surtout donné crédit à la mauvaise opinion qu'on a eue de lui. En lisant ce livre attentivement, on n'y trouve pas autre chose qu'une sorte de manuel politique à l'usage des rois. Machiavel ne dit pas qu'un mauvais roi est préférable à un bon, que le vice vaut mieux que la vertu, que c'est par l'intrigue et le mensonge qu'on fait son chemin dans le monde et non par le devoir et la sincérité ; il ne dit pas que les honnêtes gens sont toujours dupes et les fripons souvent excusés, quand ils ont l'esprit de réussir ; il ne dit pas que la politique consiste à crier avec à-propos : « Vive le roi, » ou : « Vive la ligue. » Machiavel n'allait pas si loin ; il s'est contenté de dire qu'un mauvais prince, qui aurait toutes les qualités d'un bon, vaudrait mieux qu'un bon prince qui ne saurait pas faire les affaires de l'État. Machiavel prétend qu'il aime mieux un prince cruel, injuste, impie et dissolu, qui se montre humain, juste, religieux et vertueux, qu'un prince charitable, juste et vertueux, qui laisse attaquer, sous son règne, la justice, la religion et la vertu. En un mot, pour ce grand écrivain, la science gouvernementale demande, avant tout, un chef habile, et les princes les mieux intentionnés ne l'ont pas toujours été. Il ne faut pas pousser cette doctrine trop loin, mais on a fait dire à Machiavel ce qu'il ne pensait pas. Cet esprit d'élite, qui a si bien jugé l'histoire de son temps, pourrait, s'il revenait parmi nous, donner même des leçons de morale à nos politiciens modernes. Ce qui prouve que Machiavel n'avait pas l'esprit d'intrigue qu'on a voulu lui attribuer, c'est qu'après avoir été, pendant de longues années, secrétaire et délégué de la république de Florence, sa patrie, il n'échappa pas aux persécutions de Médicis, connut la prison et la torture. Pour un roué, c'était être bien maladroit. La vérité à retenir de toute cette histoire, c'est que Machiavel eut des ennemis politiques et que ses écrits furent interprétés dans un sens général, alors que, probablement, il n'y mettait que les allusions d'un esprit aigri par la persécution. Aujourd'hui, dans le fatras des doctrines modernes, on ne se donne plus la peine d'étudier Machiavel ; ce sont les événements qui mènent les hommes, et non les hommes qui mènent les événements. La coterie a remplacé le machiavélisme, et les plus fins Génois n'ont d'autre finesse que de savoir profiter des circonstances qu'ils s'attribuent, mais qu'ils n'ont point fait naître. Il serait à souhaiter qu'un nouveau Machiavel nous élevât un prince habile qui fît le bien pour nous et malgré nous. Nous l'accepterions de ses mains, sans lui demander d'où il vient, certains, d'ailleurs, que le bien vient toujours de Dieu et que, si un mauvais prince nous le donne, c'est qu'il a été choisi, momentanément, comme un instrument de la Providence.

MICHEL-ANGE

1474 à 1564 ap. J.-C.

Ce prince des architectes, qui s'appelait Bonarota ou Buonaruoti, descendait de la famille noble des comtes de Canosse ; il naquit en 1474, au château de Caprèse, près d'Arezzo, en Toscane, qui appartenait à ses parents. On a dit que Michel-Ange avait sucé la sculpture avec le lait, parce que le mari de sa nourrice, ainsi qu'un grand nombre d'habitants du lieu où se passa son enfance, exerçaient cette profession si populaire en Italie. Ses dispositions pour cet art se signalèrent de bonne heure par des essais qui parurent presque des chefs-d'œuvre. Il n'était pas moins habile en peinture qu'en sculpture, et il a laissé des travaux très admirés, surtout une fresque qui représente le jugement dernier. Son véritable chef-d'œuvre fut cette admirable coupole de Saint-Pierre de Rome, qui est l'une des merveilles du monde. Il fit également un remarquable mausolée pour le pape Jules II, et l'on admire encore à Saint-Pierre-ès-Liens, *san Pietro in vincoli*, à Rome, son *Moïse*, qui est un véritable chef-d'œuvre de sculpture. Le prophète juif a un air de grandeur et de majesté bien digne de l'hôte de Dieu au mont Sinaï. Michel-Ange a placé sur son front les rayons de la lumière céleste qui donnent à cette belle figure une expression presque divine. Ce grand artiste fut comblé d'honneurs dans sa vie, par les papes d'abord, ensuite par tous les souverains de l'Europe qui lui donnèrent des marques de leur admiration. Médicis à Florence, François Ier en France, Charles-Quint en Allemagne, Soliman en Turquie, lui prodiguèrent les encouragements afin de rattacher, par quelques chefs-d'œuvre, ce grand homme à l'histoire artistique de leur pays. Michel-Ange était bien capable de répondre à tant d'espérances diverses, car son génie ne connaissait pas de bornes. Il s'essaya même, avec succès, dans la littérature, prouvant ainsi que les arts et les lettres sont de la même famille. Le talent de Michel-Ange est surtout remarquable par une grande régularité qui allait bien avec l'austérité de son caractère et la pureté de ses mœurs. Ce grand génie, éclairé par une belle âme, sut atteindre la perfection dans l'art, et sa grandeur fut comme un reflet des idées chrétiennes auxquelles il était passionnément attaché. Michel-Ange mourut à quatre-vingt-huit ans, à Rome, où il avait passé une grande partie de sa vie, entouré de considération et de respect. Florence réclama ses dépouilles et lui fit des funérailles dignes d'un aussi grand homme. Michel-Ange est considéré comme le génie le plus élevé, le plus pur et le plus parfait qu'ait produit l'art de la sculpture dans le monde moderne. Ses œuvres avaient, à un degré si complet, les belles formes et le fini de l'antiquité, qu'on a pu, sans invraisemblance, en attribuer quelques-unes à Phidias et à Praxitèle.

LÉON X

1475 à 1521 ap. J.-C.

Ce pape, né en 1475, à Florence, est mort en 1521. Il mérita, par la protection qu'il sut donner aux arts et aux belles-lettres, de laisser son nom au siècle qui le vit naître. Il était de la famille célèbre et remuante des fameux Médicis; lui-même était fils de ce Laurent qu'on appela le Magnifique. Les Médicis, qui devaient dominer en France sous les derniers Valois et nous être si funestes, préludaient déjà à leurs projets ambitieux en s'emparant du pouvoir dans leur propre patrie, et leurs revers momentanés furent largement compensés par la possession de la tiare. Léon X avait pris part aux guerres de Jules II, de la Mirandole ; il avait combattu comme un simple mortel. Quand il fut élevé à la suprême puissance pontificale, il ne cessa point pour cela d'être l'adversaire de la France. La paix avec Louis XII ne fut que momentanée, et il se montra hostile au généreux François Ier qui avait succédé à ce prince. On voit par là que la politique peut diviser des esprits également distingués et, par conséquent, faits pour s'entendre. Celui qui lit l'histoire avec impartialité ne comprendra jamais que le grand Léon X, ce protecteur des lettres et des artistes, ait pu rester l'ennemi du restaurateur de la France littéraire et artistique, de ce François Ier à qui nous devons le siècle qu'on appela la Renaissance. La jalousie personnelle, indigne d'aussi grands esprits, pourrait seule expliquer cet antagonisme. Léon X eut encore à combattre Luther, en Allemagne. Ce pape, qui vécut du temps de l'Arioste, de Machiavel, de Michel-Ange, de Raphaël, n'oublia pas de rétablir les affaires des Médicis. Il avait donc, en lui, le sentiment personnel à côté du génie littéraire. Il faut tenir compte du temps où il vivait et se rappeler que, à cette époque, la foi était assez vive pour que l'homme apparût sous le pape sans nuire à ce dernier. Du reste, l'homme, honoré par ses contemporains, est resté illustre dans l'histoire à cause de son génie, qui a peut-être diminué l'éclat du pontife. Léon X fut à la fois un grand homme et un grand pape.

BARBEROUSSE

1476 à 1546 ap. J.-C.

Ce dey d'Alger fut un célèbre marin, on pourrait dire corsaire. Il eut à lutter contre Charles-Quint qui arrêta le cours de ses exploits. Son alliance avec François Ier le rendit populaire en France. S'étant volontairement déclaré le sujet de Soliman II, il servit la Porte et fut nommé capitaine-pacha, général de la flotte ottomane. Pour se venger de Charles-Quint qui l'avait battu, il ravagea les côtes d'Italie; il remporta une victoire sur l'illustre Doria, de concert avec notre flotte; il s'empara de Nice, qui fut ainsi province française, il y a plus de trois siècles. L'histoire se charge elle-même, on le voit, de répondre aux revendications du parti séparatiste italien. Tel fut le terrible Barberousse; il ne se doutait pas que son royaume d'Alger serait, un jour, une terre française; lui-même avait aimé et servi la France comme une seconde patrie.

BAYARD

1476 à 1524 ap. J.-C.

Ce chevalier appartenait à une illustre famille du Dauphiné dont tous les chefs avaient glorieusement servi la France. Son père, qui avait payé son tribut à son pays, le consacra au métier des armes ; il acquit, de bonne heure, une grande sagesse et une grande expérience. Quand Bayard partit pour l'armée, sa mère, attendrie, lui dit ces belles paroles : « Aimez, craignez, servez Dieu ; soyez humble et courtois, loyal, point médisant et sobre ; soyez charitable envers les nécessiteux et secourable aux veuves et orphelins. » La bonne dame lui donna ensuite six écus d'or et sa bénédiction. Le premier succès de Bayard fut dans un tournoi, à Lyon, en présence de Charles VIII. A Marignan, il se distingua à côté de Charles de Bourbon, La Palisse et Trivulce ; au col de Largentière, avec François Ier, qui voulut se faire armer chevalier sur le champ de bataille par ce héros qu'on appelait déjà le « Chevalier sans peur et sans reproche ». Bayard, après la cérémonie de l'accolade, regarda son épée et s'écria : « Glorieuse épée ! toi qui, aujourd'hui, as eu l'honneur d'armer le plus grand roi du monde, je ne t'emploierai plus que contre les infidèles ! » Bayard ne vécut pas longtemps ; blessé d'un coup d'arquebuse dans les reins, à la retraite de Romagnano, il se fit étendre sous un arbre et, regardant son épée, dont la poignée formait une croix, il se prépara à mourir en chrétien. Le connétable de Bourbon, qui combattait alors la France parce qu'il était mécontent de la cour, trouva Bayard dans cette position et voulut lui exprimer sa compassion. « Monsieur, répondit ce dernier, il n'y a pas de pitié en moi, car je meurs en homme de bien ; mais j'ai pitié de vous voir servir contre votre prince, votre patrie et votre serment ! » L'infortuné François Ier, qui ne méritait pas les grands revers qu'il avait éprouvés, disait souvent, après la mort du grand chevalier : « Ah! Bayard, que vous me faites faute ! » Bayard fut remarquable surtout par la grandeur de son caractère et de son courage ; il avait l'expérience en la guerre, sans être un de ces grands capitaines qui ont changé, par le succès de leurs armes, la fortune de leur pays. On peut le placer à côté de ces héros d'Homère, célèbres surtout par leur courage personnel. Bayard eut sur eux l'avantage d'ajouter aux vertus antiques les vertus chrétiennes qu'il possédait au plus haut degré. Bayard est une figure chevaleresque. Ces héros-là sont si rares dans l'histoire, qu'on peut, sans crainte, les placer sur le même rang que les plus grands génies. La grandeur du caractère vaut bien celle de l'intelligence.

LE TITIEN

1477 à 1576 ap. J.-C.

L'école des peintres italiens fut remarquable autant par la fécondité de ses grands maîtres que par la beauté de leurs productions. Parmi les plus illustres, on peut compter le Titien. Notre musée du Louvre

possède un grand nombre de ses gravures et plusieurs
de ses plus beaux tableaux. Le Titien était Vénitien.
Ce fut un grand coloriste; sa patrie le combla d'honneurs et la Providence lui donna une longue vie qu'il
employa, même jusqu'à quatre-vingts ans, à augmenter le nombre de ses chefs-d'œuvre. Plusieurs
souverains se disputèrent l'honneur de l'avoir à leur
cour. C'est Charles-Quint, et plus tard son fils Philippe II, qui eurent la préférence. L'Espagne conserve
encore les plus beaux tableaux de ce grand peintre.
Ses œuvres furent innombrables et son génie a fait
la joie de nos pères comme il fait encore la nôtre,
après trois cents ans d'immortalité.

LUTHER

1483 à 1546 ap. J.-C.

Martin Luther naquit, en 1483, dans une petite
ville de Saxe, à Eisleben. Ses parents étaient pauvres;
il fit ses études à Erfurth, grâce à la protection d'une
riche veuve qui le traita comme son fils. Il se destinait au barreau lorsque la mort d'un de ses amis,
frappé de la foudre, le décida à entrer dans un couvent. Il fut ordonné prêtre, en 1508, aux Augustins
d'Erfurth; c'est là qu'il fut reçu docteur en théologie.
Nature passionnée, turbulente, orgueilleuse, il ne pouvait souffrir de rester dans l'obscurité, et son ardente

imagination devait le jeter, plus tard, dans la voie de l'erreur. Si Dieu l'avait appelé à lui par une voie miraculeuse, le démon devait lui faire perdre les fruits de la grâce. Luther, qui pouvait être un saint, tout au moins un grand docteur, devait devenir un ange déchu et un chef de secte hérétique. C'est en 1517 qu'il se révolta contre le saint-siège ; il prit pour prétexte les indulgences accordées par Léon X pour l'achèvement de Saint-Pierre de Rome ; l'archevêque de Mayence confia le soin de prêcher, pour les indulgences, aux dominicains. Luther, jaloux de voir les augustins privés de cet honneur, attaqua le moine Tetzel qui prêchait à Wittemberg. Il l'accusa de vendre les indulgences aux fidèles et, le jour de la Toussaint, il plaça sur un des piliers de l'église de Wittemberg quatre-vingt-quinze propositions où il combattait le saint-siège à propos des indulgences. Tetzel formula, en réponse, cent dix contre-propositions, et la lutte commença acharnée et impitoyable ; le protestantisme devait en sortir. Léon X crut d'abord que ce n'était qu'une jalousie de moines ; mais bientôt Luther, cité devant la diète de Worms, ayant refusé de se soumettre, malgré l'excommunication dont il avait été frappé, entraîna tous les petits princes de l'Allemagne dans son parti. Pour achever sa rupture avec Rome et bien montrer qu'il appartenait au démon, il se maria avec une religieuse, parjure et hérétique comme lui. Le scandale aurait dû ouvrir les yeux des princes qui prenaient parti pour lui ; mais l'ambition seule les guidait, et la secte, qui n'était d'abord qu'un parti, devint une religion qui entraîna dans sa réforme les États scandinaves de Suède, de Norvège et de Danemark, presque toute l'Allemagne du Nord, la Hollande, la Suisse et, plus tard, l'Angleterre. Luther avait supprimé le culte de la sainte Vierge et des saints, la confirmation, l'extrême-onction, l'ordre, le mariage et la confession, par des modifications qui ôtaient à ces sacrements tout leur caractère religieux. La confession n'existait plus ; et, pour la commodité des nouveaux adhérents, on admettait qu'il suffisait de se confesser à Dieu : le pénitent devenait alors seul juge de sa conscience. Cette doctrine commode dut entraîner beaucoup de gens qui avaient une mauvaise vie et qui ne se souciaient pas d'y renoncer ; le mariage des prêtres achevait d'attirer dans le nouveau parti tous les ecclésiastiques de peu de foi qui regrettaient les vœux qu'ils avaient faits à Dieu. Luther mourut en 1546, sans se convertir, après avoir fait beaucoup de mal à l'Église et à l'humanité. Ce fut un grand, mais un mauvais génie ; c'est à ce titre seulement qu'il appartient aux grandes figures de l'histoire.

RAPHAEL
1483 à 1520 ap. J.-C.

Ce prince des peintres naquit à Urbin, en Italie ; il s'appelait Sanzio Raffaëllo, et il prit le nom d'Urbin de sa ville natale. Fils d'un peintre qui lui donna les premières notions de l'art, il eut la bonne fortune de devenir l'élève du Pérugin. Sentant en lui-même qu'il valait mieux que son maître et entraîné par son propre génie qui lui inspirait le désir d'approfondir son art, il alla travailler au musée de Sienne, en compagnie de son ami, le Pinturicchio. Mais la renommée de Léonard de Vinci et de Michel-Ange l'attira bientôt à Florence. La vue des travaux de ces deux grands artistes modifia complètement ses idées et lui fit abandonner la méthode de son premier maître. Un de ses parents, nommé Bramante, lui ayant ménagé les bonnes grâces du pape Léon X, Raphaël exécuta d'importants travaux au Vatican. On dit même qu'il devint le rival de Michel-Ange, après avoir été son admirateur. Il est certain qu'il le remplaça dans les faveurs de la cour romaine et que Michel-Ange lui en voulut toute sa vie. Raphaël n'a pas seulement travaillé pour l'Italie. François Ier, qui aimait et protégeait les arts, lui fit faire des travaux qui sont encore au Louvre. La plus belle œuvre de Raphaël est la *Transfiguration*. On admire encore ses nombreuses vierges. C'est peut-être le peintre qui a le mieux compris le portrait de la mère du Sauveur ; la pureté des traits, la régularité des lignes, la modestie et la simplicité du maintien, sont une création inimitable. Raphaël ne s'était pas, d'ailleurs, contenté des dons qu'il avait reçus de Dieu : il cultiva son art avec le plus grand soin et s'entoura de tous les modèles que pouvaient lui fournir la peinture et la sculpture. On dit qu'il avait, en Grèce, des élèves qui lui envoyaient les dessins des œuvres remarquables que le temps avait respectées. C'était bien le même esprit de recherche qui lui avait fait quitter le Pérugin pour étudier sous d'autres maîtres. Raphaël peignait à merveille, mais avec lenteur; il apportait le plus grand soin à ses œuvres. Il cherchait la perfection et il la trouvait. Pour une main, un pied ou un trait du visage, il préparait un grand nombre de dessins et choisissait le meilleur. Une telle application devait user ses forces, quand même d'autres causes n'y auraient pas contribué; aussi mourut-il à trente-sept ans, épuisé par les fatigues réunies de sa profession et d'une vie très mondaine. Le nombre de ses tableaux n'est pas considérable, d'abord à cause de sa fin prématurée, puis des études consciencieuses qu'il faisait sur son art et qui allongeaient pour lui tout travail. Il avait aussi formé des élèves, tels que Jules Romain et Caravage, qu'il dirigeait lui-même, ce qui diminuait encore ses loisirs; mais, s'ils sont peu nombreux, du moins les tableaux qu'il a laissés sont tous des chefs-d'œuvre qui, enchâssés comme des perles fines dans un écrin, font l'ornement des divers musées de l'Europe.

CORTEZ

1485 à 1547 ap. J.-C.

Fernand Cortez fut l'un de ces conquérants espagnols qui portèrent avec le plus de succès les armes européennes dans le nouveau monde. Parti de Cuba avec une flotte, il aborda au Mexique en 1519. Les Indiens accueillirent les hommes blancs comme des libérateurs et comme des êtres supérieurs. Cortez n'eut pas de peine à pénétrer jusqu'à Mexico, avec quelques soldats qui formaient son escorte; l'empereur Montezuma lui-même lui fit le meilleur accueil. Cette fortune subite et étrange excita la jalousie des Espagnols qui envoyèrent une flotte contre ce lieutenant qui les servait trop bien; ils furent battus par le courageux Cortez. Ce dernier, ne connaissant plus d'obstacles, rêva la conquête du Mexique; elle fut facile, mais l'ordre fut plus difficile à établir chez ce peuple turbulent. Cortez ternit sa gloire par des cruautés qui étaient, du reste, dans le caractère espagnol. Charles-Quint ne pouvait manquer d'apprécier un aussi grand homme; il lui donna le gouvernement des pays qu'il avait conquis. Mais la faveur des grands est souvent changeante; il ne manque pas, dans les cours, d'ambitieux jaloux du vrai génie et qui sont toujours prêts à le calomnier. Cortez devait subir la loi commune. Cet homme, qui avait donné à l'Espagne un empire riche et florissant, qui avait découvert la Californie, qui, avec quelques soldats, avait vaincu et soumis des milliers d'Indiens, cet homme de génie, ce grand capitaine, fut disgracié et mourut, en Espagne, de misère et de désespoir. Il lui restera la gloire d'avoir servi la grande cause de la civilisation et, tant que le monde actuel existera, on proposera dans les écoles, à l'admiration des jeunes gens, cet audacieux aventurier qui avait tout fait pour son pays et qui en fut si mal récompensé. L'Espagne a, depuis longtemps, perdu le Mexique par ses fautes ; mais Cortez conservera éternellement l'honneur de cette belle découverte.

SAINT IGNACE

1491 à 1556 ap. J.-C.

Plusieurs saints ont porté ce nom. Il y en a trois qui furent des personnages historiques. Le premier est un évêque d'Antioche qui avait été disciple des apôtres et qui reçut la palme du martyre sous Trajan. On a conservé de lui des lettres fort simples, comme ce qu'écrivaient les apôtres. Elles ont le mérite très grand de la vraie tradition apostolique. Un autre saint Ignace fut patriarche de Constantinople. Il naquit en 799 ; il était fils de l'empereur Michel, ce qui ne l'empêcha pas de souffrir les persécutions de Bardas, frère de l'impératrice Théodora, dont il avait blâmé l'inconduite. L'ambition de Photius, qui rêvait le siège patriarcal de Constantinople, vint achever la disgrâce de saint Ignace, dont la vie ne fut qu'un long martyre. Ce saint montra une grande énergie dans ses malheurs et dut lutter pour la défense de ses droits apostoliques. Exilé, déposé, emprisonné, il n'en parvint pas moins à se faire rendre ses dignités ecclésiastiques ; mais, à peine rétabli dans ses droits, il allait avoir à subir de nouvelles persécutions lorsque la mort vint mettre un terme à ses malheurs, en 878.

Le troisième saint Ignace, et peut-être le plus célèbre, fut cet Ignace de Loyola qui fonda l'ordre des jésuites, approuvé par une bulle de Paul III, en 1540. Saint Ignace était Basque espagnol. Il appartenait à une famille pauvre de Guipuzcoa ; il naquit en 1491, au château de Loyola, situé en Biscaye. Après avoir été page de Ferdinand le Catholique, il prit le parti des armes et servit sous les ordres de Manrique, duc de Majara. Il eut tous les genres de succès que peut rêver un homme de guerre habile et un courtisan ami des plaisirs. Jusqu'à l'âge de vingt-neuf ans, sa vie fut tout à fait mondaine. Une circonstance vint en changer la direction. On prétend qu'il assista à l'exhumation d'une personne fort belle, qu'il avait connue à la cour. Ce spectacle affreux des ravages de la mort fut pour lui comme une révélation de la vie éternelle. Il renonça à ces biens de la terre, qui sont si peu de chose, et consacra sa vie tout entière au service de Dieu. D'autres historiens racontent autrement sa conversion. Il aurait été blessé en défendant Pampelune contre les troupes de François Ier et, étant en convalescence, il demanda à lire quelque roman pour se distraire. Il ne put se procurer qu'une vie des saints dont la lecture le frappa tellement qu'il résolut de renoncer au monde. Il commença son apostolat en soignant les pestiférés de Barcelone, puis il fit un voyage en Terre sainte et étudia la théologie, à son retour, à l'âge de trente-trois ans. Cette date est remarquable, car c'est l'âge de la vocation de Notre-Seigneur lui-même. Saint Ignace termina, à Paris, ses études théologiques, et ce fut à Montmartre que, entouré de quelques adeptes, parmi lesquels se trouvait saint François-Xavier, qu'il jeta, en 1534, le jour de l'Assomption, les premières assises du magnifique monument de la *Compagnie de Jésus*. Les *Constitutions* admirables de cet ordre, que l'on cite comme un modèle d'administration, sont l'œuvre de ce grand saint. Il a laissé aussi quelques autres écrits, parmi lesquels on remarque ses *Exercices spirituels* qui furent son premier ouvrage. Le nouvel ordre des jésuites avait pour triple but la conversion des infidèles, la défense du saint-siège et l'instruction de la jeunesse chrétienne

Il n'a jamais failli à sa mission, et les persécutions continuelles dont il fut l'objet en ont fait l'ordre le plus militant du catholicisme. Se recrutant parmi les hommes d'élite de l'état ecclésiastique, la Compagnie de Jésus s'est illustrée, à toutes les époques, par ses travaux merveilleux qui embrassèrent toutes les connaissances de l'esprit humain. Elle a produit, dans les lettres, les sciences et la philosophie, des savants qui ont été pour ainsi dire l'avant-garde de la civilisation moderne. La vertu des clercs de Jésus, comme on les appelait au commencement de l'ordre, ne fut pas moins grande que leur science. Il n'y a pas au monde de terre qu'ils n'aient arrosée de leur sang de martyrs, et on doit à leur zèle apostolique la conversion de millions d'infidèles. Ils ont reculé au delà des mers les bornes de notre civilisation. Parti d'Espagne, ce petit groupe de soldats du Christ est allé porter la bannière de la croix jusqu'au fond de la Chine. S'il était encore permis de pénétrer dans les longs corridors, aux murs blancs, de leurs modestes cloîtres, on y verrait la galerie de leurs martyrs, seuls ornements de ces maisons religieuses, vouées à la pauvreté, comme à l'obéissance et au sacrifice. Si l'on juge un homme par ses œuvres, Ignace de Loyola fut l'un des plus grands saints du catholicisme, car sa création a été l'un des monuments les plus impérissables de la civilisation chrétienne.

SOLIMAN

1494 à 1566 ap. J.-C.

Ce fut le Louis XIV de la Turquie ; l'islamisme était à son apogée. Soliman ne rencontra guère d'obstacles dans ses conquêtes ; il s'empara de Rhodes, de Bagdad, de Tunis et d'Alger, de la Hongrie où il fit cinq campagnes successives. Ce conquérant, appelé « le Magnifique », résuma, dans sa personne, toute la gloire et toutes les forces des musulmans. Il avait de grandes qualités personnelles ; il était instruit, brave et juste ; il mit de l'ordre dans les lois de son empire qu'il administra avec sagesse ; il aurait porté ses armes jusqu'au cœur de l'Europe, s'il n'eût échoué devant Vienne. Il est vrai qu'il y trouva Charles-Quint, un autre héros qui n'était pas habitué aux revers de la fortune. Soliman, dont le nom veut dire Salomon, fut la plus grande expression de la puissance mahométane. On était encore proche de la victoire récente de Constantinople, où le sultan Mahomet foula, aux pieds de son cheval, toutes les grandeurs et toutes les gloires de Byzance, coupable et avilie. Les Turcs, vainqueurs, n'étaient pas encore amollis par la civilisation, le repos et les plaisirs qui succèdent à la victoire. Dans toute leur force militaire, ils pouvaient se mesurer avec l'Europe faible et divisée ;

aussi leur audace ne connut-elle pas de bornes. Soliman fut arrêté devant Vienne ; mais il porta ses armes de Bude jusqu'au fond de la Perse et de l'Arabie. On eût dit l'un de ces empereurs romains dont sa race avait conquis la capitale. Il faisait la guerre, à la fois, aux quatre coins de l'univers. Soliman planta son drapeau vainqueur à Belgrade, à Tunis, en Morée. Il ne craignit pas de tenter la fortune des guerres maritimes, et il s'attaqua à la florissante Venise. Mais il échoua devant Malte comme devant Vienne. On eût dit que le soldat de Dieu était là, posté comme l'ange du paradis terrestre, avec son épée de feu, pour faire reculer ce barbare toujours triomphant ! « Soliman le Magnifique, incline-toi ! Abaisse ton orgueil devant la civilisation chrétienne ! Ta grandeur est celle d'un fléau de Dieu ; la main puissante qui l'a déchaînée la fait rentrer dans le néant ! » Cette pensée ne se vérifia pas dans la personne de Soliman, mais, de nos jours, elle est presque une prédiction accomplie.

FRANÇOIS Ier

1494 à 1547 ap. J.-C.

Ce fut un prince chevaleresque, galant homme, ami des lettres et des arts. Il mérita de donner son nom au siècle qui l'a vu naître. Sa fortune fut très diverse; il eut cependant l'honneur de lutter, avec avantage, contre le grand Charles-Quint. François Ier, vaincu à Pavie, ne peut pas être considéré comme un roi guerrier. Tout l'éclat de son règne vient de la protection qu'il a donnée aux lettres et aux arts. C'était un prince aimable, ami des plaisirs et sachant attirer à sa cour tous les hommes de mérite, français ou étrangers. Il introduisit en France et il y fit fleurir l'art italien, remarquable par son élégance. Ce règne a été nommé l'époque de la Renaissance; la douceur des mœurs fit un contraste avec les règnes précédents, où les armes étaient seules en honneur. Il eut cependant une page glorieuse à Marignan; on aurait pu appeler cette bataille un combat de géants. François Ier était grand de sa personne, plein d'aménité, avait des manières distinguées, et ce fut le premier prince de sa race qui eut, à proprement parler, ce qu'on appela depuis, une cour. Il nous a laissé le château de Chambord, monument historique des plus remarquables, qui appartient aujourd'hui au prince qu'on appellerait Henri V, si les Bourbons revenaient. Pour bien comprendre la grandeur et l'élégance de cette cour un peu raffinée, on peut se représenter le grand château de Chambord avec toutes ses tours, son escalier double, ses énormes dépendances, complètement habité par des milliers de personnes, maîtres et valets. C'est bien l'image de cette brillante monarchie qui n'avait pas encore ses jours de deuil et d'épreuves.

L'ARIOSTE

1474 à 1533 ap. J.-C.

Ce poète fut proclamé divin par les Italiens comme le Dante, Pétrarque et le Tasse ; il eut la même fortune que Pétrarque et fut comblé d'honneurs par les princes italiens ; il fut même chargé d'importantes missions diplomatiques. Plus heureux que Le Dante et le Tasse, il fut, avec Pétrarque, le poète favori de l'Italie. Comme ce dernier, son génie était aimable et charmant ; il avait la grâce de l'esprit italien, sans avoir les hautes inspirations de l'auteur de la *Divine Comédie*. L'Arioste fut, comme tous les grands écrivains, l'homme d'un seul livre ; cet ouvrage capital est le *Roland furieux*. Il mit dix ans à le composer. C'est ainsi que Virgile écrivit l'*Énéide*. L'Arioste composa d'autres ouvrages qui ne furent pas sans mérite. La littérature italienne eut l'honneur d'avoir quatre grands poètes épiques, qui l'ont immortalisée. Notre langue française, qui a inspiré tant de grands écrivains, n'a pas eu cette bonne fortune. Les grands poètes de l'Itatie, véritables prophètes littéraires, ont été les grandes voix qui ont enseigné la poésie à nos peuples modernes. L'Italie, inspirée par leur génie, fut, comme la Grèce et Rome, la grande nation littéraire à laquelle nous devons nos idées, notre langage.

notre art et notre civilisation. Il est cependant une pensée très juste qui doit diminuer notre orgueil, c'est que, pour trouver nos premiers maîtres et nos meilleurs modèles, il faut aller les chercher dans l'antiquité.

L'ISLE-ADAM

1464 à 1534 ap. J.-C.

Ce nom glorieux, auquel il faut ajouter le nom patronimique de Villiers, a été porté par plusieurs hommes remarquables; d'abord par un maréchal de France, né en 1384, qui prit part aux luttes politiques du fameux Jean sans Peur, duc de Bourgogne. Ce guerrier prit deux fois Paris et refusa de servir la cause des Anglais. Mais celui qui est le plus connu des l'Isle-Adam, c'est le grand maître de l'ordre de Malte; il naquit en 1464 et mourut en 1534. Ce chevalier défendit l'île de Rhodes, qui appartenait à l'ordre de Saint-Jean de Jérusalem, contre le sultan Soliman. Dans ce siège mémorable, qui dura une année, l'Isle-Adam combattit contre deux cent mille musulmans avec quatre mille soldats et six cents chevaliers. Vaincu par le nombre et surtout par la faim, il se retira avec les honneurs de la guerre. Charles-Quint consentit à lui céder pour son ordre l'île de Malte, qui devint le siège de cette confrérie militaire, jusqu'au règne de Napoléon Ier. Les chevaliers de Saint-

Jean de Jérusalem s'appelèrent, à partir de cette époque, chevaliers de Malte. L'Isle-Adam est resté l'une des plus nobles figures de cet ordre héroïque. La fondation, qui remonte aux croisades, avait pour but la défense des lieux saints et le soulagement des malades. Cette idée, à la fois militaire et chrétienne, était digne des temps de chevalerie. Dans notre siècle prosaïque, on n'a point des pensées aussi généreuses, et le chrétien armé semblerait une anomalie. On comprend seulement le chrétien martyr; c'est, du reste, son rôle le plus conforme à l'Évangile. Jésus-Christ remit au fourreau l'épée que saint Pierre avait tirée contre des hommes qui venaient s'emparer du Sauveur. Nous ne reverrons plus ni les chevaliers de Malte, ni les Templiers, et, cependant, il nous a été donné de voir, dans la dernière guerre de 1870, une légion chrétienne se couvrir de gloire à Patay, sous la bannière de l'Immaculée Conception; les zouaves de Charrette étaient dignes de servir sous l'Isle-Adam.

COPERNIC
1473 à 1543 ap. J.-C.

Ce savant fit une révolution dans l'astronomie, ce qui vaut mieux que les révolutions politiques. Il avait étudié cette science à Rome, ville qui a toujours été, quoi qu'on en dise, un foyer de lumières. Copernic détruisit le vieux système de Ptolémée ; il démontra que la terre tournait autour du soleil et sur elle-même, et que tout le système planétaire faisait la même révolution. Aujourd'hui, ce système est encore en vigueur, il est même admis que le soleil est entraîné dans l'espace par un mouvement continu, avec le monde dont il est l'âme et le centre. Copernic était un savant allemand ayant toute la ténacité de sa race ; il a passé sa vie tout entière à préparer le succès de son système. Pour rendre justice aux anciens, il faut dire qu'il en trouva, chez eux, les premiers éléments ; ce qui prouve, une fois de plus, qu'il n'y a rien de nouveau dans le monde et que nos pères en savaient aussi long que nous sur le ciel et la terre. La science est ici d'accord avec l'Écriture, et, toutes les fois que les savants voudront dire la vérité, ils reconnaîtront qu'ils n'ont rien inventé qu'on ne trouve dans la tradition biblique. Le système de Copernic a été accepté par tous les savants modernes et il a fait la réputation de son auteur. Ce grand homme n'a détruit aucun empire, n'a pas fait couler le sang humain, mais nous a légué une carte nouvelle et vraie, du royaume des cieux.

PIZARRE

1475 à 1541, ap. J.-C.

François Pizarre fut un célèbre aventurier espagnol qui explora, l'un des premiers, cet isthme de Panama si fameux de nos jours. Pizarre eut une naissance obscure et malheureuse; il garda les pourceaux dans le village de Truxillo, en Estramadure. Mécontent de sa position, peu satisfait des soins de sa famille, il forma le dessein hardi de chercher fortune aux Indes. Il prit pour compagnon un aventurier comme lui, nommé Almagro, de si infime condition qu'on ne sut jamais le nom de son père. Malgré le peu de ressources dont disposaient ces deux associés, ils tentèrent la conquête du Pérou, et, profitant de la rivalité du frère du roi Atahualpa contre ce dernier, ils s'emparèrent du pays et le mirent à contribution; mais, quand il fut question de partager les riches dépouilles qu'ils avaient faites, les deux aventuriers se querellèrent et Pizarre resta seul maître, par la mort d'Almagro que le frère de Pizarre avait tué. Le fils d'Almagro vengea plus tard son père par la mort de Pizarre. Du reste, cette conquête, qui n'était point faite au nom de la civilisation, mais par le seul appât du lucre, fut souillée par d'abominables cruautés. Les chrétiens, si l'on peut appeler de ce nom ces flibustiers sans foi ni loi, se montrèrent mille fois plus barbares que les populations soit-disant sauvages qu'ils avaient si facilement domptées. La politique de Charles-Quint lui fit fermer les yeux sur ces crimes qui enrichissaient l'Espagne, et Pizarre reçut le titre de vice-roi des Indes. La conquête ne se borna pas aux villes de Cuzco et de Quito, elle s'étendit jusqu'au

Chili. La fondation de Lima date de cette époque. Pizarre ne profita pas longtemps de sa conquête qui ne pouvait être durable, même pour l'Espagne. C'est par des bienfaits et de bonnes lois qu'on fonde des colonies, et non par le meurtre, le pillage et les exactions. La victoire n'est qu'un fait brutal qui cause des représailles, tant que la clémence du vainqueur ne l'a pas étendue jusqu'au cœur des vaincus.

MÉLANCHTHON

1497 à 1560 ap. J.-C.

Si Luther fut l'auteur de la réforme protestante, Mélanchthon en fut le législateur. Ce que le premier avait fait par passion, le second le fit par système; l'un fut un moine ambitieux, l'autre un sectaire et un novateur. Luther détruisait par haine de ce qui existait; Mélanchthon le faisait pour rebâtir un monument dont il serait le seul architecte. Ce fut un hasard qui rapprocha ces deux hommes qui se complétèrent l'un par l'autre. Tous deux Allemands, ils se rencontrèrent à Vittemberg, où Luther professait la théologie et Mélanchthon le grec. Malgré l'opposition de leurs caractères et de leurs idées, ils se lièrent d'amitié, et bientôt cette liaison devint une complicité de révolte contre l'Église. Mélanchthon, plus conciliateur, écrivit les déclarations de la *Confession d'Augsbourg* qui ne furent acceptées par son parti qu'après une seconde rédaction assez différente de la première. Mélanchthon ne se contenta pas d'écrire pour l'Allemagne; il adressa à François Ier un mémoire qui fut considéré, par les réformistes d'Allemagne, comme une honteuse concession; elle valut à son auteur les persécutions de ces nouveaux amateurs de liberté qui ne comprenaient l'indépendance que pour eux-mêmes. Mélanchthon, ce savant, cet esprit distingué, auteur de plusieurs ouvrages de théologie, de littérature et de morale, se vit abandonné, repoussé, renié, condamné par les siens. Ce réformateur était exclu lui-même du camp des réformés; on le chassait de chez lui : singulière et juste leçon donnée à un semeur d'ivraie, se plaignant de ne pas récolter de bon grain. Enfin les esprits se calmèrent, après la nouvelle rédaction de la déclaration d'Augsbourg; la valeur de l'homme fut son salut, on avait encore besoin de lui pour la cause de la réforme. Mélanchthon n'en fut pas seulement le jurisconsulte, mais encore l'historien, car il a laissé une *Vie de Luther*, le grand chef du protestantisme. On a aussi de lui une *grammaire latine*. C'était un esprit universel; il est fâcheux qu'une aussi belle intelligence n'ait brillé que dans les ténèbres de l'erreur.

CHARLES-QUINT

1500 à 1558 ap. J.-C.

Ce prince fut ainsi appelé parce qu'il était Charles le cinquième. Il avait pour compétiteur au trône d'Allemagne le roi de France, François Ier; les grands électeurs le préférèrent à son rival. Il fut donc empereur d'Allemagne et roi d'Espagne; il put rêver la monarchie universelle et il ne fut pas loin de l'atteindre. Son règne se passa en grande partie à lutter contre François Ier; il y eut même, entre ces deux princes, un assaut de générosité. Un jour, Charles-Quint eut besoin de traverser la France. François Ier, qui était en guerre avec lui, accorda le passage, et l'empereur, confiant dans la loyauté chevaleresque de son ennemi, profita de l'autorisation et ne fut pas inquiété. Ce trait fait honneur aux deux princes et à leur époque. Charles-Quint régna en maître sur l'Espagne, le nouveau monde, les Pays-Bas, la Franche-Comté, l'Allemagne et une partie de l'Italie. Il espérait démembrer la France et établir la domination universelle de sa maison; mais il trouva, dans François Ier, un adversaire redoutable et persévérant. On lui prête cette phrase: « Combien de journées aurions-nous jusqu'à Paris? » Il lui fut répondu: « Si Votre Majesté entend journées par batailles, il y en aurait une douzaine, à moins que l'agresseur n'eût la tête rompue à la première. » Mais Charles-Quint fut obligé de se rembarquer après son entrée en Provence. Il lutta avec une grande énergie contre les États barbaresques, et l'on raconte même qu'il s'y trouva dans une position assez embarrassée, dont François Ier aurait pu profiter. Charles-Quint fut un grand caractère; lassé des grandeurs humaines, il déposa la couronne impériale avant sa mort et se retira, en Espagne, au monastère de Saint-Just qu'il avait fondé lui-même. Il vécut là, assurément, plus en empereur qu'en moine, mais, néanmoins, cette abdication fut un grand exemple de détachement des choses humaines. On venait au couvent consulter le vieil empereur sur les questions politiques. Charles-Quint poussa le sentiment religieux si loin, qu'il voulut assister lui-même à ses propres funérailles; c'est le seul exemple d'un souverain qui se soit, au milieu de sa toute-puissance, abaissé volontairement devant ses contemporains. L'histoire a critiqué cette conduite de Charles-Quint, elle lui reproche, comme à saint Louis, d'avoir subordonné la politique à la religion. Ce reproche est d'autant plus singulier, que beaucoup de princes ont subordonné la religion à la politique, et qu'on n'a pas songé à leur en faire un crime. Charles-Quint serait-il moins grand parce qu'il a été moins ambitieux sur la fin de sa vie? parce qu'il a préféré le salut éternel aux grandeurs humaines? Qui a le droit de le juger? Qui s'est trouvé dans cette position pour sonder le fond de sa conscience? Charles-Quint a été plus grand que ses détracteurs. En un mot, il a eu toutes les grandeurs : après avoir été un grand empereur, il fut un grand chrétien.

BERNARD PALISSY

1500 à 1589 ap. J.-C.

On parle beaucoup aujourd'hui des ouvriers, de leurs droits, de leur avenir, de leur émancipation; mais on oublie que tout ce qu'on leur promet, ils l'ont eu dans un passé plus sobre de paroles, mais plus fécond en résultats. Voici un exemple dans la personne de cet homme illustre, nommé Bernard Palissy, un simple potier d'Agen, parvenu, par ses travaux, à la fortune et à l'immortalité. Cet homme extraordinaire étudia l'art italien et antique qu'il sut appliquer à ses poteries. Sa peinture sur émail est tellement estimée, encore aujourd'hui, qu'on n'est pas parvenu à l'imiter. Ce potier ne se contenta pas de faire des travaux manuels; il devint savant et professeur; il forma des élèves et donna, dans Paris, des conférences qui valaient mieux que nos réunions publiques. Il y exposa ses recherches personnelles et ses études sur la géologie, les pierres et les métaux. Il a laissé des ouvrages fort estimés, sur l'agriculture et les émaux. Nous avons conservé quelques-unes de ses belles poteries au Louvre, à Cluny et à Limoges. La politique fit un martyr de ce grand travailleur, et la Bastille abrita ses dernières années. On prétend que la persécution dont il fut victime avait pour cause la religion réformée qu'il avait embrassée avec trop d'ardeur. Peut-être aussi ses rapides succès lui firent-ils des ennemis dans ce pays, où la jalousie a été de toutes les époques. Ce fut donc un homme complet que Bernard Palissy, puisqu'il put ajouter les palmes du martyre politique aux lauriers du savant et de l'artiste.

BENVENUTO CELLINI

1500 à 1571 ap. J.-C.

François 1er, ce roi si français, ce protecteur des arts et des belles-lettres, qui transforma l'esprit et le goût de notre nation en les policant, savait attirer à la cour de France tous les hommes de mérite des pays étrangers. L'Italie, alors si riche en grands artistes, devait payer son tribut à ce souverain éclairé. Aussi c'est à elle, surtout, qu'il s'adressa pour lui demander ses peintres et ses sculpteurs. Benvenuto Cellini fut un de ceux qu'attira François 1er. Il était du pays de Laurent le Magnifique. Mais il dut comprendre à Fontainebleau, dont il sut si bien orner le château, que la magnificence de François Ier pouvait faire oublier celle des Médicis. Benvenuto Cellini ne se contenta pas d'exécuter des ouvrages de ciselure et d'orfèvrerie qui sont encore très recherchés de nos jours ; il a joint le précepte à l'exemple et a laissé des écrits estimés sur la sculpture et la dorure. C'était un artiste de génie et un homme de cœur. Il défendit sa patrie, les armes à la main, et l'on dit que, au siège de Rome, en 1527, son bras châtia la trahison du trop célèbre connétable de Bourbon. La France, quelquefois ingrate pour ses grands hommes, ne l'a point été à l'égard de ce grand Florentin. Son nom est resté populaire parmi nous. Il y a quelques années, il fit même l'objet d'une représentation où figurait notre regretté Mélingue dans le rôle du célèbre sculpteur. Il est bon de faire revivre ces grandes figures de l'histoire. Ce sont les vrais ancêtres des grands hommes de l'avenir.

CALVIN

1509 à 1564 ap. J.-C.

Ce Picard, destiné d'abord aux ordres, trompa sa vocation. Il étudia le droit, à Orléans ; mais, se souvenant de ses premières études, il suivit avec passion, la réforme de Luther. D'un esprit absolu, il n'en prit que la partie abstraite ; il prêcha cette doctrine d'abord à Paris, puis dans diverses villes de France. Ce fut l'origine des huguenots, secte aussi politique que religieuse, qui désola la France sous le règne des derniers Valois. Beaucoup de familles de gentilshommes donnèrent dans le travers de cette hérésie. Calvin, comme tous les révolutionnaires, se sauva à l'étranger pour éviter la responsabilité du mal qu'il avait fait. La Suisse fut son asile ; il n'y vécut pas en paix et en fut chassé plusieurs fois ; cependant, cette terre de l'impiété devint plus tard sa dernière et paisible patrie : l'imposteur avait enfin conquis une tranquillité relative, et il était si peu discuté, qu'on le nomma, sans doute par dérision, le pape de Genève. Ce sectaire avait, en matière de liberté, les idées de ses pareils ; ne souffrant pas la contradiction, il fit brûler, comme hérétiques, les adversaires de ses doctrines. Voilà sur quels principes de charité et de liberté furent établis les dogmes de cette réforme qui prétendait purifier l'Église et qui n'avait fait que corrompre la société, en établissant la révolte légale qui, plus tard, devait s'appeler la Révolution. Comme si le diable lui-même en eût été le parrain, Calvin joignit à un esprit infernal cette érudition sans croyance qui trompe les yeux des hommes ; il suffit qu'un savant audacieux affirme une erreur pour qu'on la croie, sans preuves, et les vérités les plus grandes, appuyées par des miracles, seront contestées par ces esprits si crédules ! Calvin réussit à la façon des charlatans ; il fonda une religion à l'instar de Luther et de Mahomet. Le caractère principal de sa doctrine fut le despotisme, sous le masque de la liberté ; l'erreur ne peut pas se laisser discuter : les catholiques ont eu, de tout temps, des martyrs; mais, pour faire des martyrs, il faut des bourreaux !

L'HOSPITAL

1505 à 1573 ap. J.-C.

Michel de L'Hospital montra, sous les Valois, à une époque où tous les caractères s'étaient abaissés, une grande énergie et une grande intégrité. Chancelier, magistrat, ministre des finances, garde des sceaux, il conserva un caractère tel qu'on ne devait pas l'attendre de son époque. Ce favori des Valois sut rester honnête, au milieu de la cour la plus dissolue. Les intrigues ne le troublèrent pas; il eut le courage de déplaire à beaucoup de gens en combattant toutes sortes d'abus. Ce fut le Sully des Valois, ce fut le mentor de ces princes dominés par des femmes, amollis par la civilisation italienne, gâtés par le sang des Médicis, qui devaient finir si tristement et qui eussent emporté avec eux la France, si Dieu n'avait gardé cette nation pour d'autres destinées. On sut gré à L'Hospital de s'être conservé pur au milieu d'un tel désordre. Sa figure fit un contraste dans cette page de notre histoire; c'est peut-être là tout le secret de sa réputation. On l'accusa de favoriser les protestants, parce qu'il était un catholique libéral, c'est-à-dire un véritable catholique. Il se retira, sans fortune, du pouvoir, à une époque où la faveur enrichissait d'indignes créatures. On lui doit les *Ordonnances* qui sont l'honneur de sa mémoire. Il est resté un grand légiste, mais il fut aussi un brillant homme de lettres. Il a laissé des ouvrages estimés et un nom qui est, encore aujourd'hui, un emblème d'honneur et de vertu.

SAINTE THÉRÈSE

1515 a 1582 ap. J.-C.

Cette grande sainte espagnole fut à la fois une grande âme et un grand esprit. Fondatrice des carmélites, elle abandonna le monde et la fortune pour se consacrer à Dieu. Il y eut dans sa vie une grande lutte et quelques défaillances; mais l'amour de Dieu l'emporta sur les passions, et, sans avoir eu d'autres écarts que ceux de son imagination, elle eut toute la foi brûlante de sainte Madeleine. On lui doit la création de seize couvents de son ordre; elle a laissé une grande réputation de sainteté dans les maisons religieuses de femmes. Cette grande sainte fut aussi un grand écrivain. Comment, en effet, ne pas écrire d'une manière admirable, avec une âme aussi élevée vers Dieu! Sainte Thérèse aima Dieu comme une femme, et le glorifia comme un homme. L'Église pourrait, à bon droit, la compter au nombre de ses docteurs; la plupart de ses écrits sont en latin; c'est une étude pour la perfection de la vie chrétienne, et les âmes d'élite trouvent un modèle dans ces pages empreintes du plus ardent et du plus parfait amour de Dieu. On cite particulièrement le *Château de l'âme* et le *Chemin de la perfection*. L'histoire raconte un détail touchant de l'enfance de sainte Thérèse : elle partit avec son frère pour aller trouver le martyre au pays des Maures. Dieu ne voulut pas de sa vie, mais il garda son âme; elle était prédestinée.

THÉODORE DE BÈZE

1519 à 1605 ap. J.-C.

Ce personnage fut l'un des principaux fondateurs de l'Église réformée. Il eut toute l'autorité dans cette nouvelle religion, après la mort de Calvin. Il avait connu Mélanchthon et s'était trouvé en rapport avec les premiers chefs de la Réforme. Il avait leurs idées et leur esprit. Sa prétendue tolérance ne l'empêcha pas de faire l'apologie de l'exécution de l'infortuné Servet, martyr religionnaire. Au fond, Théodore de Bèze n'était qu'un homme d'infiniment d'esprit et de talent qui se jeta dans la Réforme parce qu'il y trouvait une position meilleure que dans l'état ecclésiastique, auquel il était d'abord destiné. Il faut ajouter que les écrits licencieux de sa jeunesse et, peut-être aussi, son inconduite, assez notoire pour que Mézeray en eût parlé, lui fermaient la carrière ecclésiastique qu'avaient suivie plusieurs membres de sa famille. Théodore de Bèze n'en fut pas moins pourvu d'un assez beau bénéfice qu'il vendit pour mieux jeter le froc aux orties. Il fut un moment prieur de Lonjumeau. Sa première éducation avait été soignée au point de vue de l'instruction ; aussi connaissait-il à merveille le grec et le latin. Mais son premier professeur, un Allemand nommé Wolmar, lui donna le doute religieux en même temps que la science, et l'initia de bonne heure à la nouvelle doctrine réformée. Théodore de Bèze a joué un très grand rôle dans la Réforme dont il prit publiquement la défense, en France, au colloque de Poissy et à la conférence de La Rochelle. Il était loin d'avoir la charité d'un apôtre, car tous ses discours respirent la passion et la haine. Il se montra d'une extrême violence contre ses adversaires. Comme la France était alors divisée en deux camps, il put soutenir publiquement ses attaques contre l'Église catholique ; mais à la conversion du roi Henri IV, il se retira à Genève où il avait déjà fait des cours publics, après la vente de son prieuré de Lonjumeau. La mort de Calvin lui laissant le terrain libre, il dirigea seul la nouvelle Église et mourut à Genève à un âge fort avancé et en pleine possession de ce pontificat d'un nouveau genre. Son érudition était très grande et il a laissé des écrits qui prouvent au moins une sérieuse ardeur au travail. Sans égaler Marot, il voulut continuer sa traduction des psaumes; il fit une pièce sur le *Sacrifice d'Abraham*; il a laissé des vers nombreux sur les psaumes, sur le Cantique des cantiques, puis un grand nombre d'élégies, de portraits, d'épigrammes et d'épitaphes. Ses poésies ne sont pas sans valeur. Il est fâcheux qu'un esprit aussi distingué ait donné dans le travers des idées de la Réforme. Né catholique et Français, il abandonna sa religion et sa patrie. Une vertu modeste et simple eût mieux valu pour lui que tous ses talents et tout son esprit. Il fut marié deux fois; mais sa jeunesse ne fut pas, au point de vue des mœurs, ce qu'on est en droit d'attendre d'un fondateur de religion. Pour l'impartial historien, Théodore de Bèze ne sera qu'un agitateur bruyant et brillant, qui n'eut pas même le mérite d'être un philosophe sérieux. Certaines intelligences d'élite apparaissent dans l'histoire comme une lumière céleste qui éclaire et guide la raison humaine. C'est en vain qu'on chercherait ce rayon divin chez Théodore de Bèze. On n'y trouvera que la torche aux lueurs sinistres des temps de guerre ou de révolution.

CUJAS

1520 à 1590 ap. J.-C.

Ce grand jurisconsulte naquit à Toulouse de parents d'une condition tout à fait infime. La nature lui donna le génie des belles-lettres. Il apprit, tout seul, la science du droit, et il étudia particulièrement la jurisprudence romaine. Ce cours de droit presque mathématique n'eut pas de secrets pour lui. A cette étude, il joignit celle du grec, du latin et de l'histoire. Après avoir été un élève exceptionnel, il devint le meilleur des professeurs. C'est à Toulouse qu'il débuta dans l'enseignement, mais une injustice qu'on lui fit le décida à s'établir à Bourges où il resta longtemps, entouré d'écoliers venus de toutes les parties du monde. Cujas ne fut pas seulement un grand savant, c'était aussi un excellent cœur. Il aimait ses écoliers comme un père aime ses enfants, et souvent il subvenait à leurs besoins, unissant la charité à l'enseignement. Réputé par son savoir universel, il eut des relations avec les plus grands personnages, et notamment avec le pape Grégoire XIII et le duc de Savoie. Le pape voulait lui confier ses écoles, mais le grand âge de Cujas lui fit refuser cet honneur. Ses pérégrinations scientifiques se bornèrent à la France. Il alla de Cahors à Bourges et de Bourges à Valence. Il reçut dans cette dernière ville un hommage qui dut le flatter beaucoup par sa délicatesse. Le roi l'autorisa à prendre place au milieu des conseillers au Parlement. Cujas fut marié deux fois et ne laissa qu'une fille, son fils étant mort prématurément. Les écrits de ce grand professeur de droit ont été réunis en cinq volumes in-folio, en 1584. Ses œuvres complètes le furent plus tard en dix volumes, de 1658 à 1659. Sa méthode d'enseignement consistait à rechercher les sources historiques de la jurisprudence. C'était le vrai moyen de connaître les lois par l'esprit qui les avait conçues. Cujas est mort dans un âge avancé. Pour les hommes de droit, il est toujours vivant, et ses opinions sont accueillies, par la postérité, comme elles l'étaient autrefois par ses nombreux élèves.

SIXTE-QUINT

1521 à 1590 ap. J.-C.

Ce pape ne fut pas, comme Léon X, le grand protecteur des arts et des lettres; mais il se montra grand administrateur de l'Église universelle. On prétend qu'il feignit des infirmités pour se faire nommer pape, et la tradition raconte qu'une fois l'élection faite, Sixte-Quint jeta ses béquilles. A Rome, on raconte un autre trait qui peint le pontife et le peuple. On dit qu'un jour Sixte-Quint ordonna d'arrêter le premier homme qui entrerait, le matin, par la porte du peuple. C'était un ânier d'apparence fort misérable qui se trouva être chargé de crimes et qui les avoua naïvement. Sixte-Quint est un exemple des traditions démocratiques. On ne dira pas que c'était un favori des grands; il avait été pâtre, et le porcher arriva à être supérieur de plusieurs congrégations; c'est là qu'il fit son apprentissage d'administrateur. Ce fut un des papes les plus énergiques; il réprima l'État et l'Église; il fit la guerre aux vagabonds et aux brigands qui infestaient l'Italie. Il réorganisa l'administration de l'Église et laissa, en mourant, de grandes économies. En politique, il prit part à la ligue qui fit tant de mal à la France, et après avoir excommunié Henri IV, il finit par subir l'ascendant irrésistible de ce grand génie. Tel fut Félix Peretti, que l'histoire a mis au rang des grands hommes sous le nom de Sixte-Quint.

LA PALICE

Mort en 1525 ap. J.-C.

Monsieur de Chabannes, seigneur de la Palice, fut un des héros français les plus populaires. On fit sur lui des chansons; ce qui est, en France, le vrai critérium de la renommée et de la gloire. Dagobert, Marlborough eurent aussi leurs chansons, ces chansons qui ont vécu des siècles, portant au loin la légende du héros dont avait ri un peuple léger et spirituel. Les vérités de monsieur de la Palice ne s'appliquent pas à ce grand homme, mais aux auteurs des chansons qui le concernent. Il fut, lui, un brave soldat, un grand homme de guerre, un général heureux. Nous le voyons, sous Louis XII, prendre part à la victoire de Ravenne, faire une admirable retraite à travers l'Italie, en laissant des troupes dans le fameux quadrilatère. Sous François Ier, il se couvre de gloire à Villefranche, à Marignan, à la Bicoque, à Fontarabie et à Marseille. Comme il n'avait pas voulu survivre aux fautes de son roi, il chercha et trouva la mort sous les murs de Pavie. Tel est ce grand homme qu'on a voulu ridiculiser, mais dont la vie est sans tache et la gloire sans souillure. Il fut maréchal de France et l'un des plus fermes soutiens de la monarchie. La France a fourni quelques grands hommes de sa trempe qui furent les vrais instruments de sa grandeur ; ils n'ont pas trouvé de poètes habiles pour chanter leurs exploits et les grandir en renommée ; mais ils valent bien les héros d'Homère. En passant dans la vie, ils firent moins de bruit, mais plus de besogne.

PHILIPPE II
1527 à 1598 ap. J.-C.

Ce prince taciturne, impérieux, violent, ambitieux, fut une sombre, mais énergique figure. Il était fils de Charles-Quint. Il ne succéda pas à son père sur le trône impérial d'Allemagne, mais seulement sur celui d'Espagne, de 1556 à 1598. Ce prince qui, comme son père, avait rêvé la monarchie universelle, troubla l'Europe par ses intrigues. Marié à une princesse d'Angleterre, il forma le projet de ramener ce pays à la foi catholique. Son caractère absolu l'avait poussé à établir dans ses États l'inquisition, qui était un tribunal plutôt politique que religieux. Il voulut l'étendre à ses autres États de l'Europe, ce qui lui valut mille difficultés. Son ambition fut un instant couronnée par de grands succès. En 1571 il battait les Turcs dans la glorieuse journée de Lépante et leur faisait perdre vingt-cinq mille hommes et plus de deux cents vaisseaux. En 1559, il battait les Français à Saint-Quentin, le jour de la Saint-Laurent. C'est en souvenir de cette victoire qu'il construisit le beau palais de l'Escurial, qui est encore une des merveilles de l'Espagne. Ce palais, qui a la forme du gril de saint Laurent, est plutôt un couvent qu'un palais; en le visitant, on comprend mieux le sombre génie de son fondateur. Henri IV arrêta, en France, les succès de Philippe II, et les éléments se chargèrent de détruire l'invincible *Armada* qu'il avait envoyée à la conquête de l'Angleterre, en souvenir de l'infortunée Marie Stuart dont il voulait venger la cruelle et injuste fin. Philippe II, toujours préoccupé de l'idée religieuse, qu'il servait mal, par son intolérance, voulut effacer de ses États toute trace de la domination musulmane. Il persécuta les Maures d'Andalousie, et don Juan d'Autriche, le vainqueur de Lépante, en détruisit plus de cent mille, pour les réduire à l'obéissance. C'était enlever aux provinces du Midi de l'Espagne la population la plus laborieuse et la plus industrieuse. Le pays ne se releva jamais de ce coup qui étonne de la part d'un homme de génie. Les Pays-Bas ne furent pas épargnés, et le dur régime auquel était soumise l'Espagne s'étendit également sur ces provinces lointaines et y suscita des révoltes qui furent noyées dans le sang. Telle fut cette sombre figure de Philippe II que l'histoire ne nous a pas fait connaître dans tous ses aspects, génie terrible, mais grand. Cet homme avait une idée généreuse qu'il était peut-être seul capable de mener à bien; cette idée, c'était le rétablissement de la foi catholique dans toute l'Europe ; c'était la revanche de la Réforme de 1517. Le caractère absolu et énergique de ce prince convenait à un pareil rôle. Dieu, qui a ses desseins et qui aime la liberté plus et mieux que les hommes, n'a pas permis le triomphe de la vérité par de tels moyens. La politique de Philippe II échoua et disparut avec lui. Ne terminons pas ce portrait sans y placer une ombre qui fait tache au tableau. Comme Pierre le Grand, bourreau de son fils Alexis, Philippe II le fut, dit-on, de son fils Carlos. Ce prince infortuné s'était révolté, comme Alexis, contre son père, et la raison d'État, étouffant les sentiments humains, sa perte fut résolue et consommée. On voit par là que, si les hommes de génie se ressemblent souvent par de grands traits de caractère, ils se ressemblent aussi, non moins souvent, par de grands crimes. Philippe II mourut abreuvé d'amertume, de soucis et ne laissant que peu de regrets après lui.

MONTAIGNE

1533 à 1592 ap. J.-C.

Cet écrivain, qui a un peu la manière et l'esprit de Rabelais, eut surtout le mérite d'être original; il l'est resté, au point que la postérité a ratifié l'hommage de ses contemporains. Il fallait un certain mérite, en effet, pour traiter tous les sujets, juger toutes les matières, sans être banal ou insuffisant. Montaigne n'a fait qu'un seul ouvrage, ses *Essais*. Mais le livre est resté. Il est fort remarquable et fort original. Ce sont des notes de philosophie jetées sans ordre sur le papier, écrites, pour ainsi dire, au courant de la plume, fort bien écrites, d'ailleurs, et relevées par de nombreuses et savantes citations latines en vers, qu'on eût pu augmenter encore dans les passages où le latin pouvait braver l'honnêteté. Il y a aussi des anecdotes empruntées à l'histoire ancienne et moderne, qui prouvent que l'auteur avait beaucoup lu et beaucoup retenu. Il y a un peu de tout, dans les *Essais* de Montaigne ; on y parle « de l'âme, des rois, des ambassadeurs, de la mort, de l'imagination, de la loi, des enfants, des sonnets, d'Estienne de la Boëtie, des cannibales, de la police, des vêtements, de Caton, de Cicéron, de la bataille de Dreux, de Démocrite et d'Héraclite, de l'ivrognerie, des Parthes, de la gloire, de la liberté de conscience, des postes, des poulces, de Sénèque, de Plutarque, des femmes, des pères, du repentir, de Virgile, des coches, des boiteux, de l'expérience ! »

On voit, par ces citations de chapitres qui se suivent à peu près, quel pot pourri est ce livre. Cet ouvrage est le résumé de toutes les connaissances, de toutes les études et de toutes les réflexions d'un homme érudit qui avait des loisirs et le goût de la philosophie.

« Personne n'est exempt de dire des fadaises, dit Montaigne, les miennes m'échappent aussi nonchalamment qu'elles le valent. Je parle au papier comme au premier venu que je rencontre. » Il dit, dans un autre passage : « Les autres forment l'homme, je le récite. » C'est, en effet, un infatigable conteur qu'il n'est pas toujours facile d'écouter ni de comprendre, mais qui, du moins, reste toujours aussi intéressant qu'original.

Voici, du reste, un chapitre fort court, le plus

court de l'ouvrage, qui donnera, sans fatigue, une idée exacte de la manière d'écrire de Montaigne. C'est le chapitre XXI ; il est intitulé : « *Le profit de l'un est dommage de l'autre*, et on y lit ce qui suit : « Demades, Athénien, condemna un homme de sa ville qui faisait mestier de vendre les choses nécessaires aux enterremens soubs tiltre de ce qu'il en demandait trop de profit, et que ce profit ne luy pouuait venir sans la mort de beaucoup de gens, ce jugement semble estre mal pris ; d'autant qu'il ne se faict aucun profit qu'au dommage d'autruy, et qu'à ce compte il faudrait condamner toute sorte de guain, le marchand ne faict bien ses affaires qu'à la débauche de la jeunesse, le laboureur à la cherté des bleds, l'architecte à la ruine des maisons, les officiers de la justice aux procès et querelles des hômes, l'honneur mesme et pratique des ministres de la religion se tire de notre mort et de noz vices. Nul médecin ne prent plaisir à la santé de ses amis mesmes, dit l'ancien comique grec, ny soldat à la paix de sa ville, ainsi du reste. Et qui pis est, que chacun se sonde au dedans, il trouvera que nos souhaits intérieurs, pour la plupart, naissent et se nourrissent aux dépens d'autruy. Ce que considérant, il m'est venu en fantasie, comme nature ne se dément point en cela de sa générale police ; car les physiciens tiennent que la naissance, nourrissement et augmentation de chaque chose, est l'altération et corruption d'un autre. » Le chapitre n'eût pas fini convenablement sans les inévitables vers latins ; les voici :

> Nam quodcumque, suis mutatum finibus exit
> Continuo hoc mors est illius, quod fuit ante!

Nous pouvons donner le titre exact de la dernière édition des *Essais* de Montaigne, publiée en 1594. Il est ainsi conçu : « *Les Essais de Michel, seigneur de Montaigne*, édition nouvelle, trouvée d'après le décèds de l'autheur, reveue et augmentée par luy d'un tiers plus qu'aux précédentes impressions. A Paris, chez Abel l'Angelier, au premier pilier de la grande salle du Palais. Cet ouvrage est précédé d'une préface par la fille d'alliance de Montaigne, Mlle de Gournay, avec laquelle il fit un grand commerce d'amitié sur la fin de ses jours. Cette préface fort longue est écrite dans le style et les idées de Montaigne ; elle finit laconiquement à la manière latine, par ces deux mots : « Adieu, lecteur. » Telle fut l'œuvre de Montaigne. L'homme était un seigneur périgourdin, né au château dont il illustra le nom. Sa famille était d'origine anglaise. On l'avait parfaitement élevé, et, dès sa plus tendre enfance, il fut versé dans la connaissance usuelle du latin ; on le voit par sa prédilection pour cette belle langue. Ayant étudié le droit, il devint conseiller à la cour des aides de Périgueux et au Parlement de Bordeaux. Il y eut pour collègue et ami ce La Boëtie dont il a cité les sonnets dans son livre. En 1570, il quitta sa charge pour s'adonner plus librement à ses chères occupations littéraires. Il se mit à écrire et à voyager pour étendre encore ses connaissances. Il visita la France, l'Allemagne, la Suisse et l'Italie. Malgré son désir d'indépendance, la faveur publique et celle du roi l'honorèrent du titre de citoyen romain, de celui de maire de Bordeaux, de ceux de gentilhomme de la chambre et de chevalier de Saint-Michel. Il vécut, à la cour, dans l'intimité et les bonnes grâces des Valois, Henri II, Charles IX et des princesses Catherine de Médicis et Marguerite de France. Les guerres de religion troublèrent la fin de sa carrière. Soit qu'il voulût trop ménager les uns et les autres, soit qu'il ait été accusé d'avoir trompé tous les partis, ayant cherché à les concilier après les états de Blois, où il figura, il fut en égale suspicion de la part des huguenots et des ligueurs. Ces derniers, qui n'étaient pas pour les demi-mesures, l'enfermèrent à la Bastille en 1588. Il mourut quatre ans après, en 1592. Telle fut la fin de cet aimable sceptique, dont le vieux français est plus amusant que méchant et qui recueillit un peu trop le fruit de son manque de principes. La postérité l'a dédommagé de ses dernières épreuves en immortalisant sa mémoire.

ÉLISABETH

1533 à 1603 ap. J.-C.

Cette reine d'Angleterre avait la science politique d'un homme d'État, l'instruction d'un lettré, mais elle n'eut jamais le cœur d'une femme. Elle fut la digne fille de Henri VIII. Sa haine contre le catholicisme fut l'unique pensée de son règne. Elle continuait les traditions paternelles ; Henri VIII, pour excuser ses débauches, ne craignit pas de jeter l'Angleterre dans l'erreur. On ne comprend pas le charme qui attacha au char d'Élisabeth les plus grands princes de l'Europe. Le terrible Philippe d'Espagne lui-même la fit demander en mariage. Irrité sans doute d'un refus qu'il ne méritait pas, il arma contre elle sa fameuse flotte appelée *l'Invincible Armada*. Les éléments sauvèrent Élisabeth de ce grand danger. Elle continua à régner en despote sur l'Angleterre. Ce fut un Cromwell en jupons ; jusque dans ses faiblesses, elle se montra cruelle et impitoyable. La mort du comte d'Essex fit le pendant de l'assassinat juridique de sa cousine, de sa rivale, l'infortunée Marie Stuart ; et cependant cette reine fut grande par son administration, par l'impulsion qu'elle sut donner à toutes les forces vives de la nation. Ce qu'il faut avant tout, en politique, c'est que la vie d'un peuple se continue jusqu'à ce que la Providence ait marqué sa fin. Il ne faut pas s'étonner si de grandes choses se font sous les mauvais princes, car ils deviennent involontairement des instruments de Dieu. Les peuples qu'ils gouvernent sont assez malheureux de les avoir, sans subir encore toutes les conséquences de leur tyrannie. La guerre contre l'Espagne ne fut pas la seule que la reine Élisabeth ait eue à soutenir. Elle porta encore ses armes en Irlande et dans les Pays-Bas. Élisabeth régularisa la réforme de l'Église d'Angleterre dont elle se déclara le chef. La puissance d'une volonté despotique, armée d'un grand pouvoir, est tellement en faveur parmi les hommes, que cette princesse régna paisiblement sur l'Angleterre, honorée de ses sujets et redoutée des puissances étrangères. La justice de Dieu, qui est infaillible, sut la frapper à son heure. Cette grande reine, qui avait le génie d'un homme, sans avoir les délicatesses de la femme, ne sut pas fonder une dynastie, et ce fut le fils de sa victime, Marie Stuart, qui lui succéda sur le trône d'Angleterre.

ACHILLE DE HARLAY

1536 à 1616 ap. J.-C.

Ce fut le type du grand magistrat français. Il fut conseiller au Parlement à l'âge de vingt-deux ans, et premier président à la place de son père quelques années plus tard. Il était d'un grand savoir, d'une grande droiture, et il montra une rare énergie dans les troubles politiques. C'est lui qui dit au duc de Guise : « C'est grand' pitié quand le valet chasse le maître. Mon âme est à Dieu, mon cœur au roi et mon corps aux méchants ! » Il fut enfermé à la Bastille et ne fut délivré qu'avec rançon, à la mort de Henri III. Malgré un caractère austère, il combattit les ultramontains avec passion, ce qui explique la faveur dont il jouit auprès de Henri IV. C'était un grand caractère; il eut la fermeté et la loyauté du magistrat, mais il était imbu, comme tous les hommes de loi de son époque et comme tous les bourgeois du temps, d'idées hostiles à la cour de Rome. Il était gallican ; il appartenait, d'ailleurs, à une vieille famille française qui a donné des hommes illustres à l'Église et à l'État. Nul n'était plus digne que lui de la continuer, ce qu'il fit en l'illustrant.

CRILLON

1541 à 1615 ap. J.-C.

Plusieurs guerriers ont porté ce nom ; le plus célèbre fut celui auquel Henri IV écrivait après Arques : « Pends-toi, brave Crillon, on a vaincu sans toi ! » La phrase n'est pas textuelle, mais elle est devenue proverbiale. Ce Crillon, d'une famille originaire d'Italie, s'appelait Louis des Balbes de Berton de Crillon. Il servit avec distinction sous les derniers Valois, et ses faits d'armes eussent été plus connus si ces règnes avaient jeté plus d'éclat sur notre histoire. Henri IV savait du moins apprécier sa noblesse et ses gens de guerre. Il fit de ce brave capitaine un fidèle serviteur et un ami. Il y avait quelque chose de la manière antique dans les rapports du Béarnais avec ses compagnons d'armes. Il savait exalter le talent, la valeur, sans jamais sacrifier la dignité humaine. Chacun restait à sa place, parce que le roi savait garder la sienne. Mais une familiarité fraternelle existait entre ses gentilshommes et lui. On avait été ensemble au danger, on restait ami dans la victoire. Ce prince, qui voulait la poule au pot pour ses sujets, savait bien traiter ses capitaines, et il se connaissait en hommes. Le cas qu'il fit de Crillon est pour ce dernier le plus bel éloge possible. Le mot de Henri IV restera, et, en passant à la postérité, sera pour Crillon un brevet d'immortalité.

MARIE-STUART

1542 à 1587 ap. J.-C.

Cette princesse infortunée fut deux fois reine : en Écosse, par sa naissance, en France, par son mariage avec François II. On pourrait dire qu'elle fut deux fois reine par sa beauté et par son martyre. Elle regretta cette belle France qu'elle a chantée dans de poétiques adieux. On aurait dit qu'elle devinait les malheurs qui l'attendaient dans sa première patrie. On lui reprocha sa foi catholique, et son trône ne fut entouré que de traîtres et d'ennemis. Elle crut vaincre les antipathies des Écossais en épousant l'un d'entre eux qui s'appelait Darnley. La cour n'en fut pas plus tranquille. Le nouveau roi fit assassiner l'Italien Rizzio, dont il était jaloux et qui avait la faveur de la reine. Après ce meurtre, elle épousa Bothwell, assassin présumé de Darnley. Une insurrection la renverse du trône et la force à chercher un abri auprès de sa cousine Élisabeth, reine d'Angleterre. Cette cruelle princesse lui donna, pour toute hospitalité, une affreuse prison où elle resta dix-huit ans. La postérité s'est émue au souvenir de tant de malheurs. L'infortune de Marie-Stuart ne devait finir qu'avec sa vie. Élisabeth, jalouse de sa beauté, envieuse de sa fortune, prétexta une conspiration pour changer en un supplice sanglant cette captivité qui n'était qu'une longue infamie. Marie Stuart fut décapitée à Londres, par l'ordre de sa cruelle parente. Cette mort a jeté une tache ineffaçable sur la grande figure d'Élisabeth. Sa victime, au contraire, a trouvé, dans l'héroïsme de sa mort, l'auréole éternelle du martyre. Marie Stuart est restée une figure légendaire, chantée par les poètes et représentée par les grands peintres. Elle eut la grâce, la beauté, l'insouciance de Marie-Antoinette. Elle eut aussi son courage et sa force d'âme dans la mort. De ces deux reines, Élisabeth et Marie Stuart, l'une, le bourreau, l'autre, la victime, c'est la dernière, Marie Stuart, qui est restée, pour la postérité, la véritable reine. Élisabeth a conquis, par son crime, un empire terrestre et éphémère, Marie Stuart a gagné, par ses malheurs, la couronne de l'immortalité.

LE TASSE

1544 à 1595 ap. J.-C.

Le Tasse fut l'un des plus grands poètes italiens ; il était fils d'un poète célèbre qu'il fit oublier en le surpassant. Son grand ouvrage, qui est un chef-d'œuvre, fut la *Jérusalem délivrée*. C'est un poème épique sur les croisades. Le Tasse composa d'autres ouvrages ; entre autres, le poème de *Renaud* qui fit sa réputation. Sa carrière fut trop tourmentée pour qu'il pût augmenter le nombre de ses chefs-d'œuvre. Mêlé à la vie des cours, il s'éprit follement d'un amour malheureux pour la sœur du duc de Ferrare. Cette passion violente altéra sa raison, jeta le désordre dans son existence, et le fit enfermer pendant sept ans dans une maison de fous. Le duc de Ferrare ne consentit à le relâcher que sur la demande des princes italiens et du pape Clément VIII. Ce pauvre fou, de génie et d'amour, mourut à la veille de son triomphe. Il allait être couronné à Rome par les mains de ce souverain pontife qui savait mieux encourager les lettres et les arts que les ennemis actuels de l'Église. Le Tasse, appelé aussi Torquato, fut l'un des quatre grands poètes dont s'honore l'Italie. Sa *Jérusalem délivrée* est une de ces œuvres immortelles que la postérité conserve avec admiration. On peut la placer à côté du *Paradis perdu* de Milton et du *Roland furieux* de l'Arioste. Ces poèmes sont un effort merveilleux et gigantesque de l'imagination humaine. Ils ne valent cependant pas l'*Iliade*, l'*Odyssée* et l'*Énéide*. Ils s'éloignent trop des lignes correctes et pures des anciens pour prendre la forme plus légère et plus colorée des modernes. C'est le sentiment qui a remplacé l'idée; c'est la folle du logis qui parle à la place de l'intelligence et de l'esprit. Il faut être fou pour écrire ces œuvres-là. Le Tasse fut l'un de ces fous, ce qui ne diminue pas son mérite, car le génie est plus proche qu'on ne le croit de la folie.

CERVANTÈS

1547 à 1616 ap. J.-C.

Ce grand écrivain naquit en Espagne, d'une famille noble. Il s'appelait Michel Saavedra. Il servit son pays comme militaire et fut blessé à Lépante. Pris par des corsaires, il resta cinq ans esclave en Algérie. Lorsqu'il fut racheté, il retourna en Espagne et y passa le reste de sa vie à cultiver les lettres. On a de lui plusieurs ouvrages estimés; mais le *Don Quichotte*, qui est un chef-d'œuvre, a fait oublier les autres. Cervantès y raille, avec esprit et avec une grande profondeur de vues, le mauvais goût des romans de chevalerie. Il se moque, en même temps, des défauts du peuple espagnol, tout en mettant en relief les grandes qualités de cette nation. Le *Don Quichotte* est donc, à la fois, une œuvre nationale, littéraire et philosophique; la forme en est comique, le fond en est sérieux, le style appartient au genre poétique. Pour ceux qui ont le bonheur de pouvoir lire *Don Quichotte* en espagnol, ce livre renferme des trésors littéraires. On ne se lasse pas de suivre l'auteur jusque dans les descriptions les plus prolixes; la richesse de la langue espagnole fait supporter les répétitions : on aime à voir ces jeux de l'esprit où la même pensée revêt mille formes différentes, aussi brillantes les unes que les autres. Il fallait le génie de Cervantès pour intéresser le lecteur à ce pauvre fou de Don Quichotte, à cet homme simple et grossier qu'on appelle Sancho Pança et qui fut l'écuyer du chevalier de la Triste Figure. Bien qu'en apparence la donnée du roman soit très futile, Cervantès s'y est élevé à une telle hauteur, par les idées et par les sentiments, que ce fou de Don Quichotte devient un fou sublime, et que cet âne de Sancho représente le bon sens en personne. Avec deux personnages, l'homme de génie qu'on appelle Cervantès a fait un chef-d'œuvre. On finit par aimer Don Quichotte, malgré sa folie, et Sancho, malgré sa bêtise. Don Quichotte est si follement honnête qu'on l'estime malgré soi. Sancho, quoique plein d'illusions, a tant de jugement qu'on se prend à l'écouter et à lui donner raison. De quelque côté que l'on envisage ce grand livre, on y trouve, sous toutes les faces, une moralité profonde et des peintures admirables. C'est peut-être, en somme, le portrait d'un Espagnol qui a voulu se peindre lui-même et qui, sur sa riche palette, a mis les couleurs de sa nation. En Espagne, on fait tant de cas de la bravoure, que, fût-elle déraisonnable, on l'estime encore plus que toutes les autres qualités. On retrouve encore dans Sancho le gros bon sens du peuple espagnol, chez qui cette qualité est poussée jusqu'à l'exagération. Cette production littéraire fait le plus grand honneur à Cervantès, à ce gentilhomme dont l'imagination était si productive. La postérité, plus juste que ses contemporains, a mis au front de Cervantès la couronne de lauriers des Dante, des Pétrarque, des Arioste, des Orphée, en un mot, des plus grands écrivains de l'humanité. La vie de Cervantès fut tout à fait romanesque. On raconte sa captivité dans les États barbaresques et une aventure qui a dû faire le sujet de l'une des Nouvelles renfermées dans son livre. Il aurait rencontré sur la terre d'Afrique une dulcinée du Toboso, plus réelle que celle de Don Quichotte. Quoi qu'il en soit de sa vie aventureuse, Cervantès mourut pauvre comme beaucoup d'hommes de génie, mais sa couronne de lauriers valait mieux qu'une couronne d'argent.

GUISE

1550 à 1588 ap. J.-C.

Henri de Lorraine, duc de Guise, surnommé le Balafré, était le fils de François de Lorraine, duc de Guise, célèbre capitaine qui reçut lui-même à la face une blessure glorieuse à cause de laquelle on lui donna le même surnom de Balafré. Henri de Guise se distingua dans la guerre contre les protestants ; il fut l'adversaire de l'amiral Coligny qu'il fit massacrer pendant la Saint-Barthélemy. C'est dans une rencontre avec les Allemands qu'il mérita le surnom de Balafré. Il devint ensuite le chef de la Ligue, et aspira au trône de France, continuant ainsi les traditions de sa maison. Pour favoriser ses projets, il rechercha l'alliance de l'étranger. Il s'empara de Paris, en 1588, et n'osant prendre ouvertement le titre de roi, il se fit nommer lieutenant général du royaume. Henri III, aussi faible que dissimulé, dévora cet affront, cacha son courroux et réunit à Blois les états généraux pour se défaire de ce rival dangereux. Le duc de Guise fut averti du danger qui le menaçait ; mais il avait une telle confiance dans son étoile qu'il dédaigna les avis en répondant qu'on n'oserait pas toucher à sa personne. En effet, le roi, voulant sans doute lui inspirer une confiance qui devait le perdre, le reçut avec de grands honneurs. On voit encore cette réception, toute cérémonieuse, retracée dans le tableau d'un peintre célèbre : le roi est au seuil de son château, et il tend la main au duc de Guise qu'il traite presque en égal ; mais, lorsque ce dernier se rendit au conseil, en passant par le cabinet de Henri III, il fut lâchement assassiné par des gentilshommes cachés derrière la porte. Henri III osait à peine regarder le corps sanglant de ce redoutable sujet ; il ne se doutait pas que celui qui frappe par l'épée doit périr par l'épée, et qu'il serait lui-même assassiné comme Henri de Guise. Triste époque, tristes mœurs ! Dans ces temps troublés, la vie humaine était peu de chose, et les questions politiques se dénouaient par des assassinats. Paris a ses idoles ; il regretta le Balafré dont il avait voulu faire un roi. Cette grande famille s'est continuée depuis et a joué un rôle important dans nos discordes civiles. Au moyen âge, elle eût peut-être régné sur la France ; mais au XVIe siècle, en dépit des révolutions, l'unité française était faite et le pouvoir royal déjà assez fort pour triompher de toutes les rébellions.

HENRI IV

1553 à 1610 ap. J.-C.

Ce prince fut un véritable fondateur de dynastie, et les Bourbons, quoique peu nombreux, furent dignes de leur auteur. Ils s'appelèrent Louis XIII, Louis XIV, Louis XV, Louis XVI, Louis XVIII et Charles X. Henri IV fut un prince véritablement français; il avait toutes les qualités du vrai gentilhomme, la bravoure, la loyauté et la galanterie; on lui a reproché d'avoir dit que Paris valait bien une messe. Il n'est pas précisément prouvé qu'il ait tenu ce propos; mais ce prince libéral et généreux, qui avait vu de près tous les abus et tous les excès de la guerre religieuse, a parfaitement pu, en bonne conscience, rentrer dans le giron de l'Église pour apaiser, par sa soumission personnelle, les discordes de sa patrie. Il était Bourbon, roi, gentilhomme et chevalier; d'ailleurs, hâtons-nous de le dire, les huguenots étaient bien plus un parti politique qu'une secte religieuse. Henri IV avait été en rapport avec le saint-siège; son âme royale a dû comprendre que le roi de France avait d'autres devoirs que le roi de Navarre. A Pau, il régnait sur les terres patrimoniales; à Paris, il devenait, par le droit dynastique, le successeur légitime des rois catholiques de France. Pourquoi suspecter la loyauté d'un si grand homme? Pourquoi supposer qu'il ait obéi à de mesquines considérations, lorsque de grands devoirs expliquent naturellement sa conduite et sa conversion? Si Henri IV, encore prétendant et partisan isolé, avait fait un marché de son abjuration, on pourrait la lui reprocher; mais c'est Henri IV vainqueur, c'est Henri IV couronné, c'est Henri IV couvert de gloire, qui, le cœur plein de reconnaissance, avec la grandeur d'âme d'un véritable héros, s'incline devant la volonté du Dieu qui a béni ses armes, qui l'a choisi comme instrument de salut pour sa patrie livrée à toutes les discordes civiles. C'est Henri IV, à l'apogée de sa prospérité, qui se reconnaît et se proclame le fils aîné de l'Église. Un tel spectacle est l'un des plus beaux traits de ce héros. Tel fut Henri IV, roi. Nous dirons maintenant ce qu'a été Henri IV guerrier, gentilhomme et Français.

Henri IV fut un guerrier heureux; il se couvrit de gloire dans sa guerre contre la Ligue. Il vivait à une époque où le courage personnel était encore pour quelque chose dans les combats. On pourrait dire que ce fut le dernier chevalier français; il était galant autant que brave. Louis XIV fut un plus grand monarque, sans être un plus grand homme. Le roi-soleil envoyait ses armées à la victoire; Henri IV y conduisait lui-même ses quelques preux. Aussi ses guerres ont eu leurs légendes; il disait à ses chevaliers : « Suivez mon panache blanc, vous le trouverez toujours au chemin de l'honneur. » Il disait à Crillon : « Pends-toi, mon brave Crillon, nous avons combattu à Arques, et tu n'y étais pas. » Sa conduite au siège de Paris fut des plus généreuses; il donna des vivres aux assiégés, se rappelant que, s'il était leur ennemi, il était aussi leur roi. Son plus redoutable adversaire fut Alexandre Farnèse, duc de Parme, qui combattait pour Philippe II. Ce général tint en échec les armes du Béarnais, et il ne fallut pas moins que la mort de cet Italien pour le triomphe complet de sa fortune. Henri IV, sur le trône, se montra ce qu'il était dans la vie privée, un véritable chevalier; il était excellent ami; il comprenait son peuple, aussi mourut-il adoré de ses sujets, au point (trait historique) qu'un grand nombre de personnes périrent de douleur à la nouvelle de sa mort. On a prétendu que les jésuites avaient armé le bras de cet infâme Ravaillac qui tua le Béarnais d'un coup de poignard. Cette accusation est dans les habitudes des révolutionnaires qui prêtent aux autres leurs mœurs sanguinaires. Ravaillac était un insensé et un malfaiteur possédé du diable, comme tous les régicides et comme tous les grands assassins qui sont, en quelque sorte, plus attirés par la fatalité du crime que par son profit. Henri IV a survécu pendant des siècles dans la légende populaire, et les révolutions ont respecté sa statue du Pont-Neuf. Ce fut bien le vrai roi français, brave, spirituel, ami du plaisir et de la gloire; inconstant, généreux, familier avec les petits, fier avec les grands. Ce type correspond si bien à notre caractère national, qu'on le préfère encore à la grande et royale figure de Louis XIV.

MAYENNE

1554 à 1611 ap. J.-C.

Le gros Mayenne, le héros de la Ligue, le roi de Paris, d'un jour, était un Guise; il appartenait à cette fameuse maison de Lorraine dont celle de France fut jalouse jusqu'à la mort, on devrait dire jusqu'au meurtre. Dans cette guerre civile de la Ligue, qui faillit perdre la France et qui la divisa en deux camps ennemis, Mayenne se distingua, dès l'origine, à Poitiers et à La Rochelle. On l'appela même, à cause de ses succès, le *Preneur de villes*; il perdit à ce jeu terrible ses deux frères, le duc de Guise et le cardinal de Lorraine, tous deux assassinés par l'ordre de Henri III. Ces deux morts le rendirent, seul, le chef de la Ligue. Il vint à Paris et s'y installa avec le titre de lieutenant général du royaume; il fit même un roi, ne pouvant l'être lui-même. Il fit proclamer, sous le nom de Charles X, le cardinal de Bourbon, qui mourut peu après. Mayenne convoqua alors les états généraux, rêvant toujours de se faire nommer roi; il le fut de fait, mais non de droit. Il fit reculer les armées de Henri III; mais à son tour il battit en retraite devant la valeur chevaleresque de Henri le Béarnais, qui gagnait noblement son futur royaume, aux belles batailles d'Arques et d'Ivry. Mayenne vaincu, sentant la fortune lui échapper, prit le parti de négocier avec son heureux rival, et signa la paix, en 1596. Il se retira alors dans le gouvernement de l'Ile de France qu'on lui laissa par politique. Ce gros homme, lourd et indécis, était encore à craindre, quoique sa popularité eût beaucoup diminué. A sa mort, il a laissé quelques lettres qui ont tout l'intérêt qui s'attache à cette époque tourmentée et peu connue.

MALHERBE

1555 à 1628 ap. J.-C.

François de Malherbe réforma la poésie française et, comme dit Boileau :

> Fit sentir dans les vers une juste cadence,
> D'un mot mis à sa place enseigna le pouvoir.

Il naquit à Caen, en 1555. Il servit la Ligue, ce qui ne l'empêcha pas d'obtenir plus tard les bonnes grâces de Henri IV qu'il encensa dans ses vers d'une façon un peu exagérée. Ses poésies, remarquables par la pureté et la correction du style, manquent absolument d'intérêt; il fit des odes, des stances, des épigrammes, des traductions de psaumes. On cite de lui les fameuses stances à Duperrier sur la mort de sa fille, et le vers célèbre :

> Et rose elle a vécu ce que vivent les roses,
> L'espace d'un matin.

MERCOEUR

1558 à 1602 ap. J.-C.

Ce guerrier célèbre était de cette maison de Lorraine qui a donné des empereurs à l'Allemagne et qui faillit, sous la Ligue, imposer un roi à la France. Il était donc parent des Guises ; aussi, quand ils furent assassinés, quoiqu'il fût aussi l'allié de Henri III qui avait épousé Louise de Lorraine, sa sœur, il se déclara pour la Ligue et leva l'étendard de la révolte dans ce gouvernement de Bretagne que le roi lui avait donné. C'était une singulière reconnaissance ; mais ce grand seigneur, qui avait épousé la fille d'un Luxembourg, duc de Penthièvre, qui était fils d'un duc de Mercœur, de la maison de Lorraine, se croyait, comme autrefois le sire de Coucy, l'égal du roi de France. Il faut bien le dire, pour rester dans la vérité historique, sous Henri III, l'autorité royale était si abaissée, elle employait des moyens si odieux pour ressaisir un pouvoir que son indignité lui avait fait perdre, qu'on voyait tous les hommes de cœur, soucieux de leur propre honneur et de celui du pays, se jeter dans ce grand parti de la Ligue, formé sous le drapeau de la religion.

Mercœur eut le tort de donner aux Espagnols la clef du port de Blavet. C'est une tache pour ce gentilhomme, mais on n'avait pas alors sur le patriotisme les idées que nous avons aujourd'hui. Nous ne pouvons pas comprendre que Turenne et Condé aient servi contre la France, ainsi que le connétable de Bourbon. L'avis de Bayard a prévalu de nos jours ; un moment, il a cessé d'être en vigueur dans les rangs de notre aristocratie féodale. Sans vouloir justifier ce sentiment si peu national, on en trouve peut-être l'atténuation dans ce fait que, à une certaine époque, l'Europe féodale a pu être considérée comme une sorte d'amphictionie où les frontières existaient à peine, et où il n'était point rare de voir des princes et des seigneurs appartenir, par leurs fiefs, à plusieurs nationalités. Au fond, il y avait, dans cet appel à l'étranger, une alliance momentanée contre un suzerain qu'on ne voulait plus reconnaître pour chef. La patrie suivait le maître qu'on se donnait ; c'est ce qui explique l'alliance étrangère, tant reprochée aux émigrés de 1793. Mercœur fit, comme Mayenne, sa paix avec Henri IV, temporaire en 1595, définitive en 1598. Le Béarnais était un autre homme que Henri III ; avec lui, le drapeau de la France était tenu haut et ferme ; les ligueurs pouvaient se soumettre sans se déshonorer, surtout après l'abjuration du roi. La réconciliation de Mercœur fut scellée par un mariage ; il était destiné à être l'allié du roi de France ; il donna sa fille au duc de Vendôme; puis, fatigué d'un repos peu conforme à ses goûts guerriers, il quitta la France pour aller en Hongrie prendre le commandement des armées de Rodolphe II, alors en guerre avec la Turquie. Mercœur se fit remarquer dans cette campagne où il cueillit quelques lauriers; elle a contribué à faire vivre son nom dans l'histoire. Il mourut, en 1602, au retour de cette expédition et à son passage en Allemagne. Tel fut ce grand seigneur, véritable type de la noblesse de l'époque. Tour à tour en faveur et en révolte, il fallut la main de fer de Richelieu pour la réduire, et la puissance de Louis XIV pour la maintenir dans une soumission que la gloire du règne rendait plus facile à l'amour-propre des grands.

TILLY

1559 à 1632 ap. J.-C.

Le comte de Tilly fut, un instant, réputé, pendant la guerre de Trente ans, pour le premier général de l'Europe. On dit que, blessé grièvement à l'un de ses combats, il n'allait plus qu'en voiture, et il passait, néanmoins, pour le chef le plus agile de son temps; il vainquit les Turcs en 1620; il fut l'un des principaux capitaines de la Ligue catholique. En Allemagne, il prit Pilsen et Tabor, saccagea Macdebourg; mais il eut bientôt un adversaire digne de lui dans la personne de ce grand Gustave-Adolphe, roi de Suède, qui le battit à Leipzig ; ce fut le déclin de la fortune militaire de Tilly ; il mourut quelque temps après, à Ingolstadt, des suites de ses blessures. C'était un homme modeste, d'une grande simplicité, juste, sage et désintéressé. Ce fut un des grands généraux de l'époque.

SULLY

1560 à 1641 ap. J.-C.

Ce fut le grand ministre et l'ami du bon roi Henri IV ; il aida, par son génie et par sa sagesse, ce grand roi dans la restauration des finances de la France. Sully avait été le compagnon d'armes de Henri IV ; il fut son confident et son appui après la guerre. Nommé surintendant des finances, Sully s'attacha à soulager le peuple en réformant les nombreux abus qui s'étaient introduits dans la perception des impôts ; il y parvint, paya les dettes du royaume et créa encore un fond de réserve de quarante millions de francs. Il avait coutume de dire : « Labourage et pâturage à eux deux nourrissent la France. » Il enrichit le laboureur par la liberté du commerce des grains, et il était d'accord avec son roi pour rêver de lui assurer la poule au pot le dimanche. Sully fit des dépenses considérables en améliorations, telles que

routes, ponts et levées; il établit des relais sur les
routes et le halage sur le bord des rivières; il créa
des canaux, notamment celui de Briare, qui unissait
la Loire à la Seine. Voilà ce que fit cet homme de
bien qui était digne d'être l'ami d'un de nos plus
grands rois. Ce fut une figure honnête, intègre, austère; il a rendu plus de services, par la droiture de
son caractère, que d'autres par leur génie. Il faut
cependant reconnaître qu'il était doué d'une merveilleuse intelligence, puisque, de simple guerrier,
il est devenu, pour plaire à son roi, l'un de nos
plus grands financiers. Sa mémoire a résisté aux
épreuves du temps, et il est resté comme le type
le plus parfait de l'honnête homme au pouvoir.

BACON

1561 à 1626 ap. J.-C.

Deux grands hommes ont porté ce nom illustre :
Roger Bacon, moine anglais, né en 1214, qu'on
appela le Docteur admirable et qui fit les plus belles
découvertes scientifiques; il passa les trois quarts de
sa vie en prison, grâce à des inimitiés que sa grande
science lui avait attirées. Le Bacon dont nous faisons
ici le portrait est François Bacon, grand philosophe
anglais. Il eut, comme le célèbre moine, des fortunes
diverses. Parvenu jusqu'au plus hautes fonctions de

l'État, sous Jacques I*er*, il en redescendit aussi rapidement qu'il s'y était élevé: accusé de concussion, il fut condamné à la prison, à la restitution de sommes énormes et à la dégradation. Jacques I*er* le releva de toutes ces injustes peines, mais la vie publique lui fut dès lors fermée. Il se consacra aux sciences, et surtout à la philosophie. Sa méthode fut essentiellement expérimentale. Il chercha à combattre le système d'Aristote; ses écrits l'ont placé au rang des plus grands philosophes. L'Angleterre honore encore sa mémoire, et l'humanité l'admire comme un grand homme. S'il a entrevu cette gloire future, elle a pu le consoler des déceptions de la politique.

LOPE DE VEGA
1562 à 1635 ap. J.-C.

Le théâtre espagnol est peu connu de nos jours, mais il fut très apprécié de nos ancêtres et, en particulier, des écrivains du siècle de Louis XIV. Le grand Corneille y trouva le sujet du *Cid*, Molière celui de *Don Juan*. Lope de Vega fut l'un des auteurs espagnols les plus originaux et les plus féconds; on dit qu'il fit près de deux mille pièces de théâtre. Le caractère du génie espagnol est une grande élévation de sentiments, un peu diminuée par l'exagération du langage; il ne faut pas oublier, cependant, que nous sommes dans le pays de Don Quichotte; on y parle autrement que chez nous, mais on y agit aussi différemment. Ces grandes passions, ces grands sentiments dont l'exposé nous choque au théâtre, se retrouvent dans la vie privée; le romantisme y est presque du réalisme; pour s'en rendre compte, il n'y a qu'à comparer la vie des auteurs espagnols avec celle des nôtres. Quelle existence plus paisible que celle de Corneille, de Racine, de Boileau? Leur vie s'écoule, tranquille, entre l'étude et la faveur royale qui vient la faciliter. Lope de Véga, lui, lutte, comme Camoëns en Portugal, comme Cervantès en Espagne, avec toutes les difficultés d'une existence traversée, entravée par les aventures ou les persécutions. Lope de Véga, né à Madrid, débute par un duel heureux qui l'en fit chasser; il avait blessé l'amour-propre d'un seigneur de la cour par l'une de ses satires. Dégoûté du métier ingrat de poète, il prend celui de soldat, et on le voit figurer dans les cadres de l'*Invincible Armada*. Plus tard, il quitta l'épée pour la robe de l'homme d'église; il devint franciscain. De grands malheurs domestiques étaient peut-être la cause de cette retraite du monde. Deux fois marié, il avait perdu successivement ses deux femmes; mais, s'il renonçait au monde, il ne renonça pas aux lettres: il continua même, dans l'état ecclésiastique, à travailler pour le théâtre, ce qui était une preuve de la moralité de ses pièces. Elles sont de différents genres; il fit des tragédies et des comédies. La facilité du vers espagnol l'engagea, sans doute, à ne point écrire en prose ; il fit aussi quelques poèmes et des pièces légères en assez grand nombre. Sa vie se termina fort honorablement, dans une grande dévotion, d'autant plus méritoire que ses écrits lui avaient acquis de grands honneurs et une grande fortune.

DURANTI

1563 à 1589 ap. J.-C.

Les Parisiens de 1882 seraient bien étonnés si quelqu'un, leur lisant l'histoire de France, leur rappelait que, sous la Ligue, Paris fut le dernier rempart du catholicisme menacé par les huguenots. La Ligue, quoique faction en révolte contre l'autorité royale, avait deux raisons d'être qui sont deux excuses pour ses excès : c'étaient la pensée catholique et celle de l'unité nationale. Au fond, c'était le même principe. L'autorité était alors si abaissée, la France si divisée, que le parti catholique poussa la réaction jusqu'à la révolte armée. La nation était partagée en deux camps : les grandes villes passaient, tour à tour, des mains des ligueurs aux mains de leurs ennemis. Toulouse, cette capitale du Languedoc, ne devait pas être à l'abri de ces vicissitudes ; elle eut plusieurs fois la visite des ligueurs. En 1581, ils trouvèrent une barrière invincible dans l'énergie de Duranti, premier président au Parlement de Toulouse. Ce magistrat courageux fit reculer les factieux, et son courage sauva la ville au péril de sa vie. Il y avait, dans la vieille France, trois colonnes principales qui soutenaient l'édifice national; c'étaient l'Église, l'armée, la magistrature. Ces trois ordres donnaient alors l'exemple : le premier des vertus, le second de la valeur, le troisième du courage civil, le plus rare chez les hommes, car, pour l'avoir, il faut un caractère fortement trempé. Duranti, fidèle à son roi, prit parti contre la Ligue, que soutenaient alors un certain nombre de grands personnages. Il remplit les devoirs de sa charge avec indépendance, sang-froid et résolution. Fils de magistrat, magistrat lui-même, il était de la race de ces gens de robe qui rendaient des arrêts, et non des services. Il fut aussi l'un des plus savants jurisconsultes de son temps, comme le prouve son ouvrage sur les *Rites de l'Église*. Sa science était égalée par son caractère. La Révolution, dans son torrent, emportera peut-être ces trois colonnes de la vieille France avec le reste de l'édifice; du moins, sauvons les épaves de ce naufrage, honorons la mémoire de ces hommes qui se sont signalés par leur grandeur d'âme! Duranti paya de sa tête, le 10 février 1589, l'indépendance de sa conscience; les rebelles, revenus à la charge, finirent par en avoir raison; mais la victime tombée, le martyr est resté. Toulouse lui a élevé une statue, et Paul Delaroche l'a immortalisé dans l'une de ses plus belles toiles. Duranti reste debout dans la ville dont il fut capitoul. C'est un témoin du passé; c'est un caractère! Respectons la grave statue de ce grand magistrat; n'y faisons pas de retouches, de peur d'en altérer les traits.

SHAKESPEARE

1564 à 1616 ap J.-C.

Ce fut le prince des poètes anglais; son genre était dramatique; acteur lui-même, comme Molière, il put étudier sur la scène les effets des pièces qu'il composait. Il y a dans Shakespeare un mélange des génies de Molière et d'Aristophane, de Sophocle et d'Eschyle; Shakespeare fut un grec anglais. Si un éclat de rire ne venait pas jeter quelque gaieté, peut-être dissonante, au milieu de ses tableaux du genre le plus sérieux, ce serait un tragique à la hauteur des grands tragiques grecs. Ce rire fut-il un défaut, nous n'osons l'affirmer, car il est bien dans la nature humaine. L'homme rit au milieu des plus grands dangers, des plus grands malheurs, surtout quand il n'est pas atteint personnellement, ou quand le danger est passé. C'est un signe de faiblesse, bien plus que de scepticisme. Où Shakespeare, fils d'un boucher, cabotin et obscur machiniste lui-même, a-t-il pris tous les traits de génie dont ses œuvres sont pleines? Nous ne nous chargeons pas de l'expliquer. On a vu des fruitiers devenir de grands maréchaux de France dans l'épopée impériale. Shakespeare, auteur dramatique, eut le vol de l'aigle; il s'éleva jusqu'au soleil et le regarda en face. Malgré les trivialités, les mots grossiers qui tiennent peut-être plutôt à son époque, à sa nation, à son milieu, qu'à son manque de culture d'esprit, il eut des pensées sublimes qui font l'admiration de la postérité. Quand on a écrit: *Macbeth, Othello, Hamlet, Roméo et Juliette*, on a mérité d'être placé à côté des plus grands poètes de l'antiquité. Remarqué par Élisabeth et par Jacques Ier, Shakspeare tira parti de son talent et devint riche sur la fin de sa vie. Ses contemporains lui avaient déjà rendu justice, et la postérité a ratifié ce suffrage. Shakespeare est, pour elle, l'un des plus grands génies qui aient honoré le théâtre et les lettres.

GALILÉE

564 à 1642 ap. J.-C.

Ce grand mathématicien, né à Pise, d'un père appartenant à la noblesse florentine, s'appelait en réalité Galileo Galilei. Il avait une telle aptitude pour les sciences, qu'à vingt-quatre ans il occupait déjà une chaire de mathématiques qu'il devait à la faveur des Médicis. Il a formé plusieurs élèves qui sont devenus membres de l'Académie des sciences de Paris, et qui ont presque égalé leur maître. Galilée étudia surtout la mécanique et la physique ; mais il porta ses regards audacieux jusqu'à l'astronomie. Ce fut sa perte. Il voulut réhabiliter le beau système de Copernic sur la rotation de la terre autour du soleil. Cette théorie, qui semblait en contradiction avec la Bible, ne fut pas approuvée par l'inquisition de Rome. Galilée fut appelé devant ce tribunal. Il faut reconnaître qu'il renonça facilement à son système, et le cardinal Bellarmin, dont il était apprécié, lui délivra même un certificat constatant qu'il n'avait été ni inquiété, ni puni, pour ses doctrines. Galilée, de retour à Florence, continua ses études, sans plus songer au système de Copernic. Mais, en 1632, il publia un dialogue scientifique sur le même sujet. Rappelé devant l'inquisition de Rome à cette occasion, il se vit obligé à une abjuration, qu'il fit trop facilement et qui ne lui épargna point les rigueurs du tribunal. Il fut condamné à la prison, et l'on dit que, en écoutant la sentence qui le frappait, après le désaveu qu'on lui arrachait, il murmura tout bas ces paroles devenues historiques : « E pur si muove, » (et pourtant elle se remue!). Le système de Galilée a prévalu, malgré les rigueurs de l'inquisition qui défendait la Bible bien mal à propos. Aujourd'hui, l'opinion des savants est que non seulement la terre tourne, mais que le soleil lui-même n'est pas immobile; c'est ce que Copernic et Galilée n'avaient point découvert. Si donc l'immobilité du soleil était, ce qui n'est pas prouvé, en contradiction avec les paroles de la Bible, la contradiction a disparu, puisque le soleil n'est pas immobile. Il est difficile d'approuver la conduite des juges de l'inquisition à l'égard de Galilée; mais la religion n'en est pas responsable. Galilée ne fut frappé ni par le pape, ni par un concile qui, seuls, font la loi en matière catholique. L'inquisition était un tribunal ecclésiastique et politique. Galilée, d'abord bien traité, se défendit mal à sa seconde comparution. Il avait eu, d'ailleurs, le tort de se rétracter une première fois, ce qui était une présomption contre sa doctrine. Ajoutons que la condamnation, toute sévère qu'elle fut, n'a pas été exécutée. On autorisa Galilée à continuer ses travaux et on lui assigna pour prison un palais dans la ville d'Arcetri. Il mourut aveugle à l'âge de soixante-dix-huit ans et fut inhumé dans le couvent de Sainte-Croix des franciscains de Florence, ce qui prouve une fois de plus qu'il vivait en paix avec l'Église. Galilée fut un très grand savant. Ses découvertes scientifiques eurent une influence féconde sur la science moderne. Il inventa le pendule de nos horloges qui leur a donné leur nom actuel. Une lampe suspendue à la voûte d'une église lui donna l'idée de cette belle découverte. Il fit de nombreuses et intéressantes expériences sur la pesanteur. On lui doit le compas de proportion et un thermomètre nouveau ; il inventa un télescope perfectionné et les lunettes d'approche. Le premier, il établit la théorie des indivisibles et démontra l'existence des courbes paraboliques. Dans l'un de ses derniers écrits, il chercha le moyen de concilier l'Écriture sainte avec sa théorie du mouvement céleste. Aucune partie des sciences n'était étrangère à cet esprit universel. Il rétablit la balance hydrostatique sur les anciens plans d'Archimède, dont il était bien digne d'être le successeur. Galilée fut un martyr de la science. On lui doit cette justice qu'il a plutôt cherché à éclairer ses adversaires qu'à les combattre. La postérité lui a donné raison contre eux. On a même abusé de son nom, dont on a fait le drapeau de la science révolutionnaire. Galilée était un grand savant et un bon chrétien ; plus avancé que les gens de son siècle, il a déploré leur ignorance, mais n'a jamais rendu la religion responsable de l'erreur ou de la passion des hommes. Il aurait eu, cependant, le droit de se plaindre de l'inquisition. Ses membres, préférant s'en rapporter à une opinion consacrée, rejetèrent la théorie de Galilée et se placèrent pour le juger sur le terrain religieux, au lieu de rester dans le domaine de la science. On pourrait même dire que ce fut là un manque de foi, puisque la Bible ne pouvant être en contradiction avec la vérité, il y avait à examiner si elle n'avait pas été mal comprise. De nos jours, par exemple, il y a des savants qui prétendent que le déluge ne fut pas universel. Ils font grand bruit de cet argument; mais, en supposant que la Bible ait entendu par le mot universel autre chose que le monde connu et habité, elle reste encore inattaquable. En effet, il est démontré que, pendant ou après le déluge, des convulsions volcaniques ont fait émerger des entrailles de la terre des chaînes de montagnes et des étendues de terrain qui n'existaient point auparavant. Ces contrées ne pouvaient donc porter sur leur sol les traces du déluge. Si nous abordons de nouveau les arguments tirés, contre la Bible, de la rotondité de la terre, nous trouvons entre autres les deux suivants : Un prophète d'Israël aurait arrêté le soleil dans l'intérêt du peuple de Dieu, mais la lumière n'est pas le soleil. On peut l'obtenir par des aurores boréales. Enfin, le mot serait encore admissible dans son sens littéral, puisque le soleil marche, lui aussi, pendant que la terre tourne. Le deuxième argument ne vaut guère mieux. On dit que la Bible compare le soleil à une tente placée sur la terre. Mais c'est une image et rien de plus. Voilà quelle est la valeur des attaques faites par les incrédules contre la science traditionnelle que nous enseigne la religion. Cette science est encore debout et elle réserve au monde des surprises pour l'avenir; les découvertes des savants modernes, au lieu de détruire la foi catholique, ne feront que la confirmer dans toutes ses traditions.

SAINT VINCENT DE PAUL

1576 à 1660 ap. J.-C.

Cet apôtre naquit à Dax, ou plutôt à Puyoo, dans les environs de Dax; on y montre encore le petit jardin qu'il cultivait lui-même c'est une véritable oasis au milieu de cette contrée désolée. Saint Vincent de Paul fut l'ange de la charité. Il a laissé des œuvres de bienfaisance qui lui survivent encore aujourd'hui; il fut l'ami et le serviteur des pauvres; c'est lui qui a fondé l'institution des Petites Sœurs des pauvres et celle des Petits Orphelins. Il recueillait lui-même de jeunes enfants abandonnés et les élevait à ses frais. Dans sa jeunesse, il fut pris par des pirates et vendu comme esclave à Tunis; on dit qu'il convertit la femme de son maître. Plus tard, revenu en France, il sut, par ses bonnes œuvres, sa grande piété et son incomparable charité, attirer les regards bienveillants de Louis XIII et de la reine Anne d'Autriche. C'est de lui qu'on raconte ce trait qui eut pour théâtre le bagne de Toulon. Il le visitait en qualité de grand aumônier de France; un forçat, qu'il voulut confesser, lui demanda la liberté pendant quarante-huit heures, pour aller réparer les maux causés par ses crimes. Saint Vincent de Paul ne trouva pas d'autre moyen que de prendre l'habit du forçat et de rester dans la galère royale pendant le temps que ce dernier serait absent ; le forçat revint et ne trompa pas le saint, qui avait cru à sa parole. Louis XIII connut ce trait, et l'on dit qu'il n'en fut pas étonné ; il accorda la grâce du galérien en témoignage d'admiration pour saint Vincent de Paul. Ce saint était modeste, bon, charitable ; c'était un homme aimé de Dieu. Ses œuvres, comme toutes celles qui ne sont inspirées que par la foi et la charité, ont un tel caractère de durée qu'elles semblent aussi nouvelles que si elles ne dataient que d'hier. On parle encore aujourd'hui de ce grand saint, comme s'il était lui-même notre contemporain ; il inspire encore des œuvres chrétiennes à notre époque et il s'est survécu à lui-même. C'est ainsi que l'Église, éternelle et toujours féconde, sait produire, à tous les âges, des saints qui laissent après eux des œuvres appropriées aux besoins de la société humaine. Saint Vincent de Paul est le véritable apôtre de la charité chrétienne comme elle doit être comprise et appliquée de nos jours.

RUBENS

1577 à 1640 ap. J.-C.

Le voyageur qui parcourt l'Europe admire tour à tour les beaux monuments de l'architecture et les musées des grandes capitales ; ce sont, en effet, les véritables archives de l'humanité. Une nation montre son caractère par ses peintures et par ses monuments. C'est le côté sensible de la nature humaine, et c'est, peut-être, le plus vrai; il n'est pas donné à tous, malgré l'instruction laïque et obligatoire, de connaître et d'étudier les écrivains d'une nation; ce sont cependant les architectes, dans l'ordre de l'esprit; mais leurs monuments ne frappent qu'un certain nombre de spectateurs. Les peintres et les véritables architectes ont laissé des monuments d'un ordre moins élevé, mais plus accessibles à tous les regards. La peinture est un trait d'union entre la matière et l'esprit : un beau tableau est une page d'histoire, un roman ou une poésie en miniature. Quoique ces œuvres ne durent que quelques siècles, elles font les délices des amateurs du beau, et, comme elles sont plus compréhensibles que les grands poèmes et que les livres sérieux, elles donnent à leurs auteurs une popularité plus grande encore que celle des grands écrivains. Rubens fut le prince des peintres de la Flandre; il était d'une bonne famille d'Anvers, et, quoique ayant eu des malheurs dans sa patrie, il n'en revint pas moins fidèlement lui offrir plus tard la plupart de ses chefs-d'œuvre. C'est dans la cathédrale d'Anvers qu'on admire sa fameuse *Descente de croix*; le voile qui la couvre se soulève devant chaque visiteur; cette peinture cause une admiration véritablement méritée. Le musée de Paris contient aussi un grand nombre de toiles de ce grand peintre qui fut le favori de Marie de Médicis. Quoique son pinceau fût trop souvent profane, à en juger par le plus grand nombre de ses tableaux, Rubens a, néanmoins, pris certains sujets dans l'histoire sainte, et, comme si la religion devait être la consécration de tout génie humain, ses productions pieuses furent les vrais chefs-d'œuvre de ce peintre, trop matérialiste dans la forme. On admire, chez Rubens, le coloris, l'animation et la vigueur du pinceau. Il était naturel sans être réaliste; c'est ce qui explique la différence entre ses œuvres, même les plus profanes, et les essais grossiers de certains peintres modernes qui mettent en évidence les vilains côtés de la nature humaine. Rubens était un grand maître; il avait le génie et la foi, deux forces inséparables qui font les grands hommes.

GROTIUS

1583 à 1646 ap. J.-C.

Ce nom signifie grand en flamand. Il fut porté par plusieurs personnages de la même famille, l'une des principales de la ville de Delft où elle fut connue pendant quatre siècles. Le plus célèbre des Grotius s'appelait Hugues ou Hugo, de son petit nom. Il était si bien doué et aimait tant l'étude, qu'à neuf ans il faisait des vers latins, qu'à dix-sept il plaidait, et qu'à vingt-quatre il était avocat général. Sa vie fut fort agitée. Il vécut d'abord à Rotterdam, où ses concitoyens lui donnèrent la première magistrature de la ville, mais il se trouva bientôt impliqué, malgré lui, dans le parti de Barneveldt, l'un des fondateurs de la république de Hollande, qui tenait pour les arminiens contre les gomaristes. Ces deux factions avaient pris leurs noms de deux théologiens nommés Arminius et Gomar. Il s'agissait de querelles protestantes, car la libre pensée n'a jamais empêché la guerre civile. Barneveldt y laissa la vie. Grotius en fut quitte pour une prison perpétuelle, dont sa femme le délivra en l'enfermant dans une caisse de livres. Ce savant personnage, qui a laissé beaucoup d'écrits, parmi lesquels on cite un *Traité de la guerre et de la paix*, qui faisait l'admiration du grand Gustave, roi de Suède, fut recueilli, à la suite de ses malheurs, tour à tour en France, à Hambourg et en Suède. La reine Christine l'honora de son amitié et l'envoya auprès de Louis XIII, en qualité d'ambassadeur; il était déjà venu en France, à l'époque de Henri IV, qui l'avait traité avec beaucoup de distinction. On peut dire que ce grand homme, dont sa patrie avait pourtant le droit d'être fière, fut surtout honoré et apprécié dans les pays étrangers. Les grandes cours de l'Europe donnaient ainsi l'hospitalité à tous les hommes de talent de l'époque, quelle que fût leur nationalité. Dans l'ancienne monarchie, il n'y avait pas de frontières pour les hommes de génie.

WALLENSTEIN

1583 à 1634 av. J.-C.

Ce grand général fut, avec Tilly, l'adversaire redoutable de Gustave-Adolphe. Comblé de faveurs par l'empereur d'Allemagne, Ferdinand II, qu'il servait avec gloire, il ne tarda pas à exciter la jalousie des courtisans et de la cour. Il y a, dans la vie de Wallenstein, quelques rapports avec celle des fameux généraux de l'empire d'Orient, Bélisaire et Narsès. Tant qu'on eut besoin d'eux, ils furent comblés de faveurs; il est vrai que leur génie était à la hauteur des services qu'on leur demandait. Si la patrie était menacée, on avait recours à eux et ils étaient toujours prêts pour la sauver. Tel fut Wallenstein, ce favori de l'empereur, qui se servait des bienfaits du maître pour lui offrir des armées de cinquante mille hommes. Un sujet aussi magnanime, aussi magnifique dans ses présents, devait nécessairement être accusé de concussion. Wallenstein, qui avait battu Gustave-Adolphe et les Turcs, qui avait conquis la Poméranie, le Mecklembourg, le Sleswig, le Holstein, se vit abandonné par son souverain et injustement sacrifié. C'est en vain qu'il avait soumis le Danois, le Turc, le Suédois, le Polonais; l'empereur écouta les plaintes de ses ennemis et en voulut à celui qui l'avait fait riche et puissant, lui reprochant de déployer avec faste les ressources royales qu'il tenait des bienfaits de son maître. L'ingratitude de Ferdinand ne tarda pas à être punie; il fut vaincu et il alla, sans vergogne, réclamer l'appui d'un bras qu'il avait désarmé. Wallenstein fit ses conditions; il voulait être maître absolu en Bohême. La victoire lui fut fidèle, comme toujours; il chassa l'ennemi de tous les territoires conquis, et Gustave-Adolphe, expulsé de Bohême et de Bavière, fut poursuivi jusqu'en Saxe, à Lutzen, où il trouva la mort. On n'avait plus besoin de Wallenstein; les dangers avaient cessé d'inquiéter l'empereur. Il redevint ingrat, et son ingratitude alla jusqu'à faire assassiner le héros qui avait couvert de gloire les drapeaux de l'empire. Il avait voulu l'indépendance du commandement pour assurer la victoire; on l'accusa de rêver le pouvoir royal. Peu d'hommes eurent une fortune aussi diverse; c'est le propre des grands génies d'exciter le plus grand enthousiasme ou la plus grande inimitié. Ce grand homme manquait, peut-être, de la modestie qui fait oublier la supériorité. Si l'on voulait le comparer à son adversaire Gustave-Adolphe, on reconnaîtrait que, plus heureux que lui à la guerre, il n'obtint cependant pas au même dégré cette popularité qui s'attache plus souvent au caractère qu'à la vraie grandeur.

RICHELIEU

1585 à 1642 ap. J.-C.

Armand du Plessis, duc de Richelieu et cardinal, qui servit Louis XIII pendant tout son règne, fut le plus grand ministre que nous ayons eu; il prépara, par son génie, le grand siècle de Louis XIV et assura à la France le premier rang parmi les puissances. Il commença ce grand développement de la monarchie française qui atteignit son apogée sous Louis XIV. Richelieu mena de front trois grands projets qu'il réalisa avec la persistance de son génie; ce furent : l'assujettissement de la noblesse, la destruction du protestantisme et l'abaissement de la maison d'Autriche. Richelieu commença par gagner la faveur de Marie de Médicis qui était régente. Cette princesse qu'il avait suivie à Blois, dans son exil, lui fit donner le chapeau de cardinal, en récompense des négociations heureuses qu'il avait faites pour réconcilier la reine mère avec son fils, et pour faire conclure les traités d'Angoulême et d'Angers. La faveur de la reine se continuant, Richelieu fut nommé premier ministre. Quoique Louis XIII eût de la répugnance pour sa personne, ce prince sut, néanmoins, conserver au pouvoir ce grand ministre qui assura la prospérité de son règne, et, s'il fut jaloux d'une autorité parfois trop grande et d'un génie qui lui portait ombrage, il sut, du moins, cacher et dominer ses sentiments hostiles. Le 11 novembre 1630, l'esprit de justice de Louis XIII eut l'occasion de se montrer. Marie de Médicis avait perdu ses bons sentiments pour celui qu'elle avait su distinguer autrefois. Elle en était devenue jalouse ; une coalition s'était formée entre elle, Anne d'Autriche, Gaston d'Orléans, le comte de Soissons, le duc de Bouillon et tous les amis du roi ; on voulait emprisonner le grand ministre. Richelieu sut déjouer ces projets, et l'on appela ce jour la *Journée des dupes*; elle coûta la vie au maréchal de Marillac, et la liberté au maréchal de Bassompierre. Richelieu eut de grands succès militaires, tant contre l'Autriche que contre les protestants ; il prit part à la guerre de Trente ans, et, pendant qu'il enlevait, en personne, aux protestants de France, la ville de La Rochelle, leur dernier boulevard, il s'alliait contre l'Autriche avec Gustave-adolphe, le chef des protestants d'Allemagne. Richelieu eut de grandes difficultés avec les principaux personnages de la noblesse française ; il sut en triompher et se montrer impitoyable. En effet, il en décapita un grand nombre pour abaisser cette caste orgueilleuse, autant que généreuse et loyale ; le duc de Montmorency, Cinq-Mars et de Thou montèrent sur l'échafaud et payèrent de leur tête la résistance de la noblesse. Richelieu protégea les arts et la littérature ; on lui doit la fondation de l'Académie française et le fameux palais Cardinal, qu'on appelle aujourd'hui le Palais-Royal, et qu'il légua à Louis XIII. Richelieu se piquait d'être poète à ses heures; et il en voulut beaucoup au grand Corneille qui avait le double tort, à ses yeux, de faire des œuvres de génie et de ne pas admirer les œuvres médiocres du grand cardinal. Richelieu mourut le 4 décembre 1642. On a conservé de lui de fort beaux portraits; il était grand, avait une figure distinguée et portait la moustache blanche des maréchaux de France. Il eut sur l'Europe, par sa politique habile, une influence toute-puissante, et l'on peut dire de lui qu'il fut le véritable fondateur de la centralisation française.

JANSÉNIUS

1585 à 1638 ap. J.-C.

Ce célèbre Hollandais fut le fondateur d'une secte hérétique qui attribuait à saint Augustin de fausses doctrines sur la grâce; cette école supprimait la liberté de conscience; d'après elle, on n'était jamais assez pur pour fréquenter les sacrements. Jansénius n'était pas le premier venu, il fut évêque d'Ypres et professeur de théologie; ses doctrines furent combattues par les jésuites qui se trompent rarement. Ces religieux, à la morale austère, à l'esprit cultivé, à la foi pure et ardente, virent aussitôt ce qu'il y avait de dangereux dans le jansénisme; ils se trouvèrent, comme toujours, d'accord avec le pape. Ce dernier frappa d'excommunication cette nouvelle doctrine, semblable à l'arianisme qui désola les premiers temps de l'Église et qui n'était qu'un masque d'hypocrisie pris par de faux chrétiens. Le jansénisme jeta le trouble en France, et Louis XIV lui-même eut quelque peine à apaiser ces discordes religieuses qui agitaient les plus grands esprits de son royaume. Pascal donna dans cette erreur, dont Port-Royal tout entier fut infesté. Voilà le mal qu'a pu faire un écrivain distingué, qui n'était pas un méchant homme, mais dont l'esprit avait été troublé par l'orgueil d'une fausse science. Il entraîna dans son erreur plusieurs évêques, que la bulle *Unigenitus* ramena dans la vérité. Tel fut Jansénius. Aujourd'hui, il serait peu dangereux, car ce n'est pas par l'excès du spiritualisme que pèche notre époque. Jansénius aurait, de nos jours, peu de succès; la meilleure preuve, c'est que nos contemporains connaissent à peine ce grand hérétique qui, valant mieux que ses doctrines, n'en troubla pas moins, par l'audace de ses écrits, la société civile et religieuse de son temps.

FARNÈSE

Duc en 1586. — M. en 1592.

Le Farnèse dont nous parlerons eut l'honneur de faire reculer deux fois Henri IV; il s'appelait Alexandre.

comme le héros macédonien. Sans égaler ce grand conquérant, il fut, comme lui, heureux à la guerre, et, sur le petit théâtre de la ligue, il remporta quelques avantages. Alexandre Farnèse, duc de Parme et de Plaisance, força Henri IV à lever le siège de Paris et, plus tard, celui de Rouen. Ce fut l'ennemi redoutable du Béarnais. Sa mort seule, arrivée en 1592, à Caudebec, sur le champ de bataille, rétablit la fortune militaire de Henri IV. Généreux, comme tous les grands hommes, le roi de Navarre regretta son vainqueur et honora sa mémoire. C'est le plus bel éloge qu'on puisse faire du duc de Parme. Plusieurs personnages ont porté le nom de Farnèse, mais le plus digne de fixer l'attention fut le héros de Lépante, dont nous venons d'esquisser le portrait.

GASSENDI

1592 à 1655 ap. J.-C.

Ce savant fut l'un des plus illustres philosophes du XVIIe siècle. Il avait un génie universel qui lui permit d'étudier, avec succès, les lettres et les sciences ; il se fit particulièrement remarquer dans ces dernières par ses travaux astronomiques. On a de lui des ouvrages sur Copernic et Tycho-Brahé ; mais, quelque grand mathématicien qu'il ait été, c'est encore à la philosophie qu'il dut sa plus grande célébrité. Il osa réfuter

Aristote et défendre Épicure. Ses livres, fort savants, ont donné lieu à d'ardentes polémiques dans une époque où l'on se passionnait si facilement pour la science. Il eut Descartes pour adversaire, mais ses amis furent encore plus nombreux que ses ennemis; on les comptait parmi les hommes les plus distingués et les plus instruits de son temps. Il était comme l'âme de cette savante pléiade. Gassendi avait commencé ses études par la théologie. Il était chanoine à la cathédrale de Digne, son pays natal. Paris était un théâtre plus approprié à ses remarquables aptitudes pour les sciences, aussi y fut-il appelé comme professeur au Collège de France. C'est là qu'il mourut, à soixante-cinq ans, après la plus brillante carrière, en laissant la réputation d'un homme de bien et d'un des plus grands savants de son siècle.

BUCKINGHAM

1592 à 1628 ap. J.-C.

Georges Villers ou Villiers, plus tard duc de Buckingham, était d'une famille anglaise originaire de Normandie. Les charmes de sa personne et les séductions de son esprit le firent choisir par les courtisans de Jacques Ier qui espéraient ainsi se débarrasser du duc de Somerset, devenu très hautain et très tyrannique. Ils ne se trompèrent pas. Le nouveau favori détrôna l'ancien, au point de rester seul auprès de deux rois, le père et le fils. C'est un exemple assez rare que donne l'histoire et qui prouve à quel degré ce personnage avait acquis l'intrigue des cours. Il parvint même un moment, après la rupture du mariage espagnol de Charles Ier, à conquérir la popularité dans le Parlement d'Angleterre. La chose paraît impossible, si l'on songe que Buckingham était le bras droit d'un prince en hostilité continuelle avec la nation, que les monopoles abusifs qu'il avait établis et vendus avaient alarmé le Parlement, au point de susciter une question politique de la plus haute gravité. Buckingham, avec sa désinvolture habituelle, sacrifia quelques créatures secondaires que l'on frappa à sa place, et tout fut dit. Mais c'était le prologue du drame où Charles Ier devait, plus tard, jouer le rôle de victime. Buckingham gouverna réellement l'Angleterre pendant toute la fin du règne de Jacques Ier et le commencement de celui de Charles Ier. Il cumula toutes les charges de l'État et n'oublia pas de faire sa propre fortune, en attirant l'argent de la nation dans le trésor de la couronne ; il intéressait habilement le roi dans ses malversations. Bacon, l'illustre et savant Bacon, alors chancelier, fut le bouc émissaire de toutes ces iniquités. Le roi Jacques l'abandonna, comme Somerset ; il fut mis à la tour de Londres, jugé et dégradé. Le roi lui donna de l'argent pour le consoler, et on lui laissa ses titres de baron de Vérulam et de vicomte de Saint-Alban. La postérité s'étonne qu'un si grand savant ait accepté ce rôle aussi facilement; peut-être s'est-il sacrifié pour sauver des têtes plus hautes que la sienne. Buckingham avait la main dans cette affaire. Il voulut aussi se mêler de la fameuse négociation du mariage de Charles, le prince de Galles, avec une infante d'Espagne. Ce projet était le rêve de Jacques Ier qui, sans doute, cherchait encore plus une alliance politique qu'une alliance de famille. Les négociations durèrent sept ans. On se trompait mutuellement avec une égale mauvaise foi. Buckingham persuada au prince de Galles de faire le voyage de Madrid pour terminer cette délicate affaire, et il obtint que le roi consentît au départ de son fils et de son favori.

Buckingham, à peine à Madrid, fit rompre le mariage et souleva mille difficultés; il alla jusqu'à se brouiller avec les plus grands personnages de la cour. Sa hauteur les blessa tous. Évidemment, il jouait la comédie, car il savait se montrer moins fier à la cour d'Angleterre. Le prince de Galles revint résolu à renoncer au mariage espagnol; mais ce voyage n'avait pas été inutile au favori, car il fut l'occasion d'une amitié qui lui permit de continuer, auprès du fils, le rôle qu'il remplissait, depuis si longtemps, auprès du père. Jacques, quoique peu satisfait de la rupture de son fameux projet, nomma Buckingham duc et ne songea plus qu'à faire la guerre à l'Espagne.

Dans le pouvoir personnel, lorsque le roi garde un favori pendant une grande partie de son règne, comme il est arrivé pour Jacques Ier d'Angleterre avec le duc de Buckingham, il est très difficile de faire la part d'influence qui revient au maître et celle du courtisan. Ce régime n'est pas assurément l'idéal des gouvernements, mais il est plus commun qu'on ne le croit, et l'histoire nous apprend que bien des États démocratiques ont eu ce travers des monarques absolus. Les courtisans sont pris alors dans un autre milieu. Ils sont moins raffinés, souvent moins distingués, mais ils ne sont pas moins tyranniques et personnels ; au contraire, dans ce genre de favoritisme, le peuple y perd, parce qu'il y a plus d'appétits à satisfaire. On ne saurait dire au juste, pour Buckingham, si ce fut ce personnage célèbre qui inspira la politique de Jacques Ier et, plus tard, celle de Charles Ier, ou s'il a subi et exécuté passivement la volonté de ses maîtres. Jacques Ier se trouvait dans une position difficile, que son caractère ombrageux, défiant, changeant, capricieux, volontaire et ambigu, devait rendre plus pénible encore. Dans ses luttes avec le Parlement et la nation anglaise, il n'eut pas toujours le beau rôle, quoiqu'il fît dire bien haut qu'il ne faisait que défendre sa prérogative royale. Il n'est pas douteux qu'il ne songeait qu'à l'étendre au delà de ses limites même contestées. On a dit qu'il avait des tendances au catholicisme; il serait plus vrai de dire qu'il en avait pour l'absolutisme et qu'il ménageait ceux qu'il redoutait le moins. Buckingham sût tirer un habile parti de la situation de la couronne pour faire sa fortune personnelle, et il y réussit entièrement. La faveur lui permit même d'épouser la fille du comte de Rutland, la plus riche héritière d'Angleterre.

Le mariage espagnol ayant échoué, le duc fut chargé de négocier une nouvelle alliance avec Henriette de France, quatrième fille de Henri IV. Il eut l'honneur d'aller chercher lui-même la princesse à la cour du Louvre, et l'on dit qu'il ne craignit pas de lever les yeux jusque sur la personne de la reine, Anne d'Autriche. Son audace ne reculait devant aucune intrigue. La trop grande habileté tourne à la maladresse, quand elle emploie des moyens immoraux. Louis XIII et Richelieu en voulurent beaucoup au favori de Jacques Ier. Il eût mieux fait de prendre des leçons de politique auprès du grand cardinal. Si Jacques Ier fût resté un Louis XIII, Charles Ier, du moins, n'eût pas été un Louis XVI. Malgré son habileté, Buckingham finit par perdre crédit auprès du Parlement qui s'aperçut qu'on l'avait joué, surtout après la perte du Palatinat. La Chambre des communes décréta le duc d'accusation, pour ses concussions et cumuls, et on alla jusqu'à lui reprocher d'avoir trempé dans la mort du roi Jacques Ier, en lui donnant des remèdes sans l'avis des médecins. Bientôt, un terrible adversaire se joignit aux ennemis de Buckingham. Ce fut le comte de Bristol, ancien ambassadeur en Espagne, qui avait assisté à toute la comédie du mariage espagnol. Sacrifié par Buckingham et par Jacques Ier, il releva la tête après la mort de ce prince et ne craignit pas de demander la mise en accusation de Buckingham. Ses griefs étaient grands : mauvaise administration, vente des charges publiques, intrigues diplomatiques, échec honteux au siège de La Rochelle ; retraite précipitée des cent voiles de la flotte anglaise..... l'incapacité jointe à la malversation !

Malgré la complaisante protection de Charles Ier qui, pour sauver son favori, venait de lui donner de nouveau le commandement de la flotte anglaise, ce procès allait donner satisfaction à la vindicte publique, à laquelle il fallait un coupable, lorsqu'un officier, nommé Felton, assassina ce grand amiral de salon, en 1628. Cette mort a sauvé Buckingham du déshonneur et lui a évité le sort de Bacon.

Il était dit que cet homme singulier serait intéressant jusqu'à la fin : au lieu du gibet, il eut la mort de César. Mais le charme dont il savait s'entourer ne lui a pas servi devant le tribunal de l'histoire : il a été jugé sévèrement. Instrument du pouvoir personnel de deux rois, en lutte avec leur peuple, il ne s'est servi de son autorité que pour ses intérêts personnels auxquels il a sacrifié ses princes et sa patrie. Son seul génie fut le génie de l'intrigue. Aussi sa fatale influence a-t-elle conduit l'Angleterre à la guerre civile et Charles Ier à l'échafaud.

LE POUSSIN

1594 à 1665 ap. J.-C.

Ce peintre, au nom bizarre autant qu'illustre, fut le père de l'École française, bien qu'il ait composé à Rome la plupart de ses œuvres. On l'a surnommé le philosophe de la peinture. On aurait pu l'appeler le classique par excellence, car l'amour de l'art le poussa surtout à étudier les antiques et à les imiter. Il aurait pu, comme Michel-Ange, tromper des amateurs même sérieux, tellement sa reproduction de l'antique était parfaite. Quoique Louis XIII ait encouragé et pensionné ce grand maître et l'ait chargé de la décoration des principaux palais du royaume en lui donnant pour ateliers les Tuileries mêmes, Poussin, ne pouvant supporter la jalousie dont il était l'objet, s'en retourna dans sa chère Italie, sa patrie d'adoption. On peut pardonner à ce Français, à ce Normand, né aux Andelys, d'avoir préféré le ciel bleu de Rome aux brouillards de la Manche. Tant de génies étrangers sont venus chercher en France la couronne de lauriers, que nous pouvons comprendre qu'un des nôtres l'ait demandée à notre sœur latine. Du reste, le genre de talent du Poussin avait un impérieux besoin de l'horizon romain. Un secret instinct artistique fit voyager Nicolas Poussin en Italie, alors qu'il n'était encore qu'un inconnu. Il trouva des ressources, celles du pèlerin, pour aller jusqu'à Rome, sans se soucier de savoir comment il y vivrait. La protection du cardinal Barberini lui avait été promise par le chevalier Marini, l'un de ses admirateurs. Malheureusement, la mort lui enleva cette protection de l'amitié, et le cardinal l'oublia. Notre grand peintre fut forcé de vendre à vil prix ses chefs-d'œuvre pour acheter des couleurs. Oh! vicissitudes de l'art! mais aussi, ajouterons-nous : Oh! puissance du génie! Poussin, ne pouvant produire des œuvres utiles à cause de son obscurité, et sentant sa propre valeur, résolut de l'augmenter encore par l'étude. Il s'attacha aux anciens, et deux sculpteurs romains de ses amis facilitèrent ses travaux. C'est ainsi qu'il est arrivé à cette perfection qui en a fait l'un de nos plus grands maîtres. La fortune finit par lui sourire, mais elle ne changea pas cette âme fière et élevée. C'est lui qui répondait au cardinal Massimi qu'il reconduisait lui-même, un flambeau à la main, le plaignant de n'avoir pas de laquais : « Monseigneur, je vous plains bien plus d'en avoir un si grand nombre! » Le Poussin a composé plus de trois cents ouvrages qui font l'ornemen-

de nos principaux musées et de quelques galeries particulières de la France et de l'étranger. Cet admirateur de Raphaël et du Dominiquin, ses maîtres préférés, cet imitateur si parfait de l'antique n'a point laissé d'élèves pour recueillir son héritage artistique. Cependant, il eut une grande influence sur tous les peintres français de son époque. Pour nous, ce maître sans élèves est resté le plus grand des maîtres.

GUSTAVE-ADOLPHE

1594 à 1632 ap. J.-C.

Ce roi de Suède fut un grand prince et un grand guerrier; il passa presque toute sa vie à guerroyer en Allemagne et en Pologne; il fut l'adversaire heureux des plus grands généraux de l'époque, entre autres Tilly et Wallenstein. Ses succès méritèrent à Gustave-Adolphe le surnom de Grand; il combattit audacieusement, pendant son règne, le Danemark et la Pologne, qui était alors une grande puissance; puis, la Russie et l'Allemagne; il s'empara de toutes les places fortes de la Saxe, du Brandebourg, de Trèves et de Mayence. Ces triomphes, qui en firent un héros, ne l'empêchèrent pas d'être un grand roi; il rétablit dans ses États la justice, le commerce, l'industrie et les belles-lettres; il sut s'entourer des hommes les plus remarquables de la Suède qui gouvernaient le royaume pendant que leur roi cueillait des lauriers à l'étranger. C'est ainsi que Suger et Sully veillaient aux intérêts publics, en l'absence de leurs princes. Gustave-Adolphe est resté l'une des grandes figures de l'histoire et l'un des plus grands rois de cette belle Suède qu'on a appelée la France du Nord.

DESCARTES

1596 à 1650 ap. J.-C.

« Je pense, donc je suis ! » Toute la doctrine philosophique de Descartes se trouve résumée dans ces cinq mots. Ce philosophe créa une méthode nouvelle ; il commença par faire table rase de toutes les doctrines ; le doute lui parut un point de départ facile pour reconstruire un système philosophique. Ce savant ne borna pas les audaces de son esprit à la seule philosophie ; il voulut être novateur dans tous les genres de science. Il inventa une algèbre nouvelle ; il fut aussi un grand géomètre ; comme Pascal, il découvrit la loi de la réfraction ; ses recherches et ses innovations eurent pour objet l'astronomie, mais il fut moins heureux dans ses travaux relatifs à cette dernière science, soit qu'il l'eût moins étudiée, soit qu'il se fût laissé guider plus par l'imagination que par la raison. Il n'a rien conçu de sérieux sur ce sujet ; toute sa célébrité vient de ses travaux philosophiques et, notamment, de sa fameuse méthode ; il a fondé, comme philosophe, une école qu'on a nommée l'école cartésienne. Il trouva des adversaires parmi les philosophes français et des imitateurs chez les philosophes allemands. La vie de Descartes ressemble à celle de Solon ; il débuta, comme tous les grands hommes de l'antiquité, par la carrière des armes ; il fit la guerre en Allemagne ; pour compléter sa ressemblance avec Solon, il fit aussi de nombreux voyages ; il visita ainsi l'Europe du Nord et l'Italie. Le commerce des savants de l'époque l'ayant rendu célèbre, les souverains se disputèrent l'honneur de l'avoir à leur cour ; c'est ainsi qu'il figura, à la fin de sa vie, en Suède, auprès de la reine Christine. Il y mourut dans un âge peu avancé ; ses cendres furent rapportées en France et déposées à l'église de Sainte-Geneviève. Sa doctrine hardie fut longtemps, en Europe, la règle philosophique ; Voltaire, plus grand sceptique que Descartes, en acheva la définition. On peut dire que Descartes fut encore plus un savant qu'un philosophe ; ses travaux scientifiques lui ont survécu, et, de ses œuvres littéraires, sa fameuse *Méthode philosophique* a seule trouvé grâce devant la postérité. Descartes est resté, pour nous, un grand penseur et un grand logicien ; le christianisme a tué la philosophie ; en effet, l'homme n'a plus rien à chercher ni à apprendre quand tout lui a été révélé.

VOITURE

1598 à 1648 ap. J.-C.

Ce poète d'Amiens, bel esprit du temps de Louis XIII, fut remarquable, comme écrivain, dans le genre épistolaire. Ses lettres, qu'on ne lit plus, firent un grand effet lorsqu'elles parurent; il avait, d'ailleurs, joué à la cour un certain rôle comme courtisan heureux, et, pourvu de charges auprès de la personne des grands, son attachement pour Gaston, frère du roi, qu'il suivit dans sa révolte et dans son exil, sa mission près d'Olivarès, en Espagne, la protection de Richelieu, et, plus tard, celle de Mazarin, ses fonctions de maître des cérémonies, d'introducteur des ambassadeurs, tout contribuait à donner de l'intérêt à la correspondance d'un homme qui avait été si à même de bien voir et qui était capable, par son esprit, de bien juger les hommes et les choses.

On dit que les écrits de Voiture ne furent pas sans influence sur la langue française, qui tendait alors à se fixer définitivement. Aujourd'hui, nous y trouverions beaucoup d'exagération, de boursoufflure, d'emphase et de faux brillant; mais c'était le goût de l'époque. La vie de la cour avait une telle importance, et cette cour était si galante, que la tournure de l'esprit public dépendait des raffinés et des beaux esprits en évidence. Les œuvres complètes de Voiture ont été réunies en deux volumes qui comprennent des lettres à diverses personnes, d'autres plus intimes, des poésies françaises, étrangères et latines. Il fut encore l'auteur du fameux sonnet d'*Uranie;* il n'en fallait pas davantage, à cette époque, pour immortaliser un homme. Voiture valut moins que sa réputation. Au fond, c'était un auteur froid, prétentieux, peu naturel, ayant plus de légèreté que de profondeur. Ses lettres sont, néanmoins, une page intéressante de notre histoire et d'un temps où la vie de cour résumait celle de la nation. Voiture trônait à l'hôtel de Rambouillet, c'est encore un titre à l'attention de la postérité.

CROMWELL

1599 à 1658 ap. J.-C.

Olivier Cromwell devint, à l'occasion des troubles du long Parlement d'Angleterre, en 1640, protecteur du royaume ; c'était un puritain farouche, cruel et ambitieux ; il se distingua dans la guerre civile où il fut aussi habile qu'heureux ; il ruina les royalistes et vainquit l'infortuné Charles Ier à Naseby et à Marston-Moor. Maître de l'armée, il le devint bientôt du Parlement, et, comme ce dernier lui offrait quelque résistance, il l'expurgea *manu militari*. Le nouveau Parlement, inspiré par le nouveau tyran, nomma Cromwell protecteur, proclama la république et condamna à mort le roi Charles Ier. C'est sur ces ruines et dans ce sang que s'éleva le piédestal du nouveau pouvoir; il faut dire, à la honte de l'Europe, que tous ses souverains acceptèrent Cromwell et entretinrent avec lui des relations diplomatiques. Cromwell ne se montra pas moins habile au pouvoir que dans l'opposition. C'était un sectaire sans principes, sans cœur et sans foi; mais il avait une volonté de fer, il sut l'imposer à tous et, dominant l'Angleterre d'une manière absolue, il se fit pardonner ses crimes par ses succès et sa prospérité. Il s'empara de la Jamaïque qu'il enleva aux Espagnols; il humilia la Hollande, conquit l'Irlande et l'Écosse, releva les lois, la justice et le commerce; s'il eût vécu plus longtemps, il était de trempe à fonder une dynastie, mais son fils ne le valait pas, et, peu après la mort de Cromwell, le protectorat fit place à la royauté, représentée par Charles II. Cromwell n'est pas une figure sympathique, mais, sans être un honnête homme, il fut un grand génie. La Providence permet quelquefois que les États tombent sous le joug d'un tyran vengeur qui prend le rôle de justicier. De ce mal passager, il naît souvent un grand bien; les lois de l'ordre moral ressemblent à celles de la nature : à travers les événements comme au milieu des saisons, il y a quelquefois des orages violents qui causent un trouble momentané d'où sort une fécondité nouvelle; c'est le secret de Dieu!

VÉLASQUEZ
1599 à 1660 ap. J.-C.

Ce grand peintre fut le Rembrandt ou le Van Dyck de l'École espagnole, avec une originalité personnelle qu'on ne retrouve nulle part. Son trait est net et quelquefois un peu dur; mais les détails du tableau sont tellement finis, qu'on cesse d'être choqué de ce qui avait paru raide et guindé dans la composition. Notre illustre Meissonier est le peintre moderne qui se rapproche le plus de cette perfection dans le détail. Vélasquez a peint des courses de taureaux et des portraits d'infantes qui ont figuré au musée rétrospectif de Paris, en 1867. Le salon d'Isabelle II, à Madrid, est enrichi par plusieurs de ses belles toiles. On en trouve aussi quelques-unes dans notre galerie du Louvre. Quoique élève de maîtres espagnols, Vélasquez voulut connaître l'art italien, et il fit, dans ce but, deux voyages dans la Péninsule, sœur de l'Espagne. Protégé par Philippe IV qui l'admirait beaucoup, Vélasquez put jouir de son vivant de la gloire artistique qu'il donnait, par ses chefs-d'œuvre, à son pays. Son talent universel lui permit d'exceller dans tous les genres de peinture. Il est surtout remarquable par l'énergie de son pinceau et la vigueur de son coloris. Il est resté, pour la postérité, l'un des plus grands peintres de cette belle École espagnole, digne rivale des Écoles française et italienne.

CALDERON
1600 à 1681 ap. J.-C.

Voici un grand cœur uni à un grand esprit. Calderon de la Barca fut le Corneille espagnol, bien qu'on n'ait de lui que fort peu de tragédies. Il avait le caractère de Corneille, et dans le style une certaine ressemblance avec ce grand écrivain, au point de vue de l'exagération et du faux brillant. L'existence aventureuse de Calderon rappelle beaucoup le souvenir de celle de Lope de Vega. Comme ce dernier, il fut très prolixe et composa près de mille pièces et ouvrages dont un petit nombre seulement est parvenue jusqu'à la postérité. Comme Lope de Vega, il fut moine et soldat. D'une précocité merveilleuse, il composa, à quatorze ans, sa première pièce; à vingt-cinq ans, il était sous les drapeaux et partageait son temps entre les armes et la poésie. Le roi Philippe IV le remarqua, l'apprécia, l'appela à Madrid après la guerre; il fut entouré d'honneurs et la faveur royale alla jusqu'à subvenir aux frais de représentation de ses pièces. C'était la grande manière de Louis XIV. Mais Calderon avait l'âme trop haute pour se contenter des faveurs mondaines; il lui fallait celles de Dieu. Il entra en religion en 1652 et devint chanoine de Tolède. Ce changement de position modifia ses écrits et ses idées. Il ne composa plus que des pièces religieuses, parmi lesquelles on peut citer la *Dévotion de la croix* et le *Purgatoire de saint Patrice*. Il fit aussi des espèces de mystères. Doué d'une imagination fort riche et d'un esprit très souple, ayant le talent de l'intrigue du théâtre, Calderon a laissé de véritables chefs-d'œuvre que les gourmets littéraires apprécient encore aujourd'hui, au théâtre du *Prince*, à Madrid. Il faut avoir assisté à l'une des représentations de ses comédies pour comprendre tout le brio et tout le piquant de ses dialogues; ses principales pièces sont la tragédie d'*Héraclius*, l'*Alcade de Zalamea*, le *prince Constant*, le *Médecin de son honneur*. On lui a reproché de ne pas avoir assez respecté les règles de l'art. Il est permis à certains génies d'affronter ce reproche; dans ce cas, le succès justifie l'exception. En somme, Calderon fut une grande et sympathique figure, il fait honneur à l'Espagne.

FERMAT

1601 à 1665 ap. J.-C.

Quand on étudie l'histoire, on est étonné du grand nombre de savants dont les noms sont presque inconnus du public. C'est un devoir de les populariser.

Fermat fut l'un de ces bienfaiteurs de l'humanité qui laissent à la postérité un bel héritage littéraire et scientifique. Conseiller au Parlement de Toulouse, il employait les loisirs que lui laissait sa charge à cultiver, avec un égal succès, le grec, le droit et l'algèbre. Quel vaste horizon! Il a su trouver et traduire des auteurs grecs de l'antiquité. Il créa lui-même des méthodes nouvelles pour l'étude des mathématiques; il fit faire de grands progrès à l'algèbre et à la géométrie. On lui attribue les premières découvertes du calcul différentiel, si célèbre au xviiie siècle. Il inventa également le calcul des probabilités. En rapport avec les plus grands savants de son temps, parmi lesquels on remarque Pascal et Torricelli, il répandit ses découvertes et ses problèmes dans le monde scientifique. Il ajouta sa collaboration aux précieux travaux de ces grands maîtres. Certainement, les érudits connaissent Fermat et ont lu ses ouvrages. Cela ne suffit pas. Il faut l'apprendre au peuple, afin qu'il honore la mémoire de ces gens de bien et d'étude. Ce sont de véritables grands hommes dont la gloire n'a fait verser ni sang, ni larmes.

MAZARIN

1602 à 1661 ap. J.-C.

C'est de lui dont on disait que, si son langage n'était français, du moins son cœur l'était. Richelieu en mourant, le recommanda à Louis XIII comme le plus digne de le remplacer. Le roi le nomma dans son conseil pour remplir la promesse qu'il avait faite à Richelieu. Après la mort de Louis XIII, Anne d'Autriche prit pour ministre ce cardinal Mazarin, cet Italien qui avait été l'ami et le disciple de Richelieu et qui devait être le continuateur de sa politique. Cet homme habile fut merveilleusement servi dans les guerres qu'il entreprit, par le génie de Condé et de Turenne. Quand on a de pareils instruments dans la main et qu'on y ajoute les ressources d'esprit du grand Italien dont nous faisons le portrait, on peut faire de grandes choses et on les fait. Mazarin, mettant à profit les victoires de ses généraux, termina la guerre par d'heureuses et adroites négociations. La France s'en trouva agrandie et la maison d'Autriche diminuée dans sa puissance. Les traités qui mirent fin à cette guerre s'appelèrent ceux de Wespthalie, en 1648, et des Pyrénées, en 1659. Mazarin fut moins heureux dans son administration intérieure. Il n'avait pas la grandeur d'âme de Richelieu, et l'intérêt personnel passant, chez lui, avant l'intérêt de l'État, il laissa piller les deniers publics; le peuple se plaignit, le Parlement fit des remontrances, les nobles s'agitèrent, et de tous ces mécontentements sortit la *Fronde,* guerre civile qu'on n'avait pas prise au sérieux à l'origine, mais qui troubla toute la minorité de Louis XIV. La reine mère fut chassée de Paris avec

Mazarin. Le roi, quand il fut en âge de saisir le pouvoir, répara toutes ces faiblesses et rétablit l'ordre public. Mazarin disait de ce prince qu'il avait l'étoffe de quatre rois, et il sut, du moins, le former à mieux user du pouvoir qu'il ne l'avait fait lui-même. On reprocha à Mazarin beaucoup d'intrigues, entre autres d'avoir laissé l'esprit du roi s'exalter au sujet de la belle Mancini, sa nièce ; il est certain, au contraire, que Mazarin, dans cette circonstance, sacrifia sa famille à l'intérêt de l'État et qu'il n'approuva pas ce sentiment du jeune roi. L'histoire a été injuste pour Mazarin. Il fut moins grand que Richelieu, mais il sut encore faire de grandes choses. On lui doit le réveil de l'esprit littéraire de l'époque. Il encouragea les arts et il ne fut pas étranger à ce grand développement littéraire qui illustra le siècle de Louis XIV. Mazarin avait la finesse de l'Italien, sans avoir la grandeur de vues du véritable homme d'État. Il ne surpassa pas son maître, Richelieu, mais il le continua.

PIERRE CORNEILLE

1606 à 1684 ap. J.-C.

Pierre Corneille, qu'on a appelé le grand Corneille, pour le distinguer de son frère Thomas, auteur estimé, fut le véritable père de la tragédie française. On le compare à Sophocle, comme Racine à Euripide. Né à

Rouen, en 1606, il était fils d'un avocat général et, par conséquent, destiné au barreau. Son génie l'entraîna vers le théâtre; il commença par des comédies qui eurent du succès, mais qui ne valaient pas celles de Molière. Il cherchait sa voie qu'il n'avait pas encore trouvée; en 1635, la tragédie de *Médée* prouva qu'il l'avait enfin rencontrée. Le *Cid* mit le comble à sa vogue, Richelieu en fut jaloux. Corneille écrivit ensuite *Horace*, *Cinna*, *Polyeùcte*, *Pompée*, *Rodogune* ; l'Académie l'accueillit en 1647. A cette époque, Corneille renonça au théâtre et traduisit, en vers, l'*Imitation de Jésus-Christ* ; il reprit, quelque temps après, la plume du tragédien et produisit *OEdipe*, *Sertorius*, *Othon*, *Agésilas*, *Attila* et *Turenne*. Boileau, toujours impitoyable, se fit l'écho de l'opinion publique, à propos des pièces d'*Agésilas* et d'*Attila*, qui n'avaient pas réussi, malgré le génie de Corneille. Il fit une critique de ces tragédies où il disait :

> Après l'Agésilas,
> Hélas !
> Mais après l'Attila,
> Holà !

Il ne faut pas oublier que, malgré l'insuccès de ses comédies, Corneille en a laissé une qui est un véritable chef-d'œuvre, et qu'on appelle le *Menteur*. Les qualités de style de Corneille étaient l'énergie et l'élévation ; il atteignit la perfection du genre sublime ; on lui reproche des exagérations de langage qui tenaient surtout à ce qu'il avait pris ses modèles dans l'École espagnole. Corneille était un homme simple et de mœurs honnêtes. Il avait toutes les vertus de l'homme privé. On prétend que, sur la fin de sa vie, il éprouva des revers de fortune. Comme il était fort économe, la tradition rapporte certains actes de sa vie domestique, attribués à tort au mauvais état de ses affaires. Il est certain qu'il possédait, dans la rue d'Argenteuil, une maison qu'il a toujours habitée et qui a été démolie tout dernièrement dans le percement de l'avenue de l'Opéra. Corneille fut l'une des gloires de la littérature française et du siècle de Louis XIV. Il mourut en 1684. On voit encore son buste dans le péristyle de la Comédie-Française. Ses pièces sont de vrais chefs-d'œuvre, son langage est d'une beauté incomparable et ses sentiments ont la grandeur de ceux des héros de l'antiquité.

MONTECUCULLI

1608 à 1681 ap. J.-C.

Raimond, comte de Montecuculli, fut un grand général autrichien ; il fit la guerre de Trente ans, battit les Suédois, les Turcs, fut l'allié des Français et, plus tard, leur adversaire, et eut l'honneur de combattre Turenne et Condé. Sa fortune militaire fut très changeante ; tour à tour vainqueur et vaincu, il finit par laisser la réputation d'un général plus habile et plus savant qu'heureux. On peut dire, à sa décharge, qu'il eut à combattre les plus grands généraux de son temps. Être vaincu par Turenne et par Condé n'était pas un déshonneur, et, cependant, il obtint contre eux des succès incontestables dans plusieurs batailles célèbres. Son nom est resté historique et se trouve associé aux grandes luttes de la Suède, du Danemark, de la Pologne, de la France, de la Hongrie et de la Turquie. Il a laissé des *Mémoires* militaires estimés, et son nom revient souvent sous la plume des historiens du règne de Louis XIV. S'il eût été Français, nous en aurions peut-être fait un héros. Il était étranger, rendons-lui justice et honorons-le comme un grand homme de guerre.

MILTON

1608 à 1674 ap. J.-C.

Ce poète anglais, l'un des plus grands de son pays, était aveugle lorsqu'il composa son chef-d'œuvre, le *Paradis perdu*, qu'il dictait lui-même à ses filles. Ce poète, cet homme de génie, avant d'être aveugle physiquement, l'était depuis longtemps moralement; il passa les premières années de sa vie à chanter le régicide Cromwell et à attaquer sa royale victime. Ce Charles Ier d'Angleterre valait notre Louis XVI dont il eut, d'ailleurs, la destinée. Ce zèle, digne d'un étudiant déclassé, fut récompensé par Cromwell qui éleva Milton aux fonctions publiques; mais ce poète, égaré dans la politique, n'en continua pas moins l'étude des belles-lettres, à laquelle il eût dû se borner. Il publia un grand nombre d'ouvrages, quelques-uns en latin. Toujours poussé par son esprit révolutionnaire, il attaqua le clergé et la royauté. La mort de Cromwell le ramena aux études littéraires en terminant sa triste carrière politique. C'est alors qu'il composa son chef-d'œuvre, le *Paradis perdu*, poème lyrique qui a suffi à l'immortaliser. Il est, en effet, difficile de concevoir une œuvre plus belle, et l'imagination a conduit le poète vers les sphères élevées où la sainteté avait jusqu'alors, seule, permis à l'homme d'arriver. Saint Paul fut ravi en esprit, mais Milton, par son seul génie, eut une sorte de révélation. Il a décrit, d'une manière inimitable, le combat des anges et des démons. Il est impossible de rien voir de plus beau; on se demande où ce révolutionnaire, cet apologiste du régicide, a pu trouver une pareille conception, si digne d'un poète chrétien. Peut-être la cécité qui l'a frappé dans ses dernières années l'a-t-elle fait rentrer en lui-même, et ce génie dévoyé a, sans doute, sous le fouet de Dieu, retrouvé la véritable route. Milton fut une vivante contradiction; mais, si l'on s'en tient à son *Paradis perdu*, sa seule œuvre durable et honnête, on peut l'admirer comme un des grands génies de l'humanité.

MÉZERAY

1610 à 1683 après J.-C.

Homme de peu, n'ayant même pas de nom, ce fils d'apothicaire de village prit celui de son lieu de naissance; il l'a, d'ailleurs, illustré par ses travaux historiques. Il naquit en 1610, dans le pays d'Argentan. D'abord employé de l'administration militaire, il suivit les armées en Flandre. Ses débuts littéraires furent des libellés qui l'amenèrent, peu à peu, par des recherches historiques, à devenir un écrivain plus sérieux. Il est connu de la postérité par son *Histoire de France* qui s'arrête à Louis XIII. Elle eut tant de succès, qu'elle lui valut la place d'historien de la maison du roi, en 1649, celle de membre de l'Académie française. Il y remplit la place de secrétaire perpétuel où il succéda au taciturne et prudent Conrart. Ses études historiques et sa place à la cour ne l'empêchèrent pas de prendre parti dans la Fronde, et son esprit satirique s'exerça de nouveau aux dépens de Mazarin. Ces écarts de plume ne lui firent pas le tort que lui causèrent certaines appréciations sur les impôts qui déplurent à Colbert. Il perdit sa pension. On a de lui, à cette époque, un second ouvrage qui n'eut pas moins de succès que le premier : c'est un abrégé de son *Histoire de France*. Esprit facile et indépendant, il a rendu l'histoire intéressante. Ses récits abondent de détails et de faits. On y trouve une certaine liberté de langage, parfois un peu de légèreté, on pourrait dire de naïveté, dans la forme et dans le fond. En somme, cette *Histoire* de Mézeray est restée comme un bon ouvrage de bibliothèque. Il est d'une lecture attrayante et facile. Aujourd'hui, où l'on voit si fréquemment altérer l'histoire, le lecteur est bien aise de l'apprendre dans les écrits d'un homme qui a su la raconter à la satisfaction de ses contemporains.

Son œuvre principale est intitulée : « *l'Histoire de France depuis Faramond jusqu'au règne de Louis le Juste,* enrichie de plusieurs belles et rares antiquités et de la vie des reynes, des portraits au naturel des rois, des reines et des dauphins, tirés de leurs chartes, effigies et autres anciens originaux, et d'un recueil de médailles qui ont été fabriquées sous chaque règne et de leur explication servant d'éclaircissement à l'histoire, par le sieur F. de Mézeray, historiographe de France. »

On le voit, c'est une œuvre curieuse et gigantesque, un vrai travail de bénédictin. L'édition est, d'ailleurs, de toute beauté et les portraits sont de précieux documents. C'est de l'histoire de France presque en chair et en os; mais le sieur de Mézeray, le pamphlétaire, ne fit pas la chose à demi, quand il s'est agi de Louis le Juste. Aux gravures, il a ajouté des vers élogieux et une pompeuse dédicace à la reine régente.

Voici les vers à la mémoire du roi :

> Ce grand roy dont l'adorable visage,
> Vainqueur de ce bas monde au ciel est remonté,
> A genoux donc, mortels! que tout lui rende hommage,
> Ou redoutez sa foudre, ou louez sa bonté!

C'est plus plat que poétique, mais il faut tenir compte des idées de l'époque et aussi de la reconnaissance de l'auteur qui devait, sans doute, à la magnificence de la cour, d'avoir pu élever son monument littéraire qui est vraiment digne d'admiration.

Le second portrait représente la reine Anne, assise à côté de ses deux fils. La gravure est accompagnée des vers suivants, non moins élogieux que les précédents.

> Anne, dont la vertu nous assiste au besoin,
> Va ramener le calme après tant de tempestes ;
> Et ces princes divins dont elle a tant de soin,
> De l'aurore au couchant borneront leurs conquêtes.

C'était, en vers médiocres, une véritable prophétie de la grandeur future de Louis XIV. Il y a un portrait à chaque règne. Chaque portrait est précédé d'un quatrain semblable à ceux que nous avons cités. C'est un résumé de la pensée de l'auteur sur le règne qu'il va raconter. Nos historiens modernes n'auraient, assurément, ni tant de patience, ni tant d'érudition. Quand Mézéray n'aurait eu que le seul mérite de nous laisser un bon et beau livre de bibliothèque, ce serait assez pour lui donner un titre sérieux à la reconnaissance de la postérité. Mézeray ne dédaigna pas le madrigal. C'est ainsi que, au bas du portrait de Richarde, femme de Charles le Gros, il place ces quatre vers qui donnent une idée du genre de poésie de l'auteur :

> Merveille de son sexe, adorable princesse,
> Dont l'honneur combattu ne fut jamais blessé,
> Charles, en te quittant, témoigna sa faiblesse,
> Car alors d'insensible, il devint insensé !

Ce n'est pas, assurément, une poésie remarquable, mais c'est un morceau curieux. Tel fut le travail de Mézeray. On comprend la faveur qui accueillit ses portraits historiques. Pour nous, qui voyons les choses plus froidement que ses contemporains, cet ouvrage a encore beaucoup de prix à nos yeux, à cause des portraits authentiques des grands personnages de l'histoire. C'est comme une galerie de gravures ressemblantes qui serait placée au milieu d'une bibliothèque.

DUQUESNE

1610 à 1688 ap. J.-C.

Ce célèbre marin contribua, dans une large part, aux gloires si nombreuses du règne de Louis XIV. On ne dira pas que le grand roi se soit montré intolérant dans cette circonstance, car Duquesne était protestant. Louis XIV prenait les grands hommes partout, il savait les deviner et s'en servir pour le bien de la France. Duquesne fut un marin habile et courageux que l'on pourrait comparer au fameux Doria ; il eut, comme ce dernier, des fortunes diverses, et, comme lui, il servit plusieurs maîtres sans jamais trahir sa patrie. Il se signala aux îles de Lérins, à Tarragone, au cap de Gata. Il servit ensuite en Suède et battit la flotte danoise ; comme Doria, il leva une escadre de ses deniers pour le service de son pays. Il battit encore les Anglais et les Espagnols et vainquit le célèbre Hollandais Ruyter. Il fit de nombreuses campagnes dans la Méditerranée et bombarda Gênes et Alger. Louis XIV lui donna des lettres de noblesse et le titre de marquis. Tel était l'esprit libéral de cette grande époque, tels étaient les hommes de génie qui grandissaient sous la tutelle du plus illustre et du plus généreux de nos princes. Duquesne était digne de figurer dans cette galerie historique du grand siècle.

TURENNE

1611 à 1675 ap. J.-C.

Turenne fut l'un des plus grands capitaines de la monarchie française ; il fut constamment heureux à la guerre. Savant tacticien, il sut manœuvrer des armées de quarante mille hommes et en tirer le même parti que Napoléon en Italie et dans sa campagne de France. Ces armées correspondaient à ce que nous appelons aujourd'hui des corps d'armée; le génie actif de Turenne multipliait les soldats partout où ils devaient se trouver en grand nombre; il savait prendre des positions stratégiques qui lui permettaient, par la rapidité des mouvements, d'avoir toujours la supériorité du nombre sur le point important du moment; c'est surtout le secret de la guerre. Turenne combattit fort longtemps les Impériaux; mais c'est surtout dans le Palatinat qu'il obtint le plus grand succès et qu'il guerroya le plus longuement; ce pays fut en quelque sorte ravagé par ses troupes; on voit encore à Heildelberg la trace de ses assauts, et les habitants de la ville ont conservé le souvenir de ces grandes luttes. Elles illustrèrent le règne de Louis XIV auquel ne manqua aucun genre d'illustrations. Une seule fois, en Alsace, Turenne ne put retenir les Impériaux trop nombreux, et, homme de guerre habile, il fit une savante retraite par le col de Saverne; mais bientôt il revint surprendre les Impériaux qui prenaient leur quartier d'hiver, et, avec vingt mille hommes, débouchant de la haute Alsace, par un froid de dix degrés, il chassa l'ennemi vaincu partout jusqu'aux portes de Strasbourg. Au printemps suivant, il poussa ses succès jusque sur le territoire allemand; il était si sûr de son fait qu'il s'écria : « Je les tiens, ils ne peuvent plus m'échapper! » C'est là qu'il trouva la mort. Il fut frappé au flanc par un boulet. C'est ainsi que ce grand homme de guerre tomba, pour ne plus se relever, au milieu d'une victoire. Turenne mourut dans un âge avancé; ses qualités personnelles étaient aussi brillantes que solides, il était d'une grande bonté pour ses soldats et il avait la modestie qui convient au véritable génie.

MÉNAGE

1613 à 1692 ap. J.-C.

Les beaux esprits, les précieux ridiculisés par Molière et Boileau, ne furent pas sans influence sur la littérature et la langue française; leur règne s'est fait longtemps sentir et il a été un instant absolu. Ménage fut l'un des princes de cette école d'érudits, plus pédants que sérieux. Ayant appartenu au barreau, il quitta la toge pour les lettres et entra même dans les ordres, afin de conquérir l'indépendance du travail par le bien-être matériel de quelques bénéfices qu'il se fit donner comme ecclésiastique, On le voit, c'était un homme pratique; c'est bien l'école des Trissotins et des Vadius. On dit que c'est sous ce dernier nom que Molière l'a voulu peindre. En s'attaquant à Ménage, notre grand comique faisait la guerre à tout un système. Par ses amitiés et ses relations, Ménage était l'un des personnages les plus importants de ce monde de lettrés prétentieux, alors en faveur; il était, en effet, lié avec Scudéry, Chapelain, Benserade; Christine de Suède correspondait avec lui; il avait la faveur de Mazarin. C'est Boileau qui lui porta les premiers coups. Ménage, assez caustique et mordant lui-même, s'était fait beaucoup d'ennemis. Boileau savait mordre aussi et même emporter le morceau; il ne faudrait cependant pas croire que Ménage ait été un homme sans valeur; il avait des connaissances fort étendues; le grec, le latin, l'italien lui étaient familiers. Il a même laissé des poésies latines et italiennes; ses écrits furent fort nombreux et très variés; il y a un certain mérite de travail et d'étude dans ses *Origines de la langue française*, sorte de dictionnaire d'étymologie. Il en fit autant pour l'italien; ses études pour le grec et le latin, quoique bizarres, comme l'attestent son *Histoire des femmes philosophes* et son *Diogène Laërce*, n'en sont pas moins des travaux sérieux; ses traits d'esprit étaient une monnaie courante dans les salons du temps, et on en a fait un recueil, sorte de collection connue sous le nom plus ou moins latin de *Menagiana*. Molière et Boileau ne pouvaient aimer ce précieux. Ils peignaient à grands traits, lui ne faisait que la mignardise; mais il ne la faisait pas sans talent;

le ridicule et le prétentieux ont fait oublier ce qu'il y avait de bon dans ces beaux esprits qui faisaient assaut d'érudition et d'amour des belles-lettres. C'était un tournoi perpétuel qui agitait les esprits ; mais cette agitation valait mieux que le calme de notre médiocrité moderne ; nous n'avons plus de Molière, ni de Boileau ; peut-être serions-nous fiers de voir revivre Ménage !

LE CARDINAL DE RETZ

1614 à 1679 ap. J.-C.

Paul de Gondi fut cardinal comme son grand-oncle, Albert de Gondi, fut maréchal de France. Ils portèrent aussi mal l'un que l'autre l'épée et la soutane. Née de la faveur des Médicis, cette famille, qui les avait suivis de Florence à Paris, fut largement dotée des plus grands emplois, accompagnés des plus grands honneurs. C'est ainsi que l'homme d'esprit qui nous occupe recueillit le trône de l'archevêché de Paris, presque comme on hérite d'un patrimoine de famille. Avant lui, trois membres de sa maison avaient porté ce titre si envié et si enviable. On ne voulait pas le laisser échapper, et le jeune Paul fut destiné aux ordres, malgré son peu de goût pour cette vocation. Il faut lui rendre la justice qu'il n'épargna aucune folie de jeunesse pour faire revenir ses parents sur le choix de sa carrière. Les duels et les aventures furent son premier stage ecclésiastique, singulière façon de se préparer à entrer dans le sacerdoce. Il y brilla pourtant, sinon par le caractère et par la vertu, du moins par l'esprit, le talent, l'habileté, l'étude et l'éloquence; il tint même en échec la fortune de Mazarin. Ce trait prouve ce qu'il valait. Un esprit aussi turbulent que Paul de Gondi devait donner dans la Fronde. Il s'y mêla tout juste assez pour se rendre arbitre de ce peuple de Paris auquel on plaît surtout avec de l'esprit. Il sut assurer sa popularité par une magnificence qui devait ajouter encore à son crédit. Mais, avec une finesse tout italienne, il s'arrêta à temps dans ses compromis avec l'émeute. Il fit sa paix avec Anne d'Autriche, ce qui lui valut le chapeau de cardinal. Néanmoins Mazarin reprit sa revanche et Retz fut emprisonné. Il s'évada et voyagea à l'étranger pendant quelque temps. Son retour lui coûta son siège archiépiscopal. On craignait, sans doute, son influence sur le peuple de Paris. Il finit ses jours dans une retraite bien employée à des travaux littéraires qui furent son vrai titre à l'admiration de la postérité. En lisant ses *Mémoires*, écrits avec l'esprit et la plume de Saint-Simon, on pardonne beaucoup de choses à cet homme du monde qui avait beaucoup à se faire pardonner. Ses *Mémoires* gagneraient à être moins licencieux et plus charitables. Il n'épargna personne, et sa haine contre Richelieu lui fait attribuer à ce grand homme des faiblesses qui étaient plutôt dans les habitudes du cardinal de Retz. La légèreté de ses *Mémoires* est peu digne du caractère ecclésiastique, et leur lecture n'apprend pas grand'chose à la postérité sur l'histoire de France. Ces sortes de livres peuvent avoir un mérite littéraire ; ils font la distraction momentanée de quelques oisifs, de quelques lettrés, mais ce ne sont jamais des monuments historiques bâtis sur le roc. La France et l'histoire n'auraient rien perdu si le cardinal de Retz était resté simple courtisan, dans une cour où la vertu était moins nécessaire que l'esprit. On lui donna à tort de délicates fonctions. Ne retenons donc de ce personnage multiple que l'écrivain qui mérita de fixer l'attention de la postérité.

MURILLO

1618 à 1682 ap. J.-C.

Ce fut l'un des plus grands peintres de l'école espagnole ; il était élève de Vélasquez et de Moya. Il n'imita pas ses maîtres ; il fit comme Raphaël. Il sut se créer un génie personnel : il est, en effet, resté célèbre et inimitable. Ses tableaux sont remarquables par la délicatesse des formes et l'harmonie des figures. Il semble qu'une gaze légère les recouvre. C'est le caractère particulier de la peinture de Murillo. Un nuage imperceptible entoure ses personnages et en adoucit les traits. On dit cependant que Murillo eut deux manières : dans la première, il peignait avec plus de rudesse et se rappelait davantage les modèles de Velasquez et de Van Dyck. La seconde manière a été préférée et préférable, c'est celle de la bonne époque. Nous en avons plusieurs exemples au Louvre, entre autres l'*Assomption*, célèbre toile d'un prix considérable qui est un chef-d'œuvre de l'art. Elle vient de la galerie du maréchal Soult qui l'avait rapportée d'Espagne. Un autre tableau de Murillo, le *Petit Mendiant espagnol*, qui est également au Louvre, peut donner une idée exacte de la première manière de ce grand maître. Ce tableau, par son réalisme, rappelle Moya qui excellait dans ce genre. Du reste, le génie de Murillo était universel. Il a traité, avec succès, tous les sujets. Ses chefs-d'œuvre, néanmoins, appartiennent à l'idée chrétienne ; c'est là qu'on voit reparaître ce voile mystérieux qui semble tenir le public éloigné de ce spectacle religieux qu'on met sous ses yeux. Cet artifice de l'art agrandit l'horizon du cadre et élève la pensée jusque dans les régions célestes. Murillo naquit à Séville, où il retourna après un voyage d'étudiant qu'il fit aux Pays-Bas. Il voulut mourir dans sa patrie, et c'est à Séville qu'il fit ses plus beaux tableaux. On retrouve, dans les figures de ses personnages, ce style de Séville et de Cadix qui a quelque rapport avec celui de la race si pure de notre Provence. C'est bien là le sang phocéen, qui coule encore dans les veines des descendants actuels de ces hardis navigateurs de l'antiquité. La vie de Murillo est facile à raconter; il l'employa à composer des chefs-d'œuvre qui font, encore aujourd'hui, l'admiration de la postérité.

COLBERT

1619 à 1683 ap. J.-C.

C'est encore à Mazarin que l'on doit ce grand ministre de Louis XIV. Colbert, d'une origine modeste, se fit remarquer dans les finances dont il devint le ministre sous le grand roi. Il fut le créateur de nos plus beaux établissements de manufactures, de notre système routier, d'une partie de nos canaux, de plusieurs de nos académies, de l'observatoire, de l'école de Rome, des portes Saint-Denis et Saint-Martin, d'une partie du Louvre et des Tuileries. Son génie fécond s'étendit jusque sur notre marine nationale, qu'il releva à une hauteur digne de ce grand siècle. Colbert fut comblé de faveurs par Louis XIV qui n'était pas ingrat; il reçut le titre de marquis et les ordres royaux, qui étaient d'ordinaire l'apanage des plus grands seigneurs. Son nom restera comme celui d'un grand ministre qui était digne d'une grande époque.

LA FONTAINE

1621 à 1695 ap. J.-C.

Jean de La Fontaine fut le plus grand des fabulistes français; il contribua, pour une large part, à orner ce grand siècle de Louis XIV qui comptait tant d'illustrations. Le style de La Fontaine est d'une grande simplicité; on y trouve, à la fois, la finesse, la profondeur et la bonhomie, ce qui a fait appeler ce grand homme, par quelques-uns, « le bonhomme La Fontaine». Le spirituel écrivain, qui raillait si finement les ridicules humains, était loin de n'être qu'un bonhomme. Ce fut un grand moraliste, un grand philosophe et un grand écrivain; le caractère particulier de ses œuvres, c'est une fine ironie, cachée sous les traits les plus simples: il faut quelquefois, dans La Fontaine, chercher le mot pour le comprendre, et on le trouve toujours. Son style est concis, léger, gai, naïf, net, français par la précision, gaulois par la forme et légèrement ironique. La Fontaine n'a laissé qu'un chef-d'œuvre, ce qui est, d'ailleurs, le propre des génies; ce sont ses *Fables*. Les sujets en sont surtout empruntés à la vie des animaux, auxquels l'auteur laisse la parole pour juger les hommes; quelques-unes de ses fables sont si parfaites, qu'on les apprend encore aujourd'hui par cœur et qu'on en cite souvent des passagss, à titre de proverbes. Il y a des fables moins bien écrites où l'auteur se perd dans des détails un peu longs et qui déparent ce beau livre; mais, avec ce qu'il y a de bon, on peut encore avoir un fort beau volume de fables inimitables, bien qu'elles soient imitées d'Ésope, de Phèdre et de Pilpay. Les sujets traités par La Fontaine l'avaient été jadis, de main de maître, par les grands fabulistes de l'antiquité; et, ce qui fait le génie de La Fontaine, c'est qu'il sut encore trouver quelque chose à ajouter à des œuvres déjà si parfaites. La Fontaine est un des auteurs qu'on emporte en voyage, comme Molière, Racine, Corneille et Boileau : il fait les délices des vieillards et des personnes jeunes, il est aimé des gens légers et des gens graves. Un commentateur qui voudrait faire un cours, une conférence sur La Fontaine, trouverait, dans ses fables, mille petits détails pleins de charme et d'intérêt pour l'auditeur. Indiquons seulement un trait en passant, pour montrer combien chaque mot porte dans ses fables. Prenons celle du lièvre et de la tortue : « Eh bien ! » lui cria-t-elle. Remarquons que La Fontaine fait crier la tortue pour bien montrer que le lièvre était resté très en retard. Son livre fourmille de ces petits détails pleins de finesse. On le cite à propos de tout, et cette lecture est le charme des lettrés et la première étude des enfants. La Fontaine vivra autant que Molière et que les plus grands écrivains du grand siècle de Louis XIV.

CONDÉ

1621 à 1687 ap. J.-C.

Ce général, qui mérita d'être appelé le grand Condé, fut l'émule et même le rival de Turenne ; comme ce dernier, il ternit un instant sa gloire en servant les ennemis de la France. La guerre civile avait tellement troublé les esprits de cette époque, qu'on a pu voir des hommes d'un grand mérite servir par dépit contre leur prince et leur patrie ; c'est l'histoire de Coriolan et de Thémistocle. On ne saurait approuver cette trahison qui est une tache pour le génie de ces grands hommes, mais il faut reconnaître que, à leur époque, cette désertion était jugée moins sévèrement qu'elle ne le serait à la nôtre ; la preuve en est qu'elle n'empêcha pas d'utiliser plus tard les services de ceux qui s'en étaient rendus coupables. Le grand Condé débuta, à vingt-deux ans, en 1643, par la victoire de Rocroi, qui mit fin à la supériorité de l'infanterie espagnole, réputée jusqu'alors pour la première du monde. Le combat fut chèrement disputé ; Condé s'y montra fort expérimenté. Malgré la retraite de son aile gauche, il gagna la victoire avec son aile droite, et sut envelopper l'infanterie espagnole qu'il rompit avec sa cavalerie et son artillerie. Condé honora sa victoire en rendant grâce à Dieu cette piété était digne d'un prince français. Condé poursuivit ses victoires, les années suivantes, à Fribourg et à Nordlingen; il y courut de grands dangers; la victoire de Lens réduisit la coalition ennemie. Turenne se chargea d'achever les Espagnols à la bataille des Dunes. Dans sa vieillesse, Condé fut accablé d'infirmités; c'est à lui que Louis XIV, toujours grand, même dans les petites choses, disait ces belles paroles du haut de son escalier de Versailles où Condé le faisait attendre : « Ne vous pressez pas, mon cousin ; quand on est aussi chargé de lauriers que vous l'êtes, on a de la peine à monter vite. » Condé, qui avait retrouvé l'ardeur de sa jeunesse, au combat de Senef, en Belgique, contribua également au succès de la campagne d'Alsace, si bien conduite par Turenne. Le génie de Condé différait de celui de ce dernier : Turenne était plus calme, Condé plus brillant; la fougue du second arrivait au même résultat que le sang-froid du premier. Ce furent deux grands héros, et l'histoire les a réunis dans une même admiration.

MOLIÈRE

1622 à 1673 ap. J.-C.

Ce grand auteur dramatique, qu'on pourrait appeler un grand comédien, sans blesser sa mémoire, car il représentait lui-même les rôles qu'il composait si bien, Molière a été l'un des plus grands génies de la littérature française. Il est accepté comme tel par le monde entier. C'est un poète, c'est un philosophe, c'est un moraliste qui applique, d'une façon toujours charmante, l'adage latin : *Castigat ridendo mores*. Molière eut la bonne fortune de vivre sous Louis XIV. Ce grand roi comprenait toutes les grandeurs : il encourageait les gens de lettres ; il les pensionnait et il ne craignit pas d'inviter Molière à sa table. Le génie royal se trouvait en face du génie des lettres. On dit que Molière eut une origine infime ; il était fils d'un tapissier. Comment est-il arrivé à étudier les lettres et les langues étrangères? Comment a-t-il appris à si bien connaître cette langue française que nul n'a mieux parlé que lui? C'est un mystère qu'il faut demander d'expliquer à l'histoire. Il est certain que cette époque n'était pas un temps démocratique comme le nôtre, et, cependant, on a vu des gens du peuple, comme Molière, Vauban, Colbert, Louvois, Boileau et tant d'autres, arriver à la célébrité, au génie, à la noblesse, tandis que nos démocrates modernes n'arrivent qu'à la médiocrité. Molière était admirablement doué. Ce n'était, d'abord, comme nous l'avons dit, qu'un simple comédien, peut-être, à l'origine, un bateleur ; mais il parcourut la France et l'Italie, et, dans cette dernière nation, il trouva des types inimitables qui sont devenus les charmants et spirituels Scapins de ses comédies. Molière était fort laid ; mais son visage respirait l'intelligence ; il est surprenant de voir tout ce qu'il a produit. On dira qu'il a imité les anciens, que son *Avare* et les trois mains d'une certaine scène sont renouvelés de l'antiquité ; on dira qu'il a pillé les Grecs et les Romains ; ces pillages-là sont ceux d'Ésope et de La Fontaine. Ce sont des créations nouvelles, faites d'après les données des anciens auteurs et, pour moi, j'estime beaucoup l'homme de génie qui donne une forme parfaite à l'idée qu'un autre avait laissée sous une forme incomplète. Nous devons à Molière des comédies inimitables qui sont des chefs-d'œuvre de l'esprit humain. On les nomme : l'*Avare*, le *Misanthrope*, le *Malade imaginaire*, le *Médecin malgré lui*, les *Précieuses ridicules*, l'*École des femmes*, l'*École des maris*, le *marquis de Pourceaugnac*, le *Bourgeois gentilhomme*, l'*Étourdi*, les *Fâcheux*, les *Fourberies de Scapin*, *Don Juan*, la *comtesse d'Escarbagnas*, l'*Impromptu de Versailles*, les *Femmes savantes*, l'*Amphitryon*, le *Tartufe*, le *Mariage forcé*, *Georges Dandin*. Voilà tout ce que ce grand homme a produit et représenté lui-même, dans un temps très court, au milieu de mille difficultés, de mille jalousies, de mille intrigues qui n'ont échoué que grâce à la volonté d'un roi qui savait apprécier le véritable génie. Molière mourut sur le champ de bataille de ses travaux habituels, sur le théâtre ; il fut frappé sur la scène ; quelques-uns disent que ses chagrins domestiques ne furent pas étrangers à sa fin prématurée. Il mourut, dit-on, entouré de deux religieuses, qui prièrent pour cet homme de bien. L'Église, toujours juste et sévère, avait condamné cette profession qui n'avait pas les mœurs pures du christianisme. Des distinctions sont quelquefois à faire aujourd'hui, grâce à la tolérance exagérée de nos temps trop faciles. On ne refuse plus la terre sainte, pas plus aux comédiens qui vivent mal qu'à ceux qui, comme Molière, se distinguent par un grand génie et une grande élévation de sentiments. Nous n'avons pas à juger l'Église. On dit qu'elle avait marchandé un peu de terre sainte aux restes du grand Molière. Ce fait n'est pas certain; le fût-il, qu'il ne prouverait rien contre l'Église et ne diminuerait pas le génie de Molière. L'Académie, qui n'était pas l'Église et qui était une société humaine, ne jugea pas à propos d'admettre dans ses rangs ce comédien de génie, uniquement parce que c'était un comédien. On a bien fait un vers posthume pour excuser cet oubli :

Rien ne manque à sa gloire, il manquait à la nôtre;

mais ce vers ne suffit pas. La société française était alors, il faut le dire et c'est la véritable excuse de l'Académie, comme l'Église est encore aujourd'hui et le sera toujours, organisée sur des principes immuables et éternels. Le génie vient de Dieu, et, au ciel, on juge probablement les choses autrement que chez nous. En tout cas, il peut se trouver dans tous les rangs de la société. Pour nous, Molière est un grand homme; pour ses contemporains, c'était un comédien habile et amusant.

PASCAL

1623 à 1662 ap. J.-C.

Blaise Pascal naquit à Clermont, en 1623. Il eut pour père un premier président à la cour de Clermont. Dès l'âge de douze ans, il montra les plus grandes dispositions pour les mathématiques; il trouva seul de nombreux problèmes, inventa une table de Pythagore, fit des expériences en physique sur le vide et l'équilibre des liquides Sa sœur étant entrée à Port-Royal, il se trouva en relation avec les jansénistes qu'il défendit dans ses fameuses *Provinciales*, chef-d'œuvre de style, mais ouvrage condamnable et condamné au point de vue des principes. Plus tard, Pascal, à la suite d'un accident de voiture, rentra en lui-même et devint d'une dévotion irréprochable; il vécut dans la retraite et donna l'exemple d'une grande piété. C'est alors qu'il composa ses livres de *Pensées*, œuvre inachevée, qui, tout incomplète qu'elle est, n'en restera pas moins, tant qu'on lira. l'un des plus remarquables chefs-d'œuvre de l'esprit humain. Pascal avait une intelligence élevée, droite, profonde et précise; les mathématiques ont laissé leur forte empreinte sur ses œuvres. Ce fut un raisonnement, on pourrait dire un syllogisme vivant, éclairé et rectifié par la foi. Il est consolant de voir un aussi grand génie revenir de ses erreurs et finir en paix avec Dieu; c'est la preuve que c'était non seulement un grand esprit, mais encore une grande âme.

CHRISTINE DE SUÈDE

1626 à 1689 ap. J.-C.

Cette reine dut surtout sa célébrité au commerce qu'elle eut avec les gens de lettres de l'Europe en attirant à sa cour les hommes célèbres de son temps tels que Descartes et d'Alembert. Son règne eut des débuts heureux; on reconnaissait en elle, à cette époque, la fille de Gustave-Adolphe. Entourée de sages conseils, elle gouverna avec habileté; mais ayant éloigné d'elle ses amis pour les remplacer par des intrigants, le désordre se mit dans les affaires, et elle fut tellement découragée qu'elle abdiqua en faveur de son cousin, Charles-Gustave. Christine chercha à s'étourdir en cultivant les lettres et en voyageant; elle passa une partie de son temps en France, où elle reçut un brillant accueil à la cour de Fontainebleau. On lui reproche d'y avoir fait assassiner Monaldeschi, son écuyer. Elle voyagea ensuite en Italie, et mourut à Rome en 1689, après avoir abjuré le protestantisme. On a d'elle plusieurs écrits qui ne sont pas sans valeur. Les écrivains qui ont raconté sa vie en ont fait une héroïne et une grande reine; elle fut plutôt une personnalité distinguée et originale. Si elle eut quelque mérite, ce fut assurément bien plus dans la vie privée que sur le trône.

BOSSUET

1627 à 1704 ap. J.-C.

Le 27 septembre 1627, naissait, à Dijon, celui qu'on devait appeler, plus tard, l'aigle de Meaux. Bossuet était d'une famille de magistrats; il fut élevé par les jésuites, et se montra si laborieux dans ses études que ses camarades le désignaient par ce dicton latin qui était pour eux un jeu de mots : *Bos suetus aratro*. Il prêcha son premier sermon, à l'âge de seize ans, chez madame de Rambouillet. Louis XIV l'appela plus tard fréquemment à prêcher devant lui; ce fut le commencement de sa fortune et de sa célébrité. Il fut nommé à l'évêché de Condom et, ensuite, à celui de Meaux. Louis XIV lui confia l'éducation du dauphin. Ce fut à cette occasion qu'il écrivit le *Traité de la connaissance de Dieu et de soi-même* et son magnifique *Discours sur l'histoire universelle*. Bossuet fut de l'Académie française. En 1682, il rédigea les quatre articles de la fameuse déclaration du clergé de France, qui a servi de base aux libertés de l'Église gallicane. Dans la querelle suscitée par la secte des quiétistes, il prit parti pour le saint-siège et se montra très ardent à poursuivre Fénelon qui avait donné dans cette erreur. L'archevêque de Cambrai, que son cœur seul avait entraîné, fit sa soumission, en 1699, avec une humilité qui l'honora plus que la rigidité de Bossuet. Ce dernier se distingua à la fois comme orateur, comme théologien, comme philosophe et comme historien; il fit de magnifiques oraisons funèbres, parmi lesquelles on admire beaucoup celle de la reine d'Angleterre. Comme théologien, il a laissé des livres estimés; comme philosophe et comme historien, il s'est élevé à toute la hauteur que peut produire le génie éclairé par la foi chrétienne. Ses appréciations sur l'action de la Providence, dans les événements humains, ont tracé, pour l'histoire, une voie nouvelle avec des horizons immenses. Bossuet mourut le 12 avril 1704, à l'âge de soixante-dix-sept ans, après une vie bien remplie, laissant dans ses écrits la tradition du beau langage de son siècle. Son style est le modèle le plus parfait de ce qu'on appelle le genre sublime; ces hauteurs de la pensée et du langage étaient familières à l'aigle de Meaux.

LUXEMBOURG

1628 à 1695 ap. J.-C.

Ce maréchal de France, l'un des plus célèbres du règne de Louis XIV, s'appelait François de Montmorency, duc de Luxembourg; il avait appris le métier des armes sous le grand Condé et il avait conservé l'impétuosité et la rapidité du coup d'œil de son général. Lorsque Turenne et Condé eurent disparu de la scène politique, Luxembourg les remplaça. Il sut égaler leur gloire et consola le vieux roi qui avait perdu les deux grands hommes de guerre de son règne et que la fortune commençait à délaisser. Luxembourg imita Turenne et Condé, ses modèles, jusque dans leurs défections; il servit, comme eux, l'étranger contre Mazarin; ce fut une faute, et, dans nos idées modernes, c'eût été un crime. On n'en jugeait point ainsi à cette époque, puisque ces trois grands hommes se sont vu pardonner leur trahison. Ils ont été un instant de l'école de Coriolan. Luxembourg se couvrit néanmoins de gloire en Hollande, à Valenciennes, à Mons et à Cassel où il défit le prince d'Orange. Après dix ans de disgrâce, il rentra en faveur pour gagner les batailles de Nerwinde, de Fleurus et de Steinkerque. Le peuple, qui a toujours des mots heureux et qui aime les grands hommes tout en les traitant avec familiarité, ce qui est sa manière de les honorer, lui donna le surnom de Tapissier de Notre-Dame. Il avait, en effet, tapissé cette église de drapeaux conquis à l'ennemi. Luxembourg était de grande race; il fut digne de ses ancêtres, et, dans cette maison de Montmorency qui avait produit tant de grands hommes, il montra, par son exemple, que la tradition n'était pas éteinte et qu'elle pouvait donner à la France un héros de plus.

JEAN SOBIESKI

1629 à 1696 ap. J.-C.

Ce grand Polonais fut le sauveur de Vienne qu'il délivra d'une invasion turque. On peut dire qu'il sauva l'Europe en Orient, comme, autrefois, Charles-Martel l'a sauvée en Occident. Jean Sobieski fut, d'abord, un grand général au service du roi Casimir V; il vainquit les Suédois, les Cosaques et les Polonais rebelles. La défaite honteuse du roi Michel, successeur de Casimir, jeta Sobieski dans le parti de l'insurrection. Ce défenseur de l'ordre devint un rebelle par patriotisme; il s'empara du pouvoir, refusa de ratifier la paix et vainquit les Turcs à Choczim; il succéda au roi Michel sur le trône de Pologne. Sa fortune ne fut pas toujours aussi brillante. Les Turcs, bien dégénérés aujourd'hui, et qui étaient alors de terribles adversaires, lui enlevèrent une partie de ses conquêtes; il perdit l'Ukraine; plus tard, il reprit l'avantage et poussa ses armes victorieuses jusqu'en Moldavie et en Bessarabie. L'Autriche, toujours ingrate, l'abandonna, ce qui le força à la paix; il eut aussi à réprimer des insurrections et mourut sans avoir achevé son œuvre dynastique et l'esprit plein d'inquiétude sur l'avenir, comme le grand Charlemagne. Ainsi finit ce héros dont le nom restera toujours populaire en Autriche. La postérité, plus juste que l'empereur Léopold, lui a donné la récompense de ses hauts faits en posant, sur son front royal la couronne de l'immortalité, la seule qui soit à l'abri des révolutions.

FLÉCHIER

1632 à 1710 ap. J.-C.

Ce grand orateur sacré fut surtout remarquable par ses oraisons funèbres et par ses panégyriques. Le plus célèbre fut celui de Turenne qu'on cite comme un véritable chef-d'œuvre. Là ne se bornèrent pas les travaux littéraires de Fléchier; il écrivit encore une *Vie de Théodose*, fort intéressante par les détails qu'elle contient, et celle de Ximénès, qui honorèrent en Fléchier bien plus le nouvel académicien que l'historien. Il a laissé aussi un poème sur le quiétisme qu'il voulait expliquer, par un excès d'indulgence. Il était, d'ailleurs, fort charitable, et, quand on le nomma à l'évêché de Nîmes, il s'appliqua à donner aux pauvres les aumônes les plus abondantes, et aux hérétiques les conseils les plus paternels. C'est par là qu'il sut ramener beaucoup de religionnaires de son nouveau diocèse. Fléchier naquit à Pernes, près d'Avignon. Son oncle, le père d'Audiffret, était supérieur de l'ordre de la Doctrine chrétienne, dans lequel on le fit entrer comme élève. C'est là que se forma sa première éducation. Elle fit honneur à ses maîtres. Fléchier fut, en effet, l'un des plus grands prédicateurs de la chaire française.

SPINOZA

1632 à 1677 ap. J.-C.

Ce philosophe, qui étudia Descartes, est considéré, dans l'école moderne, comme le père du panthéisme. Cette doctrine, qui datait déjà des anciens, comme son nom l'indique, consiste à voir non pas Dieu partout, ce qui serait la vérité, mais Dieu dans tout, ce qui est une erreur grossière. On ne comprend pas comment Spinoza a pu tirer cette conséquence des écrits de Descartes. D'après lui, Dieu est à la fois matière et esprit; il se manifeste et se développe par une création continuelle et nécessaire des corps et des esprits. Il a fallu le talent de ce philosophe pour faire revivre, dans les temps modernes, une doctrine qui était déjà une erreur des temps anciens. Spinoza eut des commencements difficiles ; né à Amsterdam, de parents juifs portugais, il abandonna sa religion pour devenir un libre penseur déiste. Il vécut d'abord en fabriquant des instruments d'optique. Devenu célèbre par ses écrits, il trouva, dans la philosophie, des moyens d'existence plus lucratifs et aussi plus en rapport avec l'ambition de son esprit. Ses ouvrages sont assez nombreux et écrits, la plupart, en latin ; il eut l'honneur de compter, parmi ses réfutateurs, Fénelon et Leibniz. De pareils critiques devaient ajouter à sa gloire et en être les meilleurs juges.

LOCKE

1632 à 1704 ap. J.-C.

Locke, célèbre philosophe anglais, fut successivement professeur et homme politique ; il siégea à l'Université d'Oxford ; le comte Shaftesbury l'attacha à sa personne comme secrétaire. Exilé, en même temps que son protecteur, il revint avec Guillaume d'Orange qui lui donna des emplois lucratifs. Le métier de philosophe, de nos jours comme dans l'antiquité, fut souvent un titre non seulement à la popularité, mais encore aux honneurs politiques. Quoique de basse extraction, Locke, par ses études, est arrivé au plus haut degré de l'échelle sociale. C'était un grand penseur et un grand écrivain ; il a laissé de nombreux ouvrages, parmi lesquels on remarque, surtout, son *Essai sur l'entendement humain*. Ce fut là son grand ouvrage philosophique ; il y combattit le spiritualisme et les idées innées. Descartes n'était point son modèle ; Leibniz fut son grand réfutateur. Locke est plutôt remarquable par sa science expérimentale que par l'élévation de ses idées. Il n'admettait que les sens et la pensée, mutilant ainsi cette trinité humaine faite à l'image de Dieu et qui se compose du moi, du sentiment et des idées, qu'on pourrait encore appeler, dans un langage plus vulgaire, la volonté, la raison et le cœur. La méthode de Locke ne pouvait conduire qu'au fatalisme et au matérialisme. Ces doctrines n'offrent, à l'âme humaine, aucun encouragement. Cette analyse froide de l'esprit humain est fermée à l'espérance, à la charité et à la foi. Il est grand temps qu'un philosophe chrétien de quelque envergure fasse justice de toutes ces écoles nées de l'orgueil humain. La vraie philosophie, c'est le christianisme ; il nous donne le dernier mot des choses divines et humaines ; il nous a révélé jusqu'aux secrets les plus cachés de la théodicée. Il ne s'agit plus de chercher la vérité ; elle est tout entière tombée de la bouche du Christ, et les savants qui la renient sont des plagiaires qui s'en servent avec mauvaise foi pour leur prétendue science humaine. Locke ne sera donc pour nous qu'un savant; nous l'admirerons comme tel, mais nous repousserons ses doctrines.

LAUZUN

1633 à 1723 et 1747 à 1793 ap. J.-C.

Il y eut deux Lauzun, tous deux célèbres généraux français. Le dernier, né en 1747, s'appelait Armand-Louis, duc de Biron; il fut guillotiné en 1793, malgré les services qu'il avait rendus à la république comme général en chef de l'armée du Rhin. Il eut quelque gloire : celle de vaincre la Vendée, qui n'en pouvait être une qu'au point de vue républicain, ne lui rapporta que l'ingratitude de ceux pour lesquels il avait renié son nom et son passé. Il n'est jamais bon de servir ses ennemis en étant traître à son parti. L'autre Lauzun né en 1633, mourut en 1723. Il s'appelait Antoine Nompar de Caumont, comte de Lauzun; il fut aussi général et même maréchal de France; il est plus connu que Biron, et c'est le vrai Lauzun, le beau Lauzun, le favori mutin de Louis XIV. Ce grand roi usa d'une grande patience avec lui; cependant cette patience se lassa, car, un jour, Lauzun, piqué de ce que le roi ne lui avait pas donné un commandement qu'il lui avait promis, brisa son épée devant ce prince en disant insolemment qu'il ne voulait plus servir sous un roi qui manquait à sa foi. C'était audacieux, quand on songe au caractère et à la puissance de Louis XIV ; aussi Lauzun fut-il enfermé à la Bastille. Mais Louis le Grand avait bon cœur ; il savait pardonner, puis il aimait sa noblesse. La Bastille ayant purgé la faute sans déshonorer le coupable, ce qui était le caractère véritable de cette prison, Lauzun fut nommé au commandement en chef de l'armée de Flandre et accompagna, comme maréchal de France, le roi, qui faisait cette campagne en personne. Mais il était dit que Lauzun, le beau Lauzun, serait incorrigible ; il se brouilla avec Mme de Montespan. Les femmes sont moins indulgentes que les rois. Cette fois, Lauzun paya son imprudence de cinq ans de prison qu'il fit non plus à la Bastille, mais à Pignerol. Lorsqu'il sortit de sa forteresse, ce qu'il dut sans doute à l'influence de Mlle de Montpensier, avec laquelle il passait pour avoir fait un mariage secret, il rentra un instant en faveur ; il ne tenait qu'à lui de garder les bonnes grâces du roi, mais son caractère remuant les lui ayant fait perdre de nouveau, il prit le parti de s'expatrier et demanda à la cour d'Angleterre les honneurs qu'il ne pouvait plus attendre de celle de France. Il y fut très bien reçu et le roi le chargea d'accompagner, en France, la reine et l'héritier de la couronne d'Angleterre. Le roi de France ne lui tint pas rigueur et le nomma duc en 1692. On peut dire que Lauzun est bien le type du gentilhomme français, brave, frondeur, léger, inconstant, peu soucieux de ses propres intérêts, plaçant l'amour-propre au-dessus de l'ambition, préférant perdre l'amitié du roi que de paraître la partager, n'utilisant son influence que pour briller aux yeux des courtisans, n'ayant ni système politique ni plan de gouvernement, homme du monde et joyeux compagnon, plus fier de la conquête d'une femme que de la prise d'une place forte, enfant gâté de la fortune, ne se servant de ses faveurs que comme les joueurs heureux qui dépensent l'argent du gain sans rien réserver pour la perte; en un mot, ayant toutes les qualités charmantes de l'homme d'esprit et de l'homme de cœur, mais aucune de celles de l'homme d'État. Tel fut Lauzun, tels furent presque tous les gentilshommes de son époque. Colbert, Louvois, Vauban sont de rares exceptions, et l'un d'eux n'appartenait pas à la noblesse. Si l'aristocratie française avait eu plus de sérieux et moins de charme dans l'esprit, elle eût joué le rôle de la noblesse anglaise, et nous aurions évité trois révolutions et deux changements de dynastie; le régime parlementaire serait depuis longtemps établi en France comme en Angleterre; au lieu du règne de l'arbitraire, nous aurions le règne du droit et de la liberté. Noblesse oblige : aristocrate veut dire le meilleur. Les Lauzun ne furent que brillants.

VAUBAN

1633 à 1707 ap. J.-C.

Le marquis de Vauban se distingua, sous le règne de Louis XIV, dans l'art de la guerre, comme grand ingénieur; il devint maréchal de France. Dans sa jeunesse, il combattit avec Condé contre la royauté. Mazarin lui pardonna et devina son mérite; il prit une part importante à tous les sièges des belles campagnes de Louis XIV. Les noms des villes qu'il fit prendre sont : Gravelines, Ypres, Oudenarde, Maëstricht, Mons, Cambrai, Valenciennes. C'est à lui qu'on doit cette belle frontière des places fortes du Nord qui ont si longtemps sauvé la France des invasions. Ces forteresses, qu'il fit lui-même construire, s'appellent : Landau, Kelh, Huningue, Maubeuge, Longwy ; il inventa les fortifications à hauteur du sol et fit de grandes améliorations dans la construction des forts et de leurs ouvrages avancés. Vauban, dont Louis XIV faisait grand cas, se montra libéral en politique; il osa donner au roi des conseils qui, comme toujours, ne furent pas suivis. Auteur de plusieurs ouvrages techniques sur l'art militaire, et particulièrement sur les places fortes, il se mêla d'écrire sur les finances, ce qui déplut à la cour. Le souvenir de Vauban restera toujours comme celui d'un savant utile à son pays et d'un capitaine aussi heureux qu'habile. En fait de fortifications, malgré le progrès des temps modernes, le génie de Vauban n'a pas encore été dépassé.

MASCARON

1634 à 1703 ap. J.-C.

Il fallait un vrai mérite pour réussir dans l'éloquence sacrée, à côté de Bossuet et de Fléchier ; mais le siècle de Louis XIV était fécond en grands hommes. Mascaron fut du nombre ; il sut ajouter, à la faconde méridionale qu'il avait naturellement comme enfant de Marseille, les qualités supérieures que donnent de fortes études. Prêtre de l'Oratoire, il s'acquit une grande réputation par ses premiers sermons. On se le disputait à l'envi dans toutes les grandes villes de France ; cette renommée devait le conduire à la cour, où l'on recherchait les hommes de mérite. Il y fut bien accueilli et y prêcha deux fois pendant l'avent de 1666 et le carême de 1669. Ses critiques un peu audacieuses des mœurs du roi et de sa cour n'empêchèrent pas Louis XIV de rendre justice à son talent. Tel était alors le respect de la liberté religieuse qu'on savait écouter la parole de Dieu, même quand elle pouvait déplaire. Mascaron fut évêque de Tulle et d'Agen. Dans ce dernier diocèse, il montra qu'il pouvait unir les vertus apostoliques à l'éloquence de la prédication. En effet, sa parole et sa charité chrétienne firent de nombreuses conversions parmi les calvinistes de la province. Mascaron a laissé un recueil d'*Oraisons funèbres*, dont la plus remarquable est celle de Turenne. On admire la force, la rapidité, le mouvement de son éloquence ; on blâme l'exagération et la bizarrerie de certaines images, la subtilité de quelques raisonnements et l'enflure de plusieurs expressions ; il faut, toutefois, se rendre compte des effets oratoires qui font disparaître, dans le discours, certains défauts plus sensibles à la simple lecture. Les grands peintres et les grands sculpteurs de l'antiquité donnaient souvent à leurs ouvrages des traits grossiers qui, vus de loin, c'est-à-dire de leur vraie place, en augmentaient encore la beauté.

BOILEAU
1636 à 1711 ap. J.-C.

Ce fils d'un procureur, nourri d'abord dans la basoche, abandonna le palais pour les lettres auxquelles il voua un culte de véritable censeur. D'un génie lent, Boileau, malgré les difficultés de son travail, n'en fut pas moins un des grands littérateurs de la grande époque de Louis XIV ; il imita Aristote et écrivit un *Art poétique* qui est resté un des modèles du genre. Les satires de Boileau ne sont pas moins remarquables; il attaque finement tous les abus, tous les ridicules, toutes les intrigues de son temps, et sa plume ne ménage que le grand roi qui méritait bien d'être admiré et qui, d'ailleurs, lui servait une pension :

Grand roi cesse de vaincre, ou je cesse d'écrire;

c'est ainsi qu'il parlait à Louis XIV. Mais comme il était mordant quand il disait :

J'appelle un chat un chat, et Rollet un fripon.

Il eut des duretés pour Molière, auquel il consacra ces vers assez injustes :

Dans le sac, ridicule où Scapin s'enveloppe,
Je ne reconnais pas l'auteur du *Misanthrope*.

Le genre de Boileau fut un mélange de poésie et d'acrimonie ; ce fut un Veuillot de l'ancien régime. Il a trouvé à critiquer sur toutes choses et sur toutes personnes, mais il faut reconnaître que son style martelé était fort précis et fort net, qu'il connaissait admirablement les règles du français, et si son caractère ne fut pas estimable, à cause de son manque de charité, son génie n'en est pas moins inimitable dans sa rigidité. Ce fut un grand classique, qui est resté pour nous un maître dans notre littérature.

CATINAT
1637 à 1712 ap. J.-C.

Ce grand homme de guerre fut l'élève de Turenne. Il connaissait la guerre comme son maître, ce qui lui valut le bâton du maréchal de France. Il eut l'honneur de vaincre le duc de Savoie et de s'emparer de ses États; malheureusement, il trouva, dans le prince Eugène, un ennemi aussi heureux qu'habile. Catinat, mal secondé, subit un échec suivi d'une disgrâce; il la supporta noblement comme un homme qui ne la méritait pas. Il resta, dès lors, dans la vie privée et se consacra à l'étude; il a laissé des *Mémoires* qui furent appréciés de la postérité à l'égal de leur auteur.

LOUIS XIV

1638 à 1715 ap. J.-C.

« L'État, c'est moi! » disait ce prince qui fut le représentant le plus parfait et le plus grand de la monarchie absolue. Les circonstances l'ont singulièrement favorisé; et si l'homme fut digne de son rôle, le rôle fut digne de l'homme. Louis XIV succédait à un prince faible et indécis qui avait laissé le pouvoir aux mains d'un grand ministre, le cardinal de Richelieu. Cet homme, avec son génie persévérant, qui ne cherchait que la grandeur de la France, avait concentré toutes les forces vives de la nation dans ses propres mains. Il avait abaissé la noblesse qui voulait lui résister; l'unité monarchique se trouva faite quand Louis XIV fut appelé à régner. Ce prince ne tarda pas à montrer que les seconds rôles n'étaient pas de son goût; il sut dire au chancelier que, désormais, il serait lui-même son premier ministre. Il entra au Parlement en habit de chasse et le fouet à la main, pour montrer à ces messieurs qu'il saurait réprimer leurs velléités d'indépendance. Mais, si Louis XIV voulait seul le pouvoir, il était digne de l'exercer; tout en lui était grand, et la nature l'avait aussi bien doué que sa première éducation. Il eut toutes les gloires : celle des lettres, celle des armes et celle du génie personnel; pour les lettres, il encouragea les hommes de génie dont il fut en quelque sorte le créateur; ils se nommaient Molière, La Fontaine, Corneille, Racine, Boileau, Bossuet, Fénelon, Bourdaloue et Massillon. Un seul d'entre eux eût suffi pour illustrer son siècle. Louis XIV donnait des pensions à ces hommes de lettres qui étaient des hommes de génie; il recevait Molière à sa table, et cette familiarité du roi-soleil ne diminuait en rien sa valeur, car le génie est aussi une royauté. Il savait le comprendre, il avait l'instinct de toutes les grandes choses. Il fut aussi le protecteur des armes, et ses armées se promenèrent victorieuses à travers l'Europe. Il a laissé la France plus grande qu'elle n'est aujourd'hui. Il assista lui-même à maints combats et il gagna, par sa valeur, les lauriers que la postérité attacha à son front. Il fut l'ami et le protecteur des grands guerriers de son règne; c'est lui qui disait au vieux Luxembourg : « Mon cousin, quand on est comme vous, chargé de lauriers, on ne saurait marcher que péniblement. » C'est ainsi que le grand roi excusait le maréchal qui le faisait attendre au haut de l'escalier de Versailles. Comme roi, il sut s'entourer des plus grands ministres, Colbert, Louvois, Vauban, Villeroi. Les plus grands États de l'Europe lui envoyaient des ambassadeurs; il était l'arbitre des princes et des peuples; les républiques elles-mêmes rendaient hommage à la grandeur du roi-soleil. Louis XIV fut aussi grand dans l'adversité que dans la prospérité; c'est lui qui disait à Villars : « Maréchal, si la fortune nous est contraire, je saurai m'ensevelir avec vous sous les restes de la monarchie française. » Ce fut une grande époque, et Louis XIV fut un grand roi; l'essor de l'esprit français se développa dans tous les sens d'une façon prodigieuse et l'on vit apparaître de grands guerriers, de grands poètes, de grands tragédiens, de grands ministres, de grands évêques, de grands administrateurs, de grands princes. Ce fut l'apogée de la grandeur française. La France se trouva un moment personnifiée dans un roi qui était digne d'elle. Il est d'usage, aujourd'hui, de diminuer, dans un intérêt politique, la grandeur des personnages illustres de notre histoire. On a voulu obscurcir la gloire de Henri IV et de Louis XIV; l'histoire saura les défendre, car, par leur grandeur, ils n'ont pas seulement honoré la France, mais encore l'humanité tout entière.

MALEBRANCHE

1638 à 1715 ap. J.-C.

Dixième enfant d'un père qui était dans les fermes du roi, délicat de santé, contrefait de tournure, Malebranche fut difficile à élever, et cependant il devait jeter un grand lustre sur sa famille. Il avait été destiné à l'état ecclésiastique ; on l'envoya à Paris pour étudier la théologie. Cherchant une retraite qui convînt à ses études, il entra chez les pères de l'Oratoire. Il débuta par l'histoire ecclésiastique qui l'intéressa médiocrement ; l'hébreu n'eut pas plus d'attrait pour lui ; il cherchait son chemin de Damas. Un livre, qui lui tomba par hasard dans les mains, le lui indiqua. Cet ouvrage était le *Traité de l'homme* de Descartes. Cette lecture lui causa des transports de joie ; il semblait avoir trouvé comme un nouveau monde. C'en était un, en effet, pour son esprit ; il était désormais fixé sur sa vocation, la philosophie chrétienne devait être la grande étude de sa vie, nous pourrions dire son unique passion ; elle lui mérita le beau titre de Platon chrétien. Il avait admiré Descartes, mais il ne fut pas un adulateur servile ; il ne craignit pas de s'éloigner de son modèle ; il repoussa le système des idées innées pour adopter celui de la révélation. Dieu était tout pour lui : il y voyait la seule source de toute science et de tout bien. Son grand ouvrage, celui qui contient toute sa philosophie, fut sa *Recherche de la vérité*. Ses autres écrits ne sont que des commentaires de celui-là; il s'en fallut cependant de beaucoup que sa théorie fût acceptée sans résistance par les nombreux savants qui étaient ses contemporains. Il eut à subir des critiques et des attaques violentes. Il eut à combattre de rudes adversaires; leur nombre et leurs qualités ne l'effrayèrent point; il était trop sûr de lui pour ne pas se montrer modéré dans la lutte. Ses adversaires lui furent inférieurs en ce point. Cette dispute d'école nous a valu de fort bons écrits, dont les auteurs se nommaient : Arnauld, Régis et Lamy. La postérité a ratifié l'éloge de Fontenelle qui estimait que le père Malebranche l'avait emporté sur ses rivaux; il avait, d'ailleurs, pour lui l'élégance et l'éclat du style. C'était un grand écrivain, en même temps qu'un grand penseur. Il n'était pas seulement moraliste et philosophe, il fut encore, comme Descartes, grand mathématicien, et, à ce titre, fut nommé, en 1699, membre de l'Académie des sciences. C'était un homme de bien et un bon religieux; on prétend qu'il eut quelque bizarrerie dans l'esprit : la fixité de ses réflexions en fut peut-être la cause. Quel grand génie n'a pas eu ses petits côtés?

RACINE

1639 à 1699 av. J.-C.

Jean Racine naquit en 1639, à la Ferté-Milon. Orphelin de père et de mère, il fut élevé par des religieuses de Port-Royal, ses parentes. Ce fut là qu'il puisa le goût littéraire qu'il porta si loin dans l'avenir. On brûlait les romans grecs qu'il lisait avec passion, et, pour leur éviter le même sort, il les apprenait par cœur quand il avait pu s'en procurer d'autres exemplaires. Il gagna, par un de ses ouvrages, l'amitié de Boileau qui n'était pas précisément bienveillant pour les auteurs, ses contemporains. Molière lui donna aussi quelques conseils et lui rendit de bons offices. Sa première pièce importante fut la *Thébaïde ou les Frères ennemis*. Cette pièce eut quelque succès ; enfin, en 1667, le génie de Racine se révéla véritablement dans *Andromaque*. Chaque année apporta un nouveau chef-d'œuvre ; il composa même une comédie, *les Plaideurs*, la seule de son répertoire qui était imitée des *Guêpes*, d'Aristophane, et que Molière n'aurait pas désavouée. Ses autres pièces, toutes des tragédies d'une grande valeur, furent *Britannicus, Bérénice, Bajazet, Mithridate, Iphigénie en Aulide, Phèdre, Esther et Athalie*. Ces deux dernières pièces furent composées spécialement pour la maison de

Saint-Cyr et sur la demande de madame de Maintenon. Racine, qui avait été nommé gentithomme de la chambre, que Louis XIV avait pensionné et comblé de faveurs, tomba en disgrâce en 1697. On n'a jamais bien su pourquoi. Cette disgrâce le remplit de tristesse et aggrava une maladie de foie qu'il avait, au point de le faire succomber en 1699. Racine a composé également des *Cantiques spirituels*, des *Discours académiques*, une *Histoire de Port-Royal*, quelques morceaux littéraires, un *Mémoire sur la misère du peuple*, qui fit dire à Louis XIV peu patient et jaloux de son autorité : « Parce qu'il est grand poète, se croit-il grand ministre ? » On a comparé Racine à Euripide dont il eut, en effet, la grâce et la douceur. On l'appelait, à cause de ces qualités, le doux et tendre Racine.

LOUVOIS

1639 à 1691 ap. J.-C.

Le marquis de Louvois fut aussi l'un des grands ministres de Louis XIV ; il fut le plus grand organisateur de l'armée française dans laquelle beaucoup d'abus s'étaient introduits ; il assura les victoires dont d'autres avaient tout le profit. Avec lui, on ne redoutait jamais d'entrer en campagne sans y être préparé. C'est ainsi qu'il fit réussir les expéditions de Flandre et de Franche-Comté. Il était moins habile comme diplomate que comme militaire; on lui reprocha de nous avoir brouillés avec Gênes et la Hollande; il conseilla aussi les mesures de rigueur contre les protestants qui diminuèrent la popularité de Louis XIV. Le roi s'aperçut trop tard qu'il avait eu, en lui, un conseiller malheureux; néanmoins, son grand mérite le maintint au pouvoir jusqu'à sa mort. Entre autres créations de son génie, nous avons les Invalides qui suffiraient à immortaliser un homme. Louvois tint dignement sa place dans le grand siècle; il contribua, pour sa part, à la grandeur de la France et de son roi.

NEWTON

1642 à 1727 ap. J.-C.

Ce savant fut l'un des plus grands génies de l'humanité. C'est à lui qu'on doit la grande découverte du système de gravitation universelle. Il a fait d'autres travaux sur l'optique, sur la lumière, sur les mathématiques et même sur l'histoire sainte; mais c'est surtout comme astronome que nous devons l'admirer. L'astronomie ne marchant pas sans les mathématiques, Newton fut très savant dans la science du calcul. C'est par là qu'il arriva à découvrir les lois du monde; il trouva le binôme et le calcul infinitésimal qui a rendu de si grands services dans les travaux astronomiques. Le calcul infinitésimal et différentiel permet d'apprécier les quantités qui échappent à la vue ordinaire de l'homme. Ce calcul merveilleux conduit à l'infini, image scientifique de la grandeur divine. C'est par ces travaux que Newton est resté célèbre, nous pouvons dire immortel. La politique, où il eut un rôle momentané, n'était pas digne, avec ses mesquineries, ses petitesses, ses trahisons, ses mensonges, de captiver celui qui savait lire dans les astres. Aussi Newton, quoique député au Parlement, passa-t-il inaperçu dans la foule des ambitieux. Les sociétés savantes surent l'apprécier, celles de France comme celles d'Angleterre, et on lui décerna les plus grands honneurs. Il fut l'idole des savants. Leibniz seul lui causa quelque ennui par une rivalité scientifique sur le calcul infinitésimal. Ils prétendaient tous deux en être les inventeurs; il se pourrait qu'ils l'eussent trouvé chacun de leur côté; mais Leibniz qui, comme philosophe, est supérieur à Newton, lui est inférieur comme savant. Newton plane au-dessus de son siècle de toute la hauteur de ces astres dont il a surpris les secrets. Il faut remonter jusqu'aux Chaldéens pour trouver une pareille science, et c'est un honneur pour l'Angleterre d'avoir produit ce génie froid et ferme dont l'esprit s'est élevé à la découverte du ciel, avec autant de sûreté que Christophe Colomb à la recherche du nouveau monde.

TOURVILLE

1642 à 1701 ap. J.-C.

Ce fut un grand marin, presque toujours victorieux, excepté à la bataille de La Hogue, livrée contre son avis; il augmenta la gloire de nos fastes maritimes. C'était un gentilhomme normand. Son père s'appelait le comte de Tourville; il avait été maréchal de camp. Tourville livra contre les Anglais une foule de petits combats où il eut toujours l'avantage. Il fit aussi d'heureuses expéditions dans les États barbaresques. Il servit sous Vivonne, d'Estrées et Duquesne. C'était un homme aimable et ayant des dehors si agréables que Byron, qui en a fait l'un de ses héros, alla jusqu'à le faire passer pour une femme. Le roman de Byron, qui lui est consacré, en fait un personnage légendaire. Tourville n'avait pas besoin du génie de ce grand poète pour gagner l'immortalité. Il sut la conquérir par son courage et ses hauts faits militaires. Pour nous, en dehors du personnage romanesque de Byron, Tourville restera comme l'un des héros les plus brillants de notre grande marine française.

VILLEROI

1643 à 1730 ap. J.-C.

La famille de Villeroi, dont le nom patronymique était de Neufville, a donné plusieurs hommes remarquables à la France. Le plus célèbre fut François de Neufville, duc de Villeroi, pair et maréchal de France. Il fut comblé des faveurs de Louis XIV dont il avait été, pour ainsi dire, le compagnon d'enfance, son père ayant été chargé, comme gouverneur, de la personne du jeune roi. Villeroi ne fut pas un guerrier heureux. Cet homme, qu'on appelait le *Charmant*, à la cour, dut assurément plus ses grades à la faveur royale qu'à la fortune des armes. Il y eut même quelque imprudence de la part de ce grand roi, qui connaissait pourtant bien les hommes, à lui confier le commandement en chef de ses armées. Il fut battu à Ramillies et fait prisonnier à Crémone. Le Midi ne lui était pas plus favorable que le Nord. Cependant il faut lui rendre la justice qu'il s'était distingué en plusieurs occasions, à la prise de Dôle, notamment, et dans quelques autres circonstances où il fit preuve de prudence et d'habileté. Il prit Tongres aux Hollandais, après sa captivité, et sut arrêter les progrès de leurs armes. Par une faveur héréditaire, il eut l'honneur d'être nommé gouverneur du jeune roi Louis XV, comme son père l'avait été de Louis XIV. Mais il ne conserva pas les bonnes grâces du Régent et mourut dans la retraite, après une vie aussi agitée que brillante.

Son père, Nicolas de Neufville, duc de Villeroi, avait été comme lui pair et maréchal de France. Il eut quelques succès militaires en Italie et dans le Midi de la France, contre les religionnaires. Chose bizarre, il se distingua, comme plus tard son fils, au siège de Dôle, en Franche-Comté. On le voit, les traits de ressemblance étaient nombreux entre le père et le fils. Ils eurent un aïeul, grand-père de Nicolas, qui s'appelait du même nom, et était seigneur de Villeroi, d'Alaincourt et de Magny. Ce personnage fut peut-être celui de la famille qui rendit le plus de services à la France. Il servit comme homme d'État sous quatre rois dont il eut la confiance: Charles IX, Henri III, Henri IV et Louis XIII. Entré dans la politique à l'âge de dix-huit ans, il eut la bonne fortune de s'y aider des conseils de deux évêques influents, messieurs de Marvillers et de l'Aubespine, qui étaient eux-mêmes dans le gouvernement. On le chargea de plusieurs missions diplomatiques à l'étranger, et il s'en acquitta fort heureusement. Charles IX, en mourant, le recommanda à son frère Henri III. Sous Henri IV, il contribua à la pacification du royaume et à l'abjuration du roi. Ce prince disait de lui « qu'il avait une grande routine et une connaissance entière aux affaires; qu'il avait le cœur généreux et faisait paraître son habileté en son silence et sa grande retenue à parler en public. » Voilà un éloge précieux, si l'on songe que le Béarnais savait aussi bien juger les hommes qu'il avait peu coutume de déguiser sa pensée. Sous la régence de Marie de Médicis, Villeroi continua ses fonctions de secrétaire d'État, et, sans la rivalité du maréchal d'Ancre, il les eût exercées en paix, avec son habileté ordinaire. La faveur du roi et les regrets publics allèrent le chercher jusque dans sa retraite, et il eut l'honneur de revenir au pouvoir sans autre recommandation que sa valeur personnelle. Cet homme remarquable, qui servit avec distinction la France pendant cinquante-six ans, a laissé des *Mémoires* qui ont toute l'autorité d'un homme mêlé aux affaires politiques et bien capable de les juger.

Telle fut cette famille de Villeroi dont chaque génération produisait un homme illustre. On voit par là que, si les faveurs étaient grandes pour la noblesse, les services ne l'étaient pas moins. Il a suffi de quelques familles pour peupler la France de grands hommes.

LA BRUYÈRE

1645 à 1696 ap. J.-C.

Jean de La Bruyère (il s'appelait comme La Fontaine) naquit à Dourdan en 1645. Il commença par être dans les finances publiques à Caen; puis ayant été remarqué par le grand Bossuet, ce dernier lui fit confier l'enseignement historique à donner au jeune duc de Bourbon, petit-fils du grand Condé. La Bruyère garda cet emploi toute sa vie avec une pension de trois mille francs. Comme il aimait l'étude, il put satisfaire ses goûts et réussit à faire un chef-d'œuvre qui rendit son nom immortel. Son livre des *Caractères* est une imitation de l'ouvrage de Théophraste, que La Bruyère avait étudié pour le pouvoir traduire en français. Si la traduction est faible, du moins l'imitation fut parfaite; elle valut même mieux que le modèle. L'Académie française récompensa La Bruyère en l'admettant dans ses rangs en 1693. La Bruyère fut un moraliste et un fin observateur. Il était, d'ailleurs, en position de bien voir et il savait bien juger. Son livre parut en 1688. Il eut beaucoup de succès, tant à cause des qualités du style, que par les allusions qu'on croyait voir dans les portraits de l'auteur. La Bruyère a certainement voulu peindre les hommes de son temps; c'est pourquoi beaucoup de gens ont pu se reconnaître. Mais, s'il a reproduit les types contemporains, il n'a jamais eu l'intention de peindre tel ou tel personnage. Il fut donc le premier fort étonné des attaques que son livre lui attira. Heureusement pour lui, outre la faveur de la cour, il avait encore la protection et l'amitié de trois grands écrivains : Boileau, Bossuet et Racine. Avec de pareils témoins on pouvait paraître, sans crainte, au tribunal de l'opinion publique. Son livre, malgré le manque de méthode, est plein de charme, par l'élégance du style et l'élévation des idées. Il y a un côté comique et bien français qui en rend la lecture encore plus attrayante. Quelques descriptions sont un peu longues. Par certaines boutades, l'auteur montre une mauvaise humeur qui semble parfois un parti pris ; l'œuvre en souffre. Le style est concis, net, rapide et plein de finesse. On voit que c'est l'homme qui a écrit : « Le plaisir le plus délicat était de faire celui d'autrui. » La forme de l'ouvrage est un peu sentencieuse et trop affirmative. Le portrait du courtisan aurait pu, par ses trop grandes ressemblances, faire à La Bruyère des ennemis qui l'eussent empêché de *cheminer*. Mais ses protecteurs étaient puissants, et, quoi qu'on en pense de nos jours, il vivait à une époque où les idées étaient larges et les cœurs généreux. Louis XIV avait répandu partout un air de grandeur qui enveloppait jusqu'aux plus petits esprits. En somme, La Bruyère, homme de bien, caractère égal et facile, esprit sage et réservé, a fait un chef-d'œuvre auquel il a employé sa vie et qui a mérité de survivre à un autre chef-d'œure de l'antiquité.

LEIBNIZ

1646 à 1716 ap. J.-C.

Ce grand philosophe allemand était un homme universel; rarement les études ont formé un pareil génie. On peut dire que rien ne lui était étranger. Docteur à vingt ans, il étudia, avec un égal succès, le droit, la philosophie, l'histoire, les lettres et les mathématiques. Sa science fut récompensée par les rois allemands; il fut créé baron; il servit, comme conseiller et comme diplomate, successivement, à la cour de Brunswick et de Hanovre. Il eut les faveurs et l'amitié du roi de Prusse, de l'empereur de Russie qui s'appelait, il est vrai, Pierre le Grand, et de Louis XIV qui, lui aussi, comprenait toutes les grandeurs. On voit que, sous l'ancienne monarchie, les savants étaient en honneur et qu'un plébéien illustre arrivait, par son seul talent, à la gloire et à la noblesse. Leibniz n'était que le fils d'un professeur de Leipsick; il devint, par son génie, l'un des principaux savants de son époque, en attendant qu'il fût, pour la postérité, l'une des grandes figures de l'histoire.

Ce génie fécond a labouré tous les terrains ; il a écrit une *Méthode de droit,* une *Théorie du mouvement,* des *Règles nouvelles pour l'arithmétique,* un *Recueil* pour les savants. Dans ses *Essais* de théodicée, on retrouve le philosophe éclectique, défendant la divine Providence contre les erreurs de son temps. En philosophie, il est l'inventeur des monades, l'ennemi de Locke et de Bayle. Sa philosophie est consolante ; elle s'inspire du christianisme, et nous pouvons croire que son séjour en France n'a pas nui à la rectitude de ses idées. Ce grand homme fut honoré par les souverains ; respecté par ses contemporains, il est encore admiré par la postérité. C'est une digne récompense d'une vie consacrée tout entière à l'étude. Quand on voit les vicissitudes qui succèdent aux honneurs, dans la vie des hommes politiques, on peut dire que, en dehors de la religion, qui, seule, assure une gloire éternelle, la gloire humaine la plus pure et la moins troublée est celle qui vient de l'étude des sciences, des belles-lettres et des beaux-arts ; les conquérants gagnaient leur renommée aux dépens de la vie humaine, les savants et les grands auteurs ne livrent jamais que des combats de l'esprit qui ne laissent ni victimes, ni vaincus, et qui profitent encore plus à l'humanité qu'à ceux qui en sont les héros.

MARLBOROUGH

1650 à 1722 ap. J.-C

John Churchill, duc de Marlborough, fut l'un des plus grands généraux de l'Angleterre; il naquit, en 1650, dans le Devonshire. Il eut l'honneur de battre le maréchal de Villars, en 1709, à Malplaquet, ce qui lui valut les couplets de la plaisanterie française : « Marlboroug s'en va-t-en guerre, mironton, mirontaine ! ne sait quand reviendra ! il reviendra à Pâques ! etc..... » Il faut dire, sans diminuer son mérite, qu'en ce temps étrange, où l'on changeait facilement de camp, il avait servi, sous Condé et Turenne, la cause française, et c'est là peut-être qu'il fit son apprentissage militaire. Ajoutons que, à Malplaquet, il combattait à côté d'un héros toujours vainqueur, le prince Eugène. Marlborough fut généralissime des troupes de l'Angleterre : il défit Villeroi à Ramillies ; mais, après Malplaquet, il tomba dans la disgrâce de la reine d'Angleterre et on l'accusa de concussion. Le roi Georges lui rendit ses honneurs ; il mourut en 1722. Ce général avait les qualités des grands guerriers, sans avoir leurs vertus.

SAMUEL BERNARD

1651 à 1739 ap. J.-C.

Samuel Bernard fut le plus grand financier du siècle de Louis XIV. Fils d'un professeur dont la famille avait émigré hors de France parce qu'elle était de la religion réformée, le jeune Samuel fut lui-même l'artisan de son immense fortune, évaluée à deux cents millions de francs. Il fit le négoce en grand et couvrit la mer de ses vaisseaux. Louis XIV, qui savait honorer toutes les grandeurs et rattacher à son trône toutes les illustrations, l'entoura d'une particulière bienveillance et le combla d'honneurs. Lorsqu'il fut enterré à Saint-Eustache, où l'on voit encore son tombeau, on ne se serait pas douté de sa modeste origine, en lisant son acte de décès. Il y est appelé très haut et très puissant seigneur comte de Coubert, seigneur de Passy-les-Paris et autres lieux, chevalier des ordres du roi et membre de son conseil. Les plus grands seigneurs, comme messieurs de Mirepoix et de Lamoignon, apposèrent leur signature au bas de cet acte. Samuel Bernard méritait ces faveurs; il rendit au roi et à l'État de véritables services; il savait même y mettre une grande délicatesse. Un jour, en déjeunant avec Louis XIV, il alluma une bougie avec une reconnaissance de quatre millions que lui devait l'État. Quand le roi lui parla de régler cette petite affaire, il répondit que « le papier venait d'être brûlé ». Tel était ce grand financier, qui fut l'ancêtre de plusieurs grands seigneurs et qui ne dépara pas ce grand siècle, si fécond en grands hommes.

FÉNELON

1651 à 1715 ap. J.-C.

Fénelon était d'une famille noble du Périgord ; son père, Pons de Salignac, comte de Fénelon, avait eu plusieurs enfants d'un premier mariage avec Isabelle d'Esparbès ; il épousa, sur la fin de sa vie, Louise de la Cropte de Saint-Abre dont il eut François de Fénelon, le futur archevêque de Cambrai. Fénelon fit de fortes études ; on le destinait à l'Église. Il commença, avec l'ardeur de la jeunesse, à rechercher les missions apostoliques. Il fut nommé supérieur des Nouvelles catholiques qui n'étaient que d'anciennes religionnaires réformées. Plus tard, Fénelon fut présenté à Louis XIV par Bossuet qui devait être un jour son adversaire impitoyable. Fénelon plut au roi par le charme de sa personne et obtint d'être chargé de l'éducation du dauphin, le duc de Bourgogne. Fénelon y mit tout son cœur et tout son génie, et il est bien regrettable pour la France qu'un prince élevé par un tel homme soit mort avant de régner. On ne se figure pas ses efforts d'imagination. Voulant instruire son royal élève, il composa pour lui soit les *Dialogues des morts*, soit des portraits historiques, des fables gracieuses, histoires contenant d'excellentes leçons, les *Directions de la conscience d'un roi*, sorte de catéchisme à l'usage des princes. Plus tard, Fénelon composa encore pour le même objet le *Télémaque*, qui est resté son chef-d'œuvre et lui valut, avec l'*Histoire du quiétisme*, la disgrâce royale. Fénelon fut encore un grand orateur de la chaire. On l'appela « le Cygne de Cambrai ». Le côté remarquable de son caractère fut une grande charité et une grande humilité. Dans l'affaire des quiétistes, il s'humilia noblement devant les décisions du saint-siège. On ne saurait mieux dépeindre ce grand et noble caractère qu'en répétant le mot de Louis XIV : « Bossuet prouve la religion, Fénelon la fait aimer. »

RENAU

1652 à 1719 ap. J.-C.

Bernard Renau d'Eliçagaray, célèbre ingénieur, issu d'une famille noble du Béarn, fut l'une des personnalités les plus honorables du grand règne de Louis XIV. Renau fit de grandes choses dont les autres ont profité ; on est stupéfait, quand on lit l'éloge que Fontenelle a fait de lui, de tout ce que la France doit à cet homme de bien. Son génie inventif réorganisa notre marine et nos places fortes; il fut, tour à tour, l'aide et le conseil de Vauban, de Louvois et de Seignelay. Louis XIV daigna le consulter dans les sièges fameux de Mons et de Philippsbourg. Habile constructeur, il inventa les galiotes à bombardes qui devançaient nos chaloupes canonnières. Il les conduisit devant Alger qu'il fit bombarder sous ses yeux, joignant la leçon au précepte. Son courage personnel était à la hauteur de sa science et de sa vertu. S'il n'eût été avant tout un homme de bien, il eût tiré quelque profit de ses inventions et de ses signalés services. Les grands du jour abusèrent de ses mérites. On l'envoya du nord au midi, jusqu'en Espagne, où Philippe V lui confia la réorganisation de ses ports délabrés. Il en revint ruiné et découragé. C'est bien la fin d'un inventeur. Ce savant désintéressé avait pourtant sauvé pour l'Espagne cent millions sur les fameux galions de Vigo, dont le souvenir a coûté si cher à nos contemporains. Joignant la délicatesse la plus exquise au travail le plus opiniâtre, Renau s'oubliait au milieu des faveurs royales, et l'oublieuse cour faisait comme lui. Il prit une part très active à toutes les campagnes de Louis XIV et à tous les combats maritimes de cette époque. Il contribua à la restauration de toutes nos forteresses et à l'essor de notre marine pour laquelle il écrivit des traités de navigation qui sont des chefs-d'œuvre. Tel fut Renau qui, pour toute récompense, mourut avec le titre de membre de l'Académie des sciences. Pour une aussi belle âme que la sienne, cette récompense valait mieux que les honneurs de la cour. Homme de science, homme de bien avant tout, Renau fit la fortune politique de ses protecteurs avec celle de la France, et, sans le génie de Fontenelle, qui l'a tiré de l'obscurité, le nom de ce grand homme serait à peine connu de nous. Honneur soit rendu à ces grands citoyens qui cherchèrent, dans leurs œuvres, la grandeur de la patrie plutôt que leur propre grandeur! Honneur soit rendu à ces courtisans de la science et de la vertu, qui pouvaient être courtisans des grands, et pour lesquels l'amour du bien et du beau furent la seule ambition! La postérité, qui se rappelle les plus cruels tyrans, peut les avoir oubliés; mais Dieu, qui ne laisse aucune belle action sans récompense, leur a déjà rendu la justice qu'ils méritaient. Le nom de ce grand patriote, de ce grand savant, mérite d'être placé parmi les grandes figures de l'histoire, à côté de Louvois et de Vauban, qui lui doivent une grande partie de leur gloire. Si la renommée de nos grands hommes n'était pas, en France, une affaire de mode ou de parti, le nom de Renau figurerait déjà, comme aux colonies, dans la galerie de nos grandes figures historiques.

VILLARS

1653 à 1734 ap. J.-C.

Ce maréchal de France qui gagna son titre en Allemagne, sur le champ de bataille de Friedlingen, fut l'un des grands hommes de la grande époque de Louis XIV. Il eut l'honneur de vaincre, à Denain, le fameux prince Eugène. Tour à tour diplomate, administrateur, courtisan et guerrier, Villars fut un homme complet; il remplaça et surpassa Vendôme. Il fut encore un écrivain distingué; il a laissé des mémoires estimés; l'Académie française lui ouvrit ses rangs, honorant à la fois le talent et la gloire. Le prince Eugène ne fut pas seul à sentir la force de son bras terrible. Marlborough recula également devant lui. Pourtant Villars eut son heure de revers: ce fut à Malplaquet, où il tomba blessé sur le champ de bataille, en voyant fuir la victoire qu'il tenait entre ses mains habiles. Comme si le grand règne de Louis XIV ne suffisait pas aux succès de ce grand homme, il eut encore une belle page dans l'histoire de Louis XV. Nommé, par ce prince, général en chef, il conquit Mantoue et Milan. C'est sur la terre d'Italie que la mort nous enleva ce grand Français; il a laissé un nom illustré à une époque fertile en grands hommes.

VENDOME

1654 à 1712 ap. J.-C.

Telles on voit les murailles du château de Vendôme dominer, de la hauteur où elles sont situées, la ville qui porte le même nom, ainsi le duc de Vendôme dominait ses contemporains de la hauteur de son courage et de sa valeur. Il portait noblement un grand nom. La fortune, qui aime les audacieux, lui sourit comme à Condé; il avait son impétuosité. Malheureusement pour lui, il eut à combattre Marlborough et le prince Eugène. Ce dernier paralysa ses efforts, en Italie et à Oudenarde; il fut plus heureux en Espagne, où il se couvrit de gloire à Villaviciosa. Philippe V lui dut sa couronne et l'en récompensa par de magnifiques funérailles qu'il fit à ce héros qui repose à l'Escurial, à côté des rois d'Espagne. Vendôme était d'une grande race; il fut le troisième du nom. Son premier ancêtre était le fils de Henri IV. Vendôme fut, à la guerre, encore plus un vrai gentilhomme français qu'un grand général; il avait de l'esprit, de grandes qualités, mais aussi les défauts des hommes du monde de son époque, une grande légèreté et une grande présomption. On ne saurait mieux le comparer qu'au grand Condé dont il eut le courage, sans avoir son génie.

FONTENELLE

1657 à 1757 ap. J.-C.

Cet académicien centenaire fut l'un des hommes les plus distingués de son siècle ; il avait un génie universel, également propre aux belles lettres et aux sciences. Il a traité, avec le même talent, toutes les matières qui forment l'ensemble des connaissances humaines. Son style était d'une grande clarté et d'une grande simplicité. Il écrivait le français avec la même facilité qui fit, plus tard, la réputation de Voltaire. Ce dernier aurait pu lui prendre, avec la forme de son langage, le fond de ses idées qui a toujours été irréprochable. Fontenelle écrivait bien et pensait bien. Par sa naissance, il appartenait à la noblesse de Normandie. Neveu de Corneille, il a fait sur ce grand écrivain une remarquable étude de critique littéraire. Il fut cinquante ans académicien, et, pendant sa longue vie, il ne cessa de travailler et d'écrire. Ses ouvrages ne sont pas également intéressants, mais ils ont tous une grande valeur. Avec une modestie digne de son esprit distingué, il s'excuse d'avoir placé, dans ses œuvres complètes, ses *Dialogues des morts*, anciens et modernes. Cet ouvrage n'est pas agréable à lire ; la forme en est bizarre et le fond peu conforme à nos idées modernes ; mais ce fut un tour de force de lettré et d'érudit. Il voulut imiter les *Dialogues* de Lucien, auquel il dédia son livre. Ce ne fut pas le seul emprunt qu'il fit à la littérature ancienne. Dans son théâtre, à côté de tragédies imitées de l'antiquité et de la fable, comme *Bellérophon*, de comédies empruntées aux mœurs modernes, comme *Henriette*, on trouve des pièces absolument dans le style et l'esprit des comiques grecs et latins, comme, par exemple, la comédie intitulée : *le Tyran*. Fontenelle aborda même l'opéra ; il donna une pièce de ce genre sous le nom de *Psyché* ; mais Fontenelle est infiniment plus remarquable comme critique que comme auteur. Son *Histoire du théâtre français* est un recueil plein d'intérêt et d'érudition ; son *Origine des fables* est une histoire aussi exacte qu'intéressante des temps héroïques. Il y a plus à apprendre dans les livres de Fontenelle que dans le meilleur cours de littérature. Ayant été désigné, en sa qualité de membre de l'Académie française, pour remplir les fonctions de secrétaire de l'Académie des sciences, il s'en acquitta avec une conscience et un talent qui jetèrent un grand lustre sur la nouvelle Académie. Deux volumes de ses ouvrages furent consacrés aux éloges des académiciens ; cette partie de ses œuvres n'est pas la moins remarquable. Fontenelle s'y approprie les différentes sciences dont il a à rendre compte, à tel point qu'elles lui paraissent aussi familières que s'il les eût étudiées toute sa vie ; il développe, dans un style d'une clarté inimitable, tous les systèmes des savants dont il fait l'histoire ; il traite, avec une égale aisance, des mathématiques, de la médecine, de l'histoire naturelle, de l'art militaire, de l'astronomie, de la philosophie, des belles-lettres, de l'histoire, de la théologie. Il explique les théorèmes d'algèbre, de géométrie, les expériences de mécanique, de physique, de chimie, les cas de médecine, de chirurgie, absolument comme ceux dont il fait l'éloge. On serait tenté de croire qu'il valut mieux pour eux de l'avoir eu pour interprète que de s'être adressé seuls au public et à la postérité. Fontenelle nous fait connaître des hommes de génie qui, sans lui, seraient restés dans l'oubli du passé. Il expose, en un style clair et attrayant, les systèmes les plus compliqués des sciences les plus difficiles. Avec lui, le lecteur comprend les secrets de la médecine et de l'astronomie ; l'esprit s'élève jusqu'aux problèmes les plus arides des mathématiques. Cette intelligence remarquable nous fait assister à la création de la chimie moderne ; il nous initie à la théorie nouvelle et curieuse du calcul intégral et de l'infini. Ce grand esprit était accompagné d'un grand caractère : tant de science et d'érudition pouvait lui donner quelque orgueil ; il n'en fut rien. Toujours impartial et bienveillant, il sembla s'oublier lui-même pour admirer les autres ; il était capable de les comprendre, car cette grande âme avait, avec l'amour de la science, l'amour non moins grand du bien et de la vertu.

ROLLIN

1661 à 1741 ap. J.-C.

Le progrès est quelquefois une affaire de mode. Le bon Rollin est moins goûté de nos jours que du temps de nos pères. Il se contentait d'écrire l'histoire telle qu'elle est, réservant ses jugements et laissant aux soins du lecteur les conclusions qui naissent des événements. On veut aller plus loin. Il nous faut la philosophie de l'histoire. L'horizon est plus vaste; mais il est si grand, que ses limites se perdent dans le brouillard du lointain. Rollin fut un parvenu de l'étude; dans un temps qui n'était pas démocratique, ce fils d'ouvrier devint un des professeurs les plus distingués du Collège de France. Les plébéiens faisaient assez bien leur chemin, sous la monarchie. Il est vrai qu'ils arrivaient par la bonne route, celle de l'étude et de la vertu. Rollin se fit estimer autant par son caractère que par son talent. Recteur de l'Université de Paris, après avoir été longtemps professeur au Plessis, il passa son existence, qui fut longue, puisqu'il mourut à quatre-vingts ans, à enseigner la jeunesse et à faire pour elle de bons et utiles ouvrages. Ses plus remarquables sont le *Traité des études*, l'*Histoire ancienne* et l'*Histoire romaine*, dont il ne put écrire que cinq volumes. Rollin avait commencé ses études par la théologie ; c'était entrer dans l'histoire par la bonne porte. Les événements humains doivent être vus d'un peu haut, si l'on veut en comprendre le développement. Il y a une Providence qui mène le monde moral comme le monde physique. C'est la vraie philosophie de l'histoire.

MASSILLON

1663 à 1742 ap. J.-C.

Massillon naquit à Hyères, en Provence. Il fut oratorien. En 1699, il prêcha le carême à Paris. Louis XIV l'appela à la cour et lui fit ce compliment bien mérité : « Mon père, j'ai entendu de grands orateurs, j'en ai été content ; mais, quand je vous entends, je suis mécontent de moi-même. » Les succès de Massillon lui suscitèrent des ennemis, et il ne reparut à la cour que pour prononcer, en 1717, l'oraison funèbre du roi. Il prit pour texte de son discours ces paroles de Salomon : « Je suis devenu grand. » Après s'être recueilli un instant et avoir promené ses regards sur l'auditoire en deuil, il s'écria : « Dieu seul est grand, mes frères ! » Cette belle parole est restée dans l'histoire. En 1717, le Régent le nomma à l'évêché de Clermont-Ferrand et le chargea de prêcher devant la cour ; il faisait un sermon par semaine, ce qu'on appela le *Petit Carême* ; le *Grand Carême* en contient un chaque jour. Le *Petit*

Carême est le chef-d'œuvre de Massillon ; il lui ouvrit les portes de l'Académie française. La fin de la vie de ce grand prédicateur fut consacrée à son diocèse de Clermont, et il y mourut, en paix avec Dieu et avec les hommes, après une vie bien remplie, en 1742. La Harpe le nomma, avec raison, le Racine de la chaire.

LE PRINCE EUGÈNE

1663 à 1736 ap. J.-C.

Ce grand général des armées de l'empire d'Allemagne était un prince de la maison de Savoie-Carignan. Il naquit à Paris et eut pour mère une Mancini qui était l'une des nièces du fameux cardinal de Mazarin. Louis XIV fit la faute de refuser un emploi, dans ses armées, à cet homme de génie ; il devint notre implacable ennemi, et, parvenu au plus haut grade dans l'armée autrichienne, il nous infligea les plus sanglantes défaites : il nous battit en Italie, où il vainquit Catinat et Villeroi ; en Allemagne, où il remporta la victoire de Hochstett. Vendôme, un instant, releva notre fortune à Cassano ; l'infatigable prince Eugène nous battit encore dans le Nord, à Oudenarde et à la célèbre et triste bataille de Malplaquet, dont il partagea la gloire avec le fameux Marlborough. Nous nous vengeâmes par des chansons ; mais il ne fallut pas moins que l'audace et l'entrain de Villars, à Denain, pour relever le prestige de nos armes; nos succès se continuèrent à Philippsbourg, et nous eûmes le dernier mot de cette guerre gigantesque qui se termina par une paix honorable. Deux successions furent la cause de cette longue guerre, celle du trône d'Espagne et celle de la couronne de Pologne. La France avait, dans cette grande époque, le droit d'intervenir dans toutes les questions étrangères; on la consultait et on l'écoutait. Le prince Eugène nous fit beaucoup de mal; presque Français lui-même, il avait toutes les qualités d'un grand général français : la fougue, l'audace, le coup d'œil, l'impétuosité, la rapidité, le courage et l'initiative. Nous ne fûmes pas seuls à subir le poids de ses armes; il infligea aux Turcs les plus rudes leçons. On peut dire que ses campagnes contre la Turquie sont les plus belles pages de son histoire. Les Turcs n'étaient pas encore, à cette époque, des ennemis à dédaigner, et il fallut toutes les ressources d'esprit du prince Eugène pour les chasser des frontières d'Autriche. C'est en Serbie, à Belgrade, et dans les confins militaires de Péterwaradin, que le prince Eugène les força à la paix par deux défaites dont ils ne purent jamais se relever. La bataille de Péterwaradin est décrite avec les plus grands détails dans l'histoire militaire du prince Eugène. Cette victoire lui fit le plus grand honneur; elle est citée par les écrivains militaires comme un modèle de tactique; mais il ne suffit pas d'étudier l'art militaire, il faut, pour vaincre ses ennemis (nous l'avons appris à nos dépens), des hommes comme le prince Eugène.

ALBERONI

1664 à 1752 ap. J.-C.

Ce cardinal italien, ministre du roi d'Espagne Philippe V, forma, pour sa nouvelle patrie, les projets grandioses et ambitieux de Ximénès. Ce fut le Mazarin de l'Espagne ; favori du duc de Vendôme, cet Italien fut d'abord envoyé en Espagne pour une mission diplomatique. Il réussit à marier Élisabeth Farnèse au roi Philippe et à détruire l'influence de la princesse des Ursins. Il fut nommé premier ministre et il gouverna l'Espagne avec sagesse et grandeur. Malheureusement pour lui et pour l'Espagne, le Régent de France, qui était alors le duc d'Orléans, forma contre son pouvoir une coalition qui le renversa. Ce grand ministre fut sacrifié par son roi ; la paix était à ce prix. Alberoni fut exilé, et la cour de Rome lui fit expier son insuccès par la prison ; il en sortit justifié, mais non réhabilité : son rôle était fini. En le sacrifiant, l'Espagne avait compromis sa propre grandeur. Cet illustre homme d'État mourut dans la retraite, à l'âge de quatre-vingt-huit ans. La postérité l'a vengé de l'ingratitude de ses contemporains en le plaçant au nombre des grandes figures de l'histoire.

D'AGUESSEAU

1668 à 1751 ap. J.-C.

Cet avocat général était de la race des grands magistrats qui ont honoré la France. Il rendit des arrêts, et non pas des services; l'indépendance de son caractère lui valut des disgrâces qui furent à son honneur. Il fut opposé à plusieurs mesures, sous le Régent et même sous le grand roi. Ce dernier n'aimait pas la résistance. Sous les cardinaux Dubois et Fleury, il eut des fortunes diverses. Dubois le fit exiler. Fleury lui rendit les honneurs dont il était digne et qu'il conserva jusqu'à l'âge de quatre-vingt-deux ans. D'Aguesseau était un magistrat intègre, éloquent, savant et pieux. De nos jours, il n'eût point conservé sa charge; on l'eût trouvé trop indépendant. Il eut le courage de combattre le fatal système de Law; les répugnances de sa nature loyale furent justifiées par les événements. Cet homme d'honneur ne pouvait pas aimer les aventures; tout entier à l'étude des lois et de la philosophie, il ne pouvait être du parti des traitants. Voilà pour le caractère. Quant au talent, on le retrouve dans les écrits de ce grand homme. Le chancelier d'Aguesseau fut digne de ses ancêtres; la postérité lit encore ses écrits avec l'admiration qu'on doit à l'une des plus grandes figures de la magistrature française.

LESAGE

1668 à 1747 ap. J.-C.

Cet auteur est surtout connu par le roman de *Gil Blas,* qui fut son chef-d'œuvre. Ce livre est le récit des aventures invraisemblables d'un mauvais sujet, rempli d'esprit et de malice, mais ayant fort peu de scrupules. La légèreté du sujet, la gaieté des aventures, le charme du style ne suffisent pas pour excuser les vols que le héros commet sans sourciller; la morale ne trouve pas son compte dans cet ouvrage, encore moins dans sa conclusion, où l'on voit *Gil Blas* mourir dans la peau d'un propriétaire honnête et aisé. En somme, ce Scapin n'est qu'un coquin hardi, heureux et aimable. L'auteur, qui a beaucoup copié les écrivains espagnols, a cru devoir placer son *Gil Blas* en Espagne. On ne sait pas pourquoi, car son caractère n'a rien de castillan; il aurait tout au plus été vraisemblable en Italie, la patrie des Crispin, Polichinelle et autres farceurs. Lesage naquit en Bretagne; il fut élevé par les jésuites, comme la plupart de nos grands écrivains. Ayant d'abord servi le gouvernement dans les finances, il quitta cet emploi pour se consacrer aux belles-lettres. Il a laissé de nombreux écrits, plusieurs traductions espagnoles; *Crispin, Turcaret,* comédie faite contre les traitants, qui lui valut quelques ennuis, car il n'est jamais bon d'attaquer les puissants du jour. Cette pièce a inspiré plusieurs auteurs français qui ont succédé à Lesage. *Bilboquet* et *Robert Macaire* sont de la même famille. Beaumarchais lui-même n'a pas trouvé indigne de son génie de s'inspirer des créations de Lesage. Cet auteur avait, du reste, longtemps travaillé pour la troupe qui fonda la Comédie-Française ; ayant eu des difficultés avec ces comédiens, il les quitta pour les petits théâtres de la foire dont il fut, pendant vingt ans, l'auteur préféré. C'était une chute bien grande pour cet homme de talent. Il a encore publié des romans comiques dans le genre de *Gil Blas* ; entre autres, *le Bachelier de Salamanque* et *le Diable boiteux*. De tout cela, un seul livre est resté pour faire la réputation de l'auteur, et encore il est si peu moral, que la lecture en est interdite à la jeunesse. Voilà donc un grand écrivain qui a passé sa vie à écrire des livres qu'on ne peut pas lire. Quel talent mal employé et que d'ombre sur cette grande figure! Pourquoi le placer dans cette galerie? dira-t-on. C'est pour que la jeunesse sache distinguer la bonne école de la mauvaise; pour qu'elle connaisse les bons auteurs qu'il faut lire et les mauvais qu'on doit éviter. Un portrait donne la facilité de connaître un auteur sans lire ses ouvrages.

BELZUNCE

1671 à 1755 ap. J.-C.

Cet évêque de Marseille fut un modèle vivant de charité chrétienne et épiscopale. Il se signala par son courage, à l'époque de la peste qui désola son diocèse en 1720. Marseille, reconnaissante, lui éleva une statue qui honore encore plus la ville que le saint prélat. Mgr de Belzunce ne fut pas seulement un excellent pasteur, il fut encore un lettré fort distingué. On a de lui des *Instructions pastorales* et des *OEuvres choisies,* consacrées par le suffrage de la postérité. Il prit parti contre les jansénistes, ce qui lui valut l'hostilité des gens de robe de l'époque, assez disposés à favoriser cette école nouvelle. Mgr de Belzunce était d'une famille noble du Périgord, et en religion, il appartenait à cette grande famille des jésuites, qui a produit tant de savants, tant de grands personnages et tant de saints apôtres. Puisqu'on aime, de nos jours, la critique basée sur les faits, il est juste de constater que, partout où l'on trouve une grande découverte scientifique, ou des travaux littéraires consciencieux, à une certaine époque de notre histoire, c'est presque toujours à un jésuite que nous en sommes redevables. Les bonnes bibliothèques sont pleines de leurs ouvrages et les annales de l'Académie des sciences citent leurs noms presque à chaque page. Mgr de Belzunce vint apporter une gloire nouvelle dans cette illustre compagnie.

PIERRE LE GRAND

1672 à 1725 ap. J.-C.

Pierre le Grand fut le véritable fondateur de la monarchie russe. Ses projets grandioses, qui allaient jusqu'à la conquête de Constantinople, sont encore aujourd'hui le programme politique de l'ambition moscovite. On a dit d'eux que c'était le testament de Pierre le Grand. Ce testament n'a jamais existé en réalité ; mais les aspirations du grand empereur, ses vues, ses plans, n'avaient pas besoin d'être exprimés dans un écrit : ils résultaient assez clairement de sa grande politique, que ses successeurs ont eu le bon esprit de suivre religieusement. Il n'en faut pas davantage pour faire la grandeur d'un peuple, et c'était autrefois ce qui avait fait la nôtre. Pierre le Grand était digne d'être un fondateur d'empire. Esprit ferme, dans un corps d'acier, il voulut apprendre par lui-même les détails des choses en se dérobant aux grandeurs de la puissance ; c'est ainsi qu'il se fit ouvrier et qu'il alla, en Hollande, travailler à la construction des vaisseaux. Après avoir fait le métier d'un simple manœuvre, il continua son voyage à travers l'Europe et visita la France du grand siècle. Il fut reçu avec les plus grands honneurs, malgré son incognito. On lui présenta tous les grands corps de l'État, et il apprit à connaître notre civilisation dans tous ses détails. Il mit dans son étude la patience d'un homme qui veut s'instruire et rapporter chez lui ce qu'il a appris chez les autres. C'était bien débuter pour un barbare; aussi ce prince ne mérite-t-il pas ce nom. Pierre le Grand, de retour dans ses États, eut à lutter contre la Suède, la Pologne et la Turquie; il conduisit ces guerres avec une grande énergie; elles ne furent pas toujours heureuses, et, sans le courage de Catherine, sa femme, Pultava, au lieu d'être une victoire, eût été un véritable désastre. Pierre fut un prince absolu, comme le devait être le chef d'un peuple encore barbare; il réunit dans ses mains l'autorité politique, religieuse et sociale. On dit que, ayant voulu rapprocher son peuple de Rome et ayant éprouvé quelques difficultés de la part de son clergé, il planta son épée sur la table du synode, en disant : « Le pape, ce sera moi ! » Depuis lors, les czars ont toujours été les chefs politiques et religieux de leur nation. Pierre fut un grand administrateur, et on lui doit la belle ville de Saint-Pétersbourg qui, suivant l'expression de M. de Custine, est une fenêtre ouverte sur l'Europe. Cette ville est aussi belle que nos plus belles capitales; et, si l'on songe à l'époque où elle fut construite, on doit admirer encore plus le génie de son fondateur. Pierre le Grand ternit sa gloire par le meurtre de son fils Alexis qui s'était révolté contre son père, mais auquel ce dernier aurait pu pardonner ; il joua, dans cette circonstance, le rôle de Brutus. Ce stoïcisme n'est pas même à admirer chez un républicain. Sa cruauté fut punie par Dieu qui lui envoya des malheurs domestiques. La grande Catherine ne le rendit pas heureux sur la fin de son règne, et il n'eut pas l'honneur de laisser son nom à un héritier de son sang. C'est Catherine qui lui succéda, après une mort attribuée à des excès de table, mort assez commune chez les héros de l'antiquité.

DUGUAY-TROUIN

1673 à 1736 ap. J.-C.

Les annales de la marine française sont de belles pages dans notre histoire militaire. Parmi les marins qui se sont illustrés, Duguay-Trouin brille au premier rang ; c'était un Breton, un voisin de la mer et aussi de la gloire. A vingt-trois ans, il était déjà célèbre. En Espagne, il tint en échec la flotte hollandaise, qui était trois fois supérieure aux forces dont il disposait. Tour à tour dans les mers de l'Angleterre et du Portugal, il montra la plus grande audace et la plus grande habileté ; combattant et vainquant des flottes nombreuses avec quelques vaisseaux, il couronna ses succès en s'emparant de Rio-Janeiro. Ses faits d'armes furent récompensés par les plus hauts grades, dans cette marine à laquelle il avait donné tant d'illustration. C'est sous Louis XV qu'il parvint à l'apogée des honneurs ; il avait servi sous deux règnes, avec autant d'éclat que de fidélité. Voilà ce qu'étaient les parvenus de ces temps monarchiques qui ont fait l'unité française. Qu'on ne dise pas que c'était une époque de privilèges, quand elle a vu arriver aux honneurs des hommes comme Colbert et Duguay-Trouin, sans parler de Jean-Bart et de beaucoup d'autres qui sortaient tous des rangs du peuple. Duguay-Trouin fut un grand marin et un grand homme ; il était digne d'appartenir à un siècle qui a connu toutes les grandeurs.

CRÉBILLON
1674 à 1762 ap. J.-C.

Ce poète tragique qui, selon sa propre expression, s'est jeté à corps perdu dans l'enfer, c'est-à-dire dans le genre effrayant, a laissé un répertoire de théâtre plus estimable qu'estimé, car la lecture en est fort ennuyeuse. Cependant ces ouvrages assez nombreux firent le succès littéraire de leur auteur qui entra à l'Académie française. Jolyot de Crébillon naquit à Dijon et eut pour père un greffier à la cour des Aides. Il a choisi pour ses tragédies des sujets empruntés à l'antiquité, tels que *Xerxès*, *Pyrrhus*, *Atrée*, *Sémiramis*. Voltaire a repris certaines de ces pièces, et, en les refaisant mieux, a montré, avec intention, sa supériorité sur Crébillon. Les lettres n'enrichirent pas cet auteur; et, sans la protection de Mme de Pompadour, il fût resté dans une position très précaire. On lui donna une pension et une place à la Bibliothèque royale. Les vers de Crébillon ne sont pas sans valeur, mais on voit trop, dans ses œuvres, que la difficulté vaincue par le travail ne tient pas lieu de génie. Le *Songe de Clytemnestre*, que l'on cite souvent, commence par de beaux vers très corrects, mais finit par des images tellement exagérées, qu'on y tombe du sublime dans l'absurde. Le sang qui parle dans le *Cid* peut être pardonné à Corneille, à cause de la grandeur de l'œuvre et en considération du terroir espagnol, mais le murmure de ce même sang dans *Clytemnestre* est une licence qu'on ne pardonne pas à Crébillon, qui n'a pas les mêmes excuses que Corneille. Quoi qu'il en soit, cet auteur, mort dans un âge très avancé, a laissé de nombreux écrits qui ont eu également de nombreux éditeurs.

WALPOLE
1676 à 1745 ap. J.-C.

Cet Anglais fut l'un des plus grands ministres de Georges Ier et de Georges II; il était l'ami de Marlborough et suivit sa fortune. Disgracié lui-même, il revint au pouvoir et fit condamner ses adversaires ; renversé de nouveau, il devint le chef de l'opposition, et, comme il arrive toujours en Angleterre, pays essentiellement parlementaire, la faveur populaire le porta une troisième fois au pouvoir. L'apogée de sa gloire arriva sous Georges II ; il gouverna le royaume, seul, pendant douze ans. Ce fut une espèce de ministre comme plus tard devait l'être, en France, sous Louis-Philippe, le célèbre Guizot. Il avait la faveur du prince, une grande ténacité, beaucoup d'éloquence et une profonde connaissance de l'administration. On lui a reproché d'acheter les consciences et les votes ; il aurait pu répondre peut-être, comme Guizot, s'adressant aux députés : « Vous sentez-vous corrompus ? » C'est une injure que les partis se jettent, tour à tour, à la tête. La politique et le monde marchent sans que le système change. Un autre trait de ressemblance avec Guizot fut dans le maintien qu'il fit de la paix. Ce fut aussi la cause de sa défaveur ; il rentra cette fois définitivement dans la vie privée, en laissant quelques écrits estimés et une grande mémoire que la postérité a consacrée par son suffrage.

BOLINGBROKE
1678 à 1750 ap. J.-C.

Cet Anglais ne fut pas sans mérite. Il en fallait pour être l'adversaire du fameux Walpole. Le vicomte de Bolingbroke fut le favori du roi Guillaume et de la reine Anne. Il leur dut ses titres de pair et de comte. On ne supposait guère que ce grand seigneur, ami des plaisirs, pût devenir un homme d'État. Cependant, il fut le principal médiateur du célèbre traité d'Utrecht en 1713. Plus tard, à la mort de ses protecteurs, on lui reprocha ses actes diplomatiques et, tombé du pouvoir, il fut exilé et vit ses biens confisqués. D'une nature assez changeante, il s'attacha successivement à la fortune de Jacques III et à celle de Georges Ier. Étant rentré en faveur, il lutta, la plume à la main, contre Walpole qu'il ne parvint pas à renverser. Il passa le reste de ses jours à voyager d'Angleterre en France et de France en Angleterre, sans parvenir à jouer un nouveau rôle politique dans son pays. Il avait épousé la nièce de Mme de Maintenon, la marquise de Villette, ce qui explique ses fréquents voyages en France. Bolingbroke a laissé beaucoup d'écrits où l'on remarque de l'esprit et des qualités de style. Son *Roi patriote* se trouve dans les bonnes bibliothèques de l'époque. On a aussi de lui beaucoup de lettres et quelques réflexions philosophiques. Il traitait un peu le ciel comme il avait traité les rois, avec inconstance et ingratitude. Ce fut un titre auprès de Voltaire qui parla quelquefois de lui avec complaisance dans ses écrits. On dit même qu'il le fit revivre pour lui prêter ses propres idées. Bolingbroke fut un personnage célèbre, sans être un grand homme. Walpole, son adversaire, était l'un et l'autre.

CATHERINE DE RUSSIE

1682 à 1727 ap. J.-C.

Cette princesse sut gagner le trône par son grand caractère. Elle connut Pierre le Grand qui s'attacha à elle et, nouvelle Sémiramis, elle prit sa part à la lutte formidable du héros dont elle fut la femme. Pierre le Grand était alors aux prises avec Charles XII de Suède; son empire, encore faible, faillit être détruit par son audacieux rival. Pierre le Grand avait à lutter à la fois contre Charles XII et contre les Turcs. La bataille de Pultava eût été son tombeau, sans l'énergie de Catherine qui le sauva. Elle lui succéda sur le trône de Russie, sous le nom de Catherine Ire. Ce fut une grande reine; elle avait un caractère viril, et il y a peu d'exemples d'une fortune pareille à la sienne. On dit qu'elle était partie des rangs de la plus basse classe pour arriver au trône. C'est un des curieux exemples de la puissance qu'une femme a su conquérir par sa beauté et l'énergie de son caractère. Ces exemples sont rares de nos jours; les peuples anciens non civilisés étaient plus sensibles à la grandeur personnelle, qui se perd dans les flots de la démocratie moderne. Une autre Catherine de Russie, née en 1729 et morte en 1796, fut appelée, par les poètes, la *Sémiramis du Nord*. Couverte de gloire, malgré ses crimes, elle contribua puissamment à l'agrandissement de l'empire fondé par l'époux de la première Catherine.

CHARLES XII

1682 à 1718 ap. J.-C.

Ce roi de Suède fut un héros, beaucoup plus par le caractère que par la sagesse ; il n'eut pas les qualités d'un homme d'État, mais il eut celles d'un roi qui veut être le maître chez lui et qui sait l'être. C'est lui qui envoyait ses bottes au Sénat de Stockholm ; il faut dire, pour ôter le ridicule de cet envoi, qu'il était alors enfermé au cœur de la Turquie, à mille lieues de son pays, et qu'il combattait encore en héros, contre le grand empereur moscovite. Dans Charles XII, l'exagération du caractère allait presque à la folie ; mais c'est une folie de l'héroïsme et de la grandeur qu'on ne retrouve plus dans notre démocratie moderne. Charles XII se vit, un instant, en lutte contre une coalition formée du Danemark, de la Saxe et de la Russie. Il faut ajouter la Pologne, car il avait rêvé, dans ses plans de monarchie universelle, de s'en faire nommer roi. Il fut blessé à la fameuse bataille de Pultava, livrée au midi de la Russie, et qui faillit être une victoire pour lui. Piérre le Grand, son adversaire, ne fut sauvé que par l'énergie sauvage de Catherine, qui avait toutes les qualités d'un homme sans avoir les vertus d'une femme. Charles XII se retira à Bender, en Turquie; là il s'obstina à une résistance ridicule et ne voulut pas sortir de ce pays; les Turcs eux-mêmes furent obligés de le déloger de sa maison, et il y soutint, lui-même et ses gens, un siège comme un simple paladin du moyen âge. Sa maison fut même brûlée, et il est étrange que ce héros en soit sorti vivant. C'est cependant ce qui arriva. Il finit par retourner dans ses États pour y continuer sa guerre contre le Danemark, et c'est au siège de Frederikshall que, en plein hiver, il fut blessé mortellement dans les tranchées de la place. La mort de ce héros eut lieu en 1718. Son courage fut considéré comme inébranlable, du commencement à la fin de sa vie. C'est le caractère spécial de ce grand homme. On l'a blâmé parce qu'il n'a pu réussir à conquérir de grands royaumes; mais les Grecs, plus lettrés que nous et plus amis de la gloire, ont fait un héros du bouillant Achille qui ne valait peut-être pas Charles XII sur un champ de bataille. Au point de vue providentiel, toutes ces luttes de princes maintenaient l'Europe dans un état d'équilibre qui était dans les desseins de Dieu. Charles XII eût probablement mieux travaillé à la grandeur de son peuple, s'il avait été un Louis XI; mais il eut une grandeur personnelle qui oblige l'histoire impartiale à le placer dans la galerie des grands hommes.

POPE

1688 à 1744 ap. J.-C.

Poète précoce de l'Angleterre, il se fit admirer par la beauté, l'élégance et la correction de son style. A douze ans, il composait déjà des poèmes remarquables; c'était une espèce de Scarron et d'Ésope anglais. Il réussit, chose rare pour les poètes, à faire fortune avec ses vers; il fut protégé par Bolingbroke, grand seigneur anglais. Sa poésie s'éleva jusqu'à la philosophie; son *Essai sur l'homme* est un ouvrage des plus sérieux; il fut l'admirateur et le traducteur du grand Leibniz. Pope, en un mot, fut l'un des plus grands poètes de l'Angleterre. Ses écrits furent très nombreux; son genre fut tour à tour sérieux et comique, comme le génie anglais. Pour faire l'éloge de Pope, il faudrait citer ses œuvres. Sa vie fut tout entière consacrée à la littérature. Chez lui, nous ne trouverons pas le tribun qui flatte le peuple, le courtisan qui flatte les grands, le politique qui fait servir son talent à une insatiable ambition. Pope s'est borné à cultiver les muses, et cette étude l'a conduit à l'immortalité. Cet estropié fut plus heureux qu'Ésope et que Scarron. Sa vie se passa, sans incidents, entre le travail et la gloire.

MONTESQUIEU

1689 à 1755 ap. J.-C.

Le baron de Montesquieu fut d'abord magistrat ; il parvint aux plus hautes fonctions dans le Parlement de Bordeaux ; mais un goût prononcé pour la littérature le fit renoncer à sa carrière. La fortune lui créant des loisirs, il les employa à l'étude des lettres. Ce n'était point un de ces littérateurs qui produisent plusieurs livres plus ou moins bons dans une même année ; il mit vingt ans à écrire son livre de *l'Esprit des lois,* qui est resté un chef-d'œuvre. Il s'était d'abord fait connaître par un livre historique, sur la *Grandeur et la décadence des Romains.* Ce livre, succédant aux *Lettres persanes,* avait commencé sa réputation. Ces différents écrits ont classé Montesquieu parmi les plus grands écrivains de la France. On lui a reproché le scepticisme de ses premiers écrits. Il n'en reste pas trace dans les derniers. Montesquieu fut un écrivain classique. Son style le fit comparer à Tacite. Sa pensée est sérieuse et profonde : il faut le lire pour le juger. Le jugement devient bien vite de l admiration. Tout est correct, chez ce grand homme : l'œuvre littéraire, la vie publique et la vie privée. On chercherait en vain cette tache qui ternit presque toujours la gloire de nos grands hommes modernes; il fut charitable, bon, juste, libéral; il sut rester gentilhomme, tout en étant un esprit éclairé. Ce philosophe, car Montesquieu l'était autant que juriste, ne donna point dans les petits travers et dans les mesquineries qui sont le vilain côté de la philosophie. Cette dignité du caractère, cette sévérité dans la tenue, ce sérieux dans les écrits, ont pu nuire à la popularité de ce grand écrivain, sans diminuer son mérite. Il n'y a pas grand'chose à dire d'un tel esprit et d'un tel auteur. Ses livres parlent pour lui; c'est par là qu'il aura l'immortalité, digne récompense d'une vie noblement consacrée aux travaux de l'esprit.

VOLTAIRE

1694 à 1778 ap. J.-C.

Personne ne fut plus Français que Voltaire par l'esprit; personne ne le fut moins par le cœur. François-Marie Arouet de Voltaire naquit en 1694. Malgré ses prétentions à la noblesse, il fut noble seulement par sa mère, car son père, qui s'appelait Arouet, était un simple notaire. Le fils, sous l'égide des jésuites, fit de très bonnes études. Ces bons pères ont toujours donné la preuve de leur grande science de l'éducation humaine, même par leurs élèves qui ont mal tourné, et ils sont aussi nombreux que brillants. C'est ainsi que le génie du mal s'empare des œuvres les meilleures; il ne manquait à Voltaire, ce sceptique, que d'être un grand renégat. Sa vocation le porta vers les lettres, et son esprit de dénigrement commença à s'exercer contre la personne même de Louis XIV. Les rois savaient se défendre alors, et Voltaire fut mis à la Bastille; c'est là qu'il composa la *Henriade* et *OEdipe*. Cette pièce assura la réputation de Voltaire qui écrivit ensuite *Artémise*, *Marianne* et l'*Indiscret*. A ces pièces succédèrent *Brutus*, *Éryphile*, *Zaïre*, *Adélaïde*, *du Guesclin*, le *Temple du Goût*, l'*Histoire de Charles XII*, les *Lettres anglaises*, les *Éléments de philosophie*, *Alzire*, *Mahomet*, *Mérope*, le *Siècle de Louis XIV*, l'*Essai sur les mœurs et l'esprit des nations*, la *Princesse de Navare*, le *Temple de la gloire*, le *Poème de Fontenoy*, *Sémiramis*, *Oreste*, *Rome sauvée*, *Nanine*, les *Diatribes du docteur Akakia*, les *Annales de l'empire*, les *Commentaires sur Corneille*, l'*Histoire de Pierre le Grand*, l'*Histoire du Parlement de Paris*, plusieurs poésies, contes, épigrammes, épîtres; l'*Orphelin de la Chine*, *Tancrède*, les *Scythes*, les *Guèbres*, les *Pélopides*, l'*Écossaise*, la *Philosophie de l'histoire*, la *Bible commentée*, l'*Examen important de lord Bolingbroke*, l'*Histoire de l'établissement du christianisme*, *Irène*, pièce qu'il fit représenter à l'âge de quatre-vingt-quatre ans, en 1778. Telles sont les principales œuvres de cet homme de génie qui mérita, par son mauvais esprit, les hommages les plus posthumes de la Révolution. Voltaire n'aimait pas le peuple; il s'en moquait: il avait trop d'esprit pour croire à celui des masses, et pas assez de cœur pour comprendre ce qu'il peut y avoir d'élan dans le flot populaire qui obéit, plus qu'on ne le pense, à la voix de Dieu. Voltaire était un révolutionnaire de la pire école, un blasé, un railleur; il avait fait fortune, non par son mérite, mais dans des entreprises financières plus ou moins honnêtes. Ce n'est pas son génie littéraire qui l'a enrichi; celui qu'on aime à faire passer pour le père de la démocratie fut longtemps le courtisan et l'ami du grand Frédéric de Prusse, notre mortel ennemi. Voltaire se moquait, avec lui, fort agréablement de la France et des Français; la pudeur républicaine lui a pardonné, car elle n'est pas facile à effaroucher. Ce grand homme se montra aussi mauvais chrétien que mauvais patriote. Si la religion lui avait apporté quelques honneurs ou quelques profits, il eût eu la piété de Tartufe; mais, de son temps, il y avait plus à gagner en attaquant la religion qu'en la défendant. Voltaire suivit la pente d'une époque dont on lui a fait l'honneur de lui attribuer la direction. S'il n'avait été que sceptique, il serait excusable, à cause de la prolixité extrême de sa plume; mais sa raillerie alla jusqu'à l'insulte et la grossièreté. Cette lèvre impie osa prononcer le nom d'infâme, appliqué à ce qu'il y a de plus saint dans le monde. On dit que, sur le point de mourir, il trompa la vigilance jalouse de ses complices en impiété, et qu'il se confessa. Malheureusement pour lui, il guérit après cette crise, et, à sa dernière heure, l'impiété l'emporta sur la foi, quoique peu de temps, dit-on. Le cœur humain est insondable, excepté pour Dieu dont la miséricorde égale la clairvoyance. Voltaire a pu se repentir au dernier moment, mais Dieu a dû lui pardonner non seulement le mal qu'il a fait pendant sa vie, mais encore celui qu'il a fait après sa mort. Voltaire est un incomparable écrivain; on peut dire de lui qu'il fut la dernière personne sachant bien écrire le français de la belle époque; mais c'est un fort médiocre caractère et, comme auteur, il a eu le défaut inhérent à sa prolixité; il n'a été grand en aucun genre. Ses comédies ne valent pas celles de Molière; ses tragédies sont pâles à côté de celles de Corneille; ses satires sont au-dessous de celles de Boileau. Ce fut un génie bien plus par l'étendue de ses connaissances et de ses travaux que par la profondeur de ses vues; il n'y a en lui rien de grand, rien de généreux, rien d'élevé, rien de remarquable, rien de patriotique; c'est un esprit, ce n'est pas un cœur; c'est une plume, ce n'est pas une idée; il n'a rien fondé, il a tout attaqué; il s'est moqué de tout, même de lui par ses contradictions. L'esprit français, qui est railleur, a cru voir en lui un type et on en a fait une idole; mais c'est un dieu aux pieds d'argile. Heureusement pour notre caractère national, nous avons d'autres qualités que l'esprit, et l'on nous reconnaît des sentiments chevaleresques et généreux qui n'ont jamais existé dans l'âme de Voltaire. Si donc il fut un génie, en dehors du génie du style, il ne lui restera que le génie de la négation, pour ne pas dire le génie du mal.

LA BOURDONNAIS

1699 à 1753 ap. J.-C.

Ce grand homme, qui mérita, par une victoire dans l'Inde, d'ajouter à son nom celui de Mahé, le nom d'une ville qu'il avait conquise, ne profita pas du bien qu'il fit à son pays. Vainqueur à Madras, il eut des difficultés avec Dupleix, le gouverneur des Indes françaises, au secours duquel il était allé. Mahé de la Bourdonnais, esclave de sa parole, comme Bayard ou du Guesclin, voulait remplir les conditions de la capitulation de Madras. Dupleix prétendait s'y soustraire, lui qui n'y avait été pour rien. La Bourdonnais, dénoncé par ce rival peu scrupuleux, fut privé de son gouvernement de l'Ile-de-France, et, plus tard, jeté à la Bastille, où il resta plusieurs années sans pouvoir se faire rendre justice. Lorsqu'il rentra en grâce, il était trop tard pour la France et pour lui. La France avait perdu les Indes, et La Bourdonnais sa fortune. Les *Mémoires*, qu'il a publiés depuis, l'ont seuls justifié aux yeux de la postérité. Ce grand gouverneur est, pour nous, un grand homme qui avait conquis à son pays de vastes territoires que l'impéritie de Dupleix lui a fait perdre. Les Anglais, plus habiles, respectèrent la foi et les usages des peuples conquis. Ils profitèrent de nos exploits et régnèrent en maîtres dans cette Inde française, qui est aujourd'hui le plus beau fleuron de la couronne d'Angleterre.

FRANKLIN

1706 à 1790 ap. J.-C.

Benjamin Franklin fut l'un des personnages les plus importants de la grande république des États-Unis d'Amérique. Il contribua largement à l'émancipation de son pays et l'honora par ses travaux scientifiques. On peut dire qu'il appartint aussi à la France où il reçut le meilleur accueil et où sa mémoire est restée populaire. Franklin était un ouvrier imprimeur; il devint patron à son tour et s'adonna aux lettres; il publia des revues, des journaux, fonda une société littéraire et une bibliothèque à Philadelphie; il fut bientôt remarqué par ses concitoyens et nommé député. Il ne borna pas son activité à la fondation d'établissements d'utilité publique, il fit des découvertes importantes dans la science. C'est lui qui reconnut que la foudre et l'électricité provenaient de la même cause; il inventa le paratonnerre. Ses succès ne se bornèrent pas à l'étude des sciences. Son grand mérite le fit chargé de missions diplomatiques importantes, en France et en Angleterre; il eut sa part dans l'organisation de la défense nationale, à l'époque de l'affranchissement des États-Unis. Paris l'accueillit comme un grand homme, après la paix où figura sa signature; il fut honoré par ses concitoyens qui le nommèrent aux plus hautes fonctions. A sa mort, la France et l'Amérique honorèrent sa mémoire par un deuil public. Il mourut à quatre-vingt-quatre ans. Franklin fut un bon patriote, un grand savant, un philosophe remarquable; enfin, ce qui vaut mieux, un homme essentiellement probe et vertueux. Il a écrit plusieurs ouvrages sur les sciences, la morale, l'histoire et l'économie politique. On l'appela familièrement le bonhomme Franklin. Ce sobriquet, qui lui fait honneur, prouve qu'il appliqua surtout son génie à rechercher le bien public, sans se préoccuper de son intérêt personnel. Le peuple adore les grands qui l'exploitent; cependant, il met une ironie naïve à constater la bonhomie de ceux qui ne lui font que du bien.

BUFFON

1707 à 1788 ap. J.-C.

Ce grand écrivain fut, en même temps, un grand savant. D'une famille de magistrats de Bourgogne, il étudia toute sa vie les sciences ; mais, ayant été nommé académicien et conservateur des jardins royaux, il se consacra tout entier à l'étude de l'histoire naturelle. Ses fonctions lui permirent de joindre la pratique à la théorie ; il fit faire de grands progrès à la science. Son *Histoire naturelle* est un véritable chef-d'œuvre où le style égale la science. Le roi Louis XV le récompensa en lui donnant le titre de comte ; voilà comment l'ancienne monarchie savait encourager les progrès de l'esprit humain. Dans les œuvres de Buffon, la poésie donne la main à la science ; son style est d'une grande élégance et, en même temps, d'une grande invention ; on y voit, pour ainsi dire, vivre les animaux et les plantes. Buffon, qui les avait étudiés de près, leur donnait presque une âme ; ils en avaient une en effet, c'était celle de l'homme de génie qui s'était fait leur interprète : la grande âme de Buffon trouvait la grandeur de Dieu dans la vie de ses créatures. C'est en lisant Buffon qu'on peut le mieux faire son éloge ; son talent, l'élévation de ses idées, le charme de ses récits, la richesse de son imagination, la profondeur de ses vues, forment un ensemble admirable qui séduit le lecteur et justifie le jugement de la postérité. Buffon appartient à cette race de grands hommes dont le génie est toujours jeune et dont les œuvres sont de tous les temps.

EULER

1707 à 1783 ap. J.-C.

A l'époque où Fontenelle était secrétaire de l'Académie des sciences, il y eut un tel essor de génie productif parmi les savants, qu'on vit s'accumuler, en quelques années, des travaux qui eussent été, en d'autres temps, l'œuvre laborieuse des siècles ; les mathématiques, la physique et la médecine furent les objets particuliers de ces travaux. Euler y eut sa part comme mathématicien. Il était membre associé de l'Académie de Paris. Élève du célèbre Bernoulli, il s'occupa surtout du calcul intégral et différentiel ; c'était la pierre philosophale de ce temps-là. Elle valait mieux que l'ancienne. Euler était Suisse ; il naquit à Bâle et ne tarda pas à se faire connaître, dès sa jeunesse, comme professeur de mathématiques. On l'appela aux cours de Russie et de Prusse. Cette distinction honorait le savant infatigable, auteur d'une infinité d'ouvrages ; mais elle montrait aussi le cas qu'on faisait de la science, dans les grandes cours de l'Europe. Euler est resté en honneur parmi nos mathématiciens, et, bien qu'il reçût des libéralités de l'étranger, la France l'a réclamé comme l'un des savants qui l'ont le plus illustrée.

PITT

1708 à 1778. ap. J.-C.

Ce nom fut porté, comme celui de Fox, par deux grands hommes d'État d'Angleterre. Le second Pitt, comme le second Fox, fut contemporain et ennemi du grand Napoléon auquel ils firent tous deux une guerre acharnée. Nous n'avons à nous occuper ici que du premier des Pitt, celui qui fut le plus illustre et qui s'appelait lord Chatham. Il débuta par l'armée et finit par la politique; il fut l'adversaire du grand Walpole qu'il parvint à renverser du pouvoir. Pitt, comme plus tard son fils, fut l'ennemi de la France; il forma contre elle une coalition qui assura le succès des armes anglaises. Pitt fut un administrateur remarquable et un grand homme d'État; il fut supérieur à Fox par l'élévation et la beauté de son éloquence. Ces hommes d'État appartenaient à la belle époque; ils ont laissé, sur le sol anglais, des traditions qui sont encore suivies aujourd'hui. Les hommes d'État de Louis XIV, assurément aussi grands dans leur genre, se sont éteints avec la splendeur du roi-soleil, et c'est en vain qu'on cherche dans notre histoire quelques timides imitateurs qu'on a appelés aussi des hommes d'État, mais qui ne l'étaient que de nom. C'est encore à ces traditions que l'Angleterre doit son actuelle prospérité ; c'est à l'absence de ces mêmes traditions que nous devons nos révolutions perpétuelles. Les hommes d'État anglais sont encore, aujourd'hui, quoique moins grands que leurs pères, des hommes politiques qui dirigent sagement leur peuple. Les autres sont des fantoches qui amusent le leur et sont dirigés par lui. Avec les premiers, une nation vit grande et respectée ; avec les seconds, elle tombe dans le despotisme révolutionnaire d'où elle ne sort que pour trouver, comme unique salut, le despotisme césarien.

DIDEROT

1712 à 1784 ap. J.-C.

Cet écrivain fut le principal auteur de l'*Encyclopédie*; il en conçut le plan et l'exécuta avec le concours de d'Alembert et de plusieurs autres savants. Diderot, élevé d'abord pour l'état ecclésiastique, se tourna avec une rage impie contre ses premiers professeurs. Il fut l'un des ennemis les plus acharnés de la religion ; ses premières attaques, formulées dans un livre intitulé : *Pensées philosophiques*, commencèrent sa réputation et lui attirèrent les rigueurs du Parlement. Un nouveau livre sur les aveugles lui valut la prison. On le voit, cet impie avait eu le talent de se poser en martyr; le mauvais esprit dont il était animé se révéla, quand il fut rendu à la liberté, par des écrits immoraux qui n'étaient vraiment pas dignes d'un savant. Plus favorisé par la fortune qu'il ne le méritait, après quelques revers, il gagna les bonnes grâces de l'impératrice de Russie Catherine II, qui protégeait Voltaire et ses amis, peut-être parce qu'ils étaient les ennemis de l'ancienne société française. Catherine fit bien les choses; elle pourvut aux dépenses de Diderot, qui fut son hôte à Saint-Pétersbourg. On sait que les républicains ne dédaignent pas les faveurs des princes quand elles rapportent beaucoup d'argent. Le veau d'or est l'idole de ces gens qui se vantent de ne pas croire en Dieu. Diderot écrivit beaucoup d'autres ouvrages; il avait un génie aussi universel que son *Encyclopédie*. Ce fut un révolutionnaire fanatique, bien digne de préparer l'abominable révolution de 1793. Il ne put cependant pas jouir du mal qu'il avait fait, car il mourut en 1784. Il est probable que, s'il eût survécu, il eût payé de sa tête cette triste paternité révolutionnaire. Ses enfants adoptifs l'auraient sacrifié, comme beaucoup d'autres, par la seule raison qu'ils ne voulaient supporter aucune supériorité. Diderot en avait une, incontestable, celle du talent. Écrivain distingué, il avait pour lui le style, la forme, le charme, l'imagination, la faconde, des études variées, l'amour des lettres et des arts. Tous ces dons, il les devait à Dieu et à l'ancienne société dont il était l'ennemi, après en avoir été l'élève. Il y avait, sans doute, dans le fond de son âme, une déception et une grande révolte de l'orgueil; c'est presque toujours le seul secret des vocations révolutionnaires. Ce fils de coutelier, qui mendia les faveurs d'une impératrice, pouvait avoir l'ambition d'un prince, sans la grandeur d'âme qui la fait pardonner.

JEAN-JACQUES ROUSSEAU

1712 à 1778 ap. J.-C.

Ce fut un des pères de la Révolution, un émule de Voltaire; il n'en avait pas l'esprit, mais il en avait le talent. On l'a surnommé le *tendre* Rousseau, parce que son style montrait une sensibilité qui n'était point d'ailleurs dans son cœur. Rousseau fut un égoïste et un ambitieux, toujours prêt à sacrifier ses amitiés à sa fortune. Il était d'une basse extraction, fils d'un horloger de Genève; il fut, tour à tour, commis, laquais, homme de lettres, précepteur, savant et musicien. C'est à ces différents métiers qu'il dut ses premiers moyens d'existence. La faveur d'une protectrice, Mme de Warens, dame catholique de la Savoie, fut pour lui comme une sorte d'entrée dans le monde.

Il en profita largement et ne paya sa bienfaitrice que par la plus grande ingratitude. Plus tard, il trouva une autre protectrice en Mme d'Épinay, qui lui donna l'hospitalité dans la célèbre retraite appelée *l'Hermitage,* qui était située dans la vallée de Montmorency. Rousseau, qui avait l'âme moins élevée que l'esprit, démentit les principes de sa philosophie par ses actes et par les mœurs de ses relations mondaines. Il épousa une servante et en eut plusieurs enfants, qu'il abandonna sans scrupule. Converti au catholicisme, par calcul d'intérêt, il abandonna non moins facilement son Dieu pour retourner au calvinisme, lorsqu'il pensa que cette abjuration pourrait lui être utile dans sa première patrie où il était retourné. Tel est le triste personnage dont la Révolution a fait un héros et dont les cendres ont reposé au Panthéon, à côté de celles de Voltaire. Il était digne d'être un des fondateurs de la république telle que la comprend le parti révolutionnaire, dans notre France moderne. Rousseau pouvait avoir le talent et l'instruction des philosophes grecs, si célèbres dans l'antiquité; mais, à coup sûr, il n'en avait ni les principes, ni le caractère. Cet homme avait fait trop de choses dans sa vie pour exceller dans aucune d'elles; il avait, tour à tour, nous l'avons dit, été musicien, professeur et littérateur; c'est ce dernier titre qui lui a valu les hommages de la postérité. On a vu, dans ce petit personnage mal portant, contrefait, bilieux et maussade, une sorte d'homme de génie, adorateur de la nature. Ce laquais se crut le droit d'être athée, à une époque où la philosophie voltairienne dominait la société; il eut beaucoup de succès, encore plus par l'audace de ses doctrines que par le charme de son style. On lui a fait une légende; il a été baptisé grand homme par la foule des badauds qui n'ont jamais lu ses œuvres. Son style est très ampoulé, peu naturel, comme son esprit et ses idées, mais sa phrase a couvert des paradoxes et des impiétés; ce furent des fleurs sur un fumier! Le public ne vit que les fleurs; on chanta la beauté du style, en oubliant les vicieux principes de son auteur. On admira la noblesse de sentiment que Rousseau n'avait même pas eue dans ses œuvres; c'est un caractère de convention, comme tous les héros de la Révolution. Dans ce grand naufrage, les épaves sont devenues des idoles. Un homme sérieux, qui lit attentivement les œuvres de Rousseau, n'y trouve pas plus d'idées nouvelles que de sentiments élevés; on pourrait même ajouter que, malgré ce charme du style qui est encore une affaire de convention, ses livres sont on ne peut plus ennuyeux. Il faut de grands efforts pour lire l'*Émile* jusqu'au bout. Son *Éloïse* révolte la dignité du lecteur qui se respecte. Quant à ses ouvrages politiques, c'est une collection de ces mots vides de sens qui servent encore de programme à nos révolutionnaires modernes. Il y a.

enfin, son fameux *Contrat social,* qui n'est qu'une œuvre d'écolier à côté de la fameuse *République* de Platon, mais qui, en somme, serait d'une application aussi impossible que le chef-d'œuvre du grand philosophe grec. Rousseau fut de l'école de ces parvenus qui ne pardonnent jamais à ceux qui les ont élevés. C'est l'éternelle race des mécontents de toutes les époques qui grossissent les rangs de l'émeute et qui deviennent des tyrans quand la révolution triomphe. Il y avait, dans Rousseau, l'étoffe d'un Robespierre. Pour nous résumer, cet homme de talent fut le produit d'une éducation fort disproportionnée à son instruction. Ce fut un grand homme déclassé; ses pareils sont des ennemis de la société; il faut, pour leur bonheur et pour leur fortune, un bouleversement général qui les porte au pouvoir. C'est à cela que, véritablement, Rousseau fut, comme nous l'avons dit, l'un des pères de la Révolution. Ce n'est pas par les idées qu'il mérita cette paternité, mais par la méthode et le système qui sont encore florissants de nos jours.

FRÉDÉRIC LE GRAND

1712 à 1786 ap. J.-C.

Ce prince eut la bonne fortune, comme Alexandre le Grand, d'avoir un père qui lui avait préparé les voies. Philippe de Macédoine reste obscur, alors que son fils recueille, pour lui seul, la gloire qu'il devait non seulement à son génie, mais encore à la sagesse et à la prévoyance de Philippe. Frédéric Ier de Prusse laissa à son fils, qui monta sur le trône à l'âge de vingt-huit ans, une armée de soixante-seize mille hommes et vingt millions d'écus prussiens. Ces instruments tombaient entre bonnes mains. Frédéric le Grand avait le génie des batailles; il avait aussi celui de la politique. Ambitieux et froid, sachant se posséder, sceptique et lettré, il avait toutes les qualités qui font les grands hommes de guerre et les grands hommes d'État. Son patriotisme le poussa à de grandes choses pour la Prusse dont il fut le véritable fondateur. Esprit positif, il s'acharna, dans sa guerre contre Marie-Thérèse d'Autriche, à s'emparer de la Silésie qui était nécessaire à la frontière du royaume de Prusse. Cette conquête ne se fit pas sans peine; il se vit même obligé à une retraite que les militaires ont beaucoup admirée. En somme, cette province lui resta. Frédéric fit de la Prusse une nation militaire, et sa sévérité posa des règles qui furent, plus tard, la cause des succès de l'armée prussienne. La figure de Frédéric devint légendaire: ce grand homme avait la simplicité antique; on montre encore ses appartements au château de Postdam, et la vue de ce mobilier modeste prouve aux voyageurs que ce roi n'était pas philosophe seulement de nom. Frédéric aimait la littérature et les hommes de talent ; il fut l'ami de Voltaire, et l'on reproche à ce dernier d'avoir souvent plaisanté sur la France avec son royal correspondant. Le peuple prussien a conservé le souvenir de ce grand roi et se rappelle encore une foule d'anecdotes comme on en sait en France sur Louis XIV et Henri IV. Il y a, par exemple, le fameux meunier de Sans-Souci, qui ne voulait pas vendre son moulin au roi, son voisin. Frédéric en avait grande envie ; il aurait pu le prendre de force ; il se contenta de le laisser enclavé dans son domaine royal, pour prouver son respect pour le droit du faible. Il y aussi les anecdotes militaires. En un mot, ce prince fut l'un des plus grands guerriers et l'un des plus grands politiques de son temps ; la réunion de ces deux qualités est assez rare chez un homme, et c'est elle seulement qui assure des œuvres durables.

CONDILLAC

1715 à 1780 ap. J.-C.

Voilà encore un de ces philosophes du xviiie siècle qui ont laissé des écrits recherchés par la valeur du style, mais dont le système philosophique ne contient ni une idée vraie, ni une idée nouvelle. L'école matérialiste de Condillac est renouvelée des anciens, pour une partie, et, pour l'autre, tirée des écrits de Locke.

Pourquoi ces maîtres n'ont-ils pas voulu s'éclairer de la vive lumière des idées chrétiennes? Condillac, avant d'être académicien, avait pourtant été abbé. Sa méthode philosophique parut ingénieuse. Mais ce n'était qu'une forme trompeuse, car, en attribuant le progrès de l'esprit humain à la perfection des langues, Condillac prenait évidemment l'effet pour la cause et l'instrument pour l'agent. Les langues sont, au contraire, d'autant plus parfaites que les peuples sont plus civilisés. Il commit la même erreur, en croyant que les idées venaient de nos sens. Condillac fut fort goûté de son temps, à cause de son instruction, de son commerce avec les philosophes célèbres du jour, tels que Jean-Jacques Rousseau et Diderot. Il écrivait à merveille, il parlait de même et, avant d'être un philosophe important, il avait été un excellent professeur. On lui avait même confié l'éducation du jeune duc de Parme. Honorons le talent, mais déplorons la fausseté des systèmes. Ce sont les philosophes comme Bonnot de Condillac qui ont préparé, par leurs erreurs, les désordres de la Révolution. Avant de troubler la rue, on avait désorganisé les salons. Le désordre moral avait précédé l'émeute dont il fut la veritable cause. Les philosophes n'étant plus chrétiens, l'exemple partit d'en haut et le peuple apprit à ne plus rien respecter.

D'ALEMBERT

1717 à 1783 ap. J.-C.

Ce savant fut l'un des auteurs de la fameuse *Encyclopédie*. Ami de Voltaire, il en partagea les erreurs. D'Alembert fut célèbre de bonne heure; à vingt-deux ans, il était de l'Académie des sciences; celle de Berlin lui donna le prix de géométrie. Ardent patriote, il refusa les faveurs de Frédéric II de Prusse et de Catherine II de Russie. Il ne fut pas moins habile dans les lettres que dans les sciences; ses essais littéraires le firent nommer à l'Académie française, dont il fut plus tard secrétaire perpétuel. On peut dire que d'Alembert fut le fils de ses œuvres; abandonné par ses parents, il eut à peine un nom, celui sous lequel il s'est illustré étant un nom d'emprunt; il a su l'immortaliser. Les écrits de ce grand homme sont aussi nombreux que remarquables; il fit partie de cette pléiade de savants de la grande Révolution, hommes plus brillants par leur esprit que par leur caractère et qui, cependant, valaient mieux que leur réputation. Premiers auteurs de la Révolution, ils eussent certainement rougi de ses derniers excès.

MALESHERBES

1721 à 1794 ap. J.-C.

Ce fidèle ministre de Louis XVI fut son éloquent défenseur à la Convention. Il montra, dans cette circonstance, un grand courage, car il exposait sa vie ; mais ce grand magistrat ne pouvait hésiter en face d'une pareille infortune et d'un devoir aussi impérieux. Il le paya de sa tête, montrant une fois de plus le peu de cas que la révolution fait du droit de la justice. Il monta sur l'échafaud comme le digne témoin du saint couronné qu'il avait servi. La postérité, plus juste et plus calme que ses contemporains, lui éleva une statue dans le Palais de justice de Paris. En traversant la salle des Pas-Perdus, les avocats peuvent saluer ce défenseur martyr de sa cause. Malesherbes était le fils du chancelier de Lamoignon ; il fut lui-même conseiller du roi et président de la cour des aides. Il se montra magistrat intègre et ferme ; il osa faire des remontrances à Louis XV contre les impôts qu'il trouvait injustes. Comme directeur de la librairie, il se montra favorable à la liberté de la presse ; cette indépendance devait lui coûter cher ; il fut, en effet, condamné à l'exil. Son esprit libéral et juste ne trouva grâce ni devant le pouvoir absolu, ni devant la Révolution. Tous les despotismes se ressemblent, qu'ils viennent d'en haut ou d'en bas. A un homme comme Malesherbes il fallait un roi comme Louis XVI, aimant la liberté jusqu'au martyre; aussi fut-il plus encore l'ami que le sujet de son roi. Le peuple a souvent des élans généreux; lorsque Louis XVI rétablit Malesherbes dans ses charges et ses dignités, il fut accueilli par de grandes acclamations. Cet ami de Turgot méritait bien une pareille popularité qui, malheureusement, ne devait être que passagère. Occupé surtout du bien public, il voulut abolir les lettres de cachet et mettre de l'ordre dans les dépenses de la cour. Cette dernière tâche était difficile; il ne put l'achever comme il le désirait. Son impuissance le décida à une retraite des affaires que l'amitié royale put retarder, mais non empêcher; elle nous a valu quelques écrits et des mémoires de ce grand homme qui cultivait les lettres pour oublier la politique. C'était, cependant, cette dernière qui devait l'immortaliser en nous révélant la grandeur de son caractère.

MARMONTEL

1723 à 1799 ap. J.-C.

Cet écrivain, fils de ses œuvres, acquit une certaine célébrité sous Louis XV par la diversité de ses écrits. Membre de l'Académie française, il alla du conte à la tragédie; on a également de lui des opéras et des traductions des classiques anciens. Il était né en Limousin, où on l'avait élevé pour en faire un homme d'église. Ses goûts le portèrent vers les lettres qu'il cultiva avec succès; il débuta par les jeux floraux où il se fit couronner. On le vit aussi collaborer au *Mercure de France,* qu'il avait fondé, ce qui fut pour lui l'origine d'une fortune assez belle. Sans être un homme de génie, il mérita, par la fécondité et l'importance de ses travaux, d'occuper un rang distingué parmi les gens de lettres de son époque. Il avait un style facile et élégant. Tel fut ce lauréat de nos académies qui mérita, par ses travaux, une place honorable dans notre histoire littéraire.

KANT

1724 à 1804 ap. J.-C.

Ce philosophe allemand a laissé de nombreux ouvrages qui témoignent de la fécondité de son esprit; étudiant de Kœnigsberg et d'origine obscure, il parvint, par ses études, à la chaire du professorat dans les villes de Berlin et de Kœnigsberg. Son système de philosophie fut plus savant que logique; il admettait les idées innées et, par là, se rapprochait de Descartes. Son objectif et son subjectif, quoique fort peu compréhensibles, ressemblent beaucoup au mot de Descartes : « Je pense, donc je suis! » Quoique partisan de l'école expérimentale et d'une critique qui pouvait conduire au matérialisme et au panthéisme, par une contradiction qui faisait plus honneur à son cœur qu'à son esprit, il enseigna les grands principes de la métaphysique et de la morale. Il est à supposer que le système expérimental de Kant se bornait à l'action et à la réaction de la pensée humaine agissant sur elle-même. Ne pouvant en tirer les vérités éternelles qui viennent de Dieu, Kant prit le sage parti de les admettre *a priori* ; le travail de Kant a été considérable : il ne s'est pas borné à la philosophie, il a embrassé les sciences physiques, mathématiques et astronomiques. Ce n'est qu'en Allemagne qu'on peut trouver de pareils savants. Ajoutons que ce n'est que là qu'on peut les apprécier ; il faut la ténacité germanique pour étudier des œuvres aussi nombreuses, aussi prolixes et aussi obscures que celles de Kant. Honorons-le, puisque l'Allemagne l'admire ; mais préférons-lui notre Descartes, notre Pascal dont le génie fut moins étendu, mais à coup sûr plus profond. On lit avec plaisir ces derniers ; la lecture des œuvres de Kant est un véritable tour de force dont bien peu de gens osent se vanter.

TURGOT

1727 à 1781 ap. J.-C.

Ce grand économiste, cet homme de bien prépara les grandes réformes du règne de Louis XVI et eut le courage de faire aux abus une guerre acharnée où il devait trouver sa perte. Les réformateurs sont, en général, comme les inventeurs: ils ne jouissent pas du fruit de leurs découvertes; à peine en ont-ils la gloire dans une postérité très éloignée de leur temps. Ce fut M. de Maurepas qui fit passer Turgot de l'intendance de Limoges à la direction de la marine et des finances. On s'était beaucoup loué de Turgot en Limousin. Il avait transformé cette province arriérée; on espérait qu'il ferait de même pour tout le royaume. Il l'essaya, en effet; il permit la vente des blés, abolit les corvées et la contrainte collective pour les impôts. Il fit prospérer la marine marchande, encouragea la navigation fluviale, releva le crédit public en fondant le Caisse d'escompte qui ne fut définitivement organisée que plus tard par Necker. Il contribua à faire supprimer la torture, les lettres de cachet et autres vexations qui n'étaient plus d'accord avec l'esprit libéral du nouveau règne. Voulant rendre le travail libre, il supprima les maîtrises, les jurandes et les corvées. Tant de réformes devaient blesser beaucoup d'intérêts. Aussi Turgot eut-il contre lui les hautes classes et le Parlement, que Louis XVI n'avait pas voulu sacrifier sur la demande de son ministre. Ce corps politique, qui n'aurait dû être que judiciaire, refusa d'enregistrer les nouveaux édits, et paralysa de la sorte toutes les réformes de Turgot, en donnant un appui à ses ennemis qui étaient nombreux à la cour, dans la noblesse et jusque dans la bourgeoisie. Turgot fut sacrifié. Louis XVI, qui avait dit de lui qu'il aimait le peuple comme l'aimait le roi, n'eut pas la force de le défendre contre tant d'intérêts coalisés. Turgot n'était pas courtisan; c'était un philosophe et un homme de bien : sa fermeté ne savait pas plier devant l'erreur et l'injustice. Il ne céda pas à l'orage; il se laissa entraîner et fut disgracié en 1776. Il attendit qu'on le chassât: c'était son expression. Le malheur fut plus grand pour la France que pour lui. Turgot était d'une bonne famille; il portait le titre de baron de l'Aulne. Son père avait été prévôt des marchands à Paris, et son passage dans cette charge fut très remarquable par les utiles réformes qu'il y fit. Turgot devait entrer dans les ordres; il fut même, avec distinction, prieur à la Sorbonne; mais les tendances économistes l'emportèrent sur la vocation religieuse, et il entra dans l'administration publique. Il se signala alors par des écrits remarquables sur la politique et les finances. Plus tard, après sa brillante carrière ministérielle, lorsqu'il rentra dans cette honorable retraite d'où il ne sortit plus jusqu'à la fin de ses jours, il composa des ouvrages aussi variés qu'intéressants. Il traita tous les sujets : la littérature, la politique et l'administration. Il fit des vers français et latins. Tous les hommes lettrés de l'époque avaient, d'ailleurs, cette noble passion. Turgot a collaboré, d'une manière fort utile, à l'*Encyclopédie*. Ses écrits les plus estimés sont des ouvrages d'économie politique. Comme il arrive souvent aux réformateurs, ce sont ceux qu'ils veulent servir qu'ils ont d'abord pour premiers ennemis. Ce fut le cas de Turgot ; il voulut faciliter l'importation des grains pour empêcher la famine de 1775. Le peuple, poussé par les agioteurs mécontents, s'en prit à Turgot et l'accusa de faire du monopole quand il ne faisait que du libre-échange. Il y eut des émeutes de paysans affamés. Les cris des révoltés arrivèrent jusqu'au palais de Versailles. Le roi fut ému, et le crédit de Turgot s'en trouva diminué dans son esprit. Que fût-il arrivé si Turgot avait pu mener à bonne fin ses intelligentes réformes ? Qui sait si la Révolution aurait eu lieu ? Qui peut dire ce qui serait advenu ? Peut-être que Louis XVI fût mort sur le trône et que la grande réforme de 1789 se fût accomplie pacifiquement. Turgot voulait l'égalité des classes devant l'impôt, la suppression des privilèges, l'établissement du crédit public, l'abolition du Parlement et la création d'une assemblée populaire. Nous avons eu tout cela après des luttes sanglantes, et ces réformes demandées furent offertes spontanément, mais trop tard, par ceux mêmes qui les refusaient à Turgot. Ce grand esprit allait si loin dans le progrès qu'il voulait établir le libre-échange, régime essentiellement libéral, qui n'a pas encore conquis chez nous l'unanimité des suffrages. Décidément, le bien n'est pas facile à faire, surtout quand il s'agit du bien public. Turgot aura eu l'honneur de le tenter, et son nom restera, pour toujours, attaché aux grandes réformes libérales qui eussent empêché la révolution du siècle dernier, si Louis XVI avait été Turgot et que Turgot eût été Louis XVI.

SOUVAROW

1729 à 1800 ap. J.-C.

Ce général russe, comte de l'empire, fut l'un des grands guerriers de la Russie moderne. Il eut l'honneur de battre les généraux de Napoléon Ier. Masséna, seul, mit un terme à ses succès ; les campagnes de Souvarow sont nombreuses. On peut dire de lui qu'il fut le Turenne de la Russie ; il combattit, tour à tour, les Polonais, les Turcs et les Français ; il prit part à la guerre de Sept ans ; sa campagne de Pologne fut brillante, mais ternie par d'affreuses cruautés. Il fut le vainqueur heureux du grand Kosciusko, le héros de la Pologne. Sa férocité lui valut le grade de feld-maréchal. Une fortune immense fut ajoutée, par Catherine II, à tous ses titres. En Turquie, Souvarow ne fut pas moins heureux ; il ajouta la conquête de la Crimée à ses autres victoires. Sa grande campagne fut celle d'Italie, où il combattit, avec avantage, à la tête de trente mille Russes ; c'était le chiffre des armées de Turenne et de Napoléon pendant la prodigieuse campagne d'Italie. On n'en était pas encore arrivé au chiffre effrayant des armées modernes qui ressemblent à celles de Darius. Souvarow méconnu, malgré son génie et ses victoires, mourut dans l'obscurité, après avoir perdu cette faveur des grands qui tient à si peu de chose dans un gouvernement despotique. C'est la postérité et ce sont les étrangers, ses ennemis, qui lui ont rendu la justice tardive que lui avaient refusée ses contemporains. Sans être un grand homme, dans l'acception la plus large du mot, Souvarow restera, néanmoins, dans les galeries de l'histoire, comme un habile et grand guerrier.

NECKER

1732 à 1804 ap. J.-C.

Il est fâcheux pour Necker et pour la France que ce ministre des finances de Louis XVI ne fût pas venu plus tôt au pouvoir. Il y arriva au milieu de l'agitation politique qui précéda la Révolution, c'est-à-dire en 1776. Il avait déjà fait parler de lui par quelques écrits remarquables sur les finances. L'amitié du marquis de Courtarvel lui servit d'entrée à la cour. Il eut la direction générale des finances et se montra digne de la faveur qui l'accueillait. Il fit des réformes utiles, institua les communes, créa une caisse d'escompte et établit un mont-de-piété. Le premier, il publia un compte rendu de l'état du budget en 1781. C'était un rapport au roi sur les finances publiques. Il est divisé en trois parties : la première traite de l'état des finances et des opérations du Trésor, la seconde des économies, la troisième des dispositions générales et des améliorations. Une carte, annexée à ce rapport ministériel, établit les zones des fermes royales dans toute l'étendue du pays. Ce compte rendu est un exposé fort savant et un beau travail auquel on ne peut reprocher qu'une forme un peu trop philosophique. De nos jours, les rapports des finances se font avec des chiffres ; c'est la meilleure éloquence en pareille matière. Les longues phrases cachent toujours quelques surprises, ou sont un aveu d'impuissance. Necker semble trop faire l'éducation financière de la France et du roi. Du reste, on en était encore à l'enfance de l'art, car on ne faisait entrer en ligne de compte que les sommes réellement perçues, déduction faite des frais d'administration. Le bon roi Louis XVI prit bien la leçon et accepta toutes les réformes de son ministre. Il n'en fut pas de même des courtisans, dérangés dans leurs calculs et dans leurs habitudes. Necker fut mis à l'index ; et, jugeant qu'il ne pouvait lutter contre cette cabale, il se retira la même année, sans avoir achevé son œuvre. Le roi le rappela, en 1788. Il dut se retirer de nouveau en 1789. Ce fut le point de départ de la Révolution, peut-être même son premier prétexte, car Necker était très populaire et sa disgrâce jeta beaucoup d'agitation dans les esprits. Après la prise de la Bastille, il revint encore au pouvoir ; mais cet esprit libéral ne pouvait plaire aux jacobins. Il eut la mauvaise fortune d'être également attaqué par les gens de la cour et par les révolutionnaires. Il quitta définitivement le pouvoir en 1790, et sortit de France pour aller en Suisse, sa première patrie, dans cette belle terre de Coppet, qu'il devait laisser à sa fille, la célèbre Mme de Staël. Plus heureux que bien d'autres, Necker put ainsi échapper aux horreurs de la Révolution. Il n'eût certes pas été épargné. Les services qu'il avait rendus à la France étaient des titres certains qui devaient le faire condamner par le tribunal révolutionnaire. Ce Genevois, qui avait si bien réussi dans ses débuts à Paris, a laissé de remarquables écrits, consacrés par le suffrage de la postérité. On cite son *Éloge de Colbert*, ses vues sur les finances et son traité des idées religieuses. Sa femme, qui était sa compatriote, s'est aussi fait remarquer par des ouvrages qui ne sont pas sans valeur; mais le meilleur souvenir qu'elle nous ait laissé est encore cet hôpital Necker qui assure l'immortalité au nom qu'elle porta si dignement.

Comme financier, Necker eût sauvé l'État si le gouvernement eût pu le défendre contre les rancunes que devaient faire naître ses utiles réformes. En sacrifiant des abus il touchait aux personnes. C'est ce que les hommes pardonnent le moins. Quand on compare à nos budgets de trois milliards le modeste budget de la France sous Necker, on s'étonne de voir nos pères embarrassés pour quelques millions. On se prend à regretter ces mauvaises finances qui coûtaient dix fois moins que les nôtres. Que manquait-il donc à la vieille France? Le crédit. A défaut de ce levier puissant, on n'avait que des moyens primitifs qui n'emplissaient pas les caisses de l'État. Aujourd'hui, l'argent abonde. Le crédit est si grand, que le public donne cinq milliards quand on lui demande cinq cents millions. Voilà le crédit moderne. On pourrait dire que c'est le suffrage universel appliqué à l'argent. C'est pour n'avoir pas eu assez de crédit que la vieille société s'est détruite; c'est pour en avoir eu trop que la société moderne trouvera sa fin. Necker eût été, de nos jours, un remarquable ministre des finances. Débarrassé des entraves de la cour, il eût mené les affaires du pays avec l'intelligence qu'il sut mettre à ses propres affaires. Ce banquier eût été, chez nous, un homme d'État, comme il le fut sous Louis XVI, mais eût mieux réussi de nos jours, car ses idées sont les nôtres et, par elles, on le prendrait pour un financier contemporain. Il avait deviné le système de nos emprunts, bien que son honnêteté lui en eût fait voir le danger, comme il l'avoue lui-même dans son rapport au roi; il en signale, avec à-propos, toute l'utilité pratique. Il inaugura la publication annuelle du budget qui se fait dans tous les États modernes. Necker, sans une fatalité malheureuse née des passions humaines, eût fait, pour nos finances, ce que Louis XVI voulait faire pour notre politique : une réforme au lieu d'une révolution, une date mémorable, celle de 1789, au lieu d'une date sinistre, celle de 1793. Français, nous ne l'avons pas voulu, et, après quatre-vingts ans, nous subissons encore les conséquences de cette faute qui fut un crime national !

MALFILATRE

1732 à 1767 ap. J.-C.

Jacques-Charles-Louis de Clinchamp de Malfilàtre naquit à Caen, en 1732, fut élève des jésuites et se fit connaître à Paris par des poésies qui eurent un grand succès et furent couronnées par l'Académie de Rouen. Né pauvre, après s'être fait une bonne position par son talent, l'inconduite le fit retomber dans la misère ; il mourut jeune, après avoir subi toutes les tortures de la maladie et de la faim. Gilbert, une autre victime du sort, un autre poète incompris de ses contemporains, l'a connu et a défendu sa mémoire dans ses écrits. Il y eut, dans les œuvres de Malfilâtre, le désordre d'une imagination trop ardente ; s'il eût vécu et qu'il eût travaillé, il aurait peut-être mérité l'honneur qu'on lui a fait, un peu trop vite, de le comparer à Ovide et à Virgile.

WASHINGTON

1732 à 1799 ap. J.-C.

Ce grand homme fut le fondateur des États-Unis d'Amérique. Simple ingénieur, il prit part à la guerre que l'Angleterre soutenait, au Canada, contre la France. Il se retira colonel et député de Virginie. A la révolution américaine, il fut nommé, en 1775, général en chef des insurgés. Aidé par la France qui, toujours généreuse, envoya ses gentilshommes et ses subsides, il parvint, non sans peine, à défaire les généraux anglais. C'est à Versailles, en 1783, que la paix fut signée. Louis XVI, ce roi trop libéral qui devait expier son excès d'humanité sur l'échafaud révolutionnaire, eut l'honneur de patronner l'indépendance des États-Unis. Le sang français coula pour cette cause républicaine. Rochambeau et La Fayette eurent leur part de la défaite de Cornwallis et de la capitulation de York-Town qui termina cette guerre civile. Ce service rendu, qui n'a pas été oublié en Amérique, eut une certaine influence sur la révolution française qui se préparait; les idées libérales, l'esprit philosophique avaient pénétré dans les hautes classes de la société française. La cour elle-même les favorisait; cette campagne d'Amérique avait mis la république à la mode. Lorsqu'on s'aperçut des dangers de cet engouement, il était trop tard; l'ennemi était dans la place. Washington, quoique général habile, est surtout remarquable comme philosophe et comme homme d'État. A la fin de la guerre, il s'empressa de licencier les milices, craignant sans doute pour son pays un retour du despotisme. Une constitution fut donnée au nouveau peuple sous ses auspices, et il en fut le premier président. A sa mort, qui devint le signal d'un deuil patriotique, on donna son nom à la capitale fédérale des États-Unis. Washington fut réélu président, après l'expiration de son premier mandat de quatre ans. Il gouverna huit ans avec sagesse, modération, intégrité et habileté. Il accoutuma ses concitoyens à des mœurs tranquilles et au respect de la loi; en effaçant en lui le caractère militaire derrière la personnalité civile, il fut seulement le premier citoyen de la nouvelle république. Il sut résister, à la fois, à toute pensée d'ambition personnelle et à toute tentative des partis avancés; il sauvegarda son pays contre les idées démagogiques, et, sous son gouvernement, la république évita également les attaques contre la liberté et contre l'ordre établi. La mémoire de Washington est restée, dans la postérité, celle de l'honnête homme au pouvoir; il joignit la modestie à la grandeur d'âme, sut rentrer sans regret et sans bruit dans la vie privée, et fut encore plus illustre par la noblesse de son caractère que par les services rendus à son pays dont il fut le dernier à se souvenir. Napoléon, qui comprenait toutes les gloires, fit prononcer, en France, son éloge public. La France a toujours un écho pour les grandes renommées; mais si elle a eu son Napoléon, elle attend encore son Washington.

BEAUMARCHAIS

1732 à 1799 ap. J.-C.

Ce plébéien, fils d'un horloger qui est connu sous le nom noble de Beaumarchais, fut un étrange personnage, un fort habile homme et un grand écrivain. Génie souple et audacieux, il commença sa vie par des intrigues financières qui lui réussirent à merveille. Moins heureux par la suite, il dépensa sa verve et sa faconde dans des mémoires destinés à soutenir ses nombreux procès. Au fond, Beaumarchais était un révolutionnaire et un intrigant; il a tout attaqué avec infiniment d'esprit et une grande audace. Ces attaques furent pour beaucoup dans le succès de ses œuvres. S'il était permis de faire un parallèle avec un homme qui ne le valait pas comme écrivain, on pourrait le comparer, pour le caractère, à Paul-Louis Courier, qui avait son esprit sans le même talent. Il ne valait pas mieux que lui comme homme. Ce qui fait vivre Beaumarchais, malgré le peu d'estime qu'il mérite dans les souvenirs de la postérité, ce sont deux œuvres capitales qui suffisent à immortaliser un auteur : le *Barbier de Séville* et le *Mariage de Figaro*. Au fond, ces deux pièces n'en font qu'une, c'est Figaro qui en est le personnage principal. Ce fils d'horloger a dû vouloir se représenter lui-même dans ce barbier railleur, impitoyable, qui se moquait de tout et de tous, excepté de ses propres faiblesses. Figaro n'est pas un personnage moral, tant s'en faut; c'est un sceptique qui trouve bon de se moquer des vices dont il profite. Comme on était, alors, dans une période vraiment libérale où il était permis de tout dire, Beaumarchais avait beau jeu. Son esprit railleur se donnait libre carrière, et il put dire avec plus d'esprit que de vérité que, pourvu qu'on ne parlât pas de religion, de morale, de philosophie, de science, de littérature, de commerce, d'histoire, de l'armée, du clergé, de l'administration, des avocats, des médecins, des bourgeois et du peuple, à part ces exceptions, il était permis de parler de tout. Voilà quel était le genre d'esprit de ce Figaro parisien, et on était alors si indulgent qu'on riait de ce personnage malicieux, et que la chose publique n'en allait pas plus mal. Si nous avions un Beaumarchais aujourd'hui, il aurait fort à dire, mais on ne le laisserait pas parler. En somme, Beaumarchais fut un esprit fécond, facile, audacieux, enjoué, railleur, peu populaire de son temps, quoiqu'il le soit devenu de nos jours ; sacrifiant volontiers le fond à la forme. Ses œuvres sont écrites avec beaucoup d'esprit, beaucoup de mauvaise intention et beaucoup de talent. La postérité a retenu son nom et l'a mis au rang des immortels, ce qui ne veut pas dire qu'il ait eu toutes les qualités qui font un grand homme. Mais, parmi nos grandes figures historiques, les hommes célèbres sont encore plus nombreux que les vrais grands hommes.

MESMER

1733 à 1815 ap. J.-C.

Ce célèbre médecin, né en Allemagne, à Itzmang, fut l'inventeur du système moderne connu sous le nom de magnétisme animal. A cette théorie se rattachent, par des liens étroits de filiation, les somnambules, les magnétiseurs, les tables tournantes, les spirites et autres devins modernes qui pourraient bien n'être que les petits-neveux des sorciers du moyen âge. Mesmer fit ses débuts en 1766, par une thèse où il soutenait l'existence d'un fluide, ou agent sidéral universel. Cette action des corps célestes était, selon lui, mise en mouvement par l'aimantation. Plus tard, il crut remarquer que le phénomène se reproduisait par une simple imposition des mains. C'est là le magnétisme tel que nos modernes le pratiquent sur les somnambules. En 1775, parurent les premières publications du nouveau système de Mesmer. Il n'eut pas de succès en Allemagne; aussi l'inventeur se décida-t-il à venir à Paris, ce pays magique, qui est un peu la patrie de tout le monde. Il s'y établit, en 1778, et y donna des consultations autour de son fameux baquet magnétique. La clientèle fut nombreuse et généreuse. Mesmer devint à la mode. Il fit fortune. Les **uns** le considéraient comme un grand innovateur, les autres ne voyaient en lui qu'un charlatan audacieux et habile comme Cagliostro. Il faut croire, cependant, que son secret valait quelque chose, car il refusa de le vendre à l'État contre une pension annuelle de vingt mille francs. Le monde savant s'étant ému de ses expériences auxquelles le public accourait en foule, une commission d'experts, illustres par leur science et leur autorité, examina, en 1784, le nouveau système de Mesmer. Le résultat de cet examen ne satisfit pas complètement l'inventeur, et il quitta la France pour aller en Angleterre et, plus tard, en Allemagne, où il mourut en 1815. Il était riche; peut-être jugea-t-il à propos de s'en tenir aux bénéfices acquis et de ne pas courir les chances d'une défaveur publique, roche tarpéienne qui est située bien près du Capitole. Cependant l'examen des savants ne lui avait pas été défavorable. On avait reconnu dans ses expériences des faits très remarquables, quoique restés inexpliqués. Mesmer n'a guère laissé de disciples. De nos jours, le célèbre baron du Potet a continué l'application de ce système à la guérison des maladies. Les effets physiologiques du remède portant beaucoup plus sur l'imagination du malade que sur son organisation ; il est difficile d'apprécier les résultats obtenus par ce genre de médication. Au point de vue scientifique, la théorie de Mesmer est encore restée à l'état vague de proposition et de problème. Cette découverte, tout en révélant des faits physiologiques inconnus jusqu'alors, n'a pas fait connaître la cause de ces phénomènes. C'est donc une science encore à l'état d'essai. C'est un instrument curieux, mais ce n'est pas une théorie rationnelle. Si, quelque jour, le magnétisme animal devient une science, Mesmer aura, du moins, l'honneur de l'avoir découvert le premier.

MONTYON

1733 à 1820 ap. J.-C.

Robert Auget, baron de Montyon, fut un bienfaiteur de l'humanité. Par ses prix de vertu, il a plus fait pour encourager le bien que tous les socialistes passés et présents. S'il revenait parmi nous, il verrait avec satisfaction sa belle œuvre se continuer et cette même Académie française, qui couronna son discours sur l'*Influence de la découverte de l'Amérique,* distribuer annuellement les récompenses instituées par lui avec tant de générosité et d'à-propos. De nos jours encore, avoir mérité le prix Montyon est un certificat si complet d'honnêteté, qu'il est passé en proverbe. C'est le plus bel éloge qu'on puisse faire de la fondation de son auteur. Montyon, né à Paris en 1733, fut un magistrat distingué. Il occupa également d'autres fonctions publiques, fut conseiller du roi, intendant de province, membre du Conseil d'État et appartint au comte d'Artois, en qualité de chancelier. La Révolution le fit émigrer. Il alla en Angleterre et n'en revint qu'en 1815, pour s'établir à Paris, où il mourut cinq ans après, à l'âge de quatre-vingt-sept ans. La Convention, avec cet instinct du mal qui caractérise les révolutionnaires, avait anéanti les fondations philanthropiques que la grande fortune de Montyon lui avait permis d'instituer. Il faut dire, pour expliquer ce vote, que l'abolition des œuvres permettait de mettre la main sur l'argent qui leur était consacré. Ce sont bien là les principes du puritanisme révolutionnaire : on condamne les gens pour les dépouiller. Montyon ne voulut pas que l'humanité souffrît de cette injustice : il renouvela ses œuvres en 1816 et les augmenta, même, dans une proportion considérable. Son testament ne fit que continuer le bien qu'il avait fait de son vivant. Outre son prix de vertu, dont la fondation première remonte à 1782, Montyon établit encore des récompenses destinées aux bons livres et qui devaient être distribuées par l'Académie. Il lui a même donné l'exemple avec le conseil, car ses ouvrages ne sont pas sans mérite. Il a laissé un *Éloge de L'Hôpital*, ce grand magistrat qu'il était bien digne de comprendre et d'apprécier, puis des recherches sur la population de la France, l'influence des impôts sur la moralité, l'activité et l'industrie des peuples. Cet esprit généreux était toujours préoccupé du bien public, qui fut la noble passion de toute sa vie. Montyon se montra donc un modèle de ces vertus qu'on devait, plus tard, récompenser en son nom. Voilà, du moins, un héros dont les conquêtes impérissables n'auront fait verser ni sang, ni larmes.

MORATIN

1737 à 1780 et 1760 à 1828 ap. J.-C.

La littérature espagnole compte deux écrivains de ce nom, le père et le fils; tous deux furent célèbres, tous deux furent poètes dramatiques, tous deux s'inspirèrent de notre littérature. Néanmoins, le fils dépassa le père; il mérita d'être appelé le Molière espagnol. Il naquit à Madrid, lieu de naissance de son père, en 1760, et mourut à Paris en 1828. On a du premier quelques poèmes, quelques tragédies et une comédie; le second fut emmené en France par le comte de Cabarrus. Son penchant pour tout ce qui était français, son goût pour nos grands écrivains, le firent considérer comme un ennemi de sa patrie; on le traita du titre injurieux d'*Afrancesado*, et, pour récompenser le lustre qu'il donnait aux lettres espagnoles, on l'exila brutalement. La postérité fut plus juste que ses contemporains; l'Espagne moderne est fière de ses écrits et ses pièces ont, encore aujourd'hui, un grand succès sur la scène espagnole. Il a traduit plusieurs comédies de Molière et il en a composé lui-même qu'on a jugées dignes de son modèle. On lui doit aussi une *Histoire du théâtre espagnol*. Il avait de l'esprit, quelque peu d'ironie, ce qui est nécessaire dans les comédies; enfin, un style à la fois délicat et élégant. Tels furent les deux Moratin. Chose rare dans l'histoire littéraire, par leurs mérites successifs, ils fondèrent, à eux deux, une vraie dynastie de poètes.

HERSCHELL

1738 à 1822 ap. J.-C.

On peut dire de cet Allemand célèbre que, avant d'atteindre l'immortalité de la science, il vécut plus dans les cieux que sur la terre. Fils d'un musicien de talent, il exerça d'abord la profession de son père et en tira parti, tant bien que mal, quelque temps à Londres. Mais, ayant fait de grands progrès dans l'étude des sciences, il sentit une irrésistible vocation pour l'astronomie, et bientôt il avait acquis, dans cette science, les plus beaux titres de gloire par ses admirables découvertes. Son génie, remplaçant la fortune, le conduisit à fabriquer lui-même ses instruments d'observations astronomiques. Il fit des télescopes plus parfaits que tous ceux qu'on connaissait. C'est à l'aide de ces merveilleuses machines qu'il apprit à connaître les cieux et à y indiquer des routes nouvelles pour les savants. Il découvrit le mouvement de notre système solaire, les satellites de Saturne et la planète Uranus, inconnue avant lui. Ses études sur les nébuleuses firent une révolution dans la science. Herschell reçut, de son vivant, la récompense de ses bienfaits scientifiques : le roi Georges III d'Angleterre le combla de ses faveurs et les sociétés savantes de tous les pays tinrent à honneur de l'avoir parmi leurs membres. C'est ainsi qu'il fit partie de l'Académie royale de Londres et de l'Institut de France. Chaque nation revendiquait ce grand homme, dont la gloire valut bien celle des conquérants. Quelle n'est pas, en effet, la grandeur d'un homme qui a pu régler le sort des astres et décrire, pour le ciel, une nouvelle cosmographie !

LA HARPE

1739 à 1803 ap. J.-C.

François de la Harpe était d'une famille de gentilshommes suisses au service de la France. Ce fut un grand littérateur ; il composa des tragédies, des portraits historiques et un *Manuel littéraire* qui lui valut le surnom flatteur de Quintilien français. Il tomba d'abord dans les erreurs de la Révolution ; ce monstre qui, comme Saturne, dévorait ses enfants, le maltraita si fort qu'il abandonna les philosophes et les sectaires pour se consacrer à l'étude de la religion. Son principal ouvrage fut un cours de littérature qui n'a pas moins de seize volumes. Dans ses *Essais littéraires* il a abordé tous les genres et pris ses héros dans tous les pays. Nous avons de lui *Warwick, Coriolan, Virginie, Philoctète* ; il a traduit les anciens, ainsi que le Tasse et Camoëns ; il a fait l'éloge de Racine, de Catinat et de Fénelon ; il a composé encore des contes, des odes et des épîtres ; son nom est resté comme celui d'un professeur de grand mérite, et l'Université a conservé ses œuvres dans son catalogue d'études. Il est consolant de voir qu'un homme d'un aussi grand talent a fini par rendre hommage à la religion et à la vérité ; c'est le propre du vrai génie de reconnaître que tout bien vient de Dieu. L'intelligence humaine peut quelquefois produire de grandes œuvres par sa seule initiative ; mais, si la foi n'inspire pas ces œuvres, elles restent stériles et sans valeur. La grande règle littéraire, c'est qu'il faut une moralité à toute production de l'esprit; cette règle est vieille comme le monde; les auteurs qui s'éloignent de Dieu écrivent sans moralité, car il n'y en a pas en dehors de l'inspiration divine. Le grand tort de la révolution est de vouloir exister sans Dieu. On dirait que c'est un aveu d'impuissance; c'est la vieille révolte de l'homme contre le ciel. Quoi que nous pensions, quoi que nous fassions, quoi que nous disions, la dernière victoire restera toujours à Dieu ; il se joue de nos caprices et de nos violences. Sa miséricorde l'empêche quelquefois de les punir immédiatement, mais notre société humaine, notre civilisation est condamnée à périr si elle continue à s'éloigner de Dieu, la source de tout bien et de toute grandeur.

ALI-PACHA

1741 à 1822 ap. J.-C.

Cet homme remarquable fut presque notre contemporain. Il se trouva mêlé, par son ambition, au grand drame de la résurrection des Hellènes qui a passionné les hommes de la Restauration. Ali-Pacha était d'une famille souveraine d'Albanie; ses ancêtres étaient seigneurs de Tebelen. La Porte, qui avait alors une politique plus habile qu'aujourd'hui, l'intéressa dans ses conquêtes, dans l'espoir de profiter des siennes. En effet, Ali-Pacha s'empara de l'Albanie et d'une partie de la Grèce. Nommé, par la Turquie, pacha de Janina, il gouverna comme un vrai souverain les pays qu'il avait soumis à ses armes. Il amassa de grands trésors et devint un potentat redoutable, même pour le divan dont il était la créature. Il eut alors des ennemis à Constantinople; on y jura sa perte; mais ce n'était pas un homme facile à vaincre et à soumettre. D'un naturel violent, irascible et cruel, il voulut tout dominer de sa volonté de fer. Ali-Pacha était en même temps un brave général et un général habile; lorsqu'il se vit abandonné par la Turquie, il se révolta et prit en main la cause de l'émancipation des Grecs. Cette évolution politique attira sur lui l'attention de l'Europe et lui donna, en même temps, de nombreux partisans parmi cette population guerrière de l'Albanie et de la Grèce qui supportait avec peine le joug des Turcs. Ali-Pacha, qui ne luttait que par ambition personnelle, devint un héros national; il fallut plusieurs années à la Porte pour avoir raison de ce terrible pacha. Enfermé dans sa citadelle de Janina, véritable nid d'aigle, il défia les forces de l'empire ottoman. Le sultan ne put triompher d'Ali-Pacha que par la trahison, arme trop familière aux Orientaux. Ce personnage, qui n'avait d'abord rien d'intéressant par lui-même, devint bientôt sympathique à l'Europe par sa résistance acharnée ; il tomba par surprise, avec le bruit d'une masse, sous le fer d'un assassin, et sa chute fut imposante comme un grand événement. Ali-Pacha avait désormais conquis, sinon par ses vertus, du moins par l'éclat de sa renommée, sa place parmi les grands hommes dont la postérité conserve le souvenir.

LAVATER
1741 à 1801 ap. J.-C.

Dire que le visage humain est le reflet de l'âme, c'est une vérité si répandue qu'elle en est devenue banale ; il s'est pourtant trouvé un savant qui, toute sa vie, a fait des recherches sur les rapports de l'âme humaine avec la figure ; ce savant c'est Lavater, pasteur protestant de Zurich. Il reçut une éducation littéraire fort complète. Son génie lui inspira même des écrits personnels en prose et en vers qui n'étaient pas sans valeur ; mais la littérature et la philosophie ne suffirent point à captiver son esprit : il avait déjà commencé, à vingt-cinq ans, les premiers essais de cette science nouvelle qu'il appela la *Physiognomonie*. Le mot est peut-être aussi obscur que la chose ; car, malgré les efforts de son auteur, la théorie nouvelle n'arriva point à la précision des sciences mathématiques. Cependant il y avait là une idée féconde qui a peut-être produit, plus tard, la phrénologie et le magnétisme, sciences aussi incertaines que la physiognomonie. Le domaine de l'homme est assez grand pour qu'il n'empiète pas sur celui de Dieu. Il y a des vérités révélées que nous devons croire sans les comprendre et que nous n'eussions jamais connues sans le bon plaisir de Dieu. Le grand tort de l'homme a toujours été de vouloir sortir de sa sphère : il aime les tours de Babel ; il est plus fier de la philosophie à laquelle il ne comprend rien que des sciences exactes qui sont un magnifique apanage laissé à son esprit. Lavater poursuivit son idée des rapports du visage avec l'âme; il fit un tableau comparatif d'inductions restées dans sa mémoire et il prétendit assigner à chaque trait du visage une corrélation avec certaines facultés de l'âme. Le système n'a pas donné de grands résultats; il a, cependant, immortalisé son inventeur. Lavater était un homme de bien, un libéral, qui fut l'objet de la brutalité du Directoire; les libéraux sensés et modérés ont toujours été les premières victimes des commotions populaires; cette erreur du sort à son égard se compléta d'une manière tragique. A la prise de Zurich, lui, l'ami des sciences, le pasteur doux et pacifique, connu seulement par sa piété et son éloquence, reçut la mort des mains d'un soldat, comme autrefois le savant Archimède. On a reproché à Lavater un penchant au mysticisme, contraire à son caractère de protestant. Avait-il trouvé, dans ses études physiologiques, ce sentiment qui le rapprochait du catholicisme? Son grand esprit, instruit dans l'erreur, avait-il été frappé par un rayon de la grâce de Dieu? C'est le secret de cet homme célèbre; il ne l'a pas révélé. Dans ses *Essais,* dans son *Ame après la mort,* dans ses *Cantiques,* dans ses *Chants populaires,* on ne trouve qu'un grand talent au service d'un esprit élevé.

LA TOUR D'AUVERGNE

1743 à 1800 ap. J.-C.

Les uns se sont illustrés par leur génie littéraire, d'autres ont été de grands hommes d'État, quelques-uns de grands conquérants. La gloire de La Tour d'Auvergne tient uniquement à la noblesse de son caractère : ce fut un martyr du devoir. L'honneur militaire, qui a survécu à toutes nos défaillances, a trouvé en lui son véritable héros. On l'a surnommé le *Premier Grenadier de France.* Son nom resta sur les registres matricules de son régiment et, à chaque appel du corps, un grenadier était chargé de répondre pour lui, en disant ces mots d'une éloquence sublime : « Mort au champ d'honneur ! » Qu'avait donc fait La Tour d'Auvergne? Ancien capitaine de grenadiers, retiré du service, il remplaça, comme simple soldat, le fils d'un de ses amis qui était tombé au sort. Il mourut victime de sa consigne. Placé en sentinelle à l'armée du Rhin, il fut surpris par l'ennemi. Il savait qu'en déchargeant son fusil sa mort était certaine; mais il savait aussi que ce signal sauverait l'armée française; il n'hésita pas entre son devoir et sa vie. La Tour d'Auvergne n'était pas, d'ailleurs, un homme ordinaire : un sang illustre coulait dans ses veines; il avait commandé à l'époque où les chefs étaient de vrais officiers; sa bravoure était digne d'un chevalier. On dit même qu'il avait l'esprit cultivé et qu'il parlait un grand nombre de langues. Il a laissé des ouvrages estimés sur la philologie. Sa conduite prouve, une fois de plus, que le rang, l'éducation, l'intelligence et l'instruction, combinés d'une façon heureuse, produisent encore de nos jours des grands hommes comme on en voyait à Athènes et à Rome. L'héroïsme de La Tour d'Auvergne est resté honoré par la postérité. Il est possible qu'un obscur soldat ait rempli aussi noblement le même devoir; mais, décidément, l'histoire n'aime pas les inconnus, et on a trouvé le sacrifice de La Tour d'Auvergne d'autant plus grand que celui qui le faisait n'était pas le premier venu. Il y a, dans ce jugement de la postérité, un sentiment humain très philosophique qui est un grand enseignement. Quoi qu'il en soit, il est consolant de voir que La Tour d'Auvergne n'ait pas été oublié parmi nous; c'est une preuve que nous avons encore le culte de l'honneur.

LAVOISIER

1743 à 1794 ap. J.-C.

On a fait de Galilée un martyr de l'intolérance religieuse; Lavoisier le fut bien plus réellement de la tyrannie révolutionnaire. Il fut guillotiné sans qu'on lui laissât le temps de mettre en ordre ses écrits et d'achever, pour ainsi dire, le problème commencé. Il semble qu'on voie le barbare qui tua le grand Archimède, penché sur des figures de géométrie. Lavoisier, pour les révolutionnaires, avait le tort d'appartenir à l'ancien régime comme fermier général; on ne s'occupait plus de savoir s'il avait rendu des services à la science : son génie manquait de civisme. Est-ce que, de nos jours, on ne repousse pas la science qui vient de Dieu? C'est le même système. Lavoisier méritait pourtant les égards de ces gens qui prétendaient réformer le monde et substituer la science à la religion. Il avait fait de grandes et utiles découvertes. Il avait été à cette belle école de l'Académie des sciences de Paris, cette Académie royale qui comptait dans ses rangs tous les hommes distingués du xviiie siècle. Que de travaux n'avaient-ils pas faits! Nous profitons de leurs efforts, mais nous devrions, au moins, leur en laisser tout l'honneur. Il y eut, vers 1740, à l'époque de la naissance de Lavoisier, comme une exploison de génie scientifique. Tous les problèmes les plus hardis furent examinés et résolus dans le sens du progrès de l'esprit humain. On est confondu des connaissances multiples de ces savants et de leurs travaux gigantesques. Ils étaient aussi modestes qu'instruits; ils traitaient les questions scientifiques les plus difficiles, avec une simplicité qui n'avait d'égal que leur savoir. Voilà les hommes qui ont préparé la génération de Lavoisier. Fontenelle, bien digne de les apprécier, en a fait les portraits de main de maître. La science avait alors une telle séduction que des gens qui, comme Lavoisier, n'y avaient point été destinés, s'y consacraient d'eux-mêmes, par une vocation irrésistible. Lavoisier, né dans le commerce de Paris, abandonna les traditions paternelles pour s'adonner aux sciences; il en fut récompensé, dès l'âge de vingt-cinq ans, par les lauriers de l'Académie. Une ferme générale lui ayant donné l'indépendance de la fortune, il n'en profita que pour mieux se vouer à l'étude. On lui doit la belle découverte de l'influence de l'oxygène dans la combustion des corps solides. Il fit faire de grands progrès à la chimie encore à l'état d'enfance; il fit l'analyse de l'eau. Ses expériences se généralisèrent et s'étendirent à l'agriculture, à l'industrie et à l'art de la guerre. Il fit partie de la commission qui fut chargée d'examiner le système du célèbre Mesmer. Lavoisier a laissé des écrits remarquables sur la physique et la chimie qui font encore autorité chez les savants de notre génération.

CONDORCET

1743 à 1794 ap. J.-C.

Le marquis de Condorcet donna dans les erreurs de la Révolution ; il fut l'ami et le colloborateur de d'Alembert et de Voltaire. Ayant pris parti pour les girondins, il partagea leur disgrâce : il fut proscrit comme eux. Il se cacha quelque temps ; ayant été découvert, il fut arrêté et mis en prison ; il s'empoisonna pour échapper au supplice. Condorcet fut célèbre dans les sciences mathématiques et, notamment, dans la géométrie ; il fut aussi remarquable comme philosophe ; il fit partie de la célèbre pléiade de l'*Encyclopédie*. Il fut quelque peu rêveur et utopiste ; on ne comprend pas qu'un homme de génie, qui s'est élevé à la hauteur du calcul intégral, ait pu donner dans les grossières erreurs des révolutionnaires. Il croyait à la perfectibilité humaine ; il appliquait, sans doute, les théories de l'algèbre à l'esprit humain ; s'il avait été un vrai philosophe, il aurait reconnu que la perfectibilité est bien éloignée de la perfection. Tels furent les grands esprits qui se rendirent complices de la Révolution ; la postérité serait impitoyable pour eux s'ils n'avaient été les premières victimes de leurs erreurs.

MARAT

1744 à 1793 ap. J.-C.

Charlotte Corday sera l'excuse de notre portrait de Marat, comme lui-même a été l'excuse du crime de Charlotte Corday; il est bon de placer la victime à côté du bourreau et, dans le cas présent, les rôles sont renversés : c'est le bourreau qui intéresse, et c'est la victime qui inspire de l'horreur. Parmi nos grandes figures de l'histoire, quelques masques se glisseront; il faut quelques ombres pour faire ressortir la lumière de nos portraits; ces personnages seront comme les grandes figures du mal; c'est une opposition, un contraste qui se retrouve dans toute l'histoire de l'humanité. A ce titre, pour rester dans le vrai, nous reproduisons quelques-unes de ces figures sataniques qui n'ont été grandes que par le génie du mal. C'est pourquoi nous allons parler de Marat, le sanguinaire. Ce forcené, ivre de sang humain, naquit en Suisse, l'année 1744. Ce fut d'abord un médecin sans clientèle, sorte de gens aussi dangereux que les avocats sans causes. Après avoir servi les princes, il se jeta avec ardeur dans le parti révolutionnaire, et cet étranger devint cher aux mauvais Français qui allaient tuer le plus français des rois. Marat se fit journaliste; il rédigea l'*Ami du Peuple* dans une cave de la place de l'École-de-Médecine. Il poussa le peuple aux massacres de septembre, à la mort du roi, ce qui le fit nommer député à la Convention par les électeurs de Paris dont on connaît les choix; c'est lui qui invita le tribunal révolutionnaire et le comité de sûreté générale. Il fit proscrire les girondins; il alla si loin que la Convention elle-même s'en émut et le déféra au tribunal qu'il avait créé. Le peuple ramena son idole en triomphe dans la salle de l'assemblée. On ne sait pas jusqu'où serait allé ce tigre, si le bras de Charlotte Corday ne l'eût arrêté en chemin. Sa mort fut l'occasion d'un nouveau triomphe pour sa mémoire; il eut les honneurs du Panthéon, destiné aux grands hommes français. Plus tard, sa dépouille en fut retirée; mais cette expulsion tardive n'effaça pas tout le mal fait par cet homme. Marat n'était pas sans instruction; il a publié, en anglais et en français, plusieurs ouvrages, les uns politiques, les autres scientifiques: il avait du talent, mais la fièvre dévorait son esprit comme son corps. Il est permis de croire que de pareils hommes, qui n'avaient d'humain que le nom, étaient véritablement possédés du diable. Comment de tels êtres parviennent-ils à fasciner les masses? Cette domination, honteuse pour ceux qui la subissent, prouve à quel degré d'avilissement peut tomber le peuple, quand il est livré à ses passions. Pour comprendre la révolte d'une âme aussi noble que celle de Charlotte Corday, il suffit de regarder la figure de cette bête fauve appelée Marat, qui, de son caveau humide et puant, criait au peuple : « Du sang, encore du sang, toujours du sang! » Cet être abominable, qui n'avait pas pour lui l'excuse de l'ignorance, trouvait un applaudissement pour chaque crime nouveau de ce peuple affolé ; il avait le vertige du crime : il lui fallait chaque jour une tête nouvelle. Les plus nobles victimes étaient l'aliment préféré de cet appétit sanguinaire. On voudrait croire que ce fut un fou ; mais, malheureusement, cette doctrine est fausse ; il faut la laisser aux philosophes de l'école révolutionnaire. Les annales de l'humanité nous ont prouvé plus d'une fois que la méchanceté humaine dépassait les bornes de la folie. En un mot, on excuse Charlotte Corday, quand on pense à ce que fut Marat.

MONGE
1746 à 1818 ap. J.-C.

Napoléon aimait à s'entourer des hommes de mérite de la révolution et à se les attacher en les comblant d'honneurs. Monge, savant géomètre, inventeur de la géométrie descriptive, fut au nombre des plus favorisés parmi les jacobins ralliés à l'empire. Bonaparte, qui cachait son ambition sous le frac de membre de l'Institut, avait eu Monge pour collègue ; il l'emmena en Égypte et le mit à la tête des savants chargés des travaux scientifiques fort curieux de cette expédition. Sous l'empire, Monge fut sénateur et comte de Péluse. Les Bourbons furent moins habiles que l'empereur : ils firent la faute d'enlever à Monge toutes ses places et de faire même disparaître son nom de cet Institut dont il avait été l'une des principales colonnes. Un savant qui a écrit un traité de statique, un livre sur la géométrie descriptive, une théorie des ombres, de la perspective, une analyse de la géométrie des surfaces et un grand nombre de mémoires dont le plus curieux est relatif à ce phénomène du mirage qu'il avait pu étudier *de visu* dans son voyage d'Orient, un pareil homme méritait l'oubli d'un passé politique qu'il avait de commun avec bon nombre de grands personnages plus compromis que lui. En somme, Monge, né à Beaune, en 1746, n'était pas le fils d'un grand seigneur, mais d'un petit marchand. Il pouvait ne pas aimer l'ancien régime sans être accusé de félonie, comme tous ces grands personnages qui avaient donné dans les erreurs de la Révolution et qui furent pour beaucoup dans la chute de Louis XVI. Comme détail curieux, dans l'éducation première de Monge, on retrouve la main pieuse des pères oratoriens. A une époque où les ordres religieux sont en défaveur, il est bon de montrer les services qu'ils ont toujours rendus. Voilà un savant de premier ordre qui sort de leurs écoles : et l'esprit y est si libéral, que cet élève passe à l'ennemi et abandonne ses anciens maîtres, non sans avoir largement profité de leurs leçons. Pour être juste, il faut dire que presque tous les grands hommes de notre siècle ont été élevés par des religieux. Monge fut d'abord professeur à l'école militaire de Mézières, puis membre de l'Académie des sciences et examinateur pour la marine. Cette fonction l'ayant appelé à Paris, il s'y fit connaître et apprécier ; s'étant montré partisan des idées du jour, ses relations, ses travaux scientifiques, sa spécialité, ses fonctions d'examinateur, son mérite exceptionnel, appelèrent sur lui l'attention des partis et il fut nommé ministre de la marine. Son patriotisme lui fit abandonner cette haute position. Il préféra suivre les armées de la République et combattre avec son compas, qui valait bien l'épée d'un général. C'est à cette époque qu'il fit paraître son livre sur l'*Art de la fabrication des canons*. On le voit, il avait pris son nouveau rôle au sérieux. Plus tard, il devint professeur à l'École normale et fut l'un des premiers organisateurs de la fameuse École polytechnique qui justifia si bien la pensée de Napoléon, son fondateur. Monge est resté populaire parmi nous ; les mathématiciens font grand cas de ses écrits et, de nos jours, on a honoré sa mémoire en donnant son nom à l'une de nos rues et à l'une de nos écoles.

FOX

1748 à 1806 ap. J.-C.

Ce nom de Fox, essentiellement anglais, fut porté par plusieurs hommes célèbres : par un évêque, par un théologien, par le chef des quakers, enfin, par Charles-Jacques Fox, homme d'État d'un grand mérite. C'est de ce dernier que nous nous occuperons. Député avant l'âge de vingt ans, il fut nommé lord de l'amirauté, puis entra dans l'opposition, ce qui le fit destituer; il devint alors le chef du parti whig. Ayant renversé le ministère, il le remplaça en 1782. Renversé lui-même à son tour, il combattit de nouveau dans l'opposition le fameux Pitt qui était un adversaire digne de lui. Fox défendait avec éloquence les principes de tolérance et de liberté. Sa politique étrangère était l'alliance avec la France. Il renversa une seconde fois Pitt et le remplaça. La mort le surprit au pouvoir. S'il eût vécu, le long duel de la France et de l'Angleterre n'aurait pas eu lieu, et nos destinées eussent été différentes. On l'a appelé le Démosthène anglais; il fut l'adversaire terrible de la Compagnie des Indes et prononça contre elle un discours qui est resté comme un document précieux de l'histoire. Sa vie privée ne fut pas sans reproche; malgré ce défaut, Fox restera, par son talent, par ses vues élevées, par son éloquence, comme le type d'un des plus grands hommes d'État de l'Angleterre.

SIÉYÈS

1748 à 1836 ap. J.-C.

Ce grand homme d'État commença dans les ordres. Il fut abbé et, malgré ce titre, se montra, à la grande Révolution, hostile au clergé et à la noblesse. Esprit cultivé et distingué, il traversa, sans y succomber, toute la période révolutionnaire. Il avait la manie des réformes et des projets de loi ; c'est lui qui présenta à la Convention une constitution qu'elle n'accepta pas. Il fut plus heureux sous le Consulat, et devint l'un des principaux auteurs de la nouvelle constitution ; il fut même consul avec Bonaparte dont il avait secondé les projets ambitieux. Comprenant qu'il devait s'effacer devant ce rival heureux et peu endurant, il renonça au rêve de toute-puissance qu'il avait caressé en écrivant sa fameuse constitution, où il s'était réservé la première place. Bonaparte prit l'œuvre et laissa l'homme ; il lui donna, comme consolation, une place de sénateur et le titre de comte. Ce défroqué, qui n'avait pas craint de voter la mort de Louis XVI, accepta du nouveau tyran les honneurs et les titres dus à sa complaisance : ce sont bien là ces hommes du tiers état dont Siéyès a écrit l'histoire. Qu'é-

taient-ils? — Rien, Que devaient-ils être? — Tout.
On pourrait dire plus justement : « Que voulaient-
ils être? — Tout. » Tel fut le secret de leur trahison et de leur complicité avec les révolutionnaires.
Sièyès fut académicien des sciences morales et
membre de l'Institut; c'était un homme fort habile,
plutôt qu'un grand homme. Il a laissé de grands souvenirs, à cause de l'influence qu'il eut à une époque
où les vainqueurs de la veille devenaient les victimes
du lendemain. Il sut échapper à toutes les vicissitudes
de ces temps troublés : à défaut de la grandeur du
caractère, il eut celle de l'esprit ; ce fut son salut. Trop
petit pour atteindre à la gloire, il fut assez habile pour
arriver à la renommée.

BERTHOLLET

1748 à 1822 ap. J.-C.

Il y eut, dans la seconde moitié du XVIIIe siècle, un
grand mouvement scientifique qui se continua à
travers les révolutions politiques et produisit les
remarquables découvertes qui ont été les plus belles
conquêtes du XIXe siècle. Nos savants ont hérité de
leurs prédécesseurs ; et, descendant des hauteurs
de la spéculation sur le terrain moins accidenté de
la pratique, ils ont donné comme un corps à l'âme
de la science et nous l'avons vue vivante parmi nous.

Berthollet fut de cette école. Ce savant chimiste, né en Savoie, étudia la médecine à Paris, où son amour heureux de la science le fit entrer à l'Académie des sciences. Il appela sur lui l'attention par des mémoires très savants et devint l'un des principaux professeurs de nos écoles supérieures. Ses heureuses découvertes en chimie sont restées attachées à son nom, hommage délicat rendu par ses élèves et par les savants à ce célèbre inventeur. On les appelle encore les *lois de Berthollet*. Ce grand chimiste devait attirer les regards de Napoléon qui se connaissait en hommes : aussi ce dernier l'emmena-t-il avec lui dans cette expédition d'Égypte, aussi fameuse par les découvertes de la science que par les hauts faits militaires. Berthollet fut plus tard sénateur et pair de France. Plus ami de la science que de la politique, il passa le reste de ses jours dans la retraite et s'y occupa uniquement de l'étude et de l'enseignement de la chimie. Il fonda une société de savants qui fut une école digne d'un aussi grand maître.

MIRABEAU

1749 à 1791 ap. J.-C.

Honoré-Gabriel Riquetti, comte de Mirabeau, eut une jeunesse orageuse. Ce fut un mauvais sujet ; son inconduite le fit renfermer. On raconte qu'il s'amusait à arrêter les invités de son père et à leur demander leur bourse. La Révolution le tourna vers la politique; il fut nommé député d'Aix aux états généraux; la fougue de ses passions trouva un essor dans les luttes politiques; il se jeta d'abord dans l'opposition. C'est à lui qu'on attribue cette parole célèbre : « Le silence des peuples est la leçon des rois. » Le peuple français n'avait aucune leçon à faire à Louis XVI et il aurait dû suivre les leçons de ce roi si profondément honnête et vertueux; le grand mouvement de 1789, dont on parle tant, aurait alors réformé la France sans la détruire. Mirabeau eut sa part des fautes commises. Cette nature ardente ne savait pas se modérer; ce fut un grand orateur, mais un médiocre homme d'État. Ce gentilhomme, jouant le rôle de tribun, flatta les passions du peuple, ce qui explique sa popularité de courte durée. La nature l'avait servi à merveille : il était d'une stature élevée; ses traits énergiques apparaissaient à la tribune comme le masque de la tragédie antique; il avait le geste puissant et la voix sonore. Son éloquence n'était pas celle des rhéteurs, mais celle de la nature; on était alors si disposé à attaquer le pouvoir royal que l'orateur qui se faisait l'organe des griefs du public était sûr d'avance d'un immense succès. On peut deviner ce que devait avoir de puissance cette parole en révolte contre les lois. Mirabeau fut un instant l'idole du peuple; quand il mourut, on l'enterra au Panthéon. Sur la fin de sa vie, il regretta la part qu'il avait prise à la Révolution, et, comme punition de sa défection, le Démosthène français ne recueillit pour récompense de son retour à la vérité qu'un soupçon blessant de vénalité. On prétendit alors qu'il avait été acheté par l'or de la cour. Louis XVI était incapable d'acheter personne, et Mirabeau n'avait qu'à faire un retour sur lui-même pour défendre cette royauté qu'il avait si violemment attaquée; il se souvint alors qu'il était gentilhomme et il fut effrayé de la lâcheté publique. Son imagination ardente l'avait jeté dans la réforme; quand il vit la personne du roi menacée, il se crut assez puissant pour arrêter le torrent qu'il avait déchaîné. Il mourut à temps. S'il eût vécu, il aurait accompagné sur l'échafaud Philippe-Égalité, cet autre déserteur de la cause royale encore plus coupable que lui. Nous n'avons pas conservé tous les discours de Mirabeau; on en trouve pourtant un assez grand nombre dans la *Gazette officielle* de l'époque; ils ont été recueillis en une édition publiée sous la Restauration; on a aussi de lui plusieurs écrits qui ne valent pas ses discours. Mirabeau est resté le type de l'orateur politique français.

LAPLACE
1749 à 1827 ap. J.-C.

Le dix-huitième siècle fut une véritable école de savants; les mathématiques, l'astronomie, l'algèbre, la physique, la mécanique, la chimie, firent d'immenses progrès, pendant cette époque. Les plus grands génies l'illustrèrent, et l'étude des sciences était alors si pratiquée qu'il n'était pas rare de voir des jeunes gens enseigner les mathématiques et publier des ouvrages remarquables sur ces matières ardues. La science n'était point le privilège d'une classe; la noblesse rivalisait sur ce terrain avec la bourgeoisie. A dix-neuf ans, le marquis de Laplace professait les mathématiques. On le voit, ce gentilhomme normand était un émule du précoce Pascal; il fut professeur aux écoles militaires et à l'école normale. L'Institut crut s'honorer en l'admettant dans son sein. C'est là, probablement, qu'il fit la connaissance de Bonaparte qu'il avait pour collègue. Ce dernier, qui se connaissait en hommes et qui goûtait fort les savants, le nomma ministre après le coup d'État de brumaire; plus tard, il devint président du Sénat, et les Bourbons le nommèrent pair de France. Malgré ces honneurs, il marqua peu dans la politique. La science en profita, car il eut plus de loisirs à lui consacrer. Il aborda, en effet, les problèmes les plus difficiles qui n'étaient pour lui que des jeux d'enfants. Il expliqua, réforma et compléta le système de la gravitation universelle de Newton; il eut le mérite de traiter ce sujet en un style qui lui valut l'honneur de faire partie de l'Académie française. Ses ouvrages sont remarquables par l'élégance de la forme littéraire qui rehaussait la solidité du fond scientifique; il a écrit aussi des traités sur le mouvement des planètes, sur la mécanique céleste et sur les calculs de probabilités. Sans avoir toute l'érudition de Fontenelle, il avait un peu de son génie universel. Membre de l'Académie française, Fontenelle avait mérité de prendre un rang distingué à l'Académie des sciences, par ses aptitudes spéciales pour les mathématiques; et il sut donner à la science une forme littéraire qui la rendait accessible à tous les esprits. Laplace l'imita dans ses écrits, et la même raison qui avait conduit Fontenelle de l'Académie française à l'Académie des sciences fit passer Laplace de l'Institut à l'Académie française. Ils méritaient bien tous deux le titre d'immortels, et la postérité a ratifié le jugement favorable de leurs contemporains.

KLÉBER

1753 à 1800 ap. J.-C.

Cet Alsacien fut un grand général de la République. Fils d'un maçon, il préféra l'épée à la truelle; cette préférence le conduisit à la gloire et à l'immortalité. Il se fit remarquer au siège de Mayence, dans la guerre de la Vendée, qu'il aida à pacifier autant par sa modération que par ses victoires du Mans et de Cholet. Plus tard, il se distingua à Fleurus, à Marchiennes et à Maëstricht, contre les Allemands.

Tant de succès devaient lui attirer l'envie des républicains, jaloux de toute supériorité. Bonaparte, qui jugeait bien les hommes, l'emmena en Égypte. Ce fut son triomphe et son tombeau ; il fit des prodiges à la bataille d'Aboukir et à celle du Mont-Thabor. Cette belle conduite lui fit donner le commandement en chef de l'armée, au départ de Napoléon pour la France. Kléber eut à lutter, seul, à la fois contre les Turcs et les Anglais. C'est là qu'il justifia sa faveur et mérita sa renommée : il tint tête à tous ses ennemis ; la victoire d'Héliopolis nous assura de nouveau l'Égypte. Kléber avait su vaincre sans le génie de Bonaparte ; il allait recueillir les fruits de sa brillante campagne, lorsqu'il tomba sous le fer d'un assassin : un Turc fanatique mit fin aux jours de ce grand général. Kléber fut regretté de tous ; il joignait à une grande bravoure des qualités personnelles qui le faisaient aimer ; sa grande stature en imposait aux masses ; il n'en fallait pas davantage pour faire un héros, mais les faveurs de la fortune étaient réservées à Napoléon. La postérité, plus juste que ses contemporains, a su faire la part du grand Kléber.

TALLEYRAND

1754 à 1838 ap. J.-C.

Cet homme d'État fut un personnage considérable sous le premier empire. Par la force de son génie, il sut s'imposer à Napoléon, qui ne l'aimait pas, mais qui en avait besoin ; c'est le même motif qui le fit accepter par Louis XVIII comme ministre des affaires étrangères. Sa faveur ne s'arrêta pas là ; il fut encore ambassadeur en Angleterre pour le roi Louis-Philippe et, s'il n'était mort en 1838, il aurait encore pu représenter quelque part l'empereur Napoléon III, l'héritier de son ancien et premier maître. Cette série d'honneurs, sans diminuer son mérite, n'ajouta rien à son caractère. Écrire l'histoire de ce grand diplomate, c'est raconter ses incroyables métamorphoses. Il fut, tour à tour, suivant les lieux et les temps : comte de Talleyrand-Périgord, prince de Bénévent, évêque d'Autun, ami de Mirabeau, député, évêque assermenté et excommunié par le pape, ambassadeur de Louis XVI, négociant en Amérique, ministre des affaires étrangères du Directoire, agent de Bonaparte au 18 brumaire, persécuteur de l'infortuné duc d'Enghien, grand chambellan de Napoléon Ier, vice-grand-électeur, conspirateur en faveur des Bourbons, membre du gouvernement provisoire de 1814, ambassadeur au congrès de Vienne, pair de France sous la Restauration, enfin l'un des auteurs de la révolution de 1830.

On croit rêver en lisant cette nomenclature de titres et d'emplois. On ne sait ce qui doit le plus étonner de la souplesse d'un esprit qui a servi tant de causes, ou des gouvernements qui ont employé ses services. Talleyrand passait pour avoir infiniment d'esprit. Il faut le croire, puisqu'il a pu fournir une carrière aussi étonnante. On raconte un mot bien méchant du spirituel Louis-Philippe, en visite chez Talleyrand gravement malade : « Sire, je souffre comme un damné, » aurait dit au roi l'ex-évêque assermenté. Louis-Philippe répondit : « Comment ! déjà ! » On prétend que Talleyrand ne pardonna pas au fils d'Égalité l'ironie de cette réponse, peut-être trop vraie. Talleyrand était un homme des plus distingués, un causeur spirituel et charmant, un esprit plein de ressources, de ruses et d'invention. Tous ces dons suffisent à expliquer sa haute fortune, à une époque de révolution. Grand seigneur et homme d'église, il dominait ses contemporains de toute la hauteur de son origine. La nature aida, chez lui, l'éducation ; mais, si l'on peut dire qu'il fut l'une des grandes figures de l'histoire, il n'en dut pas l'honneur à ses vertus et à son caractère.

LOUIS XVI
1754 à 1793 ap. J.-C.

Ce fut le plus vertueux et le plus malheureux des rois ; il avait la grandeur d'âme d'un philosophe et il fut le promoteur de toutes les idées généreuses de son temps ; il en fut aussi la victime. Ce prince aurait dû naître à une époque tranquille, où sa loyauté eût été appréciée par son peuple ; il est venu dans un temps où ses concessions étaient regardées comme des faiblesses, presque comme des trahisons. Si on lui avait laissé faire la révolution, il était capable de lui donner un caractère d'honnêteté qui en eût fait une réforme durable; mais ce roi était trop bon : il fut débordé par les passions populaires et abandonné par la nation. On le rendit responsable des désordres publics qui naissaient des concessions qu'on lui avait demandées; les factions s'emparèrent du pouvoir et la résistance tardive de Louis XVI fut considérée comme un acte de rébellion envers la loi. C'est ainsi que procèdent les révolutionnaires : ils commencent par violer la constitution, et ils appellent rebelles ceux qui veulent la défendre après coup. Il fallait une victime à cette colère du peuple français en démence, qui ressemblait à de l'ivresse; cette victime devait être un martyr et un innocent. Ce fut là le trait dominant du caractère de Louis XVI. Ce roi chrétien, qui avait été si indulgent devant les revendications de son peuple révolté, se montra digne et ferme lorsqu'il fut livré aux mains des factieux devenus ses bourreaux. Si la République a voulu détruire, dans la personne de Louis XVI, l'institution monarchique, elle a commis une grande faute, car elle a trouvé un martyr digne de bien porter la couronne d'épines, après avoir porté, non moins bien, la couronne royale. Louis XVI fut un saint dans ses épreuves politiques; du haut de l'échafaud, il pardonna à la France et pria pour elle;

c'était bien le fils de ces rois qui l'avaient faite si grande, et ce peuple imbécile, en un jour de colère, a brisé ce trône qui était le piédestal de sa grandeur. Louis XVI n'était pas un homme ordinaire, comme on s'est plu à le dire ; il était instruit et très avancé dans ses idées. C'était un homme fort doux, un père de famille ; il aimait les pauvres et était adoré de son peuple ; il y eut un grand enthousiasme à son avènement. Par le sort de sa naissance, il ne devait pas régner, et c'eût été mieux pour lui. Il avait un frère qui, suivant la belle expression de M. de Beauchesne, l'historien de Louis XVI, « recula jusqu'au tombeau devant l'avenir qui lui était réservé. » Le même enthousiasme qui accueillit Louis XVI à son arrivée au pouvoir se manifesta dans les premières heures de cette grande révolution qui n'était encore qu'une réforme. C'était du délire : le roi jurait fidélité à la Constitution libérale faite contre lui ; la noblesse déposait, avec ostentation, ses droits sur l'autel de la patrie ; un élan généreux, qui tenait un peu de la folie, s'empara de tous les esprits ; cette fièvre générale se changea en cauchemar. La fraternité fit place à l'homicide et le libéralisme à l'échafaud. Le drame dura de 1793 à l'avènement de Napoléon. Toutes les horreurs imaginables furent commises. On dévasta les temples après les avoir souillés ; on proscrivit les prêtres ; les révolutionnaires, ivres de sang et de vin, portèrent leurs mains brutales sur toutes les têtes distinguées de la nation. Les femmes et les jeunes filles elles-mêmes ne furent pas épargnées, et, dans le bas peuple, tout ce qui était soupçonné d'avoir quelque reconnaissance ou quelque sympathie pour les nobles et le clergé partageait immédiatement le sort des aristocrates. Mais, si l'on mourait injustement, il faut le dire très haut, on savait bien mourir. Le roi Louis XVI, qui fut le martyr de la royauté française, eut, comme le Christ, toutes les stations d'un calvaire : Versailles ; le retour à Paris, au milieu d'une populace railleuse et ennemie ; le 10 août aux Tuileries ; les séances de la Convention ; l'emprisonnement au Temple ; l'isolement de sa famille ; la condamnation à mort et enfin l'exécution sur un échafaud élevé en face du palais de nos rois. Rien ne manqua à l'amertume de ce supplice qui fut supporté avec une grandeur vraiment royale. Louis XVI, en mourant, pardonna à ses ennemis et pria Dieu de ne pas faire retomber son sang sur la France et sur les Français.

MARIE-ANTOINETTE

1755 à 1793 ap. J.-C.

Cette princesse, que les révolutionnaires ont appelée l'*Autrichienne*, était bien digne de l'époux que Dieu lui avait donné. Elle ne fut pas moins grande que Louis XVI dans l'adversité, et, dans la bonne fortune,

elle eut tous les charmes d'une princesse accomplie.
Elle était d'une grande beauté; son esprit était charmant et plein de grâce. On lui a reproché, plus tard, jusqu'à cet enjouement qui n'est souvent que l'expansion d'une belle âme; on a voulu voir des actes de coquetterie dans ce qui n'était que l'amabilité d'une éducation vraiment royale. Les révolutionnaires ont essayé de ternir la réputation de cette reine martyre; mais ils n'ont rien trouvé de sérieux à dire contre elle; cette fameuse histoire du collier de la reine ne fut elle-même que l'intrigue d'habiles escrocs qui avaient surpris la conscience facile du cardinal de Rohan. Avant l'avènement de Louis XVI, Marie-Antoinette partageait la popularité du dauphin, son époux, et il est probable que les grâces de cette princesse ne pouvaient que l'augmenter aux yeux du public. Ce couple heureux, honnête et aimé de tous, était alors une espérance pour la France entière. Reine, la dauphine ne fut pas moins acclamée et admirée; mais lorsque vinrent les difficultés politiques, la calomnie s'acharna après elle et le peuple affolé ne voyait plus en elle que l'Autrichienne ennemie de la France. Il est certain qu'aucun des reproches qu'on lui a faits n'était fondé. Bien loin de sacrifier la France, elle se sacrifia pour elle, et elle était trop Française pour favoriser l'influence étrangère. Sa politique extérieure s'est bornée à des correspondances de famille où il lui était bien permis de déplorer les malheurs du roi, la tra-

hison de ses sujets et les hésitations qui perdent toujours les gouvernements en temps d'anarchie. Voilà tout ce qu'on peut dire. Il est même regrettable que cette princesse ne se soit pas servie de son influence sur le roi pour le pousser à une résistance énergique qui eût sauvé la France et le trône. Si Marie-Antoinette ne sut pas se défendre mieux que Louis XVI contre les révolutionnaires, elle sut du moins mourir comme lui ; comme lui aussi, elle eut son calvaire : Versailles, les Tuileries, le Temple, la séparation cruelle qui lui enleva son fils et son époux, la Conciergerie et l'échafaud. On dit que les cheveux de cette belle reine blanchirent en une nuit ; en tout cas, elle ne donna jamais aucun signe de faiblesse et elle eut toute la grandeur morale d'une grande reine et d'une grande martyre.

FLORIAN

1755 à 1794 ap. J.-C.

Cet auteur charmant a laissé des fables qui, sans valoir celles de La Fontaine, le placent au rang des meilleurs fabulistes. Son style est gracieux et plein de naturel ; il s'est même essayé dans la comédie, dans le genre pastoral et dans le poème. Fils de monsieur de Florian et d'une Espagnole, il étudia avec passion la littérature du pays de sa mère ; il fit même une traduction fort estimée de Don Quichotte; il eut l'honneur d'être reçu, très jeune, à l'Académie française. Ses premières années se passèrent au château de Florian, dans le beau pays du Gard. C'est là qu'il reçut de la nature ses premières impressions poétiques. Voltaire, son grand-oncle, l'encouragea dans ses débuts; c'était un bon juge en matière de goût. Florian, qui avait aussi servi Bellone, entra dans la maison du duc de Penthièvre qui fut longtemps son protecteur. Par sa naissance, par ses idées, par ses talents, il était désigné pour être victime de la Révolution qui n'épargna point André Chénier; il fut emprisonné en 1793; la mort, une mort précoce, car il n'avait que trente-huit ans, le fit, seule, échapper à l'échafaud de la Terreur. Esprit charmant, auteur aimable et honnête, Florian a reçu de la postérité le plus bel hommage, car ses œuvres sont placées dans les mains innocentes de la jeunesse; on apprend aux enfants les fables de Florian en même temps que celles de La Fontaine.

LACÉPÈDE

1756 à 1825 ap. J.-C.

Ce grand naturaliste fut l'un des disciples favoris de l'immortel Buffon. Il mérita, par son talent, d'en être l'habile continuateur. Élevé à une époque où les arts et les sciences étaient également en faveur, se sentant une disposition naturelle pour les uns comme pour les autres, il hésita un instant dans le choix de sa vocation; la musique fut son premier culte, il l'affirma par l'opéra d'*Omphale*. Ayant connu monsieur de Buffon, et, ce qui valait mieux pour lui, en ayant été apprécié, il s'adonna à l'étude des sciences naturelles; il a publié plusieurs ouvrages remarquables sur les différents règnes d'animaux. Quoique gentilhomme et comte de l'ancien régime, il donna dans les erreurs de la Révolution; plus favorisé que les personnes de son rang, il évita l'échafaud et obtint à la fois les palmes académiques et les honneurs politiques. Il fut, tour à tour, député de la Constituante et sénateur de l'empire, membre du conseil des Cinq-Cents et grand chancelier de la Légion d'honneur. Napoléon, qui aimait les savants, le combla de ses faveurs; moins heureux sous la Restauration, il rentra, néanmoins, en grâce et reprit sa place à la chambre des pairs; il y a peu brillé. La postérité a oublié l'homme politique pour ne se rappeler que le savant. C'est, au surplus, ce qu'il y avait de meilleur en lui.

LA FAYETTE

1757 à 1834 ap. J.-C.

Le marquis de La Fayette fut un de ces grands seigneurs qui donnèrent dans les idées nouvelles à l'époque de la grande Révolution française; sa vie fut extraordinaire. Il arma une frégate pour combattre l'Angleterre et prendre part à la délivrance des États-Unis. C'était une des idées généreuses fort répandues parmi la noblesse française, sous Louis XVI. Le roi lui-même, animé d'idées libérales qu'on n'a pas comprises, favorisait cet enthousiasme. La Fayette prit une part importante à la guerre des États-Unis. Les Américains ne furent pas ingrats comme les Français; et, lorsqu'il retourna chez eux, exilé par la République française, il reçut, aux États-Unis, un accueil qui fut une véritable ovation. Plus tard, il eut l'honneur de donner son nom à plusieurs villes d'Amérique. On lui éleva des statues chez ce peuple reconnaissant, et son nom y est encore populaire, tandis que, en France, il est complètement oublié. Cependant La Fayette eut deux fois la faveur de ce peuple frivole. En 1789, on le nomma général de la garde nationale; mais il eut le tort de se souvenir un peu trop qu'il était gentilhomme : il protégea la famille royale dans une émeute, c'en était assez pour le rendre impopulaire. Il s'expatria alors et fut retenu prisonnier en Autriche, pendant quelques années. Il ne prit une nouvelle part à la vie publique que sous la Restauration. Chose singulière, ce défenseur de Louis XVI fit de l'opposition au trône. La dynastie des Orléans lui paraissant plus révolutionnaire que la branche aînée, il s'y rattacha avec assez d'à-propos. Ce fut sa seconde journée de popularité. On lui donna une seconde fois le commandement des gardes nationales, et les vieux patriotes se rappellent encore son cheval blanc légendaire. Il paraît que la branche cadette ne fut pas pour lui l'idéal du gouvernement, car il rentra bruyamment dans l'opposition, qui fut à peu près le seul parti de toute sa vie politique. Il y resta et y mourut. Les gentilshommes qui ont vécu de son temps l'ont jugé très sévèrement. On lui a reproché ses folies, ses inconséquences, son amour de la popularité; il subissait l'influence de ces masses qu'il avait entraînées après lui, mais dont le flot débordait aussitôt. Ce n'était pas un homme politique, on peut le dire avec l'impartialité de l'histoire; c'était un grand acteur qui aimait la représentation théâtrale de la foule : il savait le secret d'émouvoir le peuple; mais, lorsque les bandes populaires l'acclamaient, La Fayette perdait la tête et il devenait ce que sont tous les chefs populaires, un instrument inerte au service des foules. Ces héros sont nombreux dans l'histoire; la révolution ne date pas d'hier. Dans l'antiquité, nous avons pu l'étudier à Rome et en Grèce. Nous avons vu là plus d'un tribun déchaîner les passions populaires pour dominer ensuite les masses : Marius, César, Antoine, Périclès, Pisistrate et tant d'autres furent des démocrates d'abord, et des tyrans ensuite. La Fayette n'a jamais été qu'un gentilhomme imbu des idées révolutionnaires, plein d'ardeur et d'inquiétude, dépensant son courage et ses forces au service des idées nouvelles; il fut bon pour détruire, mais impuissant à reconstruire; il ne fut jamais un homme d'État. Idole d'un peuple capricieux, ce fut une idole de bois, et si la mort ne l'eût pris, ce héros populaire fût devenu ridicule chez ce peuple impitoyable qui aime les phrases, mais qui brise vite le jouet dont il s'est amusé un instant.

VOLNEY

1757 à 1820 ap J.-C.

Ce savant fut remarqué par Napoléon qui lui donna le titre de comte; il voyagea beaucoup en Orient. Quoique partisan des idées nouvelles et quelque peu voltairien, il n'en fut pas moins suspect aux jacobins et emprisonné sous la Terreur. La grande Révolution faisait comme Saturne, elle dévorait ses enfants. Volney aurait dû trouver grâce devant elle car il avait été l'ami de Franklin. Il fit un peu tous les métiers et encensa toutes les grandeurs; il alla du couvent à l'École normale; de l'Institut à la cour impériale; il approuva Brumaire, fut opposé au Concordat et à l'empire; il attendait sans doute le moment favorable pour donner son adhésion. Napoléon, souvent diplomate malgré son despotisme, aimait à s'attacher les hommes de talent sans chercher précisément des hommes de caractère. Volney fut des premiers et non des derniers. Sa grande réputation vint surtout de son impiété qui était dans les idées de l'époque. Ce savant, qui avait écrit sur le Liban et l'Égypte qu'il avait visités, devait être estimé des révolutionnaires dont il flattait les idées. C'est une grande chose, en effet, pour cette école du mensonge, qu'un imposteur savant qui vient affirmer le contraire des grandes traditions chrétiennes. Volney fut un homme de talent, mais surtout un sceptique et un critique. Son style, comme son esprit, sont de l'école de Voltaire. Il a beaucoup travaillé, mais il n'a rien créé : l'impuissance est dans la tradition du génie révolutionnaire.

FONTANES

1757 à 1821 ap. J.-C.

On peut dire de lui que ce fut le lettré favori du premier empire. Napoléon le prit aux muses pour en faire un président de sa Chambre des députés, un grand maître de l'Université et, plus tard, un sénateur. Fontanes avait deviné de bonne heure la fortune future du héros corse, et le passage de Napoléon à l'Institut, dont M. de Fontanes était membre, cimenta une sympathie qui produisit des bienfaits d'un côté et une adulation de bon goût de l'autre.

Voilà encore un homme célèbre élevé par de religieux. Fontanes fut instruit par des oratoriens ; il prouva que leurs études étaient bonnes, car il s'exerça avec talent dans la poésie. Son rôle dans la politique révéla en lui un orateur d'un certain mérite. Il fit honneur à l'empire où les lettrés étaient rares, et l'empire l'en récompensa par une faveur qu'aurait dû partager l'illustre Chateaubriand.

AUGEREAU

1757 à 1816 ap. J.-C.

Ce général de l'empire fut le bras droit de Napoléon dans ses premières campagnes. On le voit se distinguer à Lodi, Castiglione et Arcole. C'est Augereau qui rappelle toujours la victoire vers les aigles de Napoléon. Il fut récompensé de ses services par le titre de duc de Castiglione que lui donna l'empereur. C'était un intrépide soldat ; sa valeur lui tint lieu de génie ; il fut moins heureux comme général en chef ; il n'eut pas, en Espagne et pendant la campagne de France, le même succès qu'en Italie, et, plus tard, à Iéna, Eylau et Leipsick. On l'accusa d'avoir été ingrat envers Napoléon ; maréchal de France, comblé d'honneurs et d'argent, il abandonna son maître dans le malheur. Napoléon, mécontent, ne voulut pas l'employer aux Cent-Jours. Augereau mourut dans la retraite et l'oubli. D'une naissance obscure, quoique parvenu à la noblesse par la faveur impériale, il n'eut jamais des sentiments très élevés ; l'empereur pouvait faire des nobles et des généraux par un caprice de sa volonté, mais ce n'est pas ainsi que se faisaient autrefois les gentilshommes.

GALL

1758 à 1828 ap. J.-C.

Le docteur François-Joseph Gall était d'origine plébéienne. C'était un Allemand du grand-duché de Bade ; il ne réussit pas dans son pays, et c'est en France qu'il se popularisa ; aussi voulut-il s'y faire naturaliser. Il fut le créateur de la méthode phrénologique. Son système consistait à rattacher aux formes extérieures du crâne et du front la recherche des qualités physiques et morales d'un individu. Il eut beaucoup d'ennemis ; on voyait en lui un matérialiste qui soumet les facultés de l'âme aux accidents extérieurs du corps ; on s'est même moqué de sa méthode ; poussant jusqu'à l'absurde ses raisonnements, on a dit, d'après lui, qu'il suffisait d'une bosse nouvelle pour avoir la faculté correspondante ; on voit où portait la critique ; la chute d'un individu pouvait transformer son organisation. Il est probable que Gall n'était qu'un expérimentateur ; il n'a pas voulu, il n'aurait pas pu démontrer que les facultés insaisissables de l'âme dépendissent de la conformation du cerveau, mais il a pu reconnaître, par la méthode expérimentale, qu'à certains cerveaux correspondaient certaines organisations. Il n'a pu surprendre le secret de la nature et désigner le siège habituel des facultés morales qui ont pour instrument inévitable le cerveau de l'homme. Il y a entre l'âme et le corps des relations mystérieuses qu'il n'est pas donné à la science de connaître à fond. Dans cette association, l'âme joue le rôle principal. Que Gall ait voulu le donner au corps, c'est possible, et on le lui a reproché ; il n'en est pas moins vrai que sa méthode est ingénieuse et son originalité suffit pour classer son auteur, parmi les grands penseurs de notre époque.

MASSÉNA

1758 à 1817 ap. J.-C.

Ce général, compagnon de Napoléon, fut l'un des principaux héros de la grande épopée impériale. A Rivoli, Napoléon le surnomma l'*Enfant chéri de la victoire*. Il ne démentit pas ce nom pendant le cours de sa carrière militaire : il battit les Russes à Zurich ; poursuivi par les Autrichiens en Italie, il s'enferma dans Gênes et contribua, par son opiniâtre défense, à la victoire de Bonaparte à Marengo. Plus tard, il cueillit de nouveaux lauriers en Italie, à Caldiero et à Vicence, à Gaëte et en Calabre ; enfin, en 1809, il se couvrit de gloire à Essling. Napoléon, qui récompensait royalement ses lieutenants victorieux, le nomma successivement duc de Rivoli, maréchal de France et prince d'Essling ; c'était beaucoup pour le fils d'un marchand de vin ; ce n'était pas trop pour un pareil héros. Masséna avait le génie et l'instinct de la guerre. La poudre, au lieu de les obscurcir, éclaircissait ses idées ; mais un jour il trouva son maître dans Wellington. Avec de pareils lieutenants, Napoléon était sûr de la victoire ; ils étaient pourtant partis de bien bas, mais le génie de leur chef les avait relevés ; impuissants par eux-mêmes, ils brillèrent d'un vif éclat comme satellites de l'astre qui les entraînait à sa suite.

ROBESPIERRE

1759 à 1794 ap. J.-C.

Ce fils d'un avocat d'Arras se rendit célèbre par ses cruautés inouïes. Ce fut un monstre dans le genre de Néron, de Caligula, d'Héliogabale et de Tibère. Il ne fut pas empereur romain des mauvais temps de l'empire, mais il était digne de l'être ; il avait toute la lâcheté des tyrans, tous leurs appétits sanguinaires. Ce petit bourgeois révolutionnaire avait embrassé l'échafaud comme un drapeau sous les plis duquel il gouvernait la France. La peur fit son succès ; on ne ne croira jamais que, dans le pays de Bayard, de du Guesclin, de Henri IV et de Louis XIV, la grande masse des honnêtes gens se soit laissée mener au supplice comme des moutons par une poignée d'énergumènes qui n'avaient pas le courage de ceux qu'ils assassinaient. Robespierre débuta aux états généraux ; ce sont les jacobins qui le firent entrer à la Convention. Rival de Danton, il s'empara de l'influence dans le comité de Salut public et bientôt renversa les girondins et Danton lui-même. Pour masquer son hypocrisie, il fit proclamer l'Être suprême et l'immortalité de l'âme. C'est Tallien qui nous délivra de ce monstre. Sa faveur était si grande parmi la canaille, qu'on eut beaucoup de peine à le maintenir en prison ; il reçut un coup de feu qui lui brisa la mâchoire et périt sur l'échafaud où il avait fait monter tant d'honnêtes gens. Robespierre était dissimulé, froid, tenace, intrigant ; il avait un certain talent comme orateur et une certaine élégance d'élocution ; il affichait une prétendue vertu que ses amis disaient incorruptible ; il est difficile de croire que ce fut un fou ; c'était un ambitieux vulgaire qui montait au pouvoir sur des cadavres. Dans l'ancien temps, ces gens-là étaient réputés comme possédés du diable ; nous autres nous en faisons des héros ; ce sont nos grandes figures du mal, c'est à ce titre seul qu'ils prennent place dans cette galerie; mais ils y sont cloués au frontispice, comme ces hiboux, ces oiseaux de proie ou ces bêtes fauves qu'on voyait jadis au portail des châteaux de nos pères.

SCHILLER

1759 à 1805 ap. J.-C.

Schiller fut l'un des plus grands poètes de l'Allemagne. Contemporain de Gœthe, il fut son maître, son ami et son émule. Avant de cultiver la poésie, il s'adonna au droit et à la médecine. C'était un homme universel; il servit quelque temps comme aide-major militaire, mais préférant les belles-lettres à la guerre, il quitta le service furtivement et trouva un refuge à la cour de Saxe-Weimar qui fut si hospitalière à Gœthe. C'est là qu'il se lia avec toutes les célébrités de l'Allemagne. Il obtint leurs suffrages par ses beaux vers; sa renommée était si grande qu'elle passa la frontière; la République française, qui avait quelques mouvements généreux au milieu de ses sanglantes folies, lui décerna le titre de citoyen français, ce qui n'empêcha pas ce grand homme de faire l'éloge de Louis XVI. Schiller occupa des fonctions publiques comme Gœthe, à Weimar. Ces petits princes allemands étaient, à l'instar des princes italiens, de véritables protecteurs des lettres et des arts. La centralisation.

détruisant toutes ces petites principautés, a fait perdre au génie humain la variété qui était une véritable richesse; l'uniformité moderne ne remplacera jamais l'originalité de ces petits États, de ces petites civilisations et de ces petits peuples pleins de vie et d'originalité. Schiller a composé un grand nombre de tragédies. Les plus remarquables sont : *Don Carlos, Marie Stuart* et *Guillaume Tell*. Il a écrit également quelques livres d'histoire. Ses poésies légères sont aussi très estimées. Schiller est resté, avec Gœthe, l'un des plus grands écrivains de l'Allemagne.

D'ASSAS

Mort en 1760 ap. J.-C.

Elle est courte l'histoire du chevalier d'Assas, mais son dévouement sublime en a fait une belle page de la grande épopée nationale. Nicolas d'Assas, était capitaine au régiment d'Auvergne, en 1760. L'armée était en Westphalie; dans une reconnaissance, d'Assas se trouva en face d'une colonne ennemie qui allait surprendre les Français. On le menaça de mort s'il parlait. Il n'hésita pas entre son devoir et sa vie. Il tomba mortellement frappé en prononçant le cri militaire et patriotique : « A moi, Auvergne, c'est l'ennemi! » Il est regrettable pour la grandeur moderne que ce trait de courage n'ait pas désarmé ses adversaires. Dans l'antiquité, il eût trouvé des admirateurs, même parmi ceux qui en devaient souffrir quelque dommage. Comme considération philosophique, on peut se demander encore pourquoi cette belle action a eu tant de retentissement dans notre histoire. Est-ce donc qu'elle soit si rare qu'on la doive considérer comme une action extraordinaire? Ce n'est, après tout, qu'un acte bien simple de devoir militaire. Il est même probable que beaucoup d'obscurs soldats en ont fait autant dans nos différentes guerres. On peut répondre que le chevalier d'Assas est devenu le type du dévouement militaire. C'est un héros personnifiant une grande idée. A ce point de vue, il mérite l'immortalité que lui a donnée l'histoire.

JOURDAN

1762 à 1833 ap. J.-C

Cet homme de guerre fut l'un des maréchaux de Napoléon. Il commença ses services militaires sous la République; ses débuts furent heureux et brillants. Dans sa jeunese, il servit comme volontaire en Amérique; devenu général français, il battit les Autrichiens, ce qui ne l'empêcha pas d'encourir la disgrâce du terrible comité de Salut public. Peu après, il reçut de nouveau un commandement en chef et gagna la bataille de Fleurus; cette victoire fut suivie de quelques revers; il eut des fortunes diverses à la guerre. Opposé au 18 Brumaire comme député des Cinq-Cents, il perdit son siège à l'Assemblé nationale. Napoléon, voulant se l'attacher, le nomma sénateur; il se montra peu reconnaissant; il fut des premiers à voter la déchéance de l'empereur. Cette trahison, commune à presque tous les compagnons d'armes de Napoléon, valut à Jourdan un siège à la Cour des pairs et la place de gouverneur des Invalides. Ces grands généraux savaient se tourner vers le soleil levant : l'étoile de Napoléon pâlissait, ils servirent les Bourbons pour conserver leurs places et leurs honneurs; ils avaient, d'ailleurs, commencé par servir la République avant Napoléon. On le voit, ce n'était pas seulement des héros sur le champ de bataille, mais encore, dans la politique, de grands serviteurs de l'État.

MOREAU

1763 à 1813 ap. J.-C.

Victor Moreau est un exemple frappant du désordre que l'ambition peut amener dans un grand esprit et dans un grand cœur. Général habile et illustre de la première République française, il se couvrit de gloire dans la campagne du Rhin; chargé du commandement d'une des quatorze armées de la République, il opéra une retraite digne de Frédéric, et de Xénophon. Plus tard, en Italie, il se signala par de nouvelles victoires et par une seconde retraite moins importante, mais non moins belle que la première. Que se passa-t-il alors dans l'esprit de Moreau? Fut-il jaloux de Bonaparte, comme on l'a dit? Fut-il mécontent de sa patrie, comme Coriolan? Ce qui est certain, c'est qu'il noua des intelligences avec l'étranger. Il fut exilé pour toute punition. Il avait servi sous Dumouriez et Pichegru, qu'on accusa eux-mêmes de trahison; c'était une mauvaise école. Moreau, fils d'un avocat, légiste lui-même, était arrivé au généralat par une porte un peu grande, celle du hasard; il a pu ne pas connaître la discipline militaire qui est la première vertu du soldat; c'était un volontaire, pour ne pas dire un garde national. Il s'est trouvé qu'il avait les qualités d'un bon général, voilà tout son succès. Ce fut dans l'armée une sorte de Fabius Cunctator, avec plus de brillant que son modèle; mais il est certain que tous les grands généraux de Bonaparte, Augereau, Masséna, Junot, Ney, Murat, Jourdan, Lefebvre, Berthier, Kléber et tant d'autres, n'auraient pas déserté par ambition. Moreau, aigri par l'exil, par les déceptions et par une ambition trompée, ne craignit pas d'offrir au czar Alexandre cette épée qui était l'épée de Rastadt, de Heydenheim, de Hochstœdt, de Parsdoff et, enfin, de Hohenlinden. La fortune de la France fit justice de cette trahison. Un boulet arrêta

Moreau au début de sa nouvelle carrière, et après avoir eu la gloire de commander les Français, il eut la honte de mourir sous leurs coups, au milieu du camp ennemi. C'est une tache ineffaçable à cette grande figure, mais, pour l'histoire impartiale, les faiblesses et les défaillances ne font pas oublier les grandes actions d'un héros tombé.

FULTON

1765 à 1815 ap. J.-C.

Robert Fulton fut l'inventeur de la machine à vapeur; c'était un Américain; il eut, comme tous les inventeurs, beaucoup de déceptions dans ses premières découvertes. Il avait inventé une machine pour le marbre, une autre pour les cordes, un bateau sous-marin, une torpille. Il fit ses premiers essais à Paris où, chose extraordinaire, il resta incompris; c'est en Amérique qu'il vit enfin ses nombreux travaux couronnés par le succès et la gloire. Ce grand homme a ouvert à notre siècle des horizons nouveaux. Tous les génies ne se ressemblent pas. Napoléon ne crut pas aux bateaux à vapeur; Thiers se moqua des chemins de fer. Fulton, qui n'avait pas le génie destructeur de Napoléon, ni le génie révolutionnaire de Thiers, poursuivit son œuvre d'inventeur, c'est-à-dire de créateur, et dota son siècle, comme Franklin l'avait fait, d'une découverte qui tenait du prodige. La vapeur a supprimé les distances; elle a abaissé ces barrières des peuples qu'on appelle des frontières; elle a été un engin puissant de civilisation et de progrès. Grâce à elle, les peuples se sont visités, ont échangé leurs idées et leurs produits. La méfiance qui les séparait a disparu; l'Europe est devenue une famille. La nature a été domptée. Le temps et la distance n'existent plus pour l'homme moderne. Ce ne sont pas les seuls bienfaits de cette découverte de la vapeur appliquée à l'industrie, au commerce et à l'agriculture; elle a diminué la main-d'œuvre, et le levier d'Archimède a été remplacé par elle. Son souffle puissant est venu animer les machines de nos presses, de nos ateliers; dans nos campagnes comme dans nos villes, la vapeur a aidé l'homme dans son travail. Notre siècle pourra s'appeler le siècle de la vapeur. Fulton mérite une place dans nos portraits, car ce fut un bienfaiteur de l'humanité et un génie vraiment digne de notre époque.

MADAME DE STAEL

1766 à 1817 ap. J.-C.

Cette femme remarquable a joué un rôle important sous le premier empire et sous la Restauration. C'était une sorte de Sapho française. Elle s'est personnifiée dans le roman de *Corinne* qui est son chef-d'œuvre. Dans ses premiers écrits, elle montra une grande admiration pour les idées philosophiques du jour qui amenèrent la Révolution française. Elle écrivit des lettres sur Jean-Jacques Rousseau dont elle était l'admiratrice passionnée. Malgré la faveur qu'elle donnait aux idées nouvelles, cette fille de Necker, épouse d'un mari suédois, ambassadeur en France, ne put s'associer aux excès révolutionnaires. Elle rédigea une défense de la reine et fit un plan d'évasion pour le roi. Après la Terreur, elle reprit une certaine influence sur la société française qui se pressait dans ses salons. Elle appuya le Directoire. L'arrivée au pouvoir de Napoléon vint mettre un terme à son influence. Elle déplut au premier consul qui l'exila de Paris. Elle se retira en Allemagne et, plus tard, en Suisse, dans sa propriété de Coppet. La police de l'empereur, pour punir ses écarts littéraires, fit de cette retraite une prison qui lui devint insupportable, elle la quitta pour habiter successivement toutes les grandes capitales de l'Europe. Sa vie ne fut plus qu'une longue lutte contre le pouvoir absolu de Napoléon. La Restauration répara largement pour elle les torts de l'empire. Elle reçut une somme royale et put reprendre son rang dans la société parisienne. Ses salons s'ouvrirent de nouveau et l'on y rencontra tous les hommes distingués de l'époque. Ce nouveau règne de *Corinne* ne dura que deux ans et fut interrompu par la mort.

Elle a laissé de nombreux écrits, remarquables par une forme littéraire des plus attrayantes au service d'une grande érudition. On lui a reproché de l'exagération, de l'emphase et un certain faux brillant qui rappelait Mlle de Scudery. On peut dire d'elle, malgré ses défauts, qu'elle fut un auteur des plus distingués et qu'elle a tenu le premier rang parmi les femmes qui se sont mêlées d'écrire. Il était naturel que son immense orgueil choqua celui non moins grand de Napoléon. Ces deux puissances ne pouvaient rester longtemps en présence, il fallait que l'une d'elle cédât à l'autre ; Mme de Staël ne le voulut pas, Napoléon ne le pouvait pas. Louis XIV, plus habitué à régner, aurait peut-être fait de cette étoile un satellite de son soleil. De tous ses écrits, de toutes ses luttes, il n'est guère résulté de bien pour la France et pour l'humanité. Il n'en restera sans doute qu'une lecture agréable pour la postérité.

HOCHE

1768 à 1797 ap. J.-C.

Ce général de la première République fut surnommé le *Pacificateur de la Vendée*; il fut, en effet, plein de modération envers les chouans ; c'était une modération relative, mais au milieu des tigres de la Révolution, un lion pouvait passer pour généreux. La fortune sembla sourire au jeune Hoche; dès les débuts de sa carrière, de simple sergent aux gardes françaises il devint, en peu de temps, général en chef de l'armée de la Moselle. Le célèbre Pichegru ne lui pardonna pas cette préférence. La victoire confirma, à Wissembourg, ce choix du caprice populaire. Les succès du jeune héros républicain ne trouvèrent pas grâce devant la délation qui était le régime de l'époque. Hoche paya sa gloire de la prison; il en sortit pour aller combattre les Vendéens qu'il acheva de disperser à Quiberon; il fit encore une campagne contre l'Autriche, à l'armée de Sambre-et-Meuse; il cueillit là de nouveaux lauriers. Mais l'étoile de Napoléon fit pâlir la sienne; une maladie l'emporta, fort à propos pour Bonaparte. Hoche eût été, en effet, un redoutable adversaire. Son nom est encore, de nos jours, un cri de ralliement pour les tapageurs républicains. Hoche était de taille à supplanter Bonaparte dans les faveurs de la fortune; l'occasion seule lui a manqué. Versailles, sa ville natale, devançant la postérité, lui a élevé une statue non loin du palais de nos rois.

CHARLOTTE CORDAY

1768 à 1793 ap. J.-C.

Charlotte Corday naquit en Normandie en 1768. Elle était de la famille de Corday, alliée aux plus grandes maisons de la province. On l'a appelée, dans un style emphatique, l'*Ange de l'assassinat*. Quand on pense aux crimes de Marat, on excuse Charlotte Corday qui avait vu mourir tous les siens et qui trouva, dans son cœur indigné, la force de se sacrifier pour le salut de tous ; le crime est toujours blâmable, l'intention peut-être pardonnée ; dans ces temps de révolution qui sont des temps de barbarie, la chasse à l'homme est organisée légalement ; il doit être permis aux victimes de se défendre, et quand la loi, au lieu de les protéger, les frappe injustement dans leurs affections, dans leurs biens, dans leur foi, dans leurs droits, l'insurrection n'est pas un devoir, comme le disent les révolutionnaires, mais elle est une circonstance atténuante. Charlotte Corday nous fait penser à Judith qui se sacrifia pour tuer Holopherne, l'ennemi de son peuple. La comparaison serait même à l'avantage de Charlotte Corday, car elle n'eut pas à sacrifier sa vertu, et elle ne chercha pas à défendre sa vie. Ce fut place de l'École-de-Médecine que le meurtre s'accomplit. Marat était au bain ; Charlotte Corday se présenta chez lui sous le prétexte d'importantes révélations. Ce tigre eut le cynisme de la recevoir, ce qui peint bien les mœurs de ces monstres. C'est là qu'elle le frappa. Elle expia son crime sur l'échafaud où elle mourut avec plus de courage qu'aucun des révolutionnaires, le 17 juillet 1793. Charlotte Corday était une belle jeune fille, aux idées exaltées, qui aurait pu mourir plus simplement sur l'échafaud avec les nobles victimes de sa famille; elle obéit à une pensée de vengeance. On a même dit que la mort de Vergniaud était la cause de sa haine contre Marat. En tout cas, son crime fut inutile, comme tous les crimes. Sa jeunesse, sa beauté, son patriotisme, seuls, en ont fait un personnage historique. Nous aimons mieux ceux de Jeanne Darc et de Jeanne Hachette qui portèrent le glaive du soldat destiné à l'homme et non à la femme, mais qui, du moins, n'avaient point le poignard de l'assassin. Il fallait laisser à Dieu seul le soin de juger et de punir Marat.

CHATEAUBRIAND

1768 à 1848 ap. J.-C.

François-René, vicomte de Chateaubriand, fut successivement officier de l'armée royale, poète, émigré, soldat de l'armée de Coblentz, littérateur, ambassadeur, ministre et membre de l'Académie française. Chateaubriand est surtout remarquable comme prosateur; il sut mettre de la poésie dans sa prose. On l'appela le *Père du romantisme*, école nouvelle qui transportait les œuvres de l'esprit, dans un monde imaginaire; l'exagération était le caractère principal de cette école; elle a transformé la langue et, Chateaubriand n'a pas été étranger à cette révolution. Ses phrases harmonieuses, mais prolixes et souvent ampoulées, ne ressemblaient en rien au vieux français de nos pères, si léger d'allure et si fin d'expression. Le génie de Chateaubriand se rapprochait de la lourdeur allemande qu'on veut bien prendre pour de la profondeur; mais si Chateaubriand péchait par la forme et s'éloignait par le style des traditions du grand siècle, il montrait, du moins, un grand génie par l'élévation de ses idées et de son caractère. Après l'absolutisme brutal de cette grande Révolution qu'on admire toujours sans savoir pourquoi et qui n'avait qu'une valeur de convention, comme la Convention elle-même; après le règne de ce dictateur de génie qu'on appelait Napoléon et qui donnait tant de gloire qu'il faisait oublier la liberté; il y eut, en France, comme un besoin immense de repos, de paix et d'indépendance. Après la suppression tyrannique de la liberté de conscience, le viol des sanctuaires, la spoliation des églises, il y avait, au fond de tous les cœurs indignés comme aujourd'hui, une pensée de retour vers la foi de nos pères. Ces républicains, qui avaient banni Dieu de ses temples, qui invoquaient la liberté quand ils étaient dans la rue et qui la supprimaient quand ils étaient au pouvoir, avaient bien pu voler le clergé, calomnier les religieux, persécuter les chrétiens, mais ils n'avaient pu faire aimer un régime qui ne donnait rien de ce qu'il avait promis et qui froissait la conscience de tous les honnêtes gens.

Chateaubriand répondit à cette pensée publique ; il composa l'*Épopée chrétienne* qui devait réveiller le souvenir de la vieille tradition ; il fit aimer la religion par les lettres et la montra poétique à ces profanes dont les yeux étaient depuis longtemps prévenus contre elle. Il composa le *Génie du christianisme* et les *Martyrs*, deux magnifiques ouvrages qui sont des écrits romantiques sur la religion. L'Église, toujours sage, et dont l'esprit n'est pas plus ému par les faveurs de la fortune que par ses rigueurs, n'a pas accepté ces ouvrages comme des livres religieux. Dans les bonnes maisons d'éducation on ne les confie point aux mains de la jeunesse. L'ombre de Chateaubriand doit en frémir. On peut en dire autant d'*Atala* et de *René* qui sont deux chefs-d'œuvre, ainsi que les *Natchez*, comme romans, mais dont la moralité est fort discutable. Chateaubriand composa encore le *Voyage à Jérusalem* et ses fameux *Mémoires d'outre-tombe*, annoncés depuis longtemps, qui n'ont offert au public curieux que la surprise d'une grande vanité et d'une grande décadence. Comme tous les romantiques, Chateaubriand devait parcourir tantôt les sommets, tantôt les vallées de la vie ; l'inégalité est le fond du caractère des romantiques. En politique, Chateaubriand fut libéral et constitutionnel ; c'était encore une manière de se montrer romantique. Il servit, tour à tour, Napoléon et les Bourbons, se trouva dans le gouvernement et dans l'opposition. Ses changements ne prouvent rien contre son caractère, car ils furent amenés par des changements d'opinions et non par des questions d'intérêt. Chateaubriand resta toujours gentilhomme et indépendant; il aima le génie de Napoléon, il détesta son despotisme et refusa ses faveurs; il aima la vieille race des Bourbons; mais il s'éloigna de la cour quand il crut la liberté menacée. C'était un étrange esprit, mais un noble esprit. Il mourut pauvre et estimé de tous. Son influence littéraire s'étendit à toute son époque et ne fut pas étrangère au génie des Lamartine et des Victor Hugo. En somme, ce fut un grand écrivain, un beau caractère et un grand génie.

NEY

1769 à 1815 ap. J.-C.

Ce maréchal de Napoléon, qui mérita le surnom de *Brave des braves*, eut, dans sa vie, les plus grands honneurs, les plus grands succès, la plus haute fortune, mais aussi les plus grands revers et la plus cruelle infortune. De basse extraction, il s'éleva, par les armes jusqu'au titre de duc d'Elchingen et de prince de la Moskowa. Toute sa carrière avait été consacrée à la guerre; déjà, sous la République, il avait servi brillamment et pris une part honorable à la victoire de Hohenlinden. Plus tard, général de l'armée de

Napoléon, il fut l'un des principaux acteurs de la brillante campagne qui se termina, contre l'Autriche, par la prise et la capitulation de la ville et de la forteresse d'Ulm. Tandis que Napoléon, toujours infatigable, parcourait la plaine du Danube pour surveiller chacun de ses généraux, Ney, par de savantes manœuvres, harcelait l'armée ennemie, passait, repassait le Danube, et finissait par décider du sort de l'empire d'Autriche, à la fameuse bataille d'Elchingen. Il avait bien gagné ce beau nom qui lui fut donné. Sa fortune, désormais étroitement attachée à celle de Napoléon, lui fit un devoir d'augmenter ses succès passés par de nouveaux succès ; aussi le voit-on partout, dans ces luttes gigantesques, se conduire en héros ; il est présent à Erfurt, à Magdebourg, à Thorn, en Espagne, en Portugal où il fait une admirable retraite, à Smolensk, à la Moskowa où il gagne son titre de prince, à la Bérézina dont il protège le passage, à Lutzen, à Bautzen, à Brienne, à Montmirail, partout enfin où la victoire se décide en faveur de nos armes. Il en fut l'un des plus puissants instruments ; à Waterloo, il se couvrit encore de gloire en commandant ces divisions de cavalerie qui jetaient l'effroi dans les rangs anglais ; grâce à lui la bataille était gagnée à la gauche de l'armée, et sans la jalousie des généraux de Napoléon, l'audace et l'impétuosité de Ney eût décidé la victoire avant l'arrivée de Blücher. On a reproché à Ney l'initiative qu'il prit dans cette grande bataille ; il faudrait plutôt reprocher aux vrais coupables de n'avoir pas appuyé ses efforts désespérés ; l'histoire impartiale dira que, parmi les vaincus de Waterloo, il y avait un vainqueur qui s'appelait le maréchal Ney. Tant de gloire ne put le préserver d'une mort ignominieuse. Au départ de Napoléon pour l'île d'Elbe, Ney se rattacha au gouvernement de Louis XVIII. On avait confié à Ney le commandement du corps d'armée qui devait arrêter Napoléon dans sa marche sur Paris. Ney n'aurait pas dû accepter un pareil rôle. Louis XVIII ne devait pas non plus le lui confier ; c'était tenter la fidélité d'un sujet envers son ancien maître, d'un soldat envers son général. En face de Napoléon, Ney se trouva désarmé ; il ne trahit pas la France, mais il trahit Louis XVIII. Après les Cent-Jours, il fut choisi pour victime ; on le jugea, on le condamna et on le fusilla contre un mur, comme un simple malfaiteur. Ainsi finit un maréchal de France qui avait constamment conduit nos armées à la victoire et qui n'eut qu'un moment de défaillance, pardonnable en présence d'un héros qu'il avait servi toute sa vie. L'histoire offre d'étranges contradictions. On voit Turenne et Condé honorés et pardonnés après avoir servi l'Espagne contre nous ; le connétable de Bourbon conservant son rang et ses titres, malgré sa désertion, et n'ayant pour toute punition que la pitié de Bayard. Le maréchal Ney, qui, du moins, n'a jamais tourné ses armes

contre la France, meurt du supplice des déserteurs !
Dans les grandes crises, il faut toujours une expiation et une victime. Cette victime fut alors le maréchal
Ney. L'histoire, réformant le jugement des hommes,
en a fait un martyr et un grand homme.

NAPOLÉON

1769 à 1821 ap. J.-C.

On peut comparer ce héros à un brillant météore ;
il ne fit que passer à travers notre siècle ; sa gloire fut
incomparable et brilla du plus vif éclat. En peu d'années, il devint l'arbitre de l'univers ; les rois et les
empereurs, coalisés contre lui, virent briser par ses
mains leurs trônes comme des jouets d'enfant.
L'Europe était à ses pieds, et il traînait, enchaînés à
son char, tous les peuples du continent. Cet homme
extraordinaire naquit au milieu de nos tourmentes
populaires et fut, comme Moïse, miraculeusement
conservé pour être un instrument de la Providence.
Dieu se sert des hommes et mène le monde où il va,
quoi qu'on en dise, quoi qu'on en pense. Nous nous
agitons follement dans notre orgueil enfantin et nous
croyons que nous sommes pour quelque chose, que
dis-je, pour tout, dans les destinées humaines, tandis
que nous ne faisons qu'accomplir, de gré ou de force,
la volonté divine. Hâtons-nous de dire que c'est fort

heureux, car Dieu corrige ainsi nos erreurs et nos fautes. Quel fut, au point de vue providentiel, le rôle de Napoléon dans l'histoire du xixe siècle? Dieu seul le sait. Fut-il un grand dompteur de peuples et de rois, envoyé pour broyer, dans sa puissante main, les éléments hétérogènes de l'Europe moderne? Fut-il un fléau de Dieu, comme Attila, destiné à châtier la chrétienté coupable de bien des crimes? Fut-il un précurseur, chargé de préparer la grande unité européenne qui doit exister à la fin du monde? Quelle fut sa mission? On reconnaît, à son génie, qu'il est sorti des mains de Dieu malgré ses écarts, ses fautes, ses passions inséparables de la nature humaine, Napoléon eut, au suprême degré, l'amour du bien, comme il avait l'instinct des grandes choses. On retrouve, dans toute l'Europe, et même plus loin, dans les pays qu'il a traversés, l'empreinte ineffaçable de son génie. A lui seul, il fit plus que plusieurs générations de rois. On dirait que, lorsque Dieu veut activer sa grande œuvre providentielle, il anime de son souffle un de ces hommes puissants, devant qui tout s'incline et qu'il le charge d'accomplir, en un temps très court, avec la force du génie, les nouvelles destinées humaines. Le grand Napoléon naquit en Corse, d'une famille noble, mais peu fortunée; il fit ses premières études militaires à l'école de Brienne où il entra par protection; il fut proscrit à cause de ses sympathies pour la France et de sa haine contre les Anglais. Nouvel

Annibal, il jura de se venger, et l'on sait comment il a tenu parole. Il débuta dans la guerre à la défense de Toulon, alors assiégé par les Anglais ; c'est là qu'i gagna ses épaulettes de général. Son génie militaire s'était révélé par la prise de la ville. En 1794, il fut envoyé à l'armée d'Italie ; il y tomba en disgrâce et fut désigné comme suspect par la jalousie révolutionnaire qui n'admettait aucune supériorité. Choisi par Barras pour réduire les sections insurgées de Paris, il mitrailla les révolutionnaires sur les marches de Saint-Roch. Cet acte de vigueur le mit en évidence ; c'est alors qu'il épousa Joséphine de Beauharnais, ce fut le commencement de sa fortune. Tant il est vrai que les plus grands génies doivent leurs succès, le plus souvent, à des causes en apparence secondaires. On lui confia, en 1796, le commandement en chef de l'armée d'Italie ; il fit alors l'une de ses plus belles campagnes, à la tête d'une armée de quarante mille hommes. Il renouvela et surpassa les exploits de Turenne ; il anéantit quatre armées autrichiennes à Montenotte, Lodi, Castiglione, Arcole et Rivoli. Chacun de ces lieux fut, pour lui, le théâtre d'un éclatant triomphe. Sa gloire effraya le Directoire qui l'envoya en Égypte, comme autrefois les empereurs romains éloignaient, en Asie, les généraux victorieux dont ils craignaient la popularité. Cet exil grandit encore ce héros qui avait les faveurs de la fortune et qui en était digne. Sur la terre des Pharaons, ce grand homme se montra l'égal d'Alexandre et de César; la bataille des Pyramides dépassa Pharsale et Arbelles. Napoléon tenta, comme Alexandre, de passer pour un dieu aux yeux de ces populations ignorantes et crédules de l'Orient. Néanmoins, préférant la réalité du pouvoir en France à la légende orientale, il laissa l'armée d'Égypte aux mains de l'illustre Kléber et s'embarqua, comme César, confiant sa fortune aux hasards des flots. Son destin le porta, sain et sauf, jusqu'à Paris où il trouva la discorde parmi les pouvoirs publics. Aidé de son frère Lucien, il renversa le Directoire à la journée du 18 brumaire. Il se fit nommer premier consul pour dix ans, et s'adjoignit Cambacérès et Lebrun qui furent plutôt des comparses que des collègues en possession du pouvoir. Il prit le commandement des armées et fit sa seconde campagne d'Italie où il frappa l'Autriche comme d'un coup de foudre par la bataille de Marengo. Ses succès militaires ne l'empêchaient pas de s'occuper des affaires publiques. Ce qu'il y a de remarquable en Napoléon, c'est qu'il fut aussi grand administrateur que grand guerrier : il mit de l'ordre dans les services publics ; il termina la guerre civile de la Vendée, fit rentrer les émigrés, protégea la religion, rendit les églises au culte, promulgua le Code civil, créa la Légion d'honneur et la Banque de France, releva les finances, apaisa les factions et déjoua les complots. Après avoir été consul à vie, il se fit nommer empereur en 1804. Le peuple français ratifia le choix du sénat par des millions de votes. Ce régime plébiscitaire, renouvelé des Romains, devint la force et la loi du nouvel empire. On peut diviser le règne de Napoléon, empereur, en deux grandes époques. Dans la première, il fit ses magnifiques campagnes d'Autriche et de Prusse; dans la seconde, il éprouva ses premiers revers; la compagne malheureuse d'Espagne en fut le point de départ; celle de Russie, le complément. En 1805, il se couvrit de gloire à la bataille d'Austerlitz; la Russie et l'Autriche furent à sa merci. Napoléon brisa l'idole du vieil empire d'Allemagne et restaura, à son profit, celui de Charlemagne, en prenant le titre de protecteur de la Confédération du Rhin. Il avait quatorze princes sous son sceptre. Il eut le talent d'opposer les Allemands à eux-mêmes. Désormais maître du monde, il détruisit, par la bataille d'Iéna, le royaume de Prusse qui lui résistait encore; enfin, à Eylau et à Friedland, il acheva de réduire l'orgueilleuse Russie. Alexandre Ier devint, malgré lui, son allié par le traité de Tilsitt. L'alliance avec Napoléon, c'était la soumission à sa volonté despotique; Alexandre devait l'apprendre plus tard à ses dépens, car on lui demandait d'être le complice empressé de Napoléon. C'est ainsi que ce dernier avait compris l'alliance. Il s'agissait de se partager le monde; Napoléon s'était naturellement réservé la part du lion; malheureusement pour lui, la guerre d'Espagne lui enleva plus de quatre cent mille de ses meilleurs soldats. Il n'était point homme à reconnaître une faute, et encore moins à la réparer. En 1809, Napoléon, au milieu de toutes ces difficultés, se trouve en face d'une cinquième coalition dont l'Angleterre est l'âme et l'Autriche le bras. Le génie de Napoléon lui fait gagner les batailles d'Abensberg, Eckmülh, Ratisbonne, Essling, Wagram. Cette dernière victoire, où le grand capitaine se surpassa, mit fin à la guerre. Napoléon crut s'allier l'Autriche en épousant Marie-Louise ; il se trompa. Son divorce avec Joséphine fut une mauvaise action, inutile à sa politique. Son mariage ne fut pas une alliance ; mais Napoléon, aveuglé par l'orgueil du triomphe, semblait se complaire à défier le ciel et les hommes. Il persécutait le pape Pie VII et forçait à la guerre son nouvel allié, l'empereur Alexandre ; c'est alors qu'il entreprend sa désastreuse campagne de 1812. Il entraîne en Russie une armée de quatre cent mille hommes ; tout cède à ce torrent ; le Niémen, Vilna, Witebsk, Smolensk, Borodino sont le théâtre de ses exploits ; il entre en vainqueur à Moscou ; il n'y trouve que des cendres. Il va lutter à la fois contre le patriotisme sauvage des Russes et contre les éléments vengeurs de Dieu qu'il avait offensé : l'excommunication du pape produisait ses terribles effets. Napoléon ne se croit pas vaincu ; son génie infatigable lui fournit de nouvelles ressources ; il abandonne, sous la neige russe, sa grande armée, et, frappant du pied la terre de France, il en fait sortir de nouvelles légions. Bientôt il vole en Allemagne et étonne ses ennemis par les victoires de Lutzen, Bautzen, Wurschen, Dresde; mais la fortune le trahit enfin à Leipsick; le lion était refoulé sur son territoire. C'est alors qu'on voit grandir, avec les revers, cet incomparable génie. Sa campagne de France rappela sa belle campagne d'Italie; il finissait comme il avait commencé. Avec une petite armée, il tint en suspens les armées coalisées de l'Europe. Ses nouvelles victoires s'appellent Champaubert, Montmirail, Château-Thierry, Montereau. Cet effort héroïque qui le couvrit de gloire ne sauva que son honneur; tout l'abandonnait, même cette Autriche dont il avait brigué l'alliance. Il abdiqua le 11 avril 1814, à Fontainebleau, en faveur de son fils, le roi de Rome, qui ne devait jamais régner. Les adieux de ses compagnons d'armes furent déchirants; ils ont inspiré les poètes et les peintres. Ce fut, en effet, un grand spectacle que ce héros qui n'avait pu être vaincu que par Dieu. Les rois alliés, trop heureux d'une victoire qu'ils n'attendaient pas, laissèrent à cet illustre vaincu la souveraineté de l'île d'Elbe. C'était un nid d'aigle d'où Napoléon dominait encore le monde. Au bout d'un an, il le quitta pour rentrer en France comme un triomphateur. Les Bourbons, qui lui avaient succédé, retournèrent en exil. Napoléon remonta sur le trône impérial; c'est ce que l'on appela les Cent-Jours. L'empereur avait retrouvé toute son activité. Il arma en quelques jours, et vainquit la coalition ; la Belgique fut le théâtre de cette lutte suprême ; mais la fortune le trahit encore à Waterloo, malgré des prodiges de valeur. Cette bataille, qu'il avait conduite avec son génie et qui était des mieux ordonnées, tourna à son désavantage par la fatalité et la trahison : Napoléon était vaincu pour toujours. Dans un mouvement de grandeur d'âme antique, il se livra aux Anglais, ses ennemis les plus acharnés ; il crut à leur loyauté. Cette erreur fait son éloge ; en croyant se livrer à un ennemi généreux, il ne se livra qu'à un impitoyable bourreau. On lui donna pour exil non plus une principauté, mais une prison malsaine. Ce n'était plus l'île d'Elbe, c'était Sainte-Hélène. Il y mourut le 5 mai 1821, abreuvé d'humiliations et de chagrins. La politique odieuse de l'Angleterre avait hâté sa fin ; le libéralisme britannique, qui refuse l'extradition des régicides, fut sans pitié pour le plus grand homme du siècle. Il était, peut-être, dans les vues de la Providence de le grandir encore par le martyre. Ce fut sa dernière victoire et, peut-être, la plus durable.

TALLIEN

1769 à 1820 ap. J.-C.

Ce petit commis, poussé jusqu'au pouvoir par le flot de la Révolution, eut, du moins, un mérite aux yeux de ses contemporains, il fut le principal auteur de la chute de Robespierre. Son heureuse intervention, en mettant fin au régime de la Terreur, qui ne durait que depuis trop longtemps, sauva la vie d'une foule de victimes innocentes. Tallien avait connu, à Bordeaux, où la Convention l'envoya en qualité de commissaire, Mme de Fontenay, née Cabarrus, femme d'une grande beauté, qu'il sauva du supplice et qui ne fut pas sans influence sur la conversion de ce révolutionnaire. Tallien l'épousa plus tard, mais ce ne fut pas son dernier mari, car un second divorce la fit princesse de Chimay. Tallien servit Bonaparte et le suivit, comme employé supérieur des domaines, dans sa campagne d'Égypte. Sous la Restauration, son rôle fut fini et l'on oublia, à la fois, ses erreurs passées et les services par lesquels il les avait rachetées. Tallien n'en a pas moins joué un grand rôle dans la Révolution et exercé d'importantes fonctions à la Convention, au comité de Salut public et aux Cinq-Cents. Il fit preuve d'un grand courage en accusant Robespierre, le 9 thermidor, en pleine Convention. On prétend que, pour gagner des voix à sa cause, il fit passer à ses collègues une nouvelle liste de proscription où se trouvaient un certain nombre d'entre eux. Cette manœuvre parlementaire eut un plein succès. Les députés envoyèrent Robespierre à l'échafaud pour éviter d'y aller eux-mêmes. Après la chute de Robespierre, Tallien poursuivit sa campagne contre les

646 LES GRANDES FIGURES

terroristes, et fit condamner Fouquier-Tinville et les plus sauguinaires jacobins. La Terreur prit fin, et la guillotine ne fonctionna plus que pour abattre les têtes des bourreaux qui en avaient fait leur seul moyen de gouvernement. C'est Dieu qui sauva la France. Tallien ne fut qu'un instrument, peut-être inconscient, du bien qu'il allait faire. Quoi qu'il en soit, il a mérité de ne pas être oublié par la postérité.

JOUBERT

1769 à 1799 ap. J.-C.

Ce général fut l'une des grandes figures de l'épopée militaire de Bonaparte en Italie. Il mourut trop tôt pour recueillir les titres que n'eût pas manqué de lui donner l'empereur, en souvenir du vainqueur de Rivoli. Mais, du moins, les lauriers de l'histoire ornent sa statue. C'était un brave dans le genre de Ney. Il mérita, sur le champ de bataille, le grade de général. Sa fin fut moins heureuse. Vaincu par Souvarow, qui n'était pas un adversaire à dédaigner, il ne put survivre à la défaite de son armée et, dans la déroute, il se fit blesser mortellement en voulant rallier ses troupes. Joubert avait appelé l'attention du Directoire qui songeait, peut-être, à l'opposer à l'ambition dangereuse de Bonaparte. Moreau et Hoche avaient déjà paru devoir être des rivaux heureux du héros corse. Mais ces ombres disparurent devant l'étoile de Napoléon. Il resta seul en face d'une nation qui voulait un maître. Les événements le servirent à souhait. Son insatiable ambition brisa tous les obstacles. Il fit de la France ce qu'il voulut. Tout lui était permis. Son excuse c'était son génie. Quels ne devaient pas être les lieutenants d'un tel capitaine! Quand Joubert n'aurait d'autre titre que d'avoir été choisi par lui, cela suffirait pour l'immortaliser.

CUVIER

1769 à 1832 ap. J.-C.

Ce grand homme a fait faire les plus grands progrès à l'histoire naturelle ; il sut trouver des lois inconnues jusqu'à lui ; il créa une méthode nouvelle pour la zoologie ; il fut membre de plusieurs académies et chancelier de l'Université de France. Ses talents l'élevèrent à la pairie ; il fit partie de l'Institut et fut professeur titulaire au Collège de France. Ses ouvrages traitent de l'anatomie comparée, du règne animal, des ossements fossiles, des révolutions du globe, des reptiles et des poissons. Cuvier trouva une loi nouvelle sur les différentes espèce d'animaux ; il connaissait tellement l'histoire naturelle, qu'il sut recomposer les animaux antédiluviens par le simple examen de leurs ossements. On a surnommé Cuvier l'*Aristote moderne*. Il avait, en effet, la science universelle de son modèle, mais il est resté, pour nous, le type du grand naturaliste; ce fut le vrai caractère de son génie. Sa mémoire a été honorée par la postérité, et, chose rare, sa science l'a été également par ses contemporains.

HEGEL

1770 à 1831 ap. J.-C.

Ce philosophe allemand fut aussi un professeur distingué; il a fondé une école qui eut, un instant, des disciples et qui, pour plusieurs, aboutit au matérialisme et au socialisme. Son idée principale était basée sur le développement de l'esprit humain; il en faisait le point de départ de tout; l'idée était une sorte de monôme, pierre angulaire de son système; il en tirait l'âme humaine et jusqu'à celle de Dieu. Adversaire de Kant, élève de Fichte et de Schelling, il abandonna le système de ses maîtres pour en créer un qui lui fut personnel. On en trouve l'exposé dans les dix-neuf volumes qu'il a laissés après lui. Il y a quelque obscurité dans sa philosophie; on rencontre dans ses écrits beaucoup de science et d'érudition, mais son système de l'absolu est plus mathématique que philosophique. En somme, Hegel fut un grand esprit qui s'est élevé surtout dans les nuages d'une doctrine obscure, aride, incertaine. L'étude de ses œuvres peut tenter les savants; elle a laissé la postérité fort indifférente, car Hegel, quoique illustre dans le monde des écoles, est à peine connu de ce public de tous les âges qui admire, même sans les avoir lues, les œuvres de Descartes, d'Aristote, de Newton, de Clarke, de Leibniz, de Pascal et jusqu'à celles de Kant, dont Hegel fut l'adversaire plus heureux que brillant.

MURAT

1771 à 1815 ap. J.-C.

Joachim Murat était des environs de Cahors; son père avait été aubergiste. Élevé au séminaire, le jeune Joachim entra au service; il y montra du courage, des qualités militaires, et, comme il donnait dans la révolution, on le fit colonel en 1794. Le même à-propos qui lui avait fait servir la cause des révolutionnaires le rapprocha de Napoléon dont il prévoyait peut-être les destinées futures. C'est lui qui commanda les grenadiers du 18 brumaire. Napoléon l'en récompensa en lui donnant le commandement de sa garde et la main de sa sœur. Sous l'empire, il fut maréchal et prince, plus tard, grand-duc de Berghes et, en 1808, roi des Deux-Siciles. Murat fut surtout remarquable comme général de cavalerie, par son audace et sa fougue impétueuse ; il rendit à Napoléon les plus grands services dans les grandes guerres de l'empire. On est étonné de le voir, en 1805, éclairer l'armée française à une distance de trente lieues, à la tête de sa division de cavalerie ; cette manière de faire la guerre fut imitée avec succès par les Prussiens, en 1870. On se rappelle les uhlans de Nancy ; les cavaliers de Murat en avaient fait autant en Allemagne : pendant que Napoléon atteignait à peine les frontières de l'empire d'Autriche, Murat était déjà, avec ses escadrons, dans les plaines du Danube, et répandait partout la terreur. Personnellement, il avait un grand courage, beaucoup d'entrain et une grande sérénité ; on raconte qu'il chargeait lui-même l'ennemi, la cravache à la main. Son grand manteau légendaire était rempli de balles. Avec des hommes comme Murat, Ney, Augereau et Masséna, Napoléon était sûr de voir ses ordres bien compris et bien exécutés.

Malheureusement, Murat, qui avait été à l'honneur et à la peine, qui s'était distingué à la Moscowa, qui avait commandé la retraite de Russie, abandonna son maître, son parent, son bienfaiteur et son compagnon d'armes, après la malheureuse bataille de Leipzig. Murat espérait, par la trahison, conserver son trône de Naples ; il se compromit avec les alliés, au point de marcher contre les troupes françaises que commandait le prince Eugène de Beauharnais. A la rentrée de Napoléon, Murat se repentit et tourna ses armes contre les Autrichiens; il fut battu et perdit sa couronne; il chercha, plus tard, à la reprendre avec quelques débris de son armée, mais il était dit que les ennemis de Napoléon le vengeraient de ce serviteur infidèle. Il faut reconnaître le doigt de Dieu dans cette expiation. Murat, fait prisonnier, fut jugé, condamné et fusillé, en 1815, sous le règne du roi Ferdinand de Bourbon. Il racheta ses défections par le mâle courage de sa mort. Telle a été la vie de ce grand homme qui fut l'un des plus braves, des plus populaires et des plus brillants généraux de Napoléon.

JUNOT

1771 à 1813 ap. J.-C.

Ce général du premier empire mérita, par son courage, de fixer l'attention de Napoléon qui le nomma duc d'Abrantès, après sa campagne de Portugal. Elle se termina d'une façon fâcheuse pour Junot, qui fut battu par le célèbre Wellington. Junot s'était signalé d'abord au siège de Toulon. On raconte même un trait de bravoure qui fit sa fortune. Napoléon l'emmena en Égypte; au retour de cette expédition, il fut nommé général et commandant en chef de l'armée de Portugal. Son insuccès, dans une guerre qui ne faisait pas honneur à la loyauté de Bonaparte, fut le déclin de la fortune de Junot; il faut dire, pour sa justification, qu'il n'avait eu à commander qu'à une armée de conscrits. Napoléon, qui ne connaissait pas mieux le Portugal que l'Espagne, pensait qu'on pouvait en avoir raison avec une poignée d'hommes; il devait au moins y envoyer ses soldats aguerris de l'armée d'Italie. Junot fut moins heureux que Suchet, le vainqueur de Valence. Sa défaite et la disgrâce qui en fut la suite altérèrent sa raison. Sa femme, mêlée au monde élégant de cette époque, a laissé des mémoires qui font connaître Junot sous son véritable aspect et qui permettent de juger, à la fois, le maître et le serviteur. De tous les généraux de Napoléon, Junot, s'il fut le moins heureux, ne fut pas le moins brillant.

LA ROCHEJACQUELEIN

1772 à 1794 ap. J.-C.

Henri de La Rochejacquelein, célèbre chef vendéen, était fils du marquis de La Rochejacquelein, ancien colonel de l'armée du roi. Henri, après avoir servi lui-même dans la garde royale de Louis XVI, alla rejoindre les glorieux insurgés de la Vendée. Aujourd'hui, il est permis de leur donner ce titre, quand nous voyons appeler martyrs ceux de la Commune. L'insurrection étant admise dans la nouvelle école politique, il est permis de l'honorer quand elle sert la cause du trône et de l'autel. Ce ne sont pas là des principes vraiment catholiques, car l'Église enseigne qu'il faut obéir à tout pouvoir, quel qu'il soit, et souffrir le martyre en ce qui dépasse les choses permises par la conscience. L'Église s'en rapporte à Dieu seul pour remettre l'ordre dans la société. Elle considère comme légitime les pouvoirs basés sur le droit, sur l'honneur et la vertu. Quant aux pouvoirs illégitimes, qui tirent leur origine de la force ou de la révolution, elle les regarde comme des instruments de la colère divine qu'il faut subir jusqu'à ce qu'il plaise à Dieu de les rendre impuissants. Dans ces conditions, toute insurrection, même sainte, est illégale et repoussée par le catholicisme. Cependant, il était permis à des gentilshommes de tirer l'épée contre une société de bandits qui avaient renversé les autels, guillotiné Louis XVI et Marie-Antoinette. La Rochejacquelein se couvrit de gloire en Vendée, et tous les gens du pays honorent encore aujourd'hui sa mémoire. Il ne montra pas seulement beaucoup de cœur, comme ces paysans vendéens qui étaient de vrais Français; il montra aussi un grand talent, et presque du génie, dans la direction de cette guerre difficile. C'est grâce à lui que les premiers échecs des Vendéens se changèrent en victoires; il battit les bleus à Laval, à Fontenay, à La Flèche et au Mans. Repoussé à son tour, il périt sur le champ de bataille et justifia ainsi noblement la dernière parole de sa belle proclamation qui se résume par cette phrase : « Si je recule, tuez-moi; si j'avance, suivez-moi; si je meurs, vengez-moi! »

SUCHET
1772 à 1826 ap. J.-C.

Suchet avait servi, avec distinction, en Italie, en Suisse, avec les grands généraux de Napoléon; il se fit remarquer à Austerlitz et à Iéna, ce qui lui valut un commandement dans la guerre d'Espagne. Ce fut son apogée; il y gagna le bâton de maréchal et le titre de duc d'Albuféra. Il fallait autant de tact que de courage pour réussir dans cette terrible lutte où l'honneur n'était pas du côté de la France. Napoléon, obéissant à un calcul faux de politique de famille, avait envahi l'Espagne sans droit et sans raison. Triompher et faire accepter le triomphe dans de pareilles conditions, c'était un véritable trait de génie. Suchet sut réussir; il battit les Espagnols à Lérida, à Tarragone, à Murviédro, à Valence. Pour l'en récompenser, on lui donna comme duché cette belle lagune d'Albuféra dont le lac giboyeux fait les délices des chasseurs de Valence. Il avait gagné ce nom, d'abord par son habileté de général, ensuite par sa diplomatie envers les vaincus. On eût dit que le voisinage de Sagonte lui rappelait les vertus et la grandeur d'âme de Scipion. Comme lui, il sut se faire aimer des Espagnols. Ce peuple héroïque a toujours reconnu la valeur et la justice même chez ses ennemis. Suchet fut le dernier à quitter l'Espagne au moment de nos désastres. Mais, oubliant les bienfaits du maître et sa propre grandeur, il reçut le titre de pair de France sous la Restauration; il fit même partie de la nouvelle expédition d'Espagne en 1823. Les maréchaux de l'empire manquèrent de fidélité; ils eurent les vertus militaires sans avoir les vertus civiques : il leur fallait les honneurs à tout prix, ce fut le petit côté de ces grands hommes et du régime qui les avait formés.

LOUIS-PHILIPPE I*er*

Né en 1773. Règne en 1830. Mort en 1850.

Il y a deux personnages bien distincts dans ce prince. Ses premières années furent troublées par les horribles épreuves de la grande Révolution française; il supporta noblement la disgrâce des siens, sans refuser à sa patrie son dévouement personnel, mal compris et mal récompensé. Il eut les vertus guerrières de sa race et se couvrit de gloire à Quiévrain et à Jemmapes. A la rentrée des Bourbons, il quitta la Suisse où il avait vécu en exil du produit de son travail; il fut suspec à Louis XVIII, peut-être en souvenir des erreurs coupables de son père Phillipe-Égalité. Ce prince libéral et quelque peu révolutionnaire devint le point de mire des ennemis de la branche aînée et, lorsque éclata la révolution de 1830, il se trouva tout préparé pour en recueillir les bénéfices. Une habile comédie jouée par les deux cent vingt et un députés libéraux lui livra la couronne de France, que sa main n'avait soutenue que pour s'en emparer. Il régna de 1830 à 1848. Une autre révolution lui enleva le trône aussi facilement que la première le lui avait donné ; c'était la peine du talion et la vengeance de sa race opérée par la Providence. Louis-Philippe régna en roi constitutionnel et respecta scrupuleusement la nouvelle Charte. Au point de vue matériel, son règne fut l'un des plus prospères de notre époque. Ce prince habile et souple savait tenir la balance entre l'autorité et la liberté ; il conjurait avec adresse les orages politiques et connaissait merveilleusement les lois de l'équilibre. On lui a reproché une certaine faiblesse et un manque de dignité vis-à-vis de l'étranger ; on a été jusqu'à appeler sa politique la « politique de la paix à tout prix ». Placé, comme il l'était, dans une position difficile, entre la révolution et la Charte, ce roi bourgeois était condamné à renoncer aux idées guerrières et chevaleresques qui avaient autrefois illustré le duc de Chartres. Néanmoins, c'est sous son règne qu'eurent lieu le siège d'Ancône, la prise d'Anvers, la démonstration maritime du Tage. Il ne faut pas oublier, non plus, le succès de nos armées en Algérie et l'achèvement de la conquête commencée par Charles X. Le courage personnel de Louis-Philippe ne se démentit point dans les nombreux attentats dont il fut l'objet. Ce prince valait mieux que son temps et que sa politique; il n'a péché que par le vice de son avènement; son libéralisme ne lui a point, d'ailleurs, fait trouver grâce devant la révolution. Son règne a produit des personnages illustres et célèbres que notre époque n'a jamais pu remplacer; nous sommes dans l'ère des médiocrités. On s'est beaucoup moqué du juste milieu. Sans vouloir le défendre, nous dirons que nous serions incapables aujourd'hui de le retrouver, car nous avons perdu l'équilibre en toutes choses.

PALAFOX

1789 à 1847 ap. J.-C.

Deux personnages historiques ont porté noblement ce nom; le premier fut un saint, le second un patriote. Le saint s'appelait Jean de Palafox y Mendoza. Il naquit, en 1600, dans le royaume d'Aragon. Son père était marquis d'Ariza. Très savant dans les sciences et dans le droit, il préféra l'état ecclésiastique aux fonctions civiles et politiques. Philippe IV le nomma évêque de Los Angelos, en Amérique, et plus tard d'Osma, en Espagne, Il a laissé de nombreux ouvrages de piété et est mort en odeur de sainteté, l'an 1659.

L'autre Palafox, qui était bien digne de porter un aussi beau nom, fut le glorieux défenseur de Saragosse pendant le siège mémorable de 1808. Il faut savoir honorer ses ennemis quand ils honorent leur pays par leur caractère. Inclinons-nous donc devant la grande figure de ce héros de l'indépendance espagnole. Palafox nous a forcés à lever le siège de Saragosse, cette ville fortifiée bien moins par la nature que par le courage de ses habitants. Le second siège fut plus heureux pour nous, mais ce n'est qu'après une lutte des plus meurtrières et un combat acharné de rue en rue et de maison en maison que nous pûmes nous emparer de l'invincible cité. Saragosse et Palafox se montrèrent, la ville digne de son chef, et Palafox digne de la défendre. Ce patriote contribua au rétablissement de la monarchie espagnole et au retour de Ferdinand VII. Ce prince le nomma capitaine général, et, plus tard, Marie Christine en fit un grand d'Espagne sous le nom de duc de Saragosse. Tel fut ce grand homme, dont l'Espagne a le droit d'être fière. Une nation qui a produit des Palafox est toujours sûre de sa revanche.

BÉRANGER

1780 à 1857 ap. J.-C.

De Béranger (J.-P.) ne fut connu que comme chansonnier; mais il mérita le nom de poète par son talent. Béranger était vraiment Français; il avait les qualités et les défauts de son temps et de son pays. Né en 1780, à l'aurore de la grande Révolution, il subit l'influence du milieu révolutionnaire où il avait grandi; son esprit, malgré toutes ces secousses et ces orages, était resté français, c'est-à-dire léger, fin, railleur, spirituel et aimable. Ses chansons, qui sont nombreuses, retracent toutes ces qualités de style. Elles sont légères, naïves et poétiques; le trait satirique s'y trouve sous des fleurs. On a reproché au bonhomme Béranger, — qu'on a appelé ainsi parce qu'il a parlé plus d'une fois la langue du bonhomme La Fontaine, — on lui a reproché son cynisme et sa versatilité. Quant au cynisme, il est douteux que ce railleur ait voulu insulter quoi que ce soit et qui que ce soit; il lançait un trait en passant à l'adresse du roi, des prêtres et des grands. Il avait entendu, autour de lui, si souvent médire de ces choses respectables, qu'il avait fini par s'habituer à les regarder comme des choses dangereuses. Mais, au fond, le bonhomme était inoffensif et railleur, c'est-à-dire qu'il n'avait pas la plaisanterie méchante. Ce n'était pas un *Martial*, un *Perse*, un *Juvénal* ayant le cœur rempli de fiel et qui se vengeaient à la manière des vipères en mordant le talon qui les écrasait. Béranger était un rieur aimable, bon enfant ; il aimait la patrie, le soleil, la vie et la poésie ; il chantait légèrement, sur tous les tons, et sa louange ne s'est pas bornée à la République ; elle est montée, comme un encens, jusqu'au grand vainqueur de Marengo et d'Austerlitz. Aussi l'étrange apothéose des révolutionnaires manquait-elle de vérité à la mort de ce gai chansonnier qu'on voulait faire passer pour un républicain de vieille date. Ses funérailles, qui se firent à Paris en 1857, sous Napoléon III, furent le prétexte de manifestations politiques qui étaient, comme toujours, une erreur de la foule. L'empire eût pu revendiquer ce mort avec autant de droit que les républicains, mais ces derniers s'en étaient emparés, et c'est pourquoi le gracieux et charmant chantre de Lisette eut la force publique à son enterrement, tout comme un maréchal de France. L'étrange pays qui ne sait pas honorer ses grands hommes avec calme et respect, et qui fait une émeute autour de leurs tombes ! Tel fut Béranger. Nous n'entendons pas l'absoudre de ses erreurs ; au fond, il y avait chez lui plus de malice que de méchanceté ; il était plus frondeur que sceptique ; ce fut le dernier des chansonniers ; car la politique a tué la chanson.

MOLÉ

1781 à 1855 ap. J.-C.

Fils du président de Champlâtreux, qui monta sur l'échafaud en 1794, le comte Molé a rempli une brillante carrière sous le premier empire, la Restauration et le règne de Louis-Philippe Ier. Il portait un nom illustré déjà dans la magistrature et qu'il sût ennoblir encore par son caractère et son mérite. Les malheurs de la Révolution furent cause qu'il fit son éducation à l'étranger. Mais il revint en France, dès 1796, entra à l'École polytechnique et fit paraître, en 1806, sous le nom d'*Essais de morale et de politique*, un ouvrage qui lui valut la faveur du public et celle de Napoléon. Il fut successivement nommé maître des requêtes au conseil d'État, préfet, conseiller d'État et directeur aux Travaux publics, enfin, ministre de la Justice en 1813. L'empereur lui donna aussi le titre de comte. Resté fidèle aux Bourbons pendant les Cent-Jours, il fut nommé pair de France par Louis XVIII et se mit à la tête du parti constitutionnel. Il fut membre du cabinet du duc de Richelieu, de 1815 à 1818. Son esprit libéral ne pouvait s'accommoder des trop fameuses ordonnances. Il quitta le pouvoir pour le reprendre en 1830, comme ministre des Affaires étrangères. Ce fut l'époque brillante de sa carrière politique. Il avait placé très haut, dans l'équilibre européen, le nouveau gouvernement. Il sut racheter, par sa politique de non-intervention, la mauvaise origine du nouveau règne; mais ce système, qui donnait la paix à l'extérieur, ne devait pas l'assurer à l'intérieur et ne pouvait être populaire chez un peuple habitué à commander aux autres peuples. Molé tomba du pouvoir, avec Casimir Perier. Il y revint, en 1836, comme chef de cabinet et ministre des Affaires étrangères. Ayant appliqué de nouveau son système de non-intervention, par l'évacuation d'Ancône et d'Anvers, il souleva l'indignation publique, surexcitée par une coalition à la tête de laquelle étaient Thiers et Guizot. Molé se consola dans la retraite d'une vie studieuse, où il publia un éloge de Matthieu Molé et l'ensemble des discours qu'il avait lui-même prononcés. En 1840, l'Académie française lui ouvrit ses portes. C'était le digne couronnement de cette brillante carrière. Molé joignait à un caractère élevé une très grande distinction d'esprit et de façons. Il était éloquent à la manière des orateurs de l'ancien temps. On pourrait le donner comme le dernier représentant de la vieille France parlementaire. Son nom fut porté, avant lui, par deux hommes illustres, remarquables par la grandeur de leur caractère; ils étaient de la même famille, de la même race de magistrats, et le plus célèbre, Matthieu Molé, était un Champlâtreux. C'est pour cette raison, sans doute, que le comte Molé s'est complu à mettre en relief, dans un beau portrait, cette belle figure historique. Ce Matthieu Molé avait pour Édouard Molé, né en 1558 et mort en 1614, qui fut père conseiller et fils de conseiller au parlement de Paris. Les ligueurs le mirent à la Bastille et le forcèrent à juger en leur nom, comme procureur général. On voit que, à Paris, les procédés révolutionnaires n'ont jamais beaucoup changé. Quoique contraint dans sa liberté, ce magistrat resta loyal et fidèle; il prépara même le retour de la royauté, en obtenant l'abjuration de Henri IV, et en engageant le parlement à lui rendre hommage. Il fut, en 1602, président à mortier. Son fils, le fameux Matthieu Molé, naquit en 1584 et mourut en 1656. Il fut conseiller et procureur général au même parlement de Paris, et premier président en 1641, enfin, garde des sceaux en 1650. Sa carrière fut longue et marquée par de grands services rendus à l'État, avec intelligence, fidélité et fermeté. Ce fut un grand citoyen et un grand magistrat. Son caractère était à la hauteur de son mérite. Sous la Fronde, il ne craignit pas d'aller réclamer, au milieu de l'émeute, deux conseillers qu'on avait arrêtés injustement. Il eut la bonne fortune de mettre fin à la révolte en réconciliant la cour avec ses ennemis. Il donna même un grand exemple de désintéressement en se démettant de son pouvoir qu'il croyait un obstacle à la paix publique. Mais il eut l'honneur d'être rappelé aux fonctions de garde des sceaux qu'il conserva jusqu'à sa mort. Ces traits de courage civil sont dignes des héros de l'antiquité. On a de lui des *Mémoires* qui ont servi au comte Molé à immortaliser, dans un beau livre, un nom illustre qu'il porta lui-même si dignement.

GUIZOT

1787 à 1874 ap. J.-C.

Cet homme de bien, qui est mort en 1874, à plus de quatre-vingts ans, comme son ancien rival Thiers, fut le grand ministre du règne de Louis-Philippe Ier. Lorsqu'il était au pouvoir, Guizot se montra grand orateur, homme d'État remarquable, mais manqua de ce caractère qui fait des époques grandes dans l'histoire ; aussi fut-il accablé par l'ironie française, toujours impitoyable. On lui reprocha toutes les faiblesses de son temps et tous les compromis que la position de son roi l'obligeait à prendre. On se moqua de la politique des centres, des députés satisfaits, du juste milieu, de la paix à tout prix, du pouvoir vendu à l'Angleterre, des concessions industrielles, de l'indemnité Pritchard, du vote des flétris. A tout cela, Guizot répondait par un beau mouvement oratoire : « Toutes vos insultes n'atteindront jamais à la hauteur de mon dédain. » Plusieurs fois renversé du pouvoir par les intrigues de Thiers, Guizot réussit à triompher de son redoutable adversaire qui était son émule en talent, mais qui ne le valait pas comme caractère. Chose singulière, Guizot, rendu à la vie privée, se montra tout autre que le dépeignaient ses ennemis politiques lorsqu'il était au pouvoir; cet homme d'État, qu'on accusait de faiblesse, presque de bassesse devant l'étranger, auquel on reprochait son esprit conciliateur en l'attribuant au manque de principes et à l'amour du pouvoir, cet homme si calomnié se montra, dans la vie privée, digne, modeste, désintéressé. Il n'avait même pas, comme Thiers, fait sa fortune pendant son long ministère. Il consacra les dernières années de sa vie à écrire l'histoire pour ses petits-enfants; ses œuvres resteront comme un monument littéraire et comme une bonne action; c'était un si parfait honnête homme que, lui, protestant, n'hésita pas à employer son talent d'écrivain à la défense du pape et du catholicisme opprimés; il est vrai qu'il avait l'âme trop élevée pour donner dans le travers des révolutionnaires. L'histoire le vengera et honorera sa mémoire; elle dira qu'il a été un grand homme politique sans cesser d'être un homme de bien. Rare exemple qui n'est plus dans les traditions de la politique moderne.

HORACE VERNET

1789 à 1863 ap. J.-C.

Ce fut notre grand peintre de batailles. Ses tableaux sont l'ornement du musée de Versailles où Louis-Philippe eut le bon esprit de les y faire placer. C'est de l'histoire de France, pour ainsi dire toute vivante. La Restauration, d'abord injuste pour ce grand peintre militaire qui s'était trop complu, à ses yeux, dans les peintures de l'empire, finit, cependant, par lui rendre la justice qu'il méritait. L'opinion publique ayant acclamé ses œuvres, Horace Vernet trouva grâce devant Charles X qui lui confia la direction de l'École de Rome. Mais c'est surtout sous le règne de Louis-Philippe que ce grand peintre fut en faveur à la cour et à la ville. Aussi ses principales toiles sont-elles la représentation des épisodes guerriers du gouvernement de Juillet. On y retrouve la prise de Constantine, le siège d'Anvers, l'occupation d'Ancône, la bataille de l'Isly. Ces tableaux sont frappants de vérité et d'exactitude. Horace Vernet, imitant le trait d'un de ses ancêtres, qui s'était fait attacher à un mât de vaisseau pour mieux étudier une tempête, voulut, en suivant nos expéditions militaires, prendre sur le fait la grande scène de nos armées en campagne. En admirant ces groupes animés qui donnent tant de vie à ses tableaux, on comprend que le peintre les a tracés de mémoire sur la toile. Les succès de peinture d'Horace Vernet se continuèrent sous le second empire. Il eut les faveurs de Napoléon III comme il avait eu celles des deux rois précédents. Pour agrandir l'horizon de ses études, Horace Vernet fit, en Orient, un voyage dont il a voulu être lui-même l'historien. Il a montré que l'habitude du pinceau n'empêchait pas de bien savoir tenir une plume. On pourrait dire qu'Horace Vernet fut de la nouvelle école; mais, tout en étant de son temps, il n'aurait pu renier le passé, car il appartenait à une véritable dynastie de peintres. Son père, son aïeul et son bisaïeul étaient eux-mêmes des peintres fort distingués. Qu'on vienne après cela nier les mystères de la tradition et nous parler des hasards de la naissance ou de la vocation. Le père d'Horace Vernet était un bon peintre de batailles qui avait représenté, avec succès, presque toutes celles du premier empire. Comme plus tard son fils, il fit partie de l'Académie des beaux-arts. Le grand-père était un peintre de marines assez estimé, dont les œuvres sont au Louvre, fils lui-même d'un peintre fort distingué dont il avait été l'élève. Voilà comment le génie d'Horace Vernet fut préparé par les précurseurs habiles qu'il eut pour ancêtres. Cette preuve de noblesse artistique ne sera pas du goût de nos révolutionnaires sceptiques, mais elle était bonne à citer, à une époque où l'on veut absolument séparer l'avenir du passé. Cette belle famille de peintres a fini par Horace Vernet, mais c'était encore revivre dans une mémoire qui restera chère à la postérité comme elle le fut à nos contemporains.

VILLEMAIN

1790 à 1870 ap. J.-C.

Ce fut l'un des plus remarquables écrivains du XIXe siècle. Tour à tour professeur, critique, homme d'État et littérateur, Villemain honora grandement les lettres contemporaines. Pair de France et ministre sous Louis-Philippe, il ne garda, après 1848, que sa place si bien occupée à l'Académie française. Il en devint le secrétaire perpétuel, et, par une activité prodigieuse, il sut enrichir de ses propres écrits le répertoire déjà si grand de cette assemblée. Villemain passe aussi pour avoir été philosophe. Il fut le rival, quelquefois malheureux, de Cousin qui a marqué plus que lui dans la philosophie. Le véritable lustre de Villemain fut dans les lettres, et il leur a consacré un cours de littérature qui est resté le plus précieux de ses ouvrages. Villemain fut l'élève de Fontanes et l'ami de Guizot. Ses ouvrages sont aussi variés que nombreux. Il a touché un peu à tous les sujets. On le voit traiter, en histoire, l'époque de Cromwell et la

Grèce moderne. Il fait des essais littéraires sur Pindare et Chateaubriand. L'écrivain n'a fait que réhausser le professeur et rappeler les succès de trois années d'enseignement dans la chaire de la faculté des lettres de Paris. Villemain se montra désintéressé au pouvoir et homme de bien dans la vie privée. Il est un exemple remarquable de l'élévation de sentiments à laquelle on peut atteindre par la seule culture des belles-lettres.

LAMARTINE

1790 à 1869 ap. J.-C.

Ce fut une explosion d'enthousiasme lorsque, en 1820, Alphonse de Lamartine publia ses *Méditations poétiques*. On sortait du réalisme de la Révolution, et ce style si pur, si noble, si élevé, étonnait par sa nouveauté. Lamartine avait puisé son talent aux sources pures de la foi et de la morale chrétiennes. Son âme tendre avait su trouver la véritable harmonie du langage. On pouvait dire que, sous ses doigts, la langue française résonnait comme la lyre d'Orphée; sa pensée était triste et mélancolique, mais elle était si tendre et si délicate qu'elle remuait les cœurs endurcis de cet âge de fer. On avait besoin de croyances, et ce poète nouveau, qui parlait si bien de la terre et du ciel, semblait un prophète inspiré qui ramenait ses contemporains vers la poésie si douce et si pure des premiers âges. En 1830, il publia les *Harmonies poétiques et religieuses* qui eurent un grand succès, quoiqu'elles ne valussent pas les *Méditations*, restées le vrai chef-d'œuvre de Lamartine. Sa fécondité l'entraîna à écrire le *Voyage en Orient*, la *Chute d'un ange*, *Graziella*, les *Recueillements poétiques* et un *Cours de littérature* en plusieurs volumes qui n'avait de valeur que par le style élégant de l'auteur. Lamartine naquit dans le Mâconnais, à Saint-Point, en 1790, et y mourut en 1869. Son *Histoire des Girondins*, qu'on a regardée comme la préface de la révolution de 1848 à laquelle elle ne fut pas étrangère, donna à ce poète un rôle nouveau dans notre société française. Il devint homme politique; un instant, il fut l'arbitre des destinées de la France. Sa conduite ne fut pas exempte de fautes, mais ne fut pas non plus sans grandeur; il eut le courage de repousser de sa main de poète le drapeau rouge que la populace voulait porter à l'Hôtel de Ville pour en faire le drapeau de la France. Lamartine, qui avait le talent de la parole comme celui de la plume, sut trouver des accents de la plus haute éloquence pour arrêter cette foule en furie et la faire reculer avec ce bandeau rouge qu'elle avait sur les yeux. Lamartine fut un instant à la tête du gouvernement; il nous sauva de l'anarchie; la postérité sera plus juste pour lui que ses contemporains. La France n'aime pas les girondins ; elle devait oublier l'historien de ces hommes faibles, généreux et pleins d'illusions. Il nous faut une main de fer dans un gant de velours; Lamartine n'avait que le gant de velours. On fut si ingrat pour sa mémoire que ses dernières années en ont été abreuvées de fiel; les Athéniens de Paris ne pouvaient supporter la vue de ce grand homme, luttant contre les épreuves de la vie. A celui qui avait préféré la gloire à la fortune, à celui qui était sorti du pouvoir les mains pures, on osait reprocher le secours qu'il attendait, à cause de sa renommée, de la sympathie publique, et dont il avait besoin pour vivre. Napoléon III, qui avait toutes les générosités, voulut lui faire une pension digne du poète et de lui. Lamartine refusa avec fierté ce que Racine acceptait de Louis XIV; il eût mieux fait de rester seulement poète; la politique nous a peut-être fait perdre des chefs-d'œuvre pareils à ses *Méditations;* c'est sur cette pensée qu'il faut rester quand on parle de Lamartine. Décrire ses œuvres est impossible, il faut les lire. C'est un langage tellement harmonieux, tellement poétique, qu'on s'étonne de trouver tant de richesses dans une langue si pauvre; il est vrai que Lamartine a su lui donner toutes les richesses de son âme.

BERRYER

1790 à 1868 ap. J.-C.

Cet avocat, né en 1790, était fils d'un avocat distingué qui plaida jadis pour le maréchal Ney. Son fils l'a surpassé en talent et en réputation; il y avait, dans le Berryer qui nous occupe, du Mirabeau et du Démosthène. Berryer resta toute sa vie fidèle à la cause royale; son honneur fut de rester un avocat, et il ne passa dans la politique qu'un moment comme député légitimiste; ce fut pour lui l'occasion de montrer à la tribune son beau talent oratoire. Il refusa, avec beaucoup de dignité, les fonctions publiques auxquelles il pouvait prétendre. Retiré l'été dans sa terre d'Engerville, l'hiver dans son bel appartement du quartier Gaillon, il partageait son temps entre le palais et l'étude. Il a toujours plaidé avec cœur et conviction; jamais sa puissante parole n'a servi les mauvaises causes. Il avait beaucoup de chaleur dans ses plaidoyers; son imagination ardente y semait des fleurs de rhétorique à profusion. La nature l'avait bien doué; ses traits étaient accentués et l'animation de son visage donnait une grande action à ses discours; il avait le geste antique, on voyait qu'il avait été à bonne école. Son caractère fut toujours estimé de ses contemporains, et surtout de ses adversaires. Les légitimistes, qui, comme tous les gens de salon, ont la médisance facile, disaient qu'il recevait de l'argent du roi. Le fait serait vrai qu'on n'aurait pu le blâmer. Il est permis de vivre des bonnes causes. En tout cas, il n'a jamais trahi son maître, et, s'il en a reçu des bienfaits, sa reconnaissance s'est manifestée par d'incontestables et éclatants services. Berryer, dans ces temps troublés où les convictions sont changeantes, a su garder son caractère, et, quand la mort l'a frappé, l'estime publique a entouré son cercueil. Il n'a pas laissé d'écrits, et l'on ne trouve ses admirables plaidoiries qu'éparses dans les journaux judiciaires de l'époque; c'est une lecture des plus intéressantes. Mais, pour bien apprécier le talent de Berryer, il aurait fallu l'entendre plaider; sa parole électrisait l'auditoire, et ce cœur d'honnête homme, par ses élans généreux, communiquait sa conviction à ceux qui l'entendaient. Berryer fut un grand citoyen, un bon chrétien et un illustre avocat. On le voit, c'était une vie assez remplie, et, si elle fut trop courte, malgré l'âge avancé où elle s'arrêta, la postérité se chargera de la prolonger en la rendant immortelle.

PIE IX

Né en 1792, pape en 1846, mort en 1878 ap. J.-C.

Le comte Mastaï Perretti fut un grand pape et un grand saint. L'Église ne l'a pas encore canonisé ; mais ses contemporains ont rendu à ses vertus l'hommage qu'elles méritaient. Ses seules fautes furent des fautes politiques, et il les a commises parce que son grand cœur ne pouvait comprendre ni les faiblesses, ni les erreurs de son époque. Monté sur le trône pontifical en 1846, son élection rapide fut acclamée par l'Europe entière, et, ce qui est étrange, c'est que le parti libéral, qui en fit plus tard une victime, le salua, à son avènement, comme un véritable précurseur. On a même prétendu que le grand mouvement révolutionnaire de 1848, qui s'étendit sur toute l'Europe, était parti du Vatican. Aussi, en France, à cette époque, le peuple en révolte faisait bénir par le clergé les arbres de la liberté. Si les révolutionnaires pouvaient apprendre l'histoire, ils seraient étonnés de s'y voir cléricaux en 1848 et impies en 1878. Pie IX eut, à cette époque, des illusions généreuses ; il ne s'arrêta dans cette voie qu'à la mort de l'illustre Rossi qu'il avait pris comme ministre pour prouver son libéralisme. Bientôt Mazzini et Garibaldi s'établirent à Rome en maîtres ; le pape se retira à Gaëte, après avoir échappé aux plus grands dangers. Ce fut la République française, encore chrétienne alors, qui eut l'honneur de le rétablir sur son trône pontifical. Les troupes françaises étaient commandées par le général Oudinot. La rentrée du pape amena un changement dans sa politique; son gouvernement devint plus personnel et moins libéral. Les illusions étaient passées. Pie IX confia les affaires temporelles à un homme dont on a plus admiré le génie que les vertus, et qu'on a appelé le seul péché de Pie IX. Cet homme remarquable fut le cardinal Antonelli; sa politique, toute de résistance, a su tenir en échec la Révolution et les puissances hostiles au saint-siège. Elle n'a rien sauvé, mais il n'est pas démontré qu'une politique contraire eût conservé quelque chose; au moins, les principes et l'honneur étaient saufs. Ce qu'il y a de plus remarquable dans Pie IX, ce sont ses réformes et ses innovations religieuses. Peu de papes osèrent faire ce qu'il a fait. Ses œuvres donnent un éclat sans pareil à son pontificat. Pie IX ordonna plusieurs jubilés, il proclama le dogme de l'Immaculée Conception, rendant ainsi un public hommage à cette vierge que tous les docteurs de l'Église avaient honorée avant lui. Il réunit un concile œcuménique; il eut le courage d'ériger en dogme l'infaillibilité pontificale, qui était déjà une croyance universelle dans l'Église. Sous son pontificat, se révélèrent les admirables manifestations de la puissance divine à la Salette et à Lourdes; enfin, fort de son droit éternel et de l'inspiration du Saint-Esprit, il condamna, dans le *Syllabus*, les doctrines erronées de la politique moderne. Pie IX, comme particulier, fut un modèle de toutes les vertus ; il était bon, il était simple, il était charitable, il était pieux, il était angélique. Le côté humain se révélait en lui seulement par une pointe de fine ironie qui avait un grand charme et dont les traits nombreux ont été recueillis par ses contemporains. Pie IX avait une prédilection pour la France ; il l'aima surtout dans ses malheurs, et sa mémoire vénérée y est restée populaire. Pie IX fut renversé du trône pontifical par Victor-Emmanuel qui, plus jeune que lui, l'a précédé dans la tombe. Ce grand pape pria pour son ennemi et donna le grand exemple de la charité qui met sa confiance dans la justice de Dieu et pardonne les offenses personnelles. Pie IX est le pape qui a régné le plus longtemps avec l'anneau du pasteur. Il a passé les jours de Pierre. Ces jours furent des jours de larmes ; mais ces larmes lui ont mérité de grandes faveurs spirituelles, et il s'est éteint, comme les patriarches, plein de jours et de bonnes actions.

COUSIN

1792 à 1867 ap. J.-C.

Ce collègue de Villemain et de Guizot, à la Faculté des lettres de Paris, fut le grand philosophe du règne de Louis-Philippe. On lui confia, pour ainsi dire, la rédaction de l'esprit public, et il fut comblé d'honneurs et de dignités. Pair de France, ministre, membre de l'Académie française et de l'Académie des sciences morales et politiques, ce fut un personnage dans l'État. Ses voyages en Allemagne changèrent la nature de sa philosophie; il se prit d'une belle passion pour Kant et les Allemands comme plus tard, dans les dernières années de sa vie, pour les grandes dames du xviie siècle. C'était un esprit original et actif, ses ouvrages forment presque une bibliothèque. On y trouve des commentaires sur l'ancienne philosophie et sur les philosophes modernes. C'était un éclectique; mais, malgré l'immense succès de ses œuvres en France et à l'étranger, malgré l'autorité dont il ne cessa de jouir auprès de ses contemporains, on peut dire de lui que ce fut plutôt un professeur qu'un philosophe. Il enseigna, du reste, la philosophie avec beaucoup de succès à la Faculté des lettres de Paris. La révolution de 1848 et l'empire le firent rentrer dans la vie privée. Le professeur s'effaça devant l'écrivain. Cousin montra qu'il savait manier la plume comme la parole. Ses livres devinrent une chaire nouvelle d'où il enseigna l'Europe et la France. Il se fit beaucoup de bruit autour de son nom. Depuis sa mort le bruit a cessé, et son école a disparu avec lui. Il manquait à ce grand esprit la foi qui fonde les religions.

MONSEIGNEUR AFFRE

1793 à 1848 ap. J.-C.

« Le bon pasteur donne sa vie pour ses brebis. »

C'est ce que fit Mgr Affre, archevêque de Paris, le 25 juin 1848. En un jour d'émeute, il voulut s'interposer entre les combattants et arrêter l'effusion du sang. Sa présence produisit une grande émotion parmi ces hommes du peuple que la Révolution n'avait pas encore complètement pervertis. Les fusils s'abaissèrent devant le rameau d'olivier du saint pasteur. Il y eut comme un mouvement d'enthousiasme dans cette révolution qui avait produit autant d'ardeurs généreuses que de maladresses politiques.

Malheureusement, ce beau spectacle fut troublé par un coup de feu parti d'une main impie; une balle frappa l'archevêque; c'était la Religion vaincue par la Révolution. Néanmoins, ce sang de martyr apaisa les haines de la terre et le courroux du ciel. Le cri de la victime fut entendu. Sa bénédiction se répandit comme une douce rosée sur la ville en feu. Paris reprit son calme des bons jours et pleura son archevêque. Mgr Affre n'était pas seulement un saint évêque, c'était encore un savant théologien. Il a publié des œuvres fort estimées, et, par son influence, il a réveillé dans son diocèse le goût des bonnes études.

Ce fut le créateur de cette école des carmes, restaurée dans une maison toute pleine des touchants souvenirs du martyre de ses premiers fondateurs. Mgr Affre ne devait pas être le dernier archevêque de Paris enlevé d'une façon violente. « Malheur à toi, Jérusalem, parce que tu as répandu le sang de tes prophètes ! » Espérons que les milliers de justes qui prient chaque jour dans la grande ville détourneront la colère du Seigneur.

Les pasteurs ont donné leur vie pour le troupeau, que les mauvaises brebis soient épargnées à cause des bonnes ! Elles le seront si la foi est forte, et elle l'est, car la plus grande preuve de la vitalité du catholicisme, c'est qu'il produit toujours des martyrs. Voilà, pour l'avenir, un gage sérieux qui est la rançon du passé.

NICOLAS Ier

1796 à 1855 ap. J.-C.

Nicolas Ier, autocrate de toutes les Russies, succéda à son frère Alexandre, le rival et l'ami de Napoléon. Nicolas fut, pendant son long règne, le représentant du principe d'autorité en Europe ; il détestait les révolutionnaires, et il ne reconnut jamais le gouvernement usurpateur de Juillet. Prince autoritaire, ami du soldat, partisan exagéré de la discipline, jusque dans ses plus petits détails, il joignait à un caractère hautain des idées d'ordre, de justice et de sagesse qui en firent le Nestor des rois de l'Europe. Physiquement, il était d'une grande taille et avait cette beauté masculine qui en impose aux masses; son regard était terrible. Habitué au pouvoir absolu, il en comprenait les droits et les devoirs; ce fut un véritable empereur; son règne se passa à poursuivre la réalisation des projets de Pierre le Grand. Il fit la guerre à la Perse qu'il vainquit, qu'il diminua et dont il se fit ensuite une alliée. Il combattit quatre fois la Turquie. La première campagne se termina par le traité d'Inkermann. Il prit part à la bataille navale de Navarin où fut détruite la flotte turque; il conduisit ses armées jusqu'aux portes de Constantinople, à Andrinople, où il força la Turquie vaincue à signer un traité avantageux pour la Russie. Sa dernière campagne contre la Turquie fut moins heureuse pour lui; l'ayant commencée par le succès de Silistrie, il la termina par les revers de la guerre de Crimée dont il ne vit pas la fin. La France et l'Angleterre s'étaient liguées pour défendre l'intégrité de l'empire ottoman. L'Angleterre défendait surtout son protectorat maritime; la France épousait les rancunes de Napoléon III que Nicolas n'avait pas voulu traiter en souverain. En face de pareils ennemis, le colosse russe, dont les pieds sont d'argile, ne put soutenir la lutte. Nicolas, déjà vieux, fut frappé dans son orgueil et ne survécut pas aux premières défaites de ses armées. Il avait eu deux fois à réprimer de terribles insurrections dans ses provinces polonaises; « l'ordre régna à Varsovie », mais la façon dont il fut rétabli ne permet pas à l'histoire de considérer ce prince comme un souverain libéral; il fut et resta toute sa vie l'expression vivante de l'autocratie militaire la plus absolue. Nicolas fut une grande figure, bien plus par l'énergie de son tempérament et la puissance politique qu'il exerça que par ses actions d'éclat. Il n'a laissé que le souvenir d'un homme dont la toute-puissance était dûe plutôt à la fortune qu'à son génie et à son caractère. S'il était permis de comparer Nicolas à Louis XIV, on se demanderait où sont les grands hommes qui marquèrent cette époque de l'absolutisme russe. Ces deux princes se ressemblent seulement sur un point commun, qui fut l'autorité absolue dont ils disposèrent tous les deux. Louis XIV s'en servit pour faire de la France le temple de tous les grands génies; Nicolas ne fit de la Russie qu'une vaste caserne. Il n'eut pas la grandeur de Pierre le Grand, mais il arrêta et comprima sous sa main puissante, la civilisation russe à son berceau. Il est donc plus grand par la place qu'il a occupée dans le monde que par les grandes choses qu'il y a faites.

HEINE

1797 à 1856 ap. J.-C.

Cet Allemand est devenu Parisien par amour de la grande ville, et écrivain français par goût pour notre littérature. Il parvint à écrire mieux notre langue que plus d'un de nos auteurs contemporains. La célèbre *Revue des Deux-Mondes* fut son premier théâtre littéraire. Il a publié des récits de voyage et des œuvres diverses qui tiennent à la littérature par le style et à la philosophie par l'humeur critique de l'auteur. Hâtons-nous de dire que cette critique n'alla jamais bien loin. Heine aimait Paris et la France. Son ironie n'a jamais dépassé les coups d'épingle qui étaient dans les moyens ordinaires de son esprit jovial et humoristique. C'est par là que l'Allemand se retrouvait, et il faut dire qu'il était suffisamment francisé pour n'avoir plus la lourdeur primitive. En sorte que, lorsqu'il exerçait sa critique contre nous, on peut dire que nous lui avions fourni des armes pour nous combattre. Heine n'en abusa pas. Toute sa vie se passa parmi nous. Sa gloire même fut plus française qu'allemande, et nous le revendiquons comme un des nôtres. Ce juif n'était pas seulement devenu chrétien, il s'était fait Français et Parisien. Il est fâcheux que ce charmant esprit n'ait pas été éclairé par la lumière de la foi. Il ne fut que frondeur et léger; sa mémoire n'est honorée que pour la forme de son style, et nullement pour le fond de ses idées. Sous ce rapport, il était bien de son temps, et nos meilleurs écrivains ne lui ressemblent que trop. L'esprit court toujours les rues, mais le cœur ne bat plus.

THIERS

1797 à 1877 ap. J.-C.

Ce personnage, premier président de la troisième République française et mort en 1877, appartient aujourd'hui à l'histoire; on a le droit de le juger, et l'importance de sa personnalité permet de le placer parmi les grandes figures dont nous retraçons les traits. Thiers débuta par le journalisme. Ayant les passions chaudes de Marseille, sa ville natale, il attaqua violemment la Restauration; il écrivait alors dans le *National*. Ses articles le mirent en évidence; la révolution de Juillet le fit surnager comme une épave; il parvint au pouvoir après avoir passé par l'opposition, ce qui est le chemin ordinaire des honneurs chez les peuples qui ont le bonheur de connaître la vie parlementaire. M. Thiers fut toujours moins grand et moins puissant au pouvoir que dans l'opposition. Son esprit sceptique et remuant se prêtait merveilleusement aux intrigues qui renversent les ministères.

Le manque de foi et de principes le rendait insuffisant dès qu'il tenait les rênes du gouvernement. En 1840, il faillit mettre l'Europe à feu et à sang ; il avait rêvé le rôle de Napoléon Ier dont il a été l'illustre historien ; il arma la France et fut bien près de l'entraîner dans une guerre dont les conséquences auraient été incalculables. C'est à cette époque qu'il créa, toujours dans la même pensée, le réseau des forts de Paris ; il ne se doutait pas alors qu'il aurait un jour à les reprendre à la Commune de 1871. Pour l'époque, ces forts étaient une œuvre remarquable. En 1870, avec les progrès de l'art militaire, ils furent très insuffisants pour la défense de Paris. Sous Louis-Philippe, Thiers fut constamment le rival de Guizot qui était un adversaire digne de lui. Ces deux hommes résument le règne du roi de 1830. Sous Napoléon III, Thiers n'eut qu'un rôle effacé, malgré l'estime où le tenait le neveu du grand empereur. La guerre de 1870 lui rendit toute l'importance d'un homme devenu nécessaire en l'absence d'hommes de valeur ; il fut chargé de négocier la paix ; son habile politique eut facilement raison des comparses que les événements avaient portés aux fonctions publiques et dans les Chambres. Libérateur du territoire, il eut les voix de 27 départements, sorte de plébiscite qui le désignait pour la suprême magistrature. L'Assemblée de Bordeaux était dans sa main ; elle lui donna le pouvoir. Voulant le conserver, malgré ses déclarations précédentes et ce qu'on a appelé « la trêve des partis monarchiques », il inclina sensiblement vers la république. Ce fut sa perte. L'assemblée, transportée à Versailles, ne lui pardonna pas cette évolution, et il tomba du pouvoir pour faire place à l'illustre et honnête maréchal de Mac-Mahon, duc de Magenta. Depuis lors, Thiers resta dans la vie privée, et même dans l'opposition. Assurément, il rêvait de ressaisir le pouvoir, et il y fût arrivé si la mort n'eût trompé ses desseins. Thiers était de l'Académie française ; c'était un orateur politique et un grand écrivain. Son ouvrage capital est la double *Histoire de la Révolution et du Consulat*, ouvrage remarquable par les détails, mais dont on peut critiquer le style et la prolixité. Thiers, nouveau Plutarque, mais avec moins de talent littéraire, refit, à sa manière, toutes les campagnes du grand empereur. Thiers fut le représentant de la bourgeoisie au pouvoir ; il s'en faisait gloire ; au fond, il était resté l'insurgé de Juillet ; il croyait à peine en Dieu, et son génie incontestable fut plus nuisible qu'utile à son pays. C'était un grand esprit ; mais, comme tous les hommes sans foi, il manquait de caractère. Son portrait physique était bien la peinture de sa figure morale : il était petit, à la façon de Louis Blanc et d'Alexandre le Grand ; il valait mieux que le premier, mais il n'avait pas le génie du second. Thiers, inconséquent avec lui-même, libéral et révolutionnaire en 1830, fut l'auteur de la grande répression de 1871 contre la Commune de Paris; c'est un titre honorable pour lui. On le voit par cet exemple, il est parfois heureux que les hommes d'État soient inconséquents avec leur passé. Ce petit homme eut la bonne fortune de vivre en un temps où la taille humaine était abaissée moralement; aussi restera-t-il, aux yeux de l'histoire, le grand homme de cette petite époque.

BALZAC

1799 à 1850 ap. J.-C.

Ce nom fut illustré par deux écrivains très remarquables, le premier du xvie siècle et du xviie, le second du xixe. C'est notre contemporain qui mérite le premier rang, tant par la fécondité que par l'originalité de son talent. Le premier Balzac ne fut qu'un grand épistolier ; le second est peut-être le premier de nos romanciers. C'est le fondateur d'une école nouvelle qu'on appelle aujourd'hui le naturalisme et qui serait mieux nommée l'école des gens blasés. Elle consiste, sous prétexte de dire vrai, à ne voir que le mauvais côté des choses. On appelle cela du nom de la nature. C'est une grave erreur. En tout cas, ce n'est pas l'art. Ce dernier consiste à faire ressortir habilement les harmonies de la nature, et non pas à en montrer les imperfections. Le naturalisme triomphe en disant qu'il est la vérité, qu'il nous montre les choses telles qu'elles sont, et non telles qu'elles devraient être. Il n'y a qu'un mot à répondre : ce n'est plus de la littérature, c'est de la médecine ; seulement, c'est une médecine inutile, car elle ne guérit pas. En étalant nos vices avec complaisance, vous leur donnez une couleur qui flatte l'œil, et ce spectacle nous attire plus que celui de la vertu. Ce n'est donc pas l'art de guérir.

Ce fut le genre d'Honoré de Balzac, notre grand romancier. Ses romans sont admirablement écrits, mais la lecture n'en est pas consolante. Sous le drapeau des idées monarchiques et catholiques, l'auteur de la *Comédie humaine* ne fut qu'un sceptique et qu'un railleur mordant. Il avait, d'ailleurs, à se plaindre de la société et de la fortune. Ses commencements furent très difficiles. Ce Tourangeau de bonne famille, élevé au collège de Vendôme, n'eut aucun succès dans ses premiers écrits. Il n'en eut pas davantage dans la profession d'imprimeur qu'il adopta peut-être pour publier plus facilement ses œuvres nouvelles. Ce ne fut qu'en 1830 qu'il commença à devenir célèbre par la publication de quelques romans qui attirèrent l'attention, à cause de la nouveauté de la forme et du sujet. Le nombre de ses œuvres s'élève au chiffre de quatre-vingt-dix romans, qui fixèrent définitivement sa réputation. Balzac mourut avant d'avoir fourni toute la carrière que promettait son génie infatigable. Il put, du moins, jouir de son triomphe, et il connut, dans ses dernières années, les douceurs de la fortune et de la gloire.

Le premier Balzac, né en 1594, s'appelait Guez de Balzac et appartenait à une bonne famille de province. Il eut une fortune très diverse dans le cours de sa vie. Son talent d'écrivain lui mérita la faveur de la cour et celle de Richelieu. Il fut même l'un des premiers immortels de l'Académie française, mais ses succès littéraires ne manquèrent point de lui faire des envieux ; et, comme il avait hasardé quelques opinions qui prêtaient à la critique, il trouva de redoutables adversaires parmi lesquels les plus fameux furent deux religieux, le frère André et le père Goulu. On écrivit contre lui des volumes entiers. Cela fit du bruit à l'époque. M. de Balzac ayant été mêlé à la politique, comme secrétaire du cardinal de la Valette, on peut supposer que cette querelle n'était pas purement littéraire. Quoi qu'il en soit, Balzac jugea prudent de se retirer dans son château, situé près d'Angoulême, et d'y vivre entre ses livres et ses souvenirs. Il occupa ses loisirs par de nouvelles productions qui grandirent encore sa réputation et en firent l'un des plus grands écrivains de son temps. On dit qu'il contribua beaucoup, par la netteté et l'élégance de son style, au progrès de la langue française, alors encore dans sa première formation. Il écrivait aussi le latin avec beaucoup de facilité ; mais c'est surtout par ses *Lettres* qu'il se fit connaître et admirer. Comme il était en correspondance avec les principaux personnages de son temps, et même avec des souverains étrangers, il prenait un soin tout particulier à ne rien écrire qui ne fût digne d'être conservé; en réalité, il écrivait plutôt pour la postérité que pour ses correspondants. Sa retraite ne fut pas seulement consacrée aux lettres, il s'y adonna aux exercices d'une piété qui dura jusqu'à la fin de ses jours. Il mourut en bon chrétien et en homme de bien, léguant une partie de sa fortune à l'Église et aux pauvres, au pied desquels il voulut être enterré. Les deux Balzac, si différents entre eux, par le style, les œuvres et les idées, avaient un trait ds ressemblance qui est curieux à constater. Leur travail était difficile et laborieux, selon le rêve de Boileau. C'est ainsi, d'ailleurs, que travaillèrent Virgile et tant d'autres écrivains dont la lecture nous charme par son élégance et sa facilité. Disons, pour finir, à l'avantage du second Balzac, que, si le premier a laissé des *Lettres* qu'on lit encore, l'autre a créé, dans ses romans, des portraits frappants de vérité qui seront toujours des chefs-d'œuvre.

GOETHE

1799 à 1832 ap. J.-C.

Ce fut l'un des plus grands génies de l'Allemagne moderne; il fut le rival et l'ami de Schiller. Gœthe.

quoique mêlé à la politique, fut un poète remarquable. Il débuta par le barreau et se fit recevoir docteur ; il parvint aux plus hautes fonctions politiques, grâce à l'amitié de Charles-Auguste, duc de Weimar. Napoléon, qui savait apprécier le génie, l'honora en le faisant grand dignitaire de la Légion d'honneur. Gœthe ne fut pas seulement poète, il étudia aussi les sciences physiques et y fit de précieuses découvertes. Ses ouvrages les plus remarquables sont : *Werther*, roman qui excita, en Allemagne, un grand enthousiasme, et *Faust*, qui fut son ouvrage capital. Il y développa, dans un style magnifique, sa philosophie panthéiste, mêlée d'une teinte de spiritualisme. Le personnage d'Hélène, que l'on voit apparaître à la fin de ce roman, semble donner la victoire à l'esprit sur la matière. Ce génie, quoique très profond, avait des incertitudes, et ce cerveau était ombragé par les nuages de l'esprit allemand. Il n'est pas permis d'étudier la littérature allemande sans connaître Gœthe et Schiller. Ce poète, nous pourrions dire ce savant, mourut dans un âge avancé, après avoir travaillé toute sa vie. Il fut l'un de ces rares mortels qui préfèrent le culte des lettres et des sciences aux jouissances de la fortune et du pouvoir. S'il était permis de pénétrer dans la pensée intime d'un aussi grand homme, on y verrait la preuve que, malgré le matérialisme apparent de ses doctrines, il était avant tout un spiritualiste. Il faut bien que, dans les combats de la vie et de l'esprit humain, la victoire reste toujours à Dieu, et il n'y a de vrais génies que ceux qui reconnaissent cette divine autorité. Les saints aiment Dieu par le cœur, les grands hommes l'aiment par l'esprit. L'humanité, dans son orgueil, croit s'honorer elle-même en préférant les seconds aux premiers.

DUPANLOUP

1802 à 1878 ap. J.-C.

Ce fut un saint et courageux évêque. Il débuta dans la vie par l'éducation de la jeunesse chrétienne ; plus tard, il resta professeur et polémiste ; mais son ardeur, qui allait très loin et qui atteignait les plus hauts sommets de l'éloquence et du talent, ne fut jamais employée qu'à la défense du bien, du vrai et de la religion. Il se signala de bonne heure par ses luttes épistolaires, d'abord en faveur des classiques qu'on voulait proscrire de l'enseignement, et, ensuite, par la défense de la grande liberté de l'instruction publique. Il n'était pas un faux libéral comme ces révolutionnaires d'aujourd'hui, avocats et médecins sans talent et sans clientèle. Ce n'était pas un faiseur de phrases ; il croyait ce qu'il disait et il le disait dans un style si élevé, si correct et si pur, que ses contemporains l'ont admiré et que l'Académie française lui a ouvert ses portes à deux battants, malgré son caractère ecclésiastique qui devait être une cause d'exclusion ou de suspicion ; mais son talent était si grand, son caractère était si chevaleresque, son esprit était si français, son cœur était si chrétien, qu'il a désarmé toutes les haines, et que, avec respect, tous les fronts se sont inclinés devant sa tombe. Mgr Dupanloup a été l'aigle d'Orléans, rappelant ce Bossuet qui fut l'une des gloires de l'Église de France ; il ne lui céda pas par la vigueur et l'énergie de ses convictions. Il a su porter la lumière dans les plus grandes questions sociales, politiques et religieuses de notre temps ; il a eu l'honneur de défendre et d'expliquer ce Syllabus que les révolutionnaires affectaient de ne pas vouloir comprendre, pour le critiquer plus facilement. La mort de cet évêque fut une grande perte pour la France. C'était un champion redoutable et redouté de la foi et de la vérité ; son patriotisme était aussi grand que sa religion ; on eût dit que l'âme française de Jeanne Darc inspirait ce saint évêque qui avait voulu faire une sainte de la vierge de Domrémy. L'histoire n'oubliera pas ce grand évêque, ce grand Français, et l'Église l'honorera peut-être un jour d'une couronne plus belle que celle que l'on reçoit de la main des hommes.

LACORDAIRE

1802 à 1861 ap. J.-C.

Si quelqu'un avait pu réconcilier le catholicisme et la démocratie, c'était bien ce dominicain à la parole ardente et patriotique. Aussi Lacordaire eut-il un immense succès dans ses conférences de Notre-Dame, en 1835, à une époque où le torrent révolutionnaire n'avait pas encore déraciné tous les arbres de la liberté. Lacordaire était si aimé du public, sa voix était si populaire, qu'il se vit, par acclamation, nommé membre de l'Assemblée constituante de 1848. Lacordaire, fils d'un médecin de la Côte-d'Or, avait commencé sa carrière par l'étude du droit et par la profession d'avocat. Il quitta de bonne heure, à vingt-deux ans, le barreau pour s'enfermer au séminaire de Saint-Sulpice, d'où il sortit prêtre, en 1827. Il avait été l'ami de Lamennais et son collaborateur au journal *l'Avenir*. Ces débuts expliquent les tendances libérales de l'éminent prédicateur. Ses vertus égalant son talent, il sut rester chrétien et catholique, même au milieu de ses licences oratoires où l'on a quelquefois redouté des écarts de doctrine. Le restaurateur de l'ordre de Saint-Dominique, en France, le grand orateur libéral et sacré, honora le saint ministère et la chaire non seulement par son talent, mais encore par son caractère. Député, académicien, provincial de son ordre, Lacordaire a fui tous les honneurs pour terminer sa brillante carrière dans la solitude du collège de Sorèze. C'est là qu'il finit ses jours, dans ce recueillement pieux qui est, pour les grandes âmes, comme une préparation à la vie éternelle. Lacordaire quittait le monde sans regrets, et sa puissante parole se taisait avant l'heure dernière; il avait étonné et charmé son siècle sans le convaincre. Il gardait pour le ciel, seul, ce généreux et beau langage qui n'était plus compris sur la terre.

ANTONELLI

1806 à 1876 ap. J.-C.

Ce cardinal fut le Richelieu de Pie IX; il n'obtint pas au vénérable pontife la gloire terrestre et les conquêtes politiques que Louis XIII dut à Richelieu; néanmoins, Antonelli est regardé comme l'un des grands hommes d'État du XIXe siècle. Arrivé au pouvoir, en 1849, après le retour de Gaëte, il y resta jusqu'à sa mort, c'est-à-dire en 1876, un an avant celle de son maître. Antonelli avait la finesse et le coup d'œil du diplomate italien; il eut le gouvernement temporel de l'Église à une époque où la papauté était entourée d'ennemis; il eut à subir les spoliations de la maison de Savoie, les conspirations des rois révolutionnaires italiens, l'abandon des grandes puissances catholiques. Tout lui manquait à la fois, et, cependant, il ne voulut pas transiger, et eut l'honneur de tenir en brèche, sur un rempart écroulé, toutes les puissances humaines. La papauté dépouillée resta plus fière dans ses mains que les spoliateurs qui avaient volé sa couronne. On a attaqué la vie privée d'Antonelli; hâtons-nous de dire qu'il ne fut jamais évêque : c'était presque un laïque, et ce fut surtout un homme d'État. Nous n'avons à le juger que sous cet aspect; il ne craint aucune comparaison.

On avait coutume de dire, de son temps, qu'il n'y avait, en Europe, que trois grands ministres : lui, Cavour et Bismark. Pie IX, trompé par la Révolution qui avait fait avorter le grand mouvement de 1848, comme elle fit jadis pour celui de 1789, résolut de s'en tenir à une politique de réserve et de prudence; elle dura toute sa vie. Antonelli fut chargé d'en être le gardien et l'interprète; on peut croire qu'il en fut l'inspirateur. En tout cas, elle fut suivie sans hésitation et sans défaillance; ce fut un beau spectacle, dans les temps d'abaissement où nous vivons, que de voir le prisonnier du Vatican résister aux puissances temporelles de l'Europe et les voir tomber une à une à ses pieds. Antonelli restera dans l'histoire comme le grand ministre de Pie IX.

NAPOLÉON III

Né en 1808, règne en 1852, mort en 1873 ap. J.-C.

Ce prince fut le François Ier de la race napoléonienne ; il eut tous les sentiments chevaleresques de son modèle et il en eut toutes les infortunes. Connu d'abord par des traits d'audace qu'on fit passer pour des actes de folie, parce qu'ils manquaient d'à-propos, il eut des commencements difficiles. Il échappa, comme par miracle, à la mort, qui fut changée pour lui en exil. Ce temps d'épreuve mûrit singulièrement son esprit et le prépara aux hautes destinées qui l'attendaient. Fils de la reine Hortense et d'un des frères de Napoléon Ier, Louis, roi de Westphalie, il fut, un instant, l'héritier présomptif du grand homme dont il devait être, plus tard, le successeur. Son avènement au pouvoir tint du prodige ; nommé, en 1848, représentant du peuple, il vit son élection annulée, et le suffrage universel le renvoya à la Chambre comme député de plusieurs départements. Il avait été consacré par un premier plébiscite qu'on fut obligé de respecter lorsqu'il fut question de nommer un président de la République. Le pays, qui tenait ce régime en médiocre estime, lui donna plus de cinq millions de suffrages, qui furent le premier vote de l'empire. Napoléon III, aux prises avec une assemblée populaire, fit le coup d'État du 2 Décembre 1851, pour échapper à une nouvelle révolution qui menaçait le pays. La France, dans un nouveau vote solennel de plus de sept millions de suffrages, approuva cet acte de violence et le rendit légal par les pleins pouvoirs qu'elle donna à son auteur. En 1852, Napoléon consulta de nouveau la nation pour lui faire approuver l'empire que huit millions de voix acclamèrent unanimement. Ce règne fut long et prospère ; les commencements furent remarquables par le prestige dont jouissait la nouvelle autorité : l'empereur fit des réformes utiles à l'intérieur et obtint, à l'extérieur, des succès militaires qui lui donnèrent une grande autorité auprès de l'Europe. La guerre de Crimée, entreprise de concert avec l'Angleterre et menée à bien, grâce à l'initiative du maréchal de Saint-Arnaud, à la sagesse du maréchal Canrobert et à l'audace du maréchal Pélissier, assura l'autorité contestée du nouvel empire. La France était alors toute-puissante en Europe ; sa voix était écoutée et l'empereur, redouté, sinon aimé de tous, pouvait, sans entrave, faire le bien et le faisait. Ce fut la première phase de son règne. Après cette période, commencèrent les fautes et les revers. Nous ne parlerons que pour mémoire des expéditions de Syrie et de Chine, qui attestèrent une fois de plus les forces de nos armes et notre puissance morale. Ce fut la fin de l'apogée ; la décadence, qui fut longue à venir, commença avec la guerre d'Italie. Cette entreprise, menée brillamment, arrêtée sagement à Villa-Franca, après les glorieuses journées de Magenta et de Solférino, profita moins à la France qu'à ses ennemis. L'empereur, lié par sa parole, paralysé par une sorte d'apathie qui était un de ses défauts, se laissa forcer la main, abandonna ses propres intérêts et ceux du saint-siège. Averti trop tard par les événements, il voulut se rattacher à une sorte de compromis qu'on appela la Convention de Septembre, et qui ne satisfaisait ni l'Italie, ni la papauté. Protecteur du pouvoir temporel de l'Église, Napoléon III en parut le spoliateur; jamais situation ne fut ni plus embrouillée, ni plus difficile. Pour mettre le comble à ses embarras, la fortune, devenue tout à fait contraire, l'entraîna à la fatale expédition du Mexique. Cette aventure, qui rapporta peu de gloire, ne donna aucun profit et se termina par une retraite peu digne de nos armes victorieuses et par la mort de Maximilien, ce jeune empereur couronné par nos mains. Le Mexique fut la retraite de Russie du second empire; il y laissa son prestige, ses trésors, sa force militaire, et, comme il était condamné à être toujours heureux, pour être toujours absous, il se trouva désarmé et impopulaire devant le formidable coup de canon de Sadowa qui s'entendait de nos frontières. L'empire ne se releva plus de cet échec moral, et l'opinion publique, en France, en fut tellement frappée, qu'il y eut comme une déception générale dans l'esprit de la nation. C'était comme un pressentiment des malheurs de 1870. Napoléon III passa le reste de son règne à lutter contre une opposition que ses concessions mêmes rendaient chaque jour plus exigeante ; il espérait la désarmer par un libéralisme sincère qui ne faisait que le désarmer lui-même. On l'entraîna ainsi, de lutte en lutte, de concession en concession, à la funeste entreprise de la guerre contre l'Allemagne, pour laquelle nous n'étions pas assez préparés. Napoléon le sentait bien, mais il fallait combattre ou périr. Son illusion fut de croire qu'on pouvait battre un million d'Allemands avec deux cent mille Français ; il faut avouer que les sanglantes batailles qui ont commencé cette guerre lui ont presque donné raison. Si Napoléon avait eu un Turenne ou un Condé, jamais le Prussien n'eût abreuvé ses chevaux dans les eaux de la Seine. L'empereur, par une modestie exagérée, s'effaça devant ses généraux laissés sans direction, et, à Sedan, où la destinée l'avait en quelque sorte acculé, il chercha en vain la mort qui fut refusée à son courage. En présence du désordre de son armée et du massacre de ses soldats impuissants à se défendre, il crut *tout sauver en offrant son épée* à un implacable ennemi. Sa captivité ne termina pas la guerre et laissa la France à la merci de la révolution. Napoléon termina sa vie dans l'exil et le silence. Sa dignité égala son infortune. Pas une voix ne s'éleva pour déplorer ses malheurs ; jamais prince ne fut moins compris de ses contemporains. On en avait fait un tyran, et c'était un souverain débonnaire; on en avait fait un conspirateur, un roué, et c'était un prince chevaleresque jusqu'à la naïveté. Il donna à la France une prospérité matérielle sans précédent ; ce fut une grande faute, car, au moment des revers, les caractères, énervés, n'eurent plus cette énergie sauvage qui sauve les peuples contre les invasions de l'étranger.

CAVOUR
1810 à 1861 ap. J.-C.

M. le comte de Cavour fut le grand ministre de Victor-Emmanuel, roi d'Italie. Cavour fut l'un des trois hommes d'État les plus remarquables des dernières années de ce temps. Les deux autres ont été Antonelli et le prince de Bismark. Cavour a fait l'Italie malgré tout le monde; il a conçu le grand programme de l'unité italienne. Sa fine diplomatie a entraîné l'empereur Napoléon III dans une lutte dont l'Italie seule devait profiter. Cavour le savait bien; aussi n'épargna-t-il rien pour appeler les armées françaises contre la maison d'Autriche que l'Italie était incapable de vaincre seule. Cavour fut un des diplomates les plus habiles: il sut ce qu'il voulait et ce qu'il faisait; il était de la race de Richelieu et de

Mazarin. Il nous fit beaucoup de mal, car il entraîna la France dans une guerre qui devait nous être funeste; mais, au point de vue de l'histoire, il n'y a pas de nationalité, et Cavour restera pour la postérité l'un des hommes d'État les plus remarquables de notre temps.

MONSEIGNEUR DARBOY

1813 à 1871 ap. J.-C.

Cet archevêque de Paris semblait prédestiné au martyre, car il avait été protégé particulièrement, dans sa carrière ecclésiastique, par les deux martyrs ses prédécesseurs, Mgr Affre et Mgr Sibour. Il avait été nommé, en 1859, évêque de Nancy; c'est là que l'empereur l'alla chercher pour en faire un archevêque de Paris. Sa grande érudition et son esprit conciliant l'avaient désigné pour ces hautes fonctions, rendues plus difficiles à remplir par les rapports tendus que le gouvernement français avait avec la cour de Rome. L'empereur crut trouver en Mgr Darboy un conciliateur. Il ne se doutait pas qu'il avait fait choix d'un saint. Il était, d'ailleurs, en très grande estime à la cour, et on le nomma successivement grand aumônier et sénateur. Il était digne de tous les emplois par sa science, son talent oratoire et les vertus dont il honorait la mitre. C'est surtout sous la Commune qu'on les vit apparaître dans tout leur éclat. Mgr Darboy fut arrêté comme otage, et c'est avec une noble résignation qu'il accepta d'être la victime expiatoire de nos discordes civiles. Dans la prison, il consolait ses compagnons d'infortune; et, lorsqu'il tomba sous les balles des fédérés, on le vit donner à ses bourreaux, le pardon d'une suprême bénédiction.

FIN

TABLE ALPHABÉTIQUE

A

	Pages
Abraham	6
Achille	21
Adam	1
Affre (Mgr)	678
Agésilas	114
Aguesseau (d')	518
Alberoni	517
Albuquerque	324
Alcibiade	103
Alembert (d')	553
Alexandre	129
Ali-Pacha	579
Ambroise (saint)	228
Annibal	141
Antoine (saint)	220
Antonelli	694
Archimède	137
Arioste (l')	352
Aristophane	107

	Pages
Aristote	122
Assas (d')	621
Attila	239
Augereau	615
Auguste	164
Augustin (saint)	232
Aulu-Gelle	202
Aurélien	215

B

Bacon	401
Bajazet	305
Balzac	686
Barberousse	336
Bayard	336
Beaumarchais	569
Bélisaire	245
Belzunce (Mgr de)	521
Benoît (saint)	242
Benvenuto Cellini	362
Béranger	659
Bernard Palissy	361
Bernard (saint)	276
Berryer	672
Berthollet	595
Bèze (Théodore de)	367
Blanche de Castille	279
Boileau	483
Bolingbroke	527
Bossuet	470
Bruno (saint)	273

TABLE ALPHABÉTIQUE

Pages

Brutus 83
Buckingham 424
Buffon 541

C

Calderon 439
Calvin 363
Camille 120
Catherine de Russie 529
Catinat 484
Cavour 700
Celse 200
Cervantès 387
César 155
Charlemagne 256
Charles XII 530
Charles-Martel 359
Charles-Quint 253
Charles le Téméraire 314
Charlotte Corday 629
Chateaubriand 634
Christine de Pisan 302
Christine de Suède 469
Chrysostome (saint Jean) 231
Cid (le) et Gonzalve de Cordoue 272
Cincinnatus 106
Clovis 240
Cœur (Jacques) 307
Colbert 460
Colomb (Christophe) 317
Commines 319

	Pages
Condé	463
Condillac	551
Condorcet	587
Constantin le Grand	224
Copernic	354
Coriolan	91
Corneille (Pierre)	443
Cortez	344
Cousin	676
Crébillon	525
Crésus	70
Crillon	383
Cromwell	436
Cujas	370
Cuvier	647
Cyrus	65

D

Dagobert	252
Daniel	61
Dante (le)	292
Darboy (Mgr)	701
Darius	76
David	35
Démosthène et Cicéron	124
Descartes	433
Diderot	544
Diogène	113
Doria	327
Duguay-Trouin	524
Du Guesclin	295

TABLE ALPHABÉTIQUE 707

	Pages
Dupanloup (Mgr)	691
Duquesne	451
Duranti	404

E

Élie	39
Élisabeth	381
Élisée	41
Éloi (saint)	250
Énée	26
Épictète	198
Épicure	131
Érasme	328
Eschyle	75
Ésope	67
Euclide	135
Eugène (le prince)	515
Euler	542
Euripide	95
Eusèbe	222

F

Fabricius	139
Farnèse	422
Fénélon	504
Fermat	440
Fléchier	474
Florian	608
Fontanes	614

	Pages
Fontenelle	510
Fox	593
Franklin	539
François Ier	350
Frédéric le Grand	549
Froissard	299
Fulton	625

G

Galilée	407
Gall	616
Gassendi	423
Gaston de Foix	298
Geneviève (sainte)	236
Gerbert	264
Gœthe	689
Grotius	445
Guise	390
Guizot	664
Gustave Adolphe	432

H

Harlay (Achille de)	382
Hegel	648
Heine	682
Hélène	217
Henri IV	392
Hercule	28
Herschell	576

TABLE ALPHABÉTIQUE

Pages

Hippocrate 105
Hoche 628
Homère 42
Horace 162
Hugues Capet 266

I

Ignace (saint) 345
Irène 258
Isabelle la Catholique 322
Isle-Adam (l'. 353

J

Jacob 8
Jansénius 421
Jean-Baptiste (saint) 176
Jean le Bon 306
Jean l'Évangéliste (saint) 179
Jeanne Darc 308
Jérôme (saint) 227
Joinville 289
Joseph 12
Joubert 646
Jourdan 622
Judith 50
Julien l'Apostat 225
Junot 651
Justinien 244

K

	Pages
Kant.	556
Kléber.	600

L

La Bourdonnais.	538
La Bruyère.	498
Lacépède.	609
Lacordaire.	693
Lactance.	218
La Fayette.	610
La Fontaine.	461
La Harpe.	578
Lamartine.	669
La Palice.	372
Laplace.	598
La Rochejacquelein.	652
La Tour d'Auvergne.	583
Lauzun.	478
Lavater.	581
Lavoisier.	585
Leibniz.	500
Léon X.	334
Léonidas.	93
Le Sage.	519
L'Hospital.	365
Locke.	476
Longin.	213
Lope de Véga.	402

TABLE ALPHABÉTIQUE

Pages

Louis (saint) 288
Louis XI. 312
Louis XII. 325
Louis XIV 485
Louis XVI 603
Louis-Philippe Ier. 655
Louvois 461
Lucien. 199
Lucullus 152
Luther. 339
Luxembourg 472
Lycurgue. 44

M

Macchabées (les) 146
Machiavel 330
Mahomet. 248
Malebranche 488
Malesherbes 554
Malfilâtre. 566
Malherbe. 396
Manlius 121
Marat 588
Marie-Antoinette 606
Marie-Stuart 384
Marius et Sylla 148
Marlborough 502
Marmontel 555
Mascaron. 482
Masséna 617
Massillon. 514

	Pages
Mayenne	395
Mazarin	441
Médée	30
Médicis	320
Mélanchthon	357
Ménage	454
Ménélas	25
Mercœur	397
Merlin	233
Mesmer	571
Mézeray	448
Michel-Ange	332
Miltiade	79
Milton	446
Mirabeau	596
Mithridate	149
Moïse	14
Molé	661
Molière	464
Monge	590
Montaigne	376
Montecuculli	445
Montesquieu	533
Montyon	573
Montmorency	284
Moratin	575
Moreau	623
Murat	649
Murillo	458

TABLE ALPHABÉTIQUE

N

	Pages
Nabuchodonosor	63
Napoléon	637
Napoléon III	696
Narsès	247
Necker	562
Néron	188
Newton	492
Ney	634
Nicolas Ier	679
Noé	4
Numa	46

O

Orphée	19
Origène	204
Ossian	212
Ovide	168

P

Palafox	657
Pascal	468
Paul (saint)	177
Pausanias	97
Pépin le Bref	254
Périclès	90
Pétrarque	294

	Pages
Phèdre	173
Phidias	88
Philippe II	373
Phocion	115
Photius	260
Pie IX	674
Pierre (saint)	186
Pierre le Grand	522
Pindare	77
Pisistrate	69
Pitt	543
Pizarre	355
Platon	111
Pline	182
Plutarque	194
Polycrate	72
Pompée	153
Ponce-Pilate	184
Pope	532
Poussin (le)	430
Probus	216
Procope	246
Ptolémée	210
Pyrrhus	133
Pythagore	58

Q

Quintilien	192

R

	Pages
Racine	490
Raphaël	341
Régulus	140
Renau	505
Retz (cardinal de)	456
Richard Cœur de Lion	277
Richelieu	419
Robert le Diable	270
Robespierre	618
Roland	259
Rollin	513
Rousseau (Jean-Jacques)	546
Rubens	413

S

Salluste	159
Salomon	36
Samson	32
Samuel	33
Samuel Bernard	503
Sapho	57
Schiller	620
Scipion l'Africain	144
Scævola	85
Sémiramis	10
Sésostris	17
Sévère	208
Shakespeare	406

TABLE ALPHABÉTIQUE

	Pages
Sidoine Apollinaire	238
Siéyès	594
Sixte-Quint	371
Sobieski (Jean)	473
Socrate	101
Soliman	349
Solon	54
Sophocle	87
Souvarow	561
Spinoza	475
Staël (Mme de)	626
Suchet	654
Suger	275
Sully	400

T

Tacite	196
Talbot	303
Talleyrand	601
Tallien	644
Tamerlan	301
Tarquin	56
Tasse (le)	386
Térence	145
Tertullien	203
Thémistocle	73
Théocrite	136
Théodose le Grand	229
Théophraste	126
Thérèse (sainte)	366
Thibaut VI, comte de Champagne	282

	Pages
Thiers	683
Thomas d'Aquin (saint)	290
Thucydide	100
Tibère	171
Tilly	399
Tite-Live	167
Titien (le)	338
Titus	190
Trajan	195
Tourville	494
Turenne	452
Turgot	558
Trivulce	320

U

Ulysse	23

V

Vauban	481
Velasquez	438
Vendôme	509
Vernet (Horace)	666
Vespasien	180
Villars	508
Villemain	668
Villeroi	495
Vincent de Paul (saint)	412
Virgile	161
Voiture	435

	Pages
Volney	613
Voltaire	534

W

Wallenstein	417
Walpole	526
Washington	567

X

Xénophon	110
Xerxès	93
Ximénès	316

Z

Zénobie	224
Zénon	128
Zoroastre	18

PARIS. — IMP. CHAIX, SUCC. DE SAINT-OUEN. — 116-2.

OUVRAGES DU MÊME AUTEUR

L'Espace et la Durée, 1855. — Brochure.
Napoléon III en Espagne, 1856. — Brochure.
Les Espagnols en Crimée, 1856. — Brochure.
La vérité sur la milice nationale, 1856. — Brochure.
L'Immaculée Conception, 1857. — Brochure.
Boutades philosophiques, 1857. — 1 vol.
L'Empire d'Occident, 1857. — 1 vol.
Voyage a Rome, 1857. — 3 vol.
La Pie bas-bleu, 1858. — 1 vol.
Pie IX et l'Italie, 1859. — Brochure.
Les Plaies sociales, 1859. — Brochure.
De operis novi nuntiatione. De damno infecto.
 — Des engagements qui se forment sans convention. Thèse pour la licence ès droit, 1862. — Brochure.
Nouveau guide en Espagne, 1864. — 1 vol.
Mobiles et Volontaires de la Seine, 1872. — 1 vol.
Le 7ᵉ Mobile illustré (texte seulement), 1874. — 1 vol.
Paris sous Napoléon III, 1879. — 1 vol.
Ce qu'on lit, 1880. — 1 vol.
Discours prononcé sur la tombe du colonel Valette, 1880. — Brochure.

PARIS. — IMP. CHAIX, SUCC. DE SAINT-OUEN — 116-9.

www.ingramcontent.com/pod-product-compliance
Lightning Source LLC
Chambersburg PA
CBHW071708300426
44115CB00010B/1346